Neurociência Para leigos

Por que a Neurociência é importante? A estrutura mais complexa do universo é a massa de 1,36kg de células dentro de nosso crânio chamada cérebro. O cérebro consiste de cerca de 100 bilhões de neurônios, o que é cerca da mesma quantidade de estrelas na Via Láctea e o número de galáxias no universo conhecido. Ele também contém cerca de um trilhão de células da glia, que contribuem para o funcionamento adequado dos neurônios. Como qualquer máquina complexa, o cérebro contém várias partes, cada qual com subpartes, que também têm subpartes, seguindo até seus "elementos mais básicos" — os neurônios e a glia. Nesta Folha de Cola você encontra informações sobre as partes-chave do cérebro e o papel e função das células que formam o sistema nervoso.

NEUROCIÊNCIA: OS TIPOS E FUNÇÕES DAS CÉLULAS NO SISTEMA NERVOSO CENTRAL

O sistema nervoso consiste do sistema nervoso central (cérebro e medula espinhal), do sistema nervoso periférico (neurônios sensoriais e motores) e do sistema nervoso autônomo (que regula os processos corporais como a digestão e a frequência cardíaca).

Todas as divisões do sistema nervoso são baseadas universalmente nas funções dos neurônios, células especializadas que processam informação. Neurônios geram impulsos nervosos que causam a liberação de substâncias químicas em junções especializadas chamadas sinapses, as quais permitem que neurônios diferentes falem uns com os outros. O funcionamento adequado dos neurônios depende de células especializadas da glia. Todos os sistemas nervosos em todas as espécies animais têm sete tipos básicos de células funcionais:

- **Neurônios sensoriais:** Estes neurônios informam ao resto do cérebro sobre o ambiente externo e interno.

- **Neurônios motores ou efetuadores:** Neurônios motores contraem músculos e medeiam comportamentos, e neurônios de outras saídas estimulam glândulas e órgãos.

- **Neurônios de comunicação:** Neurônios de comunicação transmitem sinais de uma área do cérebro para a outra.

- **Interneurônios ou associativos:** A grande maioria dos neurônios em vertebrados é de neurônios de associação. Eles extraem e processam informações vindas dos sentidos, comparam-nas com o que está na memória e as utilizam para planejar e executar o comportamento. Cada uma das várias centenas de regiões do cérebro contém aproximadamente várias dúzias de tipos distintos de neurônios de associação, que medeiam a função dessa área do cérebro.

- **Mielina:** Muitos axônios estão envolvidos em processamentos da célula da glia que fornecem isolamento extra. Esse isolamento é composto de oligodendrócitos, que formam a mielina, dando origem a axônios mielinizados. As lacunas entre os envólucros de mielina são chamadas nódulos de Ranvier. É aqui que o potencial de a

# Neurociência Para leigos

é repetido, permitindo, assim, que o sinal mantenha sua força por longas distâncias. Axônios mielinizados têm velocidades rápidas de condução em que os potenciais de ação viajam várias centenas de metros por segundo. Muitos axônios menores no sistema nervoso não são mielinizados e conduzem potenciais de ação mais lentamente.

- **Astrócitos:** Astrócitos são células em formato de estrela que fornecem suporte metabólico para neurônios, bem como formam a barreira hematoencefálica. Astrócitos contribuem significativamente com a função sináptica, mantendo a concentração adequada de substâncias químicas na sinapse, e também são conhecidos por liberar gliotransmissores que podem regular a transmissão sináptica. A habilidade dos astrócitos de integrar a atividade sináptica e sua localização física próxima a sinapses deu origem ao termo sinapse tripartite. A sinapse tripartite se refere a três entidades: o terminal pré-sináptico do neurônio, o terminal pós-sináptico do neurônio e o processo adjacente de um astrócito.

- **Micróglia:** Estas células são as únicas células imunes residentes no cérebro. Elas agem como a primeira linha de defesa imunológica no cérebro. As micróglias são células de limpeza que removem células mortas e agentes infecciosos por um processo chamado fagocitose. Embora a micróglia possa ser ativada em estados de doença para liberar substâncias químicas nocivas que danificam neurônios, ela demonstrou fornecer suporte trófico para neurônios. Estudos mais recentes demonstraram que a micróglia suprime sinapses desnecessárias durante o desenvolvimento, o que é requerido para uma maturação adequada do sistema nervoso central.

Há diferenças estruturais óbvias entre os neurônios e a maioria das outras células. Enquanto a maior parte das células não neuronais lembra esferoides achatados, os neurônios normalmente têm uma "árvore dendrítica" de ramos (ou processos) surgindo do corpo celular (ou soma), além de um único processo, chamado de axônio, que também emana do corpo celular, mas que percorre grandes distâncias (às vezes até vários metros) antes de ramificar. Enquanto os dendritos recebem entradas sinápticas de outras células, o axônio envia o resultado da célula para outras células.

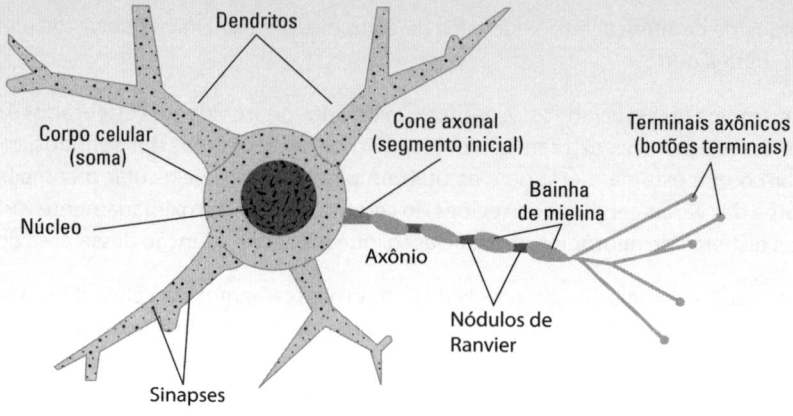

Neurociência
Para leigos

Neurociência para leigos

Tradução da 2ª Edição

Frank Amthor, Ph.D.

ALTA BOOKS
E D I T O R A
Rio de Janeiro, 2017

Neurociência Para Leigos® — Tradução da 2ª Edição
Copyright © 2017 da Starlin Alta Editora e Consultoria Eireli. ISBN: 978-85-508-0173-5

Translated from original Neuroscience For Dummies®, 2nd Edition. Copyright © 2016 by John Wiley & Sons, Inc. ISBN 978-1-119-22489-1. This translation is published and sold by permission of John Wiley & Sons, Inc., the owner of all rights to publish and sell the same. PORTUGUESE language edition published by Starlin Alta Editora e Consultoria Eireli, Copyright © 2017 by Starlin Alta Editora e Consultoria Eireli.

Todos os direitos estão reservados e protegidos por Lei. Nenhuma parte deste livro, sem autorização prévia por escrito da editora, poderá ser reproduzida ou transmitida. A violação dos Direitos Autorais é crime estabelecido na Lei nº 9.610/98 e com punição de acordo com o artigo 184 do Código Penal.

A editora não se responsabiliza pelo conteúdo da obra, formulada exclusivamente pelo(s) autor(es).

Marcas Registradas: Todos os termos mencionados e reconhecidos como Marca Registrada e/ou Comercial são de responsabilidade de seus proprietários. A editora informa não estar associada a nenhum produto e/ou fornecedor apresentado no livro.

Impresso no Brasil — 2017 - Edição revisada conforme o Acordo Ortográfico da Língua Portuguesa de 2009.

Publique seu livro com a Alta Books. Para mais informações envie um e-mail para autoria@altabooks.com.br

Obra disponível para venda corporativa e/ou personalizada. Para mais informações, fale com projetos@altabooks.com.br

Produção Editorial Editora Alta Books	**Gerência Editorial** Anderson Vieira	**Produtor Editorial (Design)** Aurélio Corrêa	**Marketing Editorial** Silas Amaro marketing@altabooks.com.br	**Vendas Atacado e Varejo** Daniele Fonseca Viviane Paiva comercial@altabooks.com.br
Produtor Editorial Claudia Braga Thiê Alves	**Supervisão de Qualidade Editorial** Sergio de Souza	**Editor de Aquisição** José Rugeri j.rugeri@altabooks.com.br	**Vendas Corporativas** Sandro Souza sandro@altabooks.com.br	**Ouvidoria** ouvidoria@altabooks.com.br
Assistente Editorial Renan Castro				

Equipe Editorial	Bianca Teodoro Christian Danniel	Ian Verçosa Illysabelle Trajano	Juliana de Oliveira	
Tradução Samantha Batista	**Copidesque** Vivian Sbravatti	**Revisão Gramatical** Alessandro Thomé Wendy Campos	**Revisão Técnica** Beatriz Dias Pereira Master Practitioner em programação neurolinguística pela Nova Conexão Treinamentos e Consultoria.	**Diagramação** Daniel Vargas

Erratas e arquivos de apoio: No site da editora relatamos, com a devida correção, qualquer erro encontrado em nossos livros, bem como disponibilizamos arquivos de apoio se aplicáveis à obra em questão.

Acesse o site www.altabooks.com.br e procure pelo título do livro desejado para ter acesso às erratas, aos arquivos de apoio e/ou a outros conteúdos aplicáveis à obra.

Suporte Técnico: A obra é comercializada na forma em que está, sem direito a suporte técnico ou orientação pessoal/exclusiva ao leitor.

Dados Internacionais de Catalogação na Publicação (CIP)
Vagner Rodolfo CRB-8/9410

A528n	Amthor, Frank
	Neurociência para leigos / Frank Amthor ; traduzido por Samantha Batista. - Rio de Janeiro : Alta Books, 2017. 384 p. : il. ; 17cm x 24cm.
	Tradução de: Neuroscience for dummies Inclui índice. ISBN: 978-85-508-0173-5
	1. Neurociências. I. Batista, Samantha. II. Título.
	CDD 612.8 CDU 612.8

Rua Viúva Cláudio, 291 — Bairro Industrial do Jacaré
CEP: 20.970-031 — Rio de Janeiro (RJ)
Tels.: (21) 3278-8069 / 3278-8419
www.altabooks.com.br — altabooks@altabooks.com.br
www.facebook.com/altabooks — www.instagram.com/altabooks

Sobre o Autor

Frank Amthor é professor de psicologia na Universidade do Alabama, em Birmingham, onde também integra o UAB Medical School Department of Neurobiology, a School of Optometry e o Department of Biomedical Engineering. Ele é pesquisador apoiado pelo NIH há mais de 20 anos e também tem apoio do Escritório de Pesquisa Naval dos EUA, pela Fundação Sloan e pela Fundação Eyesight.. Sua pesquisa é focada em processamento visual retinal e central e próteses neurais. Publicou mais de 100 artigos em periódicos, capítulos de livros e resumos de conferências.

A carreira de Frank é dedicada à compreensão da computação neural, por si mesmo e para o desenvolvimento de próteses neurais que restaurem e aumentem a função humana. Sua pesquisa específica é investigar a computação neural complexa nas células ganglionares da retina, o primeiro lócus no sistema visual de análises altamente específicas e não lineares, como o movimento e a seletividade direcional. As técnicas investigativas que ele usou incluem virtualmente todo o conjunto de técnicas neurofisiológicas unicelulares, incluindo registro extracelular unicelular, registro e marcação intracelular de eletrodo de agulha, registro *patch clamp*, imagiologia ótica com cálcio e corantes potenciométricos, registro de eletrodo duplo e, mais recentemente, registro de rede de microeletrodos. Seus interesses atuais de pesquisa envolvem traduzir ainda mais as pesquisas básicas sobre a retina para o desenvolvimento de próteses neurais para o sistema visual e outras deficiências.

Dedicatória

Para Becky, minha parceira de vida e a mãe de meus três filhos maravilhosos.

Para Philip, Rachel e Sarah, por serem os melhores filhos do mundo e, agora, a esperança do mundo para o futuro.

Para os meus pais, Agnes e Ryder, e meu padrasto, Jim, que me colocaram neste mundo e orientaram a como viver nele.

Para todos os meus professores que acharam que eu era alguém digno de que investissem seu tempo.

Agradecimentos do Autor

Este livro deve sua existência à minha primeira agente, Grace Freedson (The Publishing Network). Eu agradeço a Robert Hickey, editor de aquisições, por trabalhar comigo no desenvolvimento da estrutura para o livro, e ao Departamento Gráfico da Wiley, por seu trabalho nas ilustrações por todo este livro. Agradecimentos muito especiais a Tracy Barr, editora de projetos, que melhorou praticamente cada frase do livro. Eu não consigo agradecê-la o suficiente por sua gentil diligência. Pela versão atual, agradeço à minha editora, Elizabeth Kuball, e à professora Tara DeSilva pela edição técnica.

Nenhum neurocientista profissional está completamente atualizado sobre o cérebro ou sistema nervoso inteiro, e o que sabemos e entendemos sobre ele está em constante mudança. Embora boa parte do tempo e esforço tenha sido usado para garantir que o material deste livro fosse preciso e atualizado, qualquer erro dentro dessas páginas é somente meu. Se você encontrar um erro ou quiser fazer qualquer outro comentário sobre este livro, sinta-se à vontade para entrar em contato comigo pelo e-mail amthorfr@gmail.com.

Sumário Resumido

Introdução 1

Parte 1: Apresentando o Sistema Nervoso 5
- CAPÍTULO 1: **Uma Rápida Viagem Através do Sistema Nervoso** 7
- CAPÍTULO 2: **Tudo sobre o Cérebro e a Medula Espinhal** 21
- CAPÍTULO 3: **Entendendo como os Neurônios Funcionam** 47

Parte 2: Traduzindo o Mundo Interno e Externo Através dos Sentidos 65
- CAPÍTULO 4: **Sentindo do Seu Jeito: Os Sentidos da Pele** 67
- CAPÍTULO 5: **Observando a Visão** 81
- CAPÍTULO 6: **Falando Alto: O Sistema Auditivo** 101
- CAPÍTULO 7: **Odores e Paladar** 117

Parte 3: Seguindo em Frente: Sistemas Motores 133
- CAPÍTULO 8: **Os Fundamentos dos Movimentos** 135
- CAPÍTULO 9: **Coordenando Mais as Coisas: A Medula Espinhal e as Vias Medulares** 147
- CAPÍTULO 10: **Planejando e Executando Ações** 159
- CAPÍTULO 11: **Ações Inconscientes com Grandes Implicações** 177

Parte 4: Inteligência: O Cérebro Pensante e a Consciência 195
- CAPÍTULO 12: **Entendendo a Inteligência, a Consciência e as Emoções** 197
- CAPÍTULO 13: **Como o Cérebro Processa os Pensamentos** 221
- CAPÍTULO 14: **O Cérebro Executivo** 241
- CAPÍTULO 15: **Aprendizado e Memória** 257
- CAPÍTULO 16: **Desenvolvendo e Modificando Circuitos Cerebrais: Plasticidade** 281
- CAPÍTULO 17: **Disfunções Neurais, Doenças Mentais e Drogas que Afetam o Cérebro** 305

Parte 5: A Parte dos Dez 319
- CAPÍTULO 18: **Dez (Ou Mais) Estruturas Cerebrais Cruciais** 321
- CAPÍTULO 19: **Dez Truques dos Neurônios que os Fazem Fazer o que Fazem** 329
- CAPÍTULO 20: **Dez Fatos Incríveis sobre o Cérebro** 337
- CAPÍTULO 21: **Dez Tratamentos Promissores para o Futuro** 347

Índice 357

Sumário

INTRODUÇÃO 1
    Sobre Este Livro 1
    Penso que... 3
    Ícones Usados Neste Livro 3
    Além Deste Livro 4
    De Lá para Cá, Daqui para Lá 4

PARTE 1: APRESENTANDO O SISTEMA NERVOSO 5

CAPÍTULO 1: Uma Rápida Viagem Através do Sistema Nervoso 7
    Entendendo a Evolução do Sistema Nervoso 8
        Especializando e comunicando 8
        Evoluindo para animais complexos 9
        Entra o neocórtex 9
    Observando como o Sistema Nervoso Funciona 10
        O importante papel dos neurônios 10
        Associando em circuitos, segmentos e módulos 11
        Que carga: O papel da eletricidade 12
        Entendendo a organização modular do sistema nervoso .. 13
    Observando as Funções Básicas do Sistema Nervoso 13
        Sentindo o mundo ao seu redor 14
        Movendo-se com neurônios motores 14
        Decidindo e fazendo 15
        Processando pensamentos: Usando inteligência e memória ... 16
    Quando as Coisas Dão Errado: Doenças Neurológicas e Mentais .. 17
    Revolucionando o Futuro: Avanços em Vários Campos 18
        Tratando disfunções 18
        Aumentando funções: Mudando quem somos 20

CAPÍTULO 2: Tudo sobre o Cérebro e a Medula Espinhal 21
    Observando Dentro do Crânio: O Cérebro e suas Partes 22
        O neocórtex: Controlando os controladores 22
        Abaixo do neocórtex: O tálamo 30
        O sistema límbico e outras áreas subcorticais importantes 31
        Fazendo a transição entre o cérebro e a medula espinhal 35
        Observando as diferenças: Tamanho, estrutura e outras variações 37
    A Medula Espinhal: A Intermediária entre os Sistemas Nervosos .. 40
        Observando o reflexo espinhal 41
        Movendo seus músculos 42

Lutando ou Fugindo: O Sistema Nervoso Autônomo............43
Como Sabemos o que Sabemos sobre Atividade Neural.........43
    Examinando problemas causados por danos cerebrais.......44
    Usando tecnologia para visualizar o cérebro: Dos antigas EEGs até hoje............44

CAPÍTULO 3: Entendendo como os Neurônios Funcionam....47

Básico sobre Neurônios: Não é Só Mais Uma Célula no Corpo....48
    Enviando e recebendo informação entre neurônios: Receptores sinápticos............49
    Recebendo dados do ambiente: Receptores especializados...51
    Receptores ionotrópicos *versus* metabotrópicos............51
    As três principais classes funcionais de neurotransmissores...53
Que Chocante! Neurônios como Dispositivos Elétricos de Sinalização............54
    Caramba, pulsos — O potencial de ação............56
    Fechando o ciclo: Do potencial de ação à liberação do neurotransmissor............58
Movendo-se com Neurônios Motores............59
Células Não Neuronais: Células da Glia............60
    Astrócitos............60
    Oligodendrócitos e células de Schwann............61
    Células da micróglia............61
Técnicas de Registro............62
    Microeletrodos extracelulares individuais............62
    Redes de microeletrodos............62
    Eletrodos intracelulares de agulha............62
    Eletrodos Patch-clamp............63
    Dispositivos de imagem ótica............63

PARTE 2: TRADUZINDO O MUNDO INTERNO E EXTERNO ATRAVÉS DOS SENTIDOS............65

CAPÍTULO 4: Sentindo do Seu Jeito: Os Sentidos da Pele......67

Como Você Sente? A Verdade sobre a Pele e seus Neurônios Sensoriais............68
    Propriedades gerais da pele............68
    Sentindo o toque: Os mecanorreceptores............69
    Como os mecanorreceptores funcionam............70
    Sentindo temperatura e dor............72
    Sentindo posição e movimento: Propriocepção e cinestesia...73
Receptores da Pele, Circuitos Espinhais Locais e Projeções para o Cérebro............73
    Saídas do receptor somatossensorial............74
    Localizando a sensação: Áreas sensoriais corticais especializadas............74
Entendendo os Aspectos Complexos da Dor............77
    Reduzindo — ou ignorando — a dor............78

Livre de dor e odiando isso: Neuropatia periférica............79
Dor crônica e diferenças individuais em percepção de dor....80

CAPÍTULO 5: Observando a Visão..81

Os Olhos Vencem: Uma Olhada Rápida em seus Olhos..........82
A retina: Convertendo fótons em sinais elétricos.............83
Capturando fótons: Luz e fototransdução...................83
Enviando a mensagem ao cérebro...........................84
Processando sinais dos fotorreceptores: Células
horizontais e bipolares...................................85
Enviando e formatando a mensagem: Células
ganglionares e amácrinas.................................87
Dos Olhos aos Centros de Visão do Cérebro....................89
Destino: Tálamo...89
Outros destinos...92
Do tálamo ao lobo occipital................................93
Problemas de Visão e Ilusões Visuais..........................97
Parecem iguais para mim: Daltonismo.......................97
Entendendo a cegueira....................................98
Ilusões visuais..99

CAPÍTULO 6: Falando Alto: O Sistema Auditivo..........................101

A Orelha: Capturando e Decodificando Ondas Sonoras.........102
Reunindo sons: A orelha externa..........................103
A orelha média..105
Tocando acordes para o cérebro: A orelha interna.........105
Dando Sentido aos Sons: Projeções Auditivas Centrais.........109
Pare antes do tálamo....................................109
Em direção ao tálamo: O núcleo geniculado medial.........110
Processando sons no cérebro: O lóbulo temporal superior...110
Lidando com padrões auditivos complexos.................111
Localizando Sons..113
Calculando o azimute (ângulo horizontal).................113
Detectando elevações....................................115
Eu Não Consigo lhe Ouvir: Surdez e Zumbidos.................115
Perda auditiva..115
Ah, aqueles mosquitos zzz zzz zzz zzz zzz zzz: Zumbidos....116

CAPÍTULO 7: Odores e Paladar...117

Que Cheiro É Esse?..118
Classificando as coisas pelo bulbo olfatório................119
Projetando por caminhos diferentes.......................119
Especificando mais no córtex orbitofrontal................123
Tendo Bom Gosto..124
A língua discriminante: Os quatro gostos básicos..........125
Enviando a mensagem do gosto ao cérebro:
Codificação do gosto....................................127
Identificando e lembrando dos gostos.....................129

O Papel do Aprendizado e da Memória no Paladar e no Olfato...130
Falta de Paladar e Problemas no Olfato..................131
    Pouco ou nenhum olfato........................131
    Saciedade....................................132

PARTE 3: SEGUINDO EM FRENTE: SISTEMAS MOTORES 133

CAPÍTULO 8: Os Fundamentos dos Movimentos 135

Identificando os Tipos de Movimento......................136
    Movimentos que regulam funções corporais internas......136
    Movimentos reflexivos..........................137
    Movimentos planejados e coordenados.............138
Controlando o Movimento: Planejamento Central e Execução Hierárquica....138
    Ativando movimentos musculares involuntários.......139
    Ativando o reflexo de retirada...................139
    Subindo na hierarquia: Locomoção................141
    Usando seu cérebro para comportamento motor complexo....142
Puxando a Carga: Células Musculares e seus Potenciais de Ação....143
Distúrbios Musculares e do Neurônio Motor Muscular.........145
    Miastenia grave..............................145
    Doenças virais do neurônio motor: Raiva e poliomelite......145
    Lesão da medula espinhal......................146

CAPÍTULO 9: Coordenando Mais as Coisas: A Medula Espinhal e as Vias Medulares 147

O Reflexo de Retirada: Uma Resposta de Ciclo Aberto.........148
Mantenha sua Posição! Reflexos de Ciclo Fechado............149
    Forças opostas: Pares musculares extensor-flexor........149
    Determinando a taxa de disparo correta com o circuito neural comparador....150
Os Reflexos Moduladores: Equilíbrio e Locomoção............151
    Mantendo o equilíbrio: O reflexo vestíbulo-espinhal......152
    Faça a locomoção.............................153
Corrigindo Erros sem Feedback: O Cerebelo................155
    Observando os sistemas cerebelares..............156
    Prevendo a localização do membro durante o movimento...157
    Focando em controle do movimento cortical e tronco encefálico....158

CAPÍTULO 10: Planejando e Executando Ações 159

Transformando o Movimento de Reflexos a Conscientes, ou Ação Gerada por Objetivo....160
    Como os lóbulos frontais funcionam...............161

Planejando, corrigindo, aprendendo: Córtex pré-frontal
e processadores subcorticais 163
Memória operacional (ou de trabalho) 163
Iniciando ações: Gânglios basais 164
No meio das coisas: Áreas
suplementares e pré-motoras 166
O cerebelo: Onde você coordena e aprende movimentos.... 167
Juntando tudo 168
Onde Estão os Neurônios de Vontade Própria? 169
O que vem primeiro: O pensamento ou a ação? 169
Contemplando os resultados do estudo 170
Você ainda é responsável! 171
Descobrindo Neurônios Novos (e Estranhos) 171
Neurônios-espelho 172
Neurônios von Economo 173
Quando Tiramos as Rodinhas: Distúrbios Motores 174
Miastenia grave 174
Danos à medula espinhal e ao cérebro 175
Degeneração dos gânglios basais 175
Doença de Huntington 176

CAPÍTULO 11: Ações Inconscientes com Grandes Implicações 177

Trabalhando nos Bastidores: O Sistema Nervoso Autônomo..... 178
Entendendo as funções do sistema nervoso autônomo...... 178
Dividindo e conquistando: Subsistemas simpático
e parassimpático 179
Controlando o sistema nervoso autônomo 181
Sinais de cruzamento: Quando o sistema nervoso
autônomo erra 184
Bons Sonhos: O Sono e os Ritmos ou Ciclos Circadianos 185
Sincronizando o relógio biológico com exposição à luz 185
Observando os diferentes estágios do sono 187
Associações funcionais dos ritmos cerebrais 190
Controlando os ciclos do sono 192
Sonhos não tão bons: Combatendo os distúrbios do sono ... 193

PARTE 4: INTELIGÊNCIA: O CÉREBRO PENSANTE E A CONSCIÊNCIA 195

CAPÍTULO 12: Entendendo a Inteligência, a Consciência e as Emoções 197

Definindo Inteligência 198
Entendendo a natureza da inteligência: Geral
ou especializada? 198
Componentes da inteligência 202
Observando os diferentes níveis de inteligência 205

Inteligência Emocional 206
    Lidando com memórias de reações emocionais fortes....... 207
    Emocionando-se com o sistema límbico 207
Entendendo a Consciência 211
    Analisando suposições sobre a consciência 211
    Tipos de consciência.. 212
    Estudando a consciência 213
    Dois campos e um meio-termo 216
    Processamento inconsciente: Visão cega, negligência
      e outros fenômenos 218

CAPÍTULO 13: Como o Cérebro Processa os Pensamentos 221

O Cérebro: Assumindo o Comando em Vários Níveis 222
Tudo sobre o Neocórtex 223
    Os quatro principais lobos do cérebro e suas funções 223
    Substância cinzenta *versus* substância branca 225
    Conectividade universal *versus* de pequeno mundo........ 226
    Minicolunas e os seis graus de separação 227
    Definindo a estrutura de seis camadas do córtex 227
    Viva o neocórtex!.. 230
Controlando o Conteúdo do Pensamento: Caminhos
  Sensoriais e Hierarquias 231
    Retransmissões sensoriais do tálamo ao córtex............. 231
    O hipocampo: Especializando para memória 234
Dividindo e Conquistando: Linguagem, Visão e os
  Hemisférios Cerebrais 235
    Sistemas cerebrais especializados para linguagem 235
    Vendo o todo e as partes: Assimetrias de
      processamento visual................................... 237
Onde Mora a Consciência 238
    Linguagem e o dano do hemisfério esquerdo ou direito 238
    Entendendo o "intérprete do lado esquerdo" 240

CAPÍTULO 14: O Cérebro Executivo 241

Obtendo o Cérebro que Você Tem Hoje: O Neocórtex *versus*
  Seu Cérebro Reptiliano 242
    Meu neocórtex é maior que o seu: Observando
      tamanhos relativos..................................... 242
    A relação entre o tamanho do córtex pré-frontal e
      a habilidade de perseguir metas 245
Memória Operacional, Resolução de Problemas e o Córtex
  Pré-frontal Lateral... 246
    Processos cerebrais gerindo memória operacional......... 246
    Os limites da memória operacional........................ 248
    Perseverança: Ficando com o velho, mesmo quando
      não funciona mais...................................... 251
Decidindo-se e Mudando de Ideia: O Córtex Orbitofrontal....... 252
    Pressentindo: Reações emocionais aprendidas 252

Apostando em acertar: Correr riscos, aversão e prazer 253
Raciocínio baseado em casos: Pensando sobre
consequências sociais 253
Já estamos chegando? O Córtex Cingulado Anterior 254
Registrando erros e mudando de táticas...................255
Agindo sem pensar..255
Quem está cuidando da loja? Problemas no córtex
cingulado anterior.....................................256

CAPÍTULO 15: Aprendizado e Memória 257

Aprendizado e Memória: Mais uma Maneira de se Adaptar
ao Ambiente..258
Adaptações de desenvolvimento...........................259
Aprendizado clássico....................................259
Enviando Mais ou Menos Sinais: Adaptação *versus* Facilitação ...260
Adaptação...260
Facilitação...261
Estudando habituação e sensibilização em lesmas do mar ...262
Explorando o que Acontece Durante o Aprendizado:
Mudando Sinapses..263
Cálculo neural: Portas neurais E e OU 263
O neurônio McCulloch-Pitts 265
Reconectando seu cérebro: O receptor NMDA...............266
O Papel do Hipocampo no Aprendizado e na Memória 270
Passando da memória de curto para longo prazo...........271
Uma matriz de detectores de coincidências 272
Lembrando-se de como saber: Mecanismos corticais........274
Saber *versus* saber que você sabe: Contexto e
memória episódica 275
Perdendo sua Memória: Esquecimento, Amnésia e
Outros Distúrbios 276
Ficando mais Crânio: Melhorando seu Aprendizado 278
Distribuindo o tempo de estudo por muitas sessões curtas ..279
Dormindo o suficiente 279
Praticando em sua mente.................................280
Recompensando e punindo 280

CAPÍTULO 16: Desenvolvendo e Modificando Circuitos Cerebrais: Plasticidade 281

Desenvolvendo desde a Concepção 282
Surgindo da ectoderme: O sistema nervoso embrionário 283
Adicionando camadas: O desenvolvimento do
córtex cerebral.......................................285
Conectando tudo: Como os axônios conectam várias
áreas do cérebro umas às outras 288
Aprendendo com a Experiência: Plasticidade e o
Desenvolvimento de Mapas Corticais.......................290
Mapeando tudo: Colocando-se em um mundo visual,
auditivo e de toque 291

      Disparando e conectando: Observando a lei de Hebb 291
      Efeitos ambientais: Inato *versus* adquirido 293
      Genética: Especificando o procedimento de
        construção cerebral 294
  Escolhendo o Caminho Errado: Distúrbios do Sistema
    Nervoso do Desenvolvimento 296
      Buscando erros genéticos do desenvolvimento em
        ratos mutantes 298
      Efeitos ambientais no desenvolvimento do cérebro
        humano...299
  O Envelhecimento Cerebral....................................300
      Vivendo muito e bem: Mudanças da expectativa de vida
        em estratégia cerebral 301
      Acumulando afrontas: Disfunções cerebrais específicas
        da idade 302
      Doenças autoimunes 303
      Derrames 304
      Tumores 304

CAPÍTULO 17: Disfunções Neurais, Doenças Mentais e Drogas que Afetam o Cérebro 305

  Observando as Causas e Tipos de Doenças Mentais...........306
      Avarias genéticas......................................307
      Doenças mentais do desenvolvimento e do ambiente 308
      Doenças mentais com componentes genéticos e do
        desenvolvimento misturados 309
  A Promessa dos Produtos Farmacêuticos 315
      Remédios que afetam os receptores GABA................316
      Remédios que afetam a serotonina......................317
      Remédios que afetam a dopamina 317
      Algumas substâncias psicoativas naturais 317

PARTE 5: A PARTE DOS DEZ...............................319

CAPÍTULO 18: Dez (Ou Mais) Estruturas Cerebrais Cruciais... 321

      O Neocórtex..322
      O Tálamo, Passagem para o Neocórtex 322
      O Pulvinar 323
      O Cerebelo 323
      O Hipocampo..324
      Áreas de Wernicke e de Broca 324
      A Área Facial Fusiforme 325
      A Amígdala 326
      O Córtex Pré-frontal Lateral 326
      A Substância Negra (Gânglios Basais) 327
      O Córtex Cingulado Anterior............................327

CAPÍTULO 19: Dez Truques dos Neurônios que os Fazem Fazer o que Fazem 329

Superando o Limite de Tamanho do Neurônio 330
Obtendo o Maior Retorno com Espinhas Dendríticas 331
Receptores Ionotrópicos: Permitindo que Neurônios se
  Comuniquem Quimicamente 331
Especializando-se para os Sentidos 332
Calculando com Correntes de Canais Iônicos 332
Mantendo o Sinal Forte por Longas Distâncias 333
O Axônio: Enviando Sinais da Cabeça aos Pés 334
Acelerando as Coisas com a Mielinização 334
Homeostase Neural 335
Mudando os Pesos Sinápticos para se Adaptar e Aprender ... 336

CAPÍTULO 20: Dez Fatos Incríveis sobre o Cérebro 337

Ele Tem 100 Bilhões de Células e um Quadrilhão de Sinapses ... 338
A Consciência Não Reside em Nenhuma Área Específica
  do Cérebro 338
Ele Não Tem Receptores de Dor 339
Cortar o Maior Trato de Fibra no Cérebro Produz Menos
  Efeitos Colaterais 340
O Cérebro de Einstein Era Menor que a Média 341
Adultos Perdem Várias Centenas de Milhares de Neurônios
  por Dia Sem Efeito Perceptível 341
Grama por Grama, Requer Bastante Energia 342
É um Mito que Usamos Apenas 10% de Nosso Cérebro 343
Danos Cerebrais Podem Resultar em Habilidades Prodígios ... 344
  Cérebros Adultos Podem Desenvolver Novos Neurônios ... 345

CAPÍTULO 21: Dez Tratamentos Promissores para o Futuro 347

Corrigindo Distúrbios do Desenvolvimento pela
  Terapia Genética 348
Aumentando o Cérebro com Manipulação Genética 348
Corrigindo Danos Cerebrais com Células-Tronco 349
Usando Estimulação Profunda do Cérebro para Tratar
  Distúrbios Neurológicos 350
Estimulando o Cérebro Externamente Com EMT e ETCC 351
Usando Neurópteses para Perdas Sensoriais 351
Lidando com a Paralisia com Neurópteses 352
Construindo um Cérebro Melhor com Neurópteses 353
Engajando-se em Aprendizado Controlado por Computadores ... 354
Tratando Doenças com Nanorrobôs 354

ÍNDICE 357

Introdução

O mistério central sobre o cérebro é simplesmente este: como várias células interconectadas podem tornar cada um de nós o que somos — não apenas nossos pensamentos, memórias e sentimentos, mas nossa *identidade*. No presente, ninguém consegue responder a esta pergunta. Alguns filósofos acham que, a princípio, não há resposta.

Eu acredito que *podemos* entender como o cérebro nos faz o que somos. Este livro, embora certamente não contenha a resposta completa, indica o caminho para o que talvez seja a resposta: resumindo, o cérebro é feito de neurônios, cada qual é um pequeno computador complexo. Partes do sistema nervoso fazem sugestões para o resto dele sobre o que você deve fazer em seguida. Outras partes processam as entradas sensoriais que você recebe e dizem ao sistema como as coisas estão até agora. Outras partes, ainda, particularmente aquelas associadas à linguagem, formam um diálogo corrente sobre tudo isso que está acontecendo; essa é a sua consciência.

Não é muito difícil compreender os conceitos, mas as pessoas acham que a neurociência é difícil. E por quê? Porque para que seu sistema nervoso realize essas funções, é preciso 100 bilhões de neurônios e um quadrilhão de conexões estruturadas ao longo de bilhões de anos de evolução e todos os anos de desenvolvimento e aprendizado humano que resultaram em quem você é e onde está agora.

Você precisa saber três coisas para entender como o sistema nervoso funciona. A primeira é como os próprios neurônios funcionam. A segunda é como os neurônios falam uns com os outros em circuitos neurais. A terceira é como os circuitos neurais formam um conjunto específico de módulos funcionais no cérebro. O conjunto específico de módulos que você tem o torna um humano. O conteúdo dos seus módulos específicos o torna único.

Nosso parente animal mais próximo, o chimpanzé, tem praticamente os mesmos neurônios e circuitos neurais que você e eu. Ele tem até a maioria dos mesmos módulos. Nós, humanos, temos alguns módulos extras que permitem a consciência. Entender isso é o objetivo deste livro.

Sobre Este Livro

Vamos encarar. A neurociência é um tópico complexo. E como poderia não ser, já que trata do cérebro, a estrutura mais complexa do universo conhecido? Neste livro eu explico algumas ideias e conexões muito complexas de uma maneira que tanto aqueles que frequentam cursos de introdução à neurociência quanto aqueles que são apenas interessados no tópico por diversão poderão entender.

Para usar e entender este livro, você não precisa saber nada sobre o cérebro, exceto que você tem um. Neste livro, eu trato o máximo possível do básico com linguagem simples e diagramas fáceis de entender, e quando você encontrar termos técnicos como *córtex cingulado anterior* ou *trato vestíbulo-espinhal*, eu explico o que eles significam em linguagem clara.

Este livro é projetado para ser modular pela simples razão de que eu quero que você seja capaz de encontrar a informação de que precisa. Cada capítulo é dividido em seções, e cada seção contém informação sobre algum tópico relevante da neurociência, como:

» Os componentes-chave do sistema nervoso: neurônios e glia
» Como os neurônios funcionam e quais são os diferentes tipos de neurônios
» Quais sistemas estão envolvidos em planejar e executar ações complexas
» O papel do neocórtex em processar pensamentos

O melhor deste livro é que você decide onde começar e o que ler. É uma referência na qual você pode entrar e sair à vontade. Basta consultar o sumário ou o índice para encontrar a informação que quiser.

Nota: Você pode usar este livro como um texto suplementar em muitos cursos de graduação, porque eu discuto o funcionamento do neurônio e do cérebro como um sistema. Cursos de graduação de percepção típicos, por exemplo, dão introduções curtas (e não satisfatórias) a neurônios e processamento neural, e pouco, se algum, tratamento da cognição. Cursos de psicologia cognitiva e de neurociência normalmente tratam bem a cognição, mas frequentemente não ligam a cognição ao nível dos neurônios. Cursos de neurociência comportamental às vezes ignoram a cognição e a neurofisiologia praticamente inteiras enquanto focam em explicar heurísticas e fenomenologia do comportamento e do aprendizado. Você também pode usar este livro como um auxiliar para cursos de pós-graduação ou de profissões da saúde nas quais o sistema nervoso ou doenças ou distúrbios mentais são mencionados, mas pouco tratamento explícito é dado ao sistema nervoso e ao cérebro.

Dentro deste livro você pode notar que alguns endereços da web se quebram em duas linhas de texto. Se quiser visitar uma dessas páginas, simplesmente digite o endereço exatamente como está no texto, fingindo que a quebra de linha não existe.

Penso que...

Ao escrever este livro, fiz algumas suposições sobre você. A saber:

» Você não é um neurocientista ou neurocirurgião profissional, mas pode ser um estudante iniciante neste campo. (Se você notar que seu neurocirurgião está folheando uma cópia deste livro antes de remover partes do seu cérebro, você talvez deva buscar uma segunda opinião.)

» Você está fazendo um curso que relaciona o funcionamento do cérebro, a cognição ou o comportamento e sente que se sairia melhor se tivesse uma compreensão sólida de como o sistema nervoso e seus componentes funcionam.

» Você quer informações em pedaços, fáceis de acessar e fáceis de entender. E se tiver um pouquinho de humor, melhor ainda!

Se você se reconheceu nos pontos anteriores, então você está com o livro certo em mãos.

Ícones Usados Neste Livro

Os ícones neste livro lhe ajudam a encontrar informações específicas. Elas incluem:

Ver as coisas de modo um pouco diferente ou pensar nelas de um jeito novo pode facilitar o entendimento de conceitos potencialmente confusos. Busque este ícone para encontrar esses tipos de discussão "pense nisso desse jeito".

Este ícone aparece próximo a conceitos-chave e princípios gerais dos quais você vai querer lembrar.

Em um assunto tão complicado quanto a neurociência, é inevitável que algumas discussões sejam bem técnicas. Felizmente para você, não é necessário saber as causas e razões detalhadas, mas eu incluo essa informação de qualquer maneira para aqueles que estão vorazmente curiosos ou adoram sofrer. Leia ou pule os parágrafos ao lado deste ícone à vontade.

Além Deste Livro

Além do material no livro impresso que está lendo agora, este produto também vem com alguns materiais online para acessar em qualquer lugar. A Folha de Cola traz informações sobre tipos e funções de células no sistema nervoso central, o papel do neocórtex, os hemisférios esquerdo e direito do cérebro, os quatro lóbulos do cérebro e mais. Para conseguir esta Folha de Cola, basta visitar www.altabooks.com.br e procurar pelo título do livro/ISBN.

De Lá para Cá, Daqui para Lá

Finalmente, o propósito deste livro é colocá-lo rapidamente no ritmo para entender os neurônios e o sistema nervoso, particularmente o cérebro, mas há muitos tópicos da neurociência que ficam muito além do escopo deste livro. Esta é uma amostra: metabolismo intraneuronal e cascatas de segundo mensageiro, associação de deficit neurológico com lesões em tratos e núcleos específicos, teoria do aprendizado tradicional, e genética moderna. Você pode achar discussões detalhadas da maioria desses assuntos em *Princípios de Neurociências*, 5ª edição, de Kandel, Schwartz e Jessel, a bíblia dos livros de neurociência.

1 Apresentando o Sistema Nervoso

Nesta parte...

Descubra o que são neurônios e o que eles fazem que permite que 100 milhões deles formem um cérebro humano.

Veja a estrutura geral do sistema nervoso central, do córtex ao tronco encefálico e medula espinhal.

Veja os detalhes dos neurônios como dispositivos elétricos de sinalização que processam entradas e, como resultado, secretam moléculas mensageiras.

> **NESTE CAPÍTULO**
>
> Seguindo a evolução do sistema nervoso
>
> Entendendo como o sistema nervoso funciona
>
> Listando as funções básicas do sistema nervoso
>
> Vendo os tipos de disfunções neurais
>
> Espiando as futuras contribuições da neurociência

Capítulo 1

Uma Rápida Viagem Através do Sistema Nervoso

Meu cérebro: é meu segundo órgão favorito.
— Woody Allen (*O Dorminhoco*, 1973)

O cérebro que você carrega em sua cabeça é, de longe, a estrutura mais complicada conhecida no universo, e tudo o que você é, foi e será surge da atividade dessa coleção de 1,36kg de 100 bilhões de neurônios.

Embora este livro seja sobre *neurociência*, o estudo do sistema nervoso, ele é principalmente sobre o cérebro, onde a maioria da ação do sistema nervoso acontece, em termos neurais. (O sistema nervoso central é formado por cérebro, retina e medula espinhal.) Se seu cérebro funciona bem, você pode ter uma vida longa, feliz e produtiva (salvo algumas circunstâncias infelizes, claro). Se você tem alguma disfunção cerebral, pode lutar para superar cada detalhe da vida, uma batalha que acontecerá dentro do seu cérebro. Então continue lendo para uma introdução ao sistema nervoso, como ele funciona, o que faz e o que pode dar errado.

Entendendo a Evolução do Sistema Nervoso

A Terra formou-se há 4,5 bilhões de anos. Biólogos evolucionistas acreditam que a vida unicelular *procariótica* (células sem um núcleo celular) apareceu na Terra menos de um bilhão de anos depois disso. O notável sobre essa data é que os geofísicos acreditam que esse é o ponto mais antigo em que o planeta esfriou o suficiente para sustentar a vida. Em outras palavras, a vida apareceu quase no mesmo instante (em tempo geológico) em que isso se tornou possível.

Por razões desconhecidas, levou mais de outro bilhão de anos para a vida *eucariótica* (células com núcleos) aparecer, outro bilhão de anos para a vida multicelular evoluir de células eucarióticas e *outro* bilhão de anos para os humanos surgirem — há menos de um milhão de anos. O processo que levou à vida multicelular ocorreu nos oceanos da Terra.

Especializando e comunicando

Em organismos multicelulares, o ambiente das células do lado de dentro do grupo celular é diferente do ambiente das células do lado de fora. Esses ambientes diferentes exigiam que as células nessas formas de vida multicelulares desenvolvessem um jeito de se especializar e se comunicar. Entender essa especialização é uma das chaves para entender como o sistema nervoso funciona.

Imagine uma bola de algumas dúzias de células em um oceano primitivo há bilhões de anos. Como as células de dentro da bola não estão expostas à água do mar, pode ser que elas consigam executar alguma função digestiva ou outra de forma mais eficaz, mas que não tenham como obter os nutrientes de que precisam da água do mar e nem tenham um jeito de se livrar do lixo. Para realizar essas tarefas, elas precisam da cooperação das células à sua volta.

Por isso, a vida multicelular permitiu — na verdade exigiu — que as células se especializassem e se comunicassem. Células eucarióticas se especializaram regulando a expressão do DNA de maneira diferente para células dentro da bola de células *versus* aquelas do lado de fora. Enquanto isso, algumas das substâncias secretadas pelas células se tornaram sinais para que outras células respondessem.

Movendo para cá, para lá e para todo lugar — de maneira coordenada

Correntes, marés e ondas nos antigos oceanos da Terra moveram os organismos por aí, eles querendo ou não. Até organismos especializados para fotossíntese desenvolveram mecanismos de flutuação para se manterem na camada superior do oceano, onde fica a luz do sol. Outros mecanismos darwinianos de "sobrevivência do mais adaptado" causaram outras mudanças.

Alguns organismos multicelulares encontraram vantagem em se mover mais ativamente usando flagelos. Mas ter diferentes células em diferentes lados de um organismo multicelular movendo flagelos de modo descoordenado não é a melhor maneira de direcionar o movimento (imagine uma equipe de remo em que cada membro rema em uma direção diferente). Sem sincronização, o barco — o organismo, neste caso — não iria a lugar nenhum. O resultado? Redes de células especializadas com junções comunicantes entre elas evoluíram. Essas redes permitiram sinalização elétrica rápida por redes neurais parecidas com anéis que se tornaram especializadas em sincronizar flagelos do lado de fora do organismo.

Evoluindo para animais complexos

Bolas de células com sistemas nevosos se tornaram capazes de se mover de modo coordenado nos oceanos, evoluindo para animais complexos com neurônios sensoriais e outros neurônios especializados.

Cerca de meio bilhão de anos atrás, invertebrados, como os insetos, rastejaram para a terra firme para devorar as plantas que cresciam lá há milhões de anos. Mais tarde, alguns peixes pulmonados vertebrados se aventuraram na terra por breves períodos, quando poças de maré e outros corpos rasos de água secaram, forçando-os a se contorcerem para chegar a uma poça maior. Alguns gostaram tanto que acabaram ficando na terra quase o tempo todo e se tornaram anfíbios, alguns dos quais se transformaram mais tarde em répteis. Alguns dos répteis deram origem aos mamíferos, cujos descendentes somos nós.

Entra o neocórtex

Quando você vê o cérebro humano de cima ou de lado, quase tudo o que vê é o neocórtex. É chamado "neo" porque é uma invenção relativamente recente dos mamíferos. Antes dos mamíferos, animais como répteis e pássaros tinham cérebro relativamente pequeno, com áreas muito especializadas para processar informação sensorial e controlar o comportamento.

O que aconteceu com a evolução dos mamíferos foi que um circuito específico do cérebro expandiu enormemente como uma camada adicional de processamento colocada no topo de todas as áreas cerebrais antigas para processamento sensorial e controle motor.

Neurocientistas não têm certeza de como e por que o neocórtex evoluiu. Pássaros e répteis (e dinossauros, aliás) se saíram muito bem com seus cérebros pequenos e especializados antes da expansão massiva do neocórtex que ocorreu nos mamíferos. De qualquer maneira, uma vez que os mamíferos chegaram, o neocórtex aumentou tremendamente, diminuindo o resto do cérebro que havia evoluído anteriormente. Isso ocorreu apesar do fato de cérebros grandes serem caros, metabolicamente. O cérebro humano consome cerca de 20% do metabolismo do corpo, apesar de representar apenas cerca de 5% do peso corporal.

Observando como o Sistema Nervoso Funciona

Observe praticamente qualquer foto do cérebro e verá imediatamente que ele consiste de várias regiões diferentes. O cérebro não parece ser uma massa amorfa de tecido neuronal que simplesmente preenche o interior do crânio.

Dada sua aparência, há duas perguntas muito importantes e relacionadas:

» As diferentes regiões do cérebro que parecem diferentes realmente fazem coisas diferentes?

» As regiões que parecem iguais fazem a mesma coisa?

A resposta para ambas as perguntas? Mais ou menos. A próxima seção explica.

O importante papel dos neurônios

O sistema nervoso, explicado em detalhes no Capítulo 2, consiste no sistema nervoso central (cérebro, retina e medula espinhal), e no sistema nervoso periférico (os axônios sensoriais e motor, que conectam o sistema nervoso central aos membros e órgãos). O sistema nervoso periférico também inclui o sistema nervoso autônomo (que regula processos corporais como digestão e frequência cardíaca) e o sistema nervoso entérico, que controla o sistema gastrointestinal.

CAMPOS E CAROÇOS: PRIMEIRAS TEORIAS SOBRE COMO O CÉREBRO FUNCIONA

O início da história da neurociência viu várias teorias do funcionamento do cérebro. Duas das mais interessantes são as teorias da *frenologia* e do *campo agregado*.

As teorias do campo agregado supunham que, para a maior parte, o cérebro é um grande circuito neuronal único cujas capacidades são relacionadas, em sua maioria, a seu tamanho total. Essas teorias supunham que a estrutura interna do cérebro é de pouca importância para entender seu funcionamento.

No outro extremo estão os frenologistas, que acreditavam que quase toda característica humana, incluindo atributos como cautela, coragem e esperança, está localizada em partes específicas do cérebro. Essas pessoas acreditavam que o desenvolvimento desses atributos podem ser determinados medindo a altura do crânio sobre essas áreas (caroços), presumindo que o cérebro abaixo cresce e empurra o crânio para cima para traços que são altamente desenvolvidos. Você pode ler mais sobre frenologia no Capítulo 12.

Todas as divisões do sistema nervoso são baseadas universalmente nas funções dos neurônios. *Neurônios* são células especializadas que processam informação. Como todas as células, eles são inacreditavelmente complicados à sua própria maneira. Todos os sistemas nervosos em todas as espécies animais têm quatro tipos básicos de células funcionais:

» **Neurônios sensoriais:** Estes neurônios informam ao resto do cérebro sobre o ambiente externo e interno.

» **Neurônios motores ou efetuadores:** Neurônios motores contraem músculos e medeiam comportamentos, e neurônios de outras saídas estimulam glândulas e órgãos.

» **Neurônios de comunicação:** Transmitem sinais de uma área do cérebro para outra.

» **Neurônios de associação ou associativos:** A maioria dos neurônios em vertebrados é de interneurônios envolvidos em associações locais. Interneurônios de associação extraem e processam informações vindas dos sentidos, comparam-na com o que está na memória e a utilizam para planejar e executar o comportamento. Cada uma das várias centenas de regiões do cérebro contém várias dúzias de tipos distintos de interneurônios de associação que medeiam a função dessa área do cérebro.

O que realmente distingue o sistema nervoso de qualquer outro grupo de células funcionais é a complexidade das interconexões neurais. O cérebro humano tem cerca de 100 bilhões de neurônios, cada um com um conjunto único de cerca de 10 mil entradas sinápticas de outros neurônios, produzindo cerca de um quadrilhão de sinapses. O número de estados distintos possíveis desse sistema é praticamente incontável.

Você pode ler uma discussão detalhada sobre neurônios e como eles funcionam no Capítulo 3.

Associando em circuitos, segmentos e módulos

A maior parte do cérebro, que é o que você realmente vê quando olha para um cérebro de cima ou de lado, é o neocórtex. O neocórtex é, na verdade, uma folha de células um pouco compactadas para caber dentro da cabeça. Os neurônios no neocórtex formam um circuito neural complexo, a *minicolumn* (**minicoluna**), que é repetido milhões de vezes pela superfície cortical.

LEMBRE-SE

O cérebro contém muitas áreas especializadas associadas com sentidos específicos (visão *versus* audição, por exemplo) e outras áreas mediando saídas motoras específicas (como mover a perna *versus* a língua). A função de diferentes áreas do cérebro não depende de uma estrutura específica de *minicolumns* dentro dela, mas de entradas e saídas.

Então, apesar de os tipos de células e circuitos no córtex auditivo serem similares àqueles nos córtices visual e motor, o córtex auditivo é o córtex auditivo porque recebe entradas da cóclea (uma parte da orelha) e porque envia saídas para áreas associadas com o processamento de informação auditiva e que a utilizam para guiar o comportamento.

Muitas outras partes do sistema nervoso também são feitas de circuitos repetidos ou módulos de circuitos, embora sejam diferentes em partes distintas do cérebro:

> » **A medula espinhal** consiste em segmentos muito similares (cervical, torácica, lombar, e assim por diante), cuja estrutura é repetida da borda da medula, no topo da medula espinhal, até os segmentos coccígeos no final.
> » **O cerebelo,** uma estrutura proeminente na parte de trás do cérebro abaixo do neocórtex, está envolvido em afinar sequências motoras e aprendizado motor. Dentro do cerebelo há circuitos neurais repetidos formando módulos que lidam com planejamento motor, execução motora e equilíbrio.

LEMBRE-SE

Todos os módulos do sistema nervoso central são extensivamente interconectados. Se fizer um corte em qualquer parte do cérebro, você verá que ele tem mais substância branca, ou *tratos de axônios* de aparência pálida (os "cabos" neurais que conectam neurônios uns aos outros), do que *substância cinza* mais escura (corpos celulares neurais e dendritos, que recebem entradas de outros neurônios e fazem as associações neurais). Eis o porquê: o cérebro usa interconexões locais entre neurônios para fazer associações em circuitos neurais. Entretanto, cada neurônio contacta apenas uma fração dos outros neurônios no cérebro. Para chegar a outros módulos cerebrais para outras associações, os resultados dessas associações devem ser enviados por projeções de longa distância através de tratos de axônios de neurônios de comunicação.

Que carga: O papel da eletricidade

A maioria dos neurônios são células especializadas para associação e comunicação. Eles têm dois tipos de ramos: *dendritos* (que normalmente recebem entradas de outros neurônios) e *axônios* (que são as saídas dos neurônios para outros neurônios ou outros destinos, como os músculos) emanando de seus corpos celulares.

Dendritos neuronais podem ter centenas de micrômetros de comprimento, e axônios neurais podem atingir um metro (por exemplo, axônios correm de células únicas no córtex motor primário em seu cérebro até a base da sua medula espinhal). Como o neurônio é alongado pelos dendritos e axônios, se ele for processar sinais rapidamente, precisa de mecanismos para ajudar essa comunicação intracelular. Esse mecanismo? Eletricidade, cuja condução até o axônio é auxiliada pela bainha de mielina das células da glia.

Neurônios usam eletricidade para comunicar o que está acontecendo em suas diferentes partes. A ideia básica é a de que as entradas se espalhem pelos dendritos e provoquem o fluxo de corrente destes para o corpo celular. O corpo celular converte essa mudança de corrente elétrica em um conjunto de pulsos enviados pelo axônio a outros neurônios. Para descobrir mais sobre como os neurônios se comunicam em geral, veja o Capítulo 3. Os capítulos na Parte 2 explicam os detalhes específicos para cada sistema sensorial.

Entendendo a organização modular do sistema nervoso

O sistema nervoso tem uma organização modular geral. Os neurônios participam em circuitos locais consistindo em várias centenas de neurônios compostos de uma ou duas (ou três, às vezes quatro!) dúzias de tipos diferentes de neurônios. Esses circuitos locais realizam associações neurais em entradas para o circuito e enviam os resultados para outros circuitos como saídas através de projeções neurais.

Circuitos locais formam módulos que realizam certas funções, como ver linhas verticais, ouvir tons de 10.000Hz, causar a contração de um músculo específico do dedo ou fazer o coração bater mais rápido. Grupos de módulos similares formam regiões importantes do cérebro, das quais há várias centenas. Módulos no cérebro, na medula espinhal, no sistema nervoso periférico e no sistema nervoso autônomo funcionam todos juntos para manter sua sobrevivência, regulando seu ambiente interno e gerindo sua interação com o ambiente externo. Claro, humanos fazem mais do que apenas sobreviver. Somos capazes da linguagem, da autorreflexão, da tecnologia e da curiosidade sobre nosso lugar no universo.

Observando as Funções Básicas do Sistema Nervoso

Animais têm sistemas nervosos, mas plantas não. A pergunta é: por que não? Ambos são multicelulares, e muitas plantas, como árvores, são muito maiores que os maiores animais.

COMA SEU CÉREBRO, SEU TOLO!

Ascídias são filtradoras (filtram nutrientes da água do oceano) que vivem no fundo do mar. O interessante sobre esses organismos, além das muitas formas e cores que podem ter, é que eles têm uma forma larval móvel com um gânglio cerebral que controla o nado, mas a forma adulta é *séssil* (ancorada, como uma planta).

Durante a metamorfose para a forma adulta, a ascídia digere seu gânglio central e, assim, "come o próprio cérebro", porque, em forma de planta, não precisa mais dele.

A diferença-chave, claro, é o movimento. Todos os animais se movem, mas quase nenhuma planta o faz. Sistemas nervosos possibilitam o movimento, e isso é o que separa plantas e animais.

Sentindo o mundo ao seu redor

Neurônios sensoriais detectam energia e substâncias de dentro e de fora de nosso corpo. Detectores de energia incluem fotorreceptores no olho (Capítulo 5), células ciliadas auditivas na cóclea (Capítulo 6) e mecanorreceptores na pele, que detectam pressão e vibração (Capítulo 4). Células sensoriais que detectam moléculas incluem neurônios olfativos e papilas gustativas (Capítulo 7).

Nós também temos detectores dentro de nosso corpo que detectam a temperatura corporal, os níveis de CO_2, a pressão sanguínea e outras indicações de funções corporais. Os sistemas nervosos central e autônomo (discutidos no Capítulo 11) usam as saídas desses sensores internos para regular funções corporais e mantê-las em uma faixa aceitável (homeostase). Isso normalmente ocorre sem nos darmos conta.

Neurônios sensoriais são os mais especializados de todos os neurônios porque têm mecanismos únicos para responder a um tipo específico de energia ou detectar uma substância específica (como em receptores de cheiro e gosto). Por exemplo, alguns animais podem sentir diretamente o campo magnético da Terra. Eles fazem isso porque têm células que depositaram pequenos cristais de magnetita em seu citoplasma que reagem à força desse campo magnético para gerar um sinal elétrico na célula. Esse sinal elétrico é, então, comunicado a outras células no sistema nervoso do animal, para navegação.

Movendo-se com neurônios motores

A maioria dos neurônios são interneurônios de associação que recebem entradas de outros neurônios e têm saídas para outros. No entanto, alguns neurônios, como aqueles listados na seção anterior, são diferentes:

» **Alguns neurônios são especializados para a sensação.** A entrada para esses neurônios vem do mundo, não de outros neurônios.

» **Alguns neurônios enviam sua saída para músculos, glândulas ou órgãos, em vez de para outros neurônios.** Dessa maneira, eles estimulam a ação, que pode ser qualquer coisa, desde secretar um hormônio específico para regular um processo corporal até correr atrás do carrinho de doces do outro lado da rua.

Nosso corpo executa dois tipos bem diferentes de movimento. O *movimento voluntário* é controlado pelo sistema nervoso central, cujos neurônios motores inervam *músculos estriados* (também envolvidos no reflexo). Nós também temos *músculos lisos* controlados por neurônios no sistema nervoso autônomo, como no sistema digestório ou aqueles que controlam a pupila do olho. O movimento é um tópico tão importante na neurociência que eu dedico toda a Parte 3 a ele.

Decidindo e fazendo

Sistemas nervosos centrais são complexos em mamíferos porque grandes áreas do neocórtex conduzem o controle motor, o processamento sensorial e, por falta de um termo melhor, o que acontece no meio. Dedicar uma grande quantidade de tecido cerebral para controle motor permite padrões sofisticados e complexos de movimento. Grandes áreas cerebrais processando entradas sensoriais podem permitir que você reconheça padrões complexos nessas entradas.

Grandes partes do cérebro não dedicadas diretamente a controlar o movimento ou processar entrada sensorial são tradicionalmente chamadas de *córtex de associação*. Embora juntar todos os córtices não sensoriais e não motores sob um mesmo termo não seja muito preciso, é claro que o córtex de associação permite que contingências muito complexas existam entre o que é realmente recebido pelos sentidos e qual comportamento ocorre como um resultado. Ou seja, um neocórtex grande permite que muitas decisões aconteçam sobre o que você fará.

Entre os mamíferos, aqueles que tendemos a considerar os mais inteligentes, como primatas, cetáceos e, talvez, elefantes, têm os maiores neocórtices. Bem, não é só o neocórtex que tem impacto na inteligência; o tamanho do lobo frontal também. O mais inteligente entre os animais listados (os primatas) tem os maiores lobos frontais em relação ao resto do neocórtex.

LEMBRE-SE

A parte mais anterior (ou seja, da frente) do lobo frontal é chamada de *córtex pré-frontal*. Esta área é expandida em primatas e particularmente em humanos. O córtex pré-frontal controla o nível mais abstrato de planejamento de metas.

Se você não tem lobos frontais grandes, seu comportamento tende a ser dominado por necessidades atuais e o que acontece atualmente no mundo à sua volta. Se você é um lagarto, você tem fome, sono, calor, busca um companheiro ou corre perigo de ser pego por um predador. Você tem vários repertórios comportamentais, e seu cérebro seleciona entre eles. Por exemplo, você pode estar à procura de um companheiro. Nesse caso, está seguindo um programa motor em-busca-de-amor. Mas quando você percebe um falcão circulando, troca para o programa evitar-falcões e procura um esconderijo.

Mamíferos, com seus lobos frontais, têm a capacidade de planejar complexas sequências de ação com vários passos. Eles podem evitar falcões e ainda lembrar onde o companheiro em potencial estava e retornar à procura dele depois que o falcão for embora. Mamíferos podem interagir em grandes grupos sociais nos quais seu relacionamento com cada membro é individualizado, não apenas baseado em quem é maior ou menor ou mais ou menos receptivo a investidas sexuais no momento.

Processando pensamentos: Usando inteligência e memória

Quando pensamos em inteligência, normalmente pensamos sobre as diferenças entre humanos e animais, embora alguns comportamentos animais sejam certamente reconhecidos como inteligentes. Dois atributos — nossa capacidade de linguagem e nossa memória episódica — são associados à inteligência humana. As seções seguintes esboçam muito brevemente os pontos-chave relacionados à memória, linguagem e inteligência. Para uma discussão completa da hierarquia da inteligência — e das descobertas-chave e dilemas atuais —, veja os capítulos 12 a 15.

Linguagem

Um atributo associado à inteligência humana é a linguagem, que, quando definida como o uso de sequências de sinais com uma gramática complexa, parece ser unicamente humana. O interessante — na perspectiva neurocientista — é que ela fica só de um lado do cérebro (o lado esquerdo na maioria dos destros).

O que a torna incompreensível é que os dois lados de um cérebro humano parecem quase idênticos, tanto em organização de grande quanto de pequena escala. Ou seja, parece não haver diferença física entre as duas metades. Neurocientistas não conhecem um circuito ou estrutura ou célula única do lado esquerdo do cérebro que explicaria sua capacidade de linguagem comparada à falta dela do lado direito. Ainda assim, como visto em pacientes cujas metades esquerda e direita do cérebro foram desconectadas por razões médicas, o lado esquerdo é capaz de conduzir uma conversa sobre experiências recentes, mas o direito não.

Memória episódica

Outra distinção menos apreciada entre inteligência humana e animal é a capacidade humana da memória episódica. *Memória episódica* é a memória de um evento específico e seu contexto no tempo. Ela pode ser contrastada com a *memória semântica*, um tipo de memória associativa envolvendo o conhecimento geral de fatos ou associações. É a diferença entre saber quando você aprendeu que a capital do Acre era Rio Branco (episódica) e saber o fato de que a capital do Acre é Rio Branco (semântica).

Até animais primitivos podem formar memórias associativas, como em condicionamento clássico ou operante (o nome Pavlov lembra alguma coisa?), mas quase não há evidências de que animais não humanos tenham memórias episódicas, o que depende da ação da memória operacional no córtex pré-frontal. O córtex pré-frontal é maior em humanos do que em outros primatas, mas se até mamíferos não primatas têm córtices pré-frontais, então a pergunta seria: a memória episódica depende da linguagem? O que os neurocientistas sabem é que o planejamento complexo do qual os humanos são capazes depende de funções executivas no córtex pré-frontal.

Quando as Coisas Dão Errado: Doenças Neurológicas e Mentais

Dada a enorme complexidade do cérebro, não deveria ser surpresa ele falhar às vezes. Distúrbios mentais variam daqueles com uma base genética clara, como síndrome de Down e do X Frágil, a distúrbios com hereditariedade alta, mas não absoluta, como esquizofrenia e autismo, até condições que podem ser quase completamente atribuídas a eventos da vida, como alguns tipos de depressão.

Alguns distúrbios mentais também são associados com o envelhecimento, como Alzheimer e Parkinson. Essas doenças não têm base genética clara, embora cada vez mais evidências apontem a associações entre alguns componentes genéticos e o risco para essas doenças. A doença de Huntington é genética, mas seus sintomas em geral não aparecem até a idade adulta.

O que pode dar errado com o cérebro pode ocorrer em vários níveis. As seguintes são apenas uma amostra das doenças mentais e neurológicas possíveis:

- » **Erros de desenvolvimento na estrutura bruta:** Mutações genéticas ou toxinas ambientais podem levar a defeitos na estrutura cerebral bruta, os quais podem incluir áreas cerebrais ausentes ou anormalmente pequenas, como o cerebelo, ou falta de tratos axônicos conectando áreas cerebrais.
- » **Erros de desenvolvimento em circuitos locais específicos:** Algumas teorias sugerem que, em pessoas com autismo, o equilíbrio entre conexões neurais de curto e longo alcance é enviesado para o curto alcance. Ou seja, uma superatenção aos detalhes e inabilidade de responder bem ao todo.
- » **Vias neurais disfuncionais:** Mutações em genes que especificam receptores neurotransmissores podem levar a um deficit de processamento do cérebro. Algumas áreas cerebrais podem compensar com outros receptores neuronais, mas outras podem não fazê-lo. O equilíbrio do receptor excitatório/inibitório pode estar envolvido na epilepsia e em algumas formas de depressão.
- » **Disfunções orgânicas causadas pelo ambiente:** O cérebro pode ser danificado por lesão visível, como um golpe na cabeça, ou por toxinas como chumbo e mercúrio, que produzem atrasos de desenvolvimento e outras incapacidades mentais sem sinais evidentes de dano cerebral.
- » **Disfunções psicológicas causadas pelo ambiente:** Às vezes, doenças mentais, como alguns tipos de depressão, ocorrem depois de disparadores ambientais em pessoas que não tinham indicações prévias de problemas mentais. Uma questão crucial em doenças como depressão é se causas não orgânicas, como a perda de um ente querido, produzem depressão primariamente por mudar a neuroquímica cerebral.

Para mais informações sobre esses tipos de doenças e distúrbios, veja o Capítulo 17.

Revolucionando o Futuro: Avanços em Vários Campos

Revoluções na neurociência que terão ramificações significantes na humanidade ocorrerão dentro de 20 anos nestas duas áreas:

» Tratamentos e curas de disfunções
» Aumento do cérebro além de suas capacidades "normais" até agora

Discuto ambas nas próximas seções.

Tratando disfunções

Até o último quarto do século XX, tentativas de tratar problemas cerebrais eram como tentar consertar um computador com um martelo e uma serra. Não havia ferramentas adequadas e nem o conhecimento sobre como usá-las. Pesquisas sobre o cérebro começaram a mudar isso, e as mudanças estão aparecendo agora.

Terapias farmacológicas

A maioria dos distúrbios mentais, incluindo depressão, esquizofrenia, ansiedade e transtorno obsessivo-compulsivo, é atualmente tratada primariamente com remédios. A maioria desses remédios atinge sistemas neurotransmissores.

Terapias farmacológicas variam em sua eficácia e efeitos colaterais. Lições aprendidas da primeira e segunda gerações de remédios estão sendo usadas para projetar e selecionar agentes de terceira geração — ou mais. Embora o custo de levar um novo grande remédio ao mercado esteja perto de um bilhão de dólares, há esforços de financiamento internacional, privado e público, extensivo para desenvolvê-los. Remédios eficazes contra a maioria das doenças mentais, o abuso de substâncias ou a sociopatia transformariam a humanidade.

Transplantes

Transplantes neurais são uma grande esperança para tratar distúrbios neurológicos como Parkinson, que é causado pela morte de um número pequeno de células em áreas específicas do cérebro (a *substância negra*, neste caso). Podem consistir de tecido do doador ou células-tronco que podem se diferenciar nos tipos de células necessárias quando transplantadas para a região afetada.

Muitos laboratórios trabalham para transplantar tecido com células secretoras "estranhas" protegidas do sistema imunológico do paciente por membranas que permitam que os produtos secretórios saiam, mas que as células imunológicas do hospedeiro não entrem. Se as células encapsuladas responderem a níveis circulantes de neurotransmissores no hospedeiro de maneira adequada, elas podem regular os níveis do que secretam mais eficazmente do que com pílulas.

Estimulação elétrica

A estimulação cerebral profunda (ECP) é uma técnica em que o equilíbrio da atividade em um circuito neural envolvendo várias áreas cerebrais é alterada por estimulação contínua dos neurônios em uma parte do circuito. Ela evoluiu parcialmente das tentativas de alcançar os mesmos fins ao remover cirurgicamente áreas do cérebro que se pensava serem superativadas no circuito dos gânglios basais no mal de Parkinson. A ECP tem tido sucesso ao tratar Parkinson e certos tipos de tremores, e também é promissora com certos tipos de depressão.

Outro tipo de estimulação elétrica é a estimulação magnética transcraniana repetitiva (EMTr), que usa um forte campo magnético pulsado gerado fora do crânio para produzir correntes localizadas dentro de áreas cerebrais abaixo da bobina. Essas correntes estimulam e depois desligam a atividade cerebral por um período de tempo. Apesar da curta duração dos efeitos diretos, observaram-se benefícios em longo prazo em casos como depressões intratáveis. Nisso a EMTr parece ter agido quase como uma "terapia de choque" (terapia eletroconvulsiva, ou ECT), mas sem convulsões e outros efeitos colaterais.

Uma técnica de estimulação elétrica chamada de estimulação transcraniana por corrente contínua (ETCC) também promete melhorar a aprendizagem, reduzir a depressão e aumentar o autocontrole. A ETCC injeta cerca de 2 miliamperes de corrente entre os eletrodos ânodo (positivo) e cátodo (negativo) posicionados em diferentes áreas cerebrais, dependendo de qual será modulada. Estudos sugerem que a atividade cerebral sob o ânodo melhora, enquanto a atividade cerebral sob o cátodo enfraquece. Assim como na EMTr, os efeitos parecem durar muito mais do que o tratamento, que é de cerca de 20 minutos para a ETCC.

Próteses neurais

Paralisia da medula espinhal e danos cerebrais são quase impossíveis de tratar porque os neurônios motores que ativariam os músculos foram todos mortos na lesão original ou se degeneraram por falta de uso. Um sonho há muito acalentado para reabilitação desses pacientes é interceptar os sinais cerebrais comandando movimentos, retransmiti-los depois da interrupção e conduzir os músculos diretamente com estimulação elétrica.

Outro tipo de prótese neural é para a substituição sensorial. De longe a mais bem-sucedida delas é o implante coclear para surdez. Mais de 80 mil deles foram feitos no mundo até o momento em que esse livro foi escrito. Na maioria dos casos, essas próteses permitem que o receptor tenha conversas normais, até mesmo ao telefone.

Próteses para a visão têm tido menos sucesso, parcialmente porque o canal de informação é muito maior (1 milhão de axônios de células da glia *versus* 30 mil fibras do nervo auditivo), e parcialmente porque a cóclea tem um ambiente único adequado para a introdução de uma prótese estimuladora. Projetos de demonstração de próteses visuais as implantaram na retina e no córtex visual, mas sem eficácia relevante. No entanto, o trabalho continua.

Terapias genéticas

Muitos distúrbios psicológicos e neurológicos ocorrem porque alguns sistemas neurotransmissores estão hiperativos, hipoativos ou fora do equilíbrio. Dado que a neurotransmissão é regulada pela expressão genética, modificá-la é um alvo terapêutico óbvio. Recentemente, a inserção de novos genes em animais e humanos adultos foi feita com terapias de transfecção viral, como *adenovírus modificados* (que produzem a gripe comum), para inserir um gene desejado no genoma de um paciente que será, então, expressado como o DNA nativo do próprio paciente, mas que corrigirá o desequilíbrio do neurotransmissor. Terapias genéticas revolucionarão a medicina e a neurociência nas próximas décadas.

Aumentando funções: Mudando quem somos

Nós, humanos, estamos agora começando a evoluir. Essa evolução irá além das vacinas, cirurgias e próteses que alteram nosso corpo. Envolverá nosso cérebro, diretamente conectado a circuitos elétricos e, através destes, ao universo.

Usando as prováveis extensões da tecnologia atual, imagine usar uma prótese neural para acessar a internet ao apenas pensar. Próteses similares poderiam traduzir línguas em nossa cabeça e nos permitir fazer cálculos matemáticos complexos, bem como permitir que nos comuniquemos com qualquer pessoa apenas pensando nela.

Soa improvável? Considere que neuropróteses feitas de centenas de eletrodos já foram experimentalmente implantadas em algumas pessoas paralisadas ou cegas. Os princípios envolvidos em gravar ou estimular neurônios individuais no cérebro estão consolidados. Resta alcançar uma melhor resolução e processamento de sinal e implantes que durem mais, o que, sem dúvida, acontecerá em 20 anos.

> **NESTE CAPÍTULO**
>
> Observando os hemisférios e os lóbulos no cérebro
>
> Uma exclusiva sobre diferenças de processamento baseado em gênero
>
> Entendendo a função da medula espinhal no sistema nervoso central
>
> Entendendo o papel do sistema nervoso autônomo
>
> Focando em tecnologia de imagem

Capítulo 2

Tudo sobre o Cérebro e a Medula Espinhal

Neste momento, enquanto você lê isto, seu cérebro está ocupado processando imagens visuais desta página em letras, palavras e frases. Você entende o que essas imagens significam por causa de suas memórias de palavras em português e da gramática e porque seu conhecimento geral do mundo é ativado por essas palavras. Mas seu cérebro está sempre fazendo muito mais do que isso, não importa o quanto você esteja se concentrando na leitura. Ele controla e monitora constantemente *todas* as funções corporais, permitindo que você espirre, mude de posição na cadeira, levante sua xícara de café para beber, engula e respire.

O cérebro é parte de nosso sistema nervoso, que é uma rede de subsistemas e partes inter-relacionadas. O cérebro e a medula espinhal, juntos (mais a retina no olho), constituem o *sistema nervoso central*. A medula espinhal conecta-se aos músculos, órgãos e receptores através do *sistema nervoso periférico*, que inclui o sistema nervoso autônomo, que regula movimentos involuntários (pense em frequência cardíaca, processos digestivos e regulação da temperatura interna, só para citar alguns). O sistema nervoso consiste em *neurônios*, que fazem o trabalho de processar e comunicar sinais, e *células da glia*, que formam as estruturas nas quais os neurônios residem e fornecem um apoio importante para mantê-los funcionando e felizes.

Este capítulo apresenta a anatomia bruta do cérebro e da medula espinhal (não bruta de violento, mas bruta de grande) e esboça a tecnologia usada para entender como o cérebro funciona, além de examinar a hipótese controversa de que o cérebro masculino e o feminino processam informações de maneira diferente.

Observando Dentro do Crânio: O Cérebro e suas Partes

A estrutura mais complexa do universo (que conhecemos) é a massa de 1,36kg dentro do seu crânio chamada cérebro. Ele consiste de cerca de 100 bilhões de neurônios, que é mais ou menos a mesma quantidade de estrelas na nossa Via Láctea e o número de galáxias no universo conhecido.

Como qualquer máquina complexa, o cérebro contém várias partes, cada qual com subpartes, que por sua vez também têm subpartes, até chegar aos seus "elementos mais básicos" — os neurônios.

A Figura 2-1 mostra o cérebro visto pelo lado esquerdo. Ela destaca os quatro lóbulos principais (frontal, parietal, temporal e occipital). Também são exibidas as áreas sensoriais primárias, que, com exceção do olfato, recebem entrada direta da periferia através do tálamo. A área motora primária projeta diretamente a neurônios motores inferiores que controlam os músculos. Você também pode ver as áreas subcorticais neste corte, a saber, o cerebelo na parte inferior traseira do cérebro, e o tronco cerebral (mesencéfalo, ponte e medula) conectando o cérebro à medula espinhal. Não exibidos na Figura 2-1 estão os 12 nervos cranianos que conectam o cérebro aos olhos, às orelhas, ao nariz, aos músculos faciais, à pele e a algumas glândulas.

O neocórtex: Controlando os controladores

Quase todo o cérebro mostrado na Figura 2-1 (exceto o cerebelo e o tronco cerebral embaixo) é o *neocórtex*. *Neo* significa "novo", e *córtex* significa algo como "casca" ou "escudo exterior".

FIGURA 2-1:
O neocórtex.

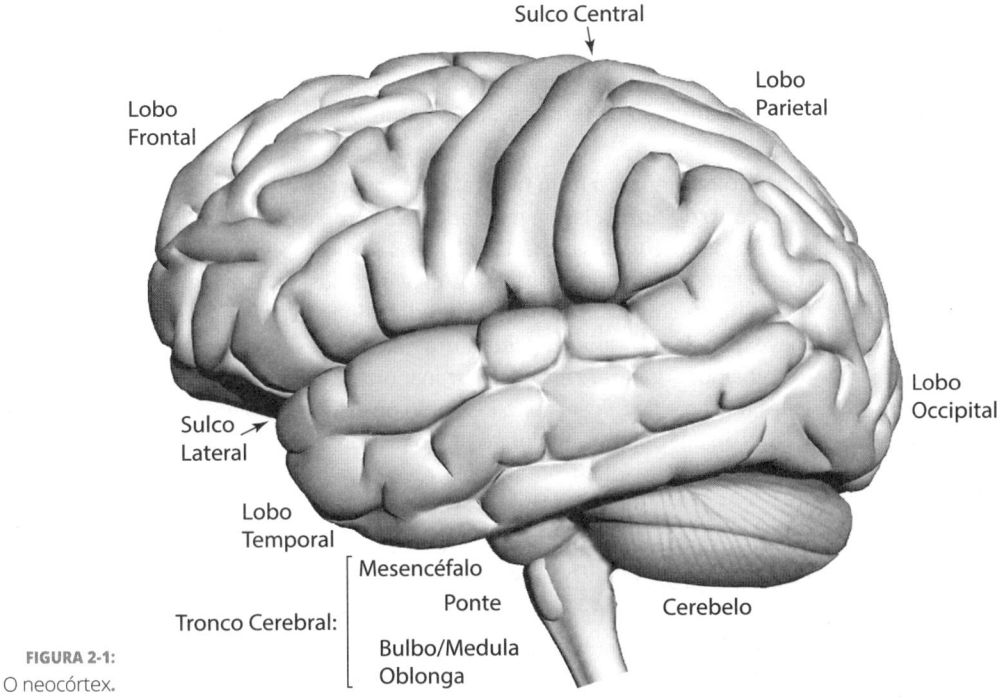

Labels na figura: Sulco Central; Lobo Frontal; Lobo Parietal; Lobo Occipital; Sulco Lateral; Lobo Temporal; Tronco Cerebral: Mesencéfalo, Ponte, Bulbo/Medula Oblonga; Cerebelo.

Ilustração por Frank Amthor

Embora o neocórtex pareça uma massa tridimensional com algumas ranhuras, ele na verdade é como uma grande folha de tecido fino que foi amassada para caber dentro do crânio. A área real, se o analisássemos, é de cerca de 0,140 metro quadrado, quase o equivalente a um azulejo e meio. Obviamente, uma superfície com essa grande área não caberia dentro de nosso crânio sem algumas dobras!

Um neocórtex grande distingue mamíferos de todos os outros animais. O neocórtex humano é tão grande que cobre completamente o restante do cérebro, exceto por um pedaço do *cerebelo* que sobressai da parte de trás. O neocórtex permite a maioria das atividades mentais complexas as quais associamos com o ser humano.

LEMBRE-SE

O relacionamento entre o neocórtex e o resto do cérebro é duplo:

» **O neocórtex age como um conjunto de sub-rotinas complexas em um programa de computador que permite cálculos mais complexos, detalhados e especializados no processamento da entrada sensorial e responder a ela.** Espécies que existiram antes dos mamíferos podiam claramente se mover, sentir o ambiente e exibir o tipo de comportamento moderadamente complexo como aquele que vemos agora em pássaros e lagartos. Essas habilidades eram todas possibilitadas por estruturas cerebrais mais velhas que o neocórtex e que ainda existem em mamíferos e intermedeiam o controle primário do processamento cerebral. O que o neocórtex permitia era um novo nível de comportamento avançado — particularmente comportamento social —, culminando em humanos com a confecção de ferramentas e, por fim, a linguagem e o alto nível de consciência.

» **Paradoxalmente, o lobo frontal do neocórtex age como o controlador dos controladores.** Isso é mediado pela complexa função de memória operacional de várias camadas de áreas corticais pré-frontais que nos permitem fazer planos complexos de vários passos. Para terminar um trabalho de conclusão de curso com data final na próxima semana, você deve planejar reunir e ler a literatura de base, reservar um tempo para digitar o trabalho, organizar refeições e transporte para outras atividades durante esse tempo e não ficar muito distraído pelas festas do final de semana. A busca de um objetivo em longo prazo é impossível sem uma função bem desenvolvida do lobo frontal.

As próximas seções introduzem e explicam as partes-chave do neocórtex: os quatro lóbulos principais (frontal, parietal, temporal e occipital), em que o neocórtex é dividido, e alguns dos sulcos e cumes no tecido do neocórtex. Também explicam a terminologia usada para referir às posições: dorsal, ventral, anterior, e assim por diante.

Encontrando seu caminho pelo neocórtex: Dorsal, ventral, anterior e posterior

Imagine um tubarão. A barbatana *dorsal* fica para fora da água, nas costas do tubarão, então dorsal se refere às costas do tubarão, que fica em cima. O oposto de dorsal, *ventral*, se refere à parte inferior. É o mesmo para animais de quatro patas, para os quais *dorsal* se refere à parte superior, e *ventral*, à parte inferior. As coisas ficam complicadas com humanos e outros primatas, porque somos bípedes. Quando nos referirmos à medula espinhal, *dorsal* se refere às costas, e *ventral*, à parte da frente, que, quando estamos em pé, não é superior *versus* inferior.

Então como nos referimos às direções no cérebro humano? Lá, *dorsal* se refere à parte superior, e *ventral*, à parte inferior. O termo *anterior* se refere à frente (testa), e *posterior* se refere à parte de trás (nuca). **Nota:** Anterior e *posterior* têm, mais ou menos, substituído (no cérebro) os termos antigos equivalentes, *rostral* e *caudal*, respectivamente, mas você ainda pode ouvir esses termos.

Se os termos *anterior* e *posterior* são usados para se referir a locais na frente e atrás do cérebro, os termos usados para os eixos cima–baixo são, normalmente, *superior* e *inferior*. Neurocientistas também usam os termos *medial* e *lateral* para designar regiões cerebrais próximas ao centro do cérebro *versus* aquelas próximas ao exterior do lado esquerdo ou direito.

Ranhuras e cumes: Os sulcos e giros

As ranhuras no neocórtex são chamadas de *sulcos*, e os cumes entre os sulcos são chamados de *giros*. Não há diferença real entre o tecido neocortical visível na superfície dos giros e o tecido dos sulcos (veja a Figura 2-2).

Em alguns casos, os sulcos separam os lobos corticais ou funções, mas em muitos casos, não. No cérebro, áreas que interagem muito umas com as outras ficam frequentemente perto, mas, por fim, qualquer área cerebral pode interagir com qualquer outra área, produzindo um problema teórico muito complexo de empacotamento além do escopo deste livro. Então não se preocupe, você não precisará explicar o sistema de giros e sulcos desde os princípios na primeira prova!

Você precisa saber isto: alguns dos sulcos separam partes do cérebro que fazem coisas diferentes (como o sulco central, que separa o lobo frontal do parietal), e alguns giros parecem ser associados com funções particulares (como processar entrada auditiva no sulco temporal superior), mas a maioria dos sulcos e giros simplesmente representa como o cérebro está dobrado para caber na cabeça e não corresponde a qualquer função específica isolada. Além do mais, o padrão de giros e sulcos varia consideravelmente, não só entre cérebros humanos, mas até entre dois lados do mesmo cérebro. O neocórtex é a maior parte do que é chamado de *telencéfalo*, que significa algo como área cerebral "mais alta".

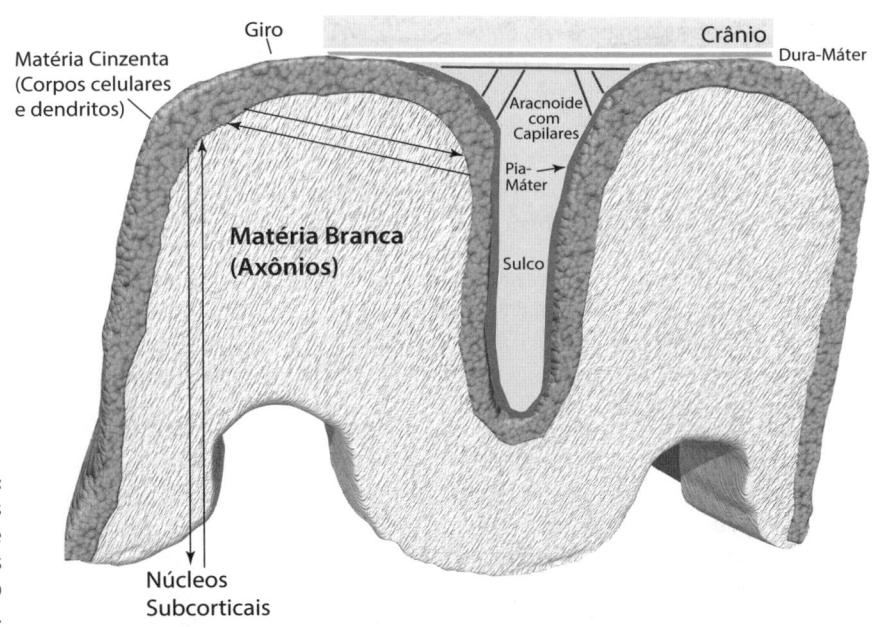

FIGURA 2-2: As ranhuras (sulcos) e os cumes (giros) no neocórtex.

Ilustração por Frank Amthor

A Figura 2-2 também mostra algumas outras estruturas do neocórtex. Toda a superfície do neocórtex consiste de seis camadas de células, seus dendritos e axônios indo e voltando delas até estruturas subcorticais e outras áreas corticais. Tem cerca de 2 a 4 milímetros de espessura. Essa lâmina de superfície contém as mesmas seis camadas com o mesmo tipo de células, não só ao longo de todo o neocórtex de uma determinada espécie, mas em todas as espécies de mamíferos. A estrutura e organização celular do córtex auditivo do rato é similar ao córtex motor do elefante.

Sob as camadas da superfície neocortical está a matéria branca, assim chamada por sua aparência mais clara no cérebro imaculado, comparada à superfície mais escura das camadas celulares. A matéria branca consiste quase exclusivamente de axônios (e algumas células da glia, de suporte). Seus axônios surgem de neurônios no neocórtex indo para outras áreas corticais e subcorticais ou vindo delas. É quase sempre mais espessa que as camadas celulares acima. A maioria do volume cerebral é de conexão, não de células.

Há três camadas estruturais entre o neocórtex e o crânio: a pia-máter, o aracnoide e a dura-máter. A pia-máter é uma membrana fina que cobre a superfície de todo o neocórtex, incluindo os sulcos. O aracnoide é uma cavidade cheia de fluido acima da pia-máter que inclui vasos capilares que nutrem o cérebro. Acima do aracnoide está a dura-máter, uma membrana forte que não se estende aos sulcos. Acima da dura-máter está o crânio.

Os hemisférios esquerdo e direito

O aspecto mais óbvio do cérebro visível é que ele é composto de dois lobos quase idênticos chamados *hemisférios esquerdo* e *direito*. O hemisfério esquerdo recebe a maioria das entradas e controla principalmente o lado direito do corpo. Esse hemisfério em humanos também é especializado para a linguagem, o raciocínio baseado em regras e as habilidades analíticas. O hemisfério direito lida com o lado esquerdo do corpo e é melhor em reconhecimento de padrões visuais e tipos de percepção mais holística.

Na maioria das tarefas, os dois hemisférios usam uma estratégia de dividir e conquistar, na qual o hemisfério esquerdo processa os detalhes e o direito absorve o cenário geral. Os dois hemisférios estão conectados pelo maior trato de fibras do cérebro, o *corpo caloso*, que contém 200 milhões de fibras.

Como os cientistas sabem as diferenças nas habilidades do hemisfério esquerdo *versus* o direito? Uma fonte de evidência importante veio de pessoas com epilepsia intratável que tiveram seus corpos calosos cortados para parar a propagação de convulsões de um lado do cérebro para o outro. Por isso é possível aplicar estímulos a apenas um hemisfério desses pacientes. Quando aplicados ao hemisfério direito (não linguagem) desses pacientes, eles não conseguem relatá-los verbalmente, mas podem apontar com sua mão esquerda (controlada pelo hemisfério direito) para uma imagem do que foi apresentado.

Alguns anos atrás, uma onda de baboseiras psicológicas sugeriu que as pessoas deveriam evitar seu processamento hemisférico esquerdo analítico e dentro da caixa e aprender a usar seu hemisfério direito criativo e holístico. A verdade é que usamos ambos os hemisférios para praticamente todas as tarefas e que, mesmo tarefas orientadas pelo hemisfério esquerdo, como escrever poesia, certamente envolvem criatividade.

Os quatro lobos principais

O neocórtex é dividido em quatro lobos principais: frontal, parietal, temporal e occipital (veja a Figura 2-1):

» **O lobo frontal,** como seu nome sugere, inclui todo o neocórtex frontal, a maior parte anterior do cérebro até um sulco principal, chamado de *sulco central*, que vai de lado a lado até, mais ou menos, o meio do cérebro.

» **O lobo parietal** vai desde a parte de trás do sulco central até quase a ponta posterior.

» **O lobo occipital** é o lobo na ponta mais posterior. Não há borda contínua clara entre os lobos parietal e occipital na maioria dos cérebros.

» **O lobo temporal** é uma extensão parecida com uma língua que sai da borda entre os lobos occipital e parietal e se estende na direção anterior.

As próximas seções explicam cada lobo em mais detalhes.

O LOBO FRONTAL

O lobo frontal (o cérebro tem um de cada lado, claro) do neocórtex está, como o nome sugere, na frente. Ele se estende da frente do crânio até um sulco que divide este lobo do parietal, mais ou menos na metade do caminho em direção à parte de trás do cérebro (o lobo occipital). Esse sulco é chamado de *sulco central* ou *fissura central* (originalmente conhecido como fissura de Rolando). O giro do lobo frontal imediatamente anterior (na frente) à fissura central é o *córtex motor primário.*

Células no córtex motor primário (neurônios motores superiores) enviam seus axônios (cabos de saída) até a medula espinhal e se conectam diretamente aos neurônios motores que ativam músculos (neurônios motores inferiores). Pesquisadores sabem disso porque, por exemplo, neurocirurgiões como Wilder Penfield descobriram que estimular eletricamente essa área durante uma cirurgia exploratória de epilepsia provocava movimentos musculares. Penfield e outros mostraram que há um mapeamento ordenado (embora distorcido) entre o ponto estimulado no córtex motor primário e o local no corpo em que o músculo se contrairia.

Este "mapa motor" (chamado de *homúnculo*) tem algumas propriedades interessantes. Uma é que a área do córtex motor primário dedicada a mover os músculos no rosto e nas mãos, por exemplo, é proporcionalmente muito maior do que o dedicado a mover músculos muito maiores, como na perna. Isso porque os músculos em áreas como o rosto são mais precisamente diferenciados para permitir padrões muito complexos e sutis de ativação (pense em toda a variedade de expressões faciais que usamos), enquanto muitos músculos grandes só variam na intensidade de contração do músculo inteiro. Outro aspecto interessante do mapeamento homúnculo é que a inervação motora de algumas áreas do corpo, como o rosto e as mãos, estão próximas no homúnculo, mas não estão muito próximas em termos de distância na pele. Você pode ler mais sobre este mapa nos capítulos 4 e 10.

A Figura 2-3 mostra a localização do córtex motor e algumas outras divisões proeminentes do lobo frontal.

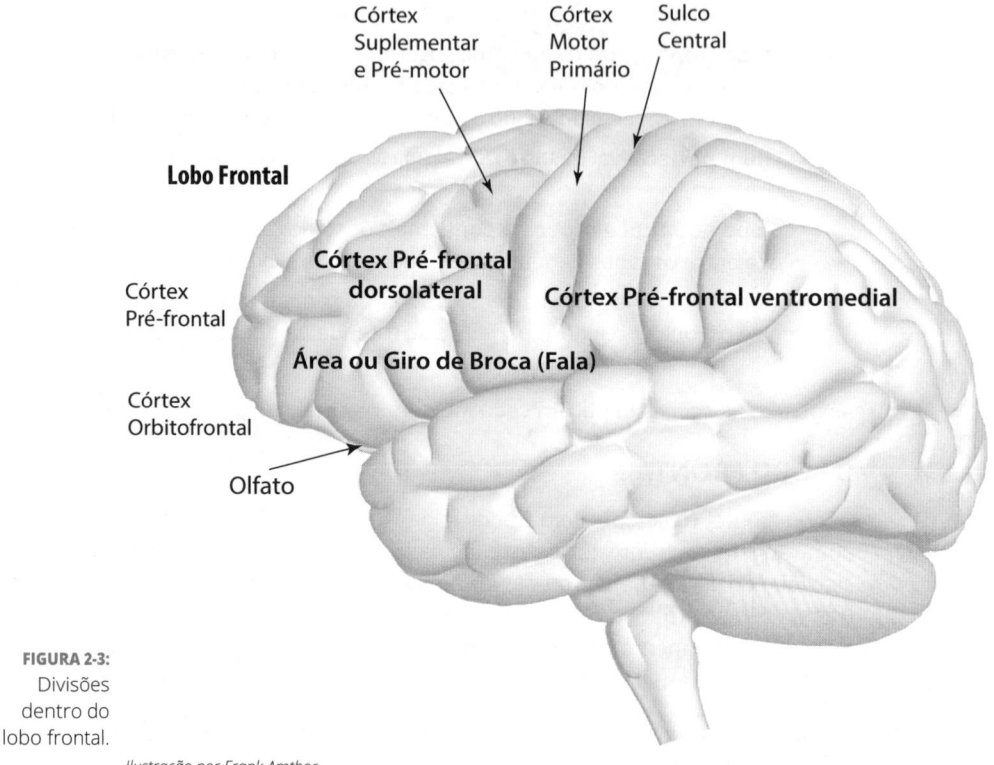

FIGURA 2-3: Divisões dentro do lobo frontal.

Ilustração por Frank Amthor

A porção mais anterior do lobo frontal é chamada de *córtex pré-frontal*. Em humanos, ele ocupa a maioria do lobo. O córtex motor primário é a porção mais posterior do lobo frontal, começando imediatamente antes do sulco central. Indo do córtex motor primário na direção anterior (para a frente, em direção à frente do crânio), há uma série de regiões que realizam funções motoras cada vez mais abstratas. As áreas do córtex suplementar e pré-motor são preocupadas com coordenação e sequenciamento de movimentos de vários músculos. Anterior a isso (não rotuladas) estão as regiões chamadas de campos oculares frontais, envolvidas em atenção visual.

Anterior ao córtex pré-motor, ao córtex motor suplementar e aos campos oculares frontais está o córtex pré-frontal, que, apesar do nome, faz parte do lobo frontal. Ele lida com a maioria dos aspectos abstratos de planejamento. Considere jogar tênis: quando a bola vem na sua direção, você pode escolher (se tiver tempo) bater nela com um *forehand* ou um *backhand*, com *topspin* ou *slice*. Você pode escolher ficar parado e não bater na bola se achar que ela vai para fora. Esses tipos de decisões são feitas nas partes mais anteriores do córtex pré-frontal.

LEMBRE-SE

Pense no lobo frontal, que está relacionado com a execução de comportamentos, como "polarizado" do anterior para o posterior. Mais atrás, no sulco central, há cabos neurais indo quase diretamente aos músculos. Antes disso estão as áreas que organizam e sequenciam movimentos. E anterior a isso estão os níveis de planejamento abstrato. Neles, por exemplo, você seleciona entre uma variedade de estratégias diferentes que podem envolver músculos completamente diferentes, sequências musculares ou a decisão de não se mover.

O córtex pré-frontal tende a ser maior em primatas do que em outros mamíferos e é maior em humanos do que em outros primatas. Isso é correlacionado à quantidade de planejamento de alto nível feito pelos membros de diferentes espécies. A maioria dos mamíferos opera principalmente pelo instinto e não vive em grupos sociais complexamente diferenciados. Primatas, por outro lado, têm hierarquias masculinas e femininas complexas e podem conspirar uns contra os outros em planejamentos que podem levar anos. Humanos confeccionam ferramentas, modificam seus ambientes para benefício próprio e têm relacionamentos específicos com centenas de outros indivíduos (mesmo antes do Facebook).

Uma área do córtex pré-frontal chamada de córtex pré-frontal dorsolateral (porque fica na direção superior/dorsal e exterior/lateral) é crucial para o que é chamado de *memória operacional*, o conteúdo de seus pensamentos a qualquer momento. Ela é essencial para funções cognitivas de alto nível, incluindo tomada de decisão e resolução de problemas.

Abaixo e mais medial ao córtex pré-frontal dorsolateral há uma área chamada de córtex pré-frontal ventromedial. Essa área é essencial para a tomada de decisões sociais (inteligência social) e avaliação de riscos.

O LOBO PARIETAL

Imediatamente posterior ao sulco central está o lobo parietal, que se estende da parte de trás do sulco central até uma borda não muito bem definida estruturalmente com o lobo occipital (veja a Figura 2-1).

O lobo parietal contém neurônios que recebem informação sensorial da pele e da língua e processa informações sensoriais das orelhas e dos olhos que são recebidas de outros lobos. As principais entradas sensoriais da pele (toque, temperatura e receptores de dor) são retransmitidas pelo tálamo ao giro imediatamente posterior à fissura central, onde há um mapa da pele. Esse mapa é distorcido para que áreas da pele com alta sensibilidade, como o rosto e a ponta dos dedos, sejam desproporcionalmente maiores que as áreas com baixa sensibilidade, como as costas. Se isso o faz lembrar de algo acontecendo em áreas motoras primárias, logo do outro lado do sulco central, você tem razão. O mapa homúnculo de pele se assemelha ao mapa do córtex motor primário. Para executar uma tarefa motora complexa como fazer um nó, você precisa de alta sensibilidade ao toque para guiar o controle motor diferenciado. O Capítulo 4 tem mais sobre o mapa de pele.

O LOBO OCCIPITAL

A parte de trás do cérebro é o lobo occipital. Essa área processa as entradas visuais que são enviadas ao cérebro pelas retinas por meio do tálamo. As retinas projetam de maneira *espacial* ordenada no polo posterior do lobo occipital, chamado V1 (área visual um), para que a atividade em áreas diferentes de V1 seja relacionada ao que estiver na imagem ao redor de seu ponto de visão atual. Ou seja, V1 é outro mapa.

O lobo occipital tem muitos outros mapas visuais derivados de V1 (V2, V3, V4, e assim por diante), quase todos dedicados a processar a visão. Outras subáreas além de V1 são especializadas em tarefas visuais como detecção de cor, percepção de profundidade e detecção de movimento. O sentido da visão é processado ainda mais através de projeções dessas áreas superiores do lobo occipital para outras áreas nos lobos parietal e temporal, mas esse processamento depende do processamento anterior feito pelo lobo occipital. Pesquisadores sabem disso porque o dano a V1 causa cegueira naquela parte do campo visual que projeta naquela região.

O fato de que o sistema visual tem um lobo inteiro para processamento enfatiza a importância da alta precisão visual e do processamento entre nossos sentidos.

O LOBO TEMPORAL

O lobo temporal combina informação auditiva e visual. O aspecto superior (de cima) e medial (central) do lobo temporal recebe entrada auditiva da parte do tálamo que transmite informações das orelhas. A parte inferior do lobo temporal faz processamento visual para reconhecimento de objetos e padrões. As partes medial e anterior dele estão envolvidas em reconhecimento visual de ordem alta (sendo capaz de reconhecer faces, por exemplo) bem como do reconhecimento dependente da memória.

Abaixo do neocórtex: O tálamo

Então o que há sob (e hierarquicamente abaixo) do neocórtex? O tálamo. O córtex interage com o resto do cérebro principalmente por meio de uma estrutura chamada *tálamo*, o qual você pode ver, junto a outras estruturas, na Figura 2-4.

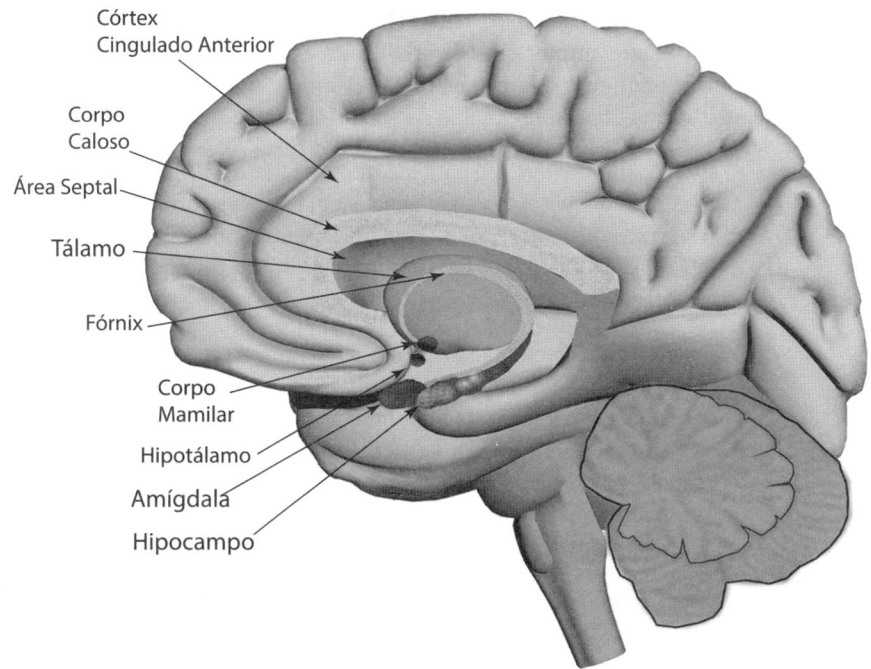

FIGURA 2-4:
O tálamo e o sistema límbico.

Labels na figura: Córtex Cingulado Anterior, Corpo Caloso, Área Septal, Tálamo, Fórnix, Corpo Mamilar, Hipotálamo, Amígdala, Hipocampo.

Ilustração por Frank Amthor

O tálamo e outra estrutura chamada *hipotálamo* (que controla funções *homeostáticas* do corpo, como temperatura e ritmos ou ciclos circadianos) constituem o *diencéfalo*. Este é o nome dado ao tálamo e hipotálamo por sua posição logo abaixo do neocórtex e por sua inter-relação durante o desenvolvimento embrionário.

DICA

A raiz da palavra tálamo vem do grego (*tholos*) e está relacionada ao hall de entrada de uma construção, então você pode pensar no tálamo como a entrada para o córtex. Praticamente todos os sinais dos sentidos são transmitidos por meio do tálamo, assim como os sinais de outras áreas subcorticais. Muitas áreas do neocórtex também se comunicam umas com as outras por meio do tálamo.

Então o que exatamente o tálamo faz? Ele funciona como um centro de comando que controla quais informações passam por diferentes partes do neocórtex e do resto do cérebro. Enquanto o neocórtex pode fazer análises refinadas dos padrões que você está observando, o tálamo controla para onde você olha. Quando seu neocórtex é danificado, você perde habilidades específicas. Se seu tálamo for suficientemente danificado, você perde a consciência.

O sistema límbico e outras áreas subcorticais importantes

Abaixo do neocórtex há várias áreas cerebrais subcorticais importantes. Uma das mais importantes é a rede de núcleos filogeneticamente antigos e distintos chamada *sistema límbico*. (Dizer que esses núcleos do sistema límbico são filogeneticamente antigos quer dizer que eles existiam em espécies muito mais antigas que os mamíferos, como lagartos, pássaros e, provavelmente, dinossauros.) Várias estruturas importantes estão dentro do sistema límbico (veja a Figura 2-4).

O sistema límbico evoluiu para incorporar a memória no controle geral de comportamento pelo *hipocampo* e pela *amígdala*. Essas estruturas de memória interagem não só com o neocórtex, mas também com um tipo mais antigo de córtex chamado *córtex cingulado*, ou, às vezes, de *mesocórtex*, um tipo de córtex que evoluiu como um controlador de alto nível, antes do neocórtex, para controlar o comportamento.

Eis como muitos cientistas cerebrais acham que isso funciona. Animais como lagartos (que se parecem com animais existentes antes dos mamíferos) claramente têm a capacidade de memória, apesar de não ter um neocórtex. A memória modifica o comportamento em tais animais por meio do que pensamos ser as emoções. Quando um lagarto perde uma luta com outro lagarto, ele fica *com medo* desse lagarto quando o vê novamente. Quando um lagarto está em uma área onde se alimentou antes, ele fica *com fome* e pode começar a caçar insetos saborosos.

Padrões gerais de comportamento em animais podem ser pensados como organizados acerca de objetivos em particular: ou você está buscando comida, evitando predadores, buscando um companheiro ou evitando o frio, por exemplo. Muitos desses estados almejados são produzidos por instintos e mecanismos homeostáticos. Entretanto, áreas cerebrais dentro do sistema límbico adicionam a memória de experiências passadas e circunstâncias para modificar o instinto puro: se você não come há algum tempo, provavelmente está com fome, mas deixará de estar caso um falcão esteja por perto. A principal área integradora para toda essa associação límbica pode ter sido, um dia, o córtex cingulado.

Mamíferos, como humanos, adicionam o tálamo e o sistema neocortical sobre todas as áreas subcorticais possuídas por nossos ancestrais vertebrados não mamíferos. Em vez de substituir esses antigos sistemas, nós adicionamos camadas que são capazes de mais sutileza de associação. Por exemplo, muitos mamíferos predadores caçam em bando ou em grupos familiares que revezam para conduzir presas em direção aos membros descansados do bando, usando estratégias cooperativas muito complexas e flexíveis. Você nunca vê lagartos fazendo isso. Embora tenham sistema límbico e áreas de memória como o hipocampo, eles não têm um grande neocórtex para fazer associações realmente complexas que dependam de memória.

As seções seguintes fornecem mais detalhes sobre os sistemas de memória principais do hipocampo e da amígdala, incluindo outras áreas cerebrais com as quais interagem.

O hipocampo

Pensava-se, originalmente, que o sistema límbico estava envolvido em gerar e processar emoções. Entretanto, sabe-se agora que uma estrutura cerebral dentro desse sistema, o hipocampo, tem uma função crucial na criação da memória.

O hipocampo recebe entradas de praticamente todo o neocórtex. Por meio de receptores sinápticos ajustáveis especializados chamados receptores NMDA, pode associar praticamente qualquer constelação de propriedades que definam um objeto e seu contexto. Os tipos de memórias nas quais o hipocampo está envolvido em criar são memórias explícitas baseadas em conhecimento, como associar o lado oeste de um lago com o perigo de um predador. O aprendizado associado à melhora da habilidade motora, como melhorar o tempo ao correr em uma determinada pista de obstáculos, ocorre no cerebelo e no córtex motor.

A amígdala

Em frente ao hipocampo há outra estrutura de memória que está principalmente envolvida com o processamento emocional, a amígdala. Ela interage com uma área do córtex pré-frontal chamada orbitofrontal ou ventromedial para gerar e processar as principais emoções da raiva, felicidade, nojo, surpresa, tristeza e, particularmente, medo. Pessoas que sofreram danos na amígdala têm habilidades reduzidas ao reagir e evitar situações que induzem ao medo.

Córtex orbitofrontal

A amígdala e outras estruturas do sistema límbico interagem com a parte do córtex pré-frontal chamada *córtex orbitofrontal*. Essa é a parte medial e inferior do córtex pré-frontal (excluindo as áreas laterais chamadas córtex pré-frontal lateral). Suponha que, em alguma sexta-feira à noite em particular, enquanto dirige para casa, você quase bata em outro carro em um cruzamento específico. É bem provável que, por muito tempo depois disso, ao aproximar-se desse cruzamento, principalmente às sextas-feiras, você sinta uma pontada de medo ou inquietação. Seu córtex orbitofrontal armazenou as circunstâncias, e a amígdala armazenou o medo.

O córtex cingulado anterior

A amígdala e outras estruturas do sistema límbico também interagem com uma área do mesocórtex chamada *córtex cingulado anterior*, que é a parte mais anterior do córtex cingulado (veja a Figura 2-4). Essa área do cérebro parece monitorar o progresso em direção a qualquer objetivo que você busque e gera um sinal de aviso quando as coisas não funcionam para indicar que uma mudança de estratégia pode ser necessária.

Os gânglios basais

Outro grupo de estruturas cerebrais subcorticais cruciais no planejamento, na organização e na execução de movimentos (com os lobos frontais) são os *gânglios basais*, que consistem de cinco núcleos principais: caudado, putâmen, globo pálido, substância negra e subtalâmico (veja a Figura 2-5).

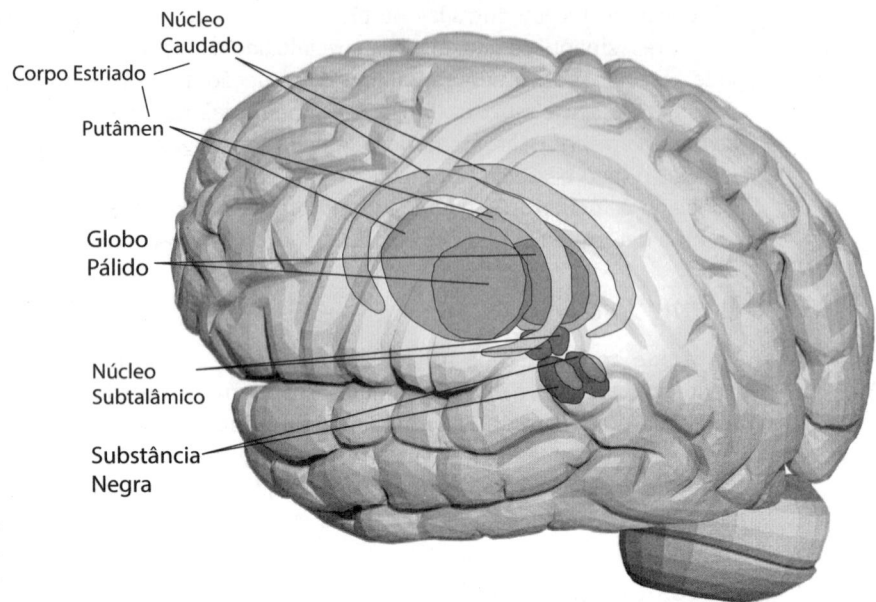

FIGURA 2-5:
Os gânglios basais e o cerebelo.

Ilustração por Frank Amthor

Esses núcleos abrangem um sistema altamente interconectado que interage com o tálamo e o neocórtex para controlar o comportamento. A lista a seguir explica cada um:

» **O caudado:** Entradas para os gânglios basais do neocórtex vêm, primariamente, pelo caudado e outro núcleo chamado putâmen. Na verdade, o complexo caudado-putâmen é normalmente chamado agora de *corpo estriado*. Anatomicamente, o caudado é um anel de células que cerca o complexo dos gânglios basais, exceto o lado ventral. A saída do caudado vai para o globo pálido.

» **O putâmen:** É um grande núcleo dentro do complexo dos gânglios basais com conexões de entrada-saída similares aos do caudado.

» **O globo pálido:** É o núcleo de saída primário dos gânglios basais via suas conexões inibitórias ao tálamo.

» **A substância negra:** Envia conexões "ativadoras" para sinais passando pelo corpo estriado. Esse núcleo é bem conhecido por seu envolvimento no mal de Parkinson, que é causado pela morte de neurônios dopaminérgicos nesse núcleo. Sem eles, iniciar movimentos voluntários fica difícil.

» **O núcleo subtalâmico:** Também modula a saída do *globo pálido*. Esse núcleo é frequentemente o alvo de implantes cirúrgicos de estimulação cerebral profunda para aliviar os sintomas do mal de Parkinson.

Até mesmo especialistas em gânglios basais admitem que a arquitetura de funcionamento interno dos gânglios basais é pouco entendida atualmente. Esses núcleos são organizados de maneira similar ao cerebelo, um centro de coordenação motora filogeneticamente antigo com o qual interagem. Para saber mais sobre o cerebelo, veja a seção "Coordenando movimentos: O cerebelo", mais adiante neste capítulo.

Fazendo a transição entre o cérebro e a medula espinhal

As três próximas áreas cerebrais sobre as quais falo — o mesencéfalo, a ponte e o bulbo (também chamado de medula oblonga) e o cerebelo — fazem a transição entre o cérebro e a medula espinhal. O mesencéfalo e a ponte e o bulbo constituem, juntos, o tronco cerebral/encefálico. Essas áreas são filogeneticamente *muito* antigas e encontradas em todos os vertebrados. Elas controlam comportamentos básicos como coordenação de locomoção, movimentos dos olhos, e a regulação da homeostase corporal, como respiração, frequência cardíaca e temperatura. As seções a seguir trazem os detalhes.

O mesencéfalo

A parte mais superficial dessas três áreas é chamada de *mesencéfalo*, que contém processadores em níveis inferiores que controlam o movimento dos olhos e ajudam a localizar sons.

A principal área visual no cérebro é o *colículo superior*, que controla os movimentos dos olhos, chamados de movimentos *sacádicos*. O colículo superior recebe projeções de cerca de um décimo de todas as células ganglionares da retina em humanos e uma porcentagem muito maior em outros mamíferos. Em vertebrados não mamíferos, como sapos, o colículo superior (chamado de *tectum* em sapos e outros não mamíferos) é o principal alvo visual da retina e é a área de coordenação crucial para a maioria dos comportamentos guiados visualmente.

Uma pesquisa do MIT no final da década de 1950 mostrou que certas células ganglionares no olho do sapo respondiam apenas a pequenos objetos em movimento, do tamanho dos insetos de que os sapos se alimentam — agindo como detectores de insetos. A estimulação elétrica no tectum dos sapos fazia com que disparassem a língua em insetos imaginários no campo visual que projetava para a área tectal estimulada. Em mamíferos, como humanos, o colículo superior controla, primariamente, os movimentos dos olhos; ele deixa o controle de comportamento guiado visualmente, como rebater bolas de tênis, para o sistema neocortical do tálamo, particularmente no lobo parietal.

Fibras auditivas da orelha interna projetam para uma área de processamento logo abaixo do colículo superior, chamada, por uma razão bem óbvia, *colículo inferior*. Os neurônios nessa estrutura projetam para neurônios na parte auditiva do tálamo, que, por sua vez, projetam para a parte auditiva do neocórtex na parte superior do lobo temporal.

O mesencéfalo também inclui um dos gânglios basais, a *substância negra* (veja a Figura 2-5). Outros núcleos no mesencéfalo, como o cerúleo, Rafe e áreas tegmentais ventrais, fazem amplas projeções, mas modulações difusas, ao longo do neocórtex. Isso significa que fazem apenas algumas entre milhares de sinapses em células-alvo específicas, contribuindo, assim, com pequena excitação modulatória ou inibição de grandes números de neurônios em muitas áreas cerebrais, em vez de ser a principal causa do disparo nesses neurônios-alvo.

A formação reticular

Uma importante área cerebral que corre por grande parte do subcórtex, incluindo o mesencéfalo, é a *formação reticular*. A palavra *reticular* é derivada do latim "rede". A formação reticular não é uma estrutura tão definida, mas é uma rede contínua que se estende e interage com várias áreas cerebrais. Ela se estende pelo mesencéfalo, ponte e bulbo e é contínua com "zonas" reticulares acima do mesencéfalo e abaixo do bulbo até a medula espinhal. A formação reticular controla todas as funções vitais, como frequência cardíaca, respiração, temperatura e até o estado de vigília. Danos a ela normalmente resultam em coma ou morte.

Processando o básico: Ponte e bulbo

A *ponte*, abaixo do mesencéfalo, contém núcleos que intermedeiam várias funções auditivas e de equilíbrio. As funções auditivas incluem comparações neurais de intensidade e tempo entre as duas orelhas para localização auditiva (em cooperação com o colículo inferior do mesencéfalo). Alguns núcleos da ponte recebem entradas do sistema vestibular na orelha interna (canais semicirculares) e se comunicam com o cerebelo para equilíbrio. Danos a esses núcleos da ponte ou ao sistema vestibular podem produzir não só tontura crônica, mas até inabilidade de ficar em pé. A ponte recebe entrada sensorial do rosto e envia neurônios motores para músculos faciais para controlar expressões faciais voluntárias e involuntárias.

Abaixo da ponte está a área mais ventral do cérebro, chamada *bulbo*. A borda inferior ao bulbo é o topo da medula espinhal. Grande parte do bulbo consiste de tratos fibrosos neurais (chamados *pirâmides*, por causa de sua forma em corte transversal) que contêm informação sensorial da pele, músculos e tendões sendo enviados ao cérebro e informação de comando motor do córtex motor primário no lobo frontal indo para a medula espinhal para controlar os músculos corporais. Duas áreas do bulbo, chamadas de *núcleos grácil* e *cuneiforme*, integram a informação ascendente e descendente. Como a ponte, algumas entradas sensoriais da boca (incluindo neurônios da língua contendo informação sobre gosto), face e garganta também fazem sinapse no bulbo.

Coordenando movimentos: O cerebelo

O cerebelo ("pequeno cérebro") é uma estrutura de coordenação motora complexa que, segundo algumas estimativas, contém tantos neurônios quanto o resto do sistema nervoso. Como o neocórtex, o cerebelo é altamente torcido com giros e sulcos. É uma das partes filogeneticamente mais antigas do cérebro, então todos os vertebrados têm um cerebelo, incluindo peixes cartilaginosos, como tubarões. O cerebelo ajuda a aprender e a controlar o ritmo das sequências motoras. Danos ao cerebelo produzem movimentos lentos e desajeitados, parecidos com o de um robô.

O cerebelo se estende a partir da ponte (veja a Figura 2-1), apesar de a maioria de suas conexões serem para o córtex motor pelo tálamo. Estruturalmente, ele é organizado com um córtex externo, substância branca (tratos de axônios) e quatro pares de núcleos profundos. A maioria das entradas e saídas do cerebelo ocorre por meio dos núcleos profundos. Essa atividade é modulada pelas conexões entre esses núcleos e áreas de processamento externo ou cortical. A maioria das saídas do cerebelo inibe o tálamo, onde são modificadas, via controle motor contínuo corticalmente gerado e feedback sensorial para alcançar movimentos suaves, refinados e ajustados ao feedback.

A estrutura do cerebelo é similar à estrutura e às interações entre o tálamo profundo e o neocórtex mais extenso e superficial na parte mais ampla do cérebro. Veja a seção anterior "O neocórtex: Controlando os controladores" para mais informações sobre o neocórtex.

Observando as diferenças: Tamanho, estrutura e outras variações

Até este ponto, falei sobre o cérebro humano como se todos eles fossem idênticos. Mas não são. Então a pergunta agora é: quanta variação existe entre as pessoas, e ela é importante? As seções a seguir mergulham em algumas das diferenças.

O meu é maior que o seu!

Uma diferença óbvia entre cérebros é o *tamanho*. Um cérebro de tamanho médio tem cerca de $1.300cm^3$. Entre adultos, uma variação de 10% dessa regra é comum, o que significa que o cérebro de muitas pessoas é até 10% maior ou menor que o padrão $1.300cm^3$.

O cérebro tende a crescer com o tamanho do corpo, e, assim, homens grandes tendem a ter cérebro maior que mulheres pequenas. Quão importante é essa variação? Não muito, aparentemente. Há muitos casos documentados de gênios com cérebro bem pequeno, e, claro, todos já encontramos vários idiotas com cérebro bem grande (ou, pelo menos, cabeça grande, que é o que conseguimos observar).

O interior é o que conta: Observando diferenças na organização estrutural

E a organização estrutural do cérebro? Todo mundo tem mais ou menos os mesmos giros e sulcos principais, mas há variações. Na verdade, se você observar cuidadosamente qualquer cérebro real, pode ver que os dois hemisférios raramente são imagens espelhadas exatas. (Isso não significa, no entanto, que você pode dizer se a pessoa é destra ou canhota observando os dois hemisférios.)

Na verdade, essa quantidade de variação entre os hemisférios é comum entre cérebros também. Essa é uma das razões pela qual cirurgiões de epilepsia mapeiam funcionalmente áreas cerebrais ao redor da área que têm como alvo: eles precisam se certificar de que não removerão áreas cruciais, como aquelas que controlam a linguagem. (A outra razão para mapeamento funcional é que a própria patologia no cérebro epiléptico pode ter causado algum deslocamento de função das áreas normais.)

O que não é observável no nível de estrutura geral do cérebro é sua conexão interna.

Considerando diferenças cerebrais baseadas em gênero

Embora a estrutura geral e a conectividade detalhada dos cérebros masculino e feminino sejam quase idênticas, algumas pesquisas recentes revelaram diferenças entre masculino e feminino no que pode ser chamado de "estilos" de processamento, com homens preferindo o quadro geral, maneiras de organizar o conhecimento parecidas com mapas, e mulheres preferindo um sistema processual mais linear de conhecimento. Peça informações a um homem, por exemplo, e ele tende a lhe dar a descrição geral de onde você está em relação a onde quer ir, enquanto que uma mulher tende a lhe dizer a sequências de curvas que você precisa fazer para chegar lá. Sim, Virginia, nós realmente pensamos e falamos línguas diferentes, às vezes.

A próxima seção discute algumas dessas hipóteses controversas relacionadas às diferenças entre o cérebro masculino e o feminino.

QUAL PARTE DO SEU CÉREBRO VOCÊ USA? DIFERENÇAS DE LATERALIZAÇÃO

Uma diferença aparente (mas controversa) sugerida é a de que a quantidade de especialização entre os dois hemisférios (lateralização) é diferente entre o cérebro masculino e o feminino. Tomografias cerebrais tendem a mostrar que mulheres usam mais, e mais simetricamente, áreas do cérebro do que os homens para as mesmas tarefas. Elas tendem também a ter uma porcentagem mais alta de fibras conectoras no corpo caloso, o trato de fibras que liga os dois hemisférios.

A ideia geral é a de que o cérebro masculino é mais lateralizado que o feminino, significando que as funções tendem a ser mais restritas a um hemisfério nos homens do que nas mulheres.

A correlação dessa hipótese é a de que o cérebro masculino é, portanto, mais especializado, particularmente em respeito ao processamento espacial no hemisfério direito. O lado positivo para os homens, de acordo com essa ideia, é a de que eles podem ser capazes de processar tarefas espaciais do hemisfério direito de modo mais aprofundado por causa da especialização lateral. O lado negativo é que eles tendem a ficar mais incapazes com derrames ou lesões que afetem apenas um lado do cérebro, porque há menos redundância na representação para essa habilidade na localização da imagem refletida no outro hemisfério.

PAPO DE ESPECIALISTA

Também foi sugerido que o autismo não só é mais comum em homens, mas que pode ser considerado um tipo de configuração cerebral "ultramasculina", com habilidades de Savant em certos tipos de processamento complexo acompanhadas de linguagem e desenvolvimento social pobres.

A teoria da lateralização explica a superioridade geral das mulheres em habilidades de linguagem, comparadas aos homens desta maneira: menos especialização permite que ambos os hemisférios no cérebro feminino processem a linguagem.

A questão está longe de ser resolvida. Alguns propõem que as diferenças masculinas/femininas observadas na ativação cerebral e em habilidades são completamente baseadas em cultura e não têm nada a ver com qualquer diferença intrínseca na estrutura cerebral da organização. Outros — normalmente aqueles que argumentam mais a favor das diferenças baseadas biologicamente — sugerem que cérebros masculinos *versus* femininos são diferencialmente *suscetíveis* durante o desenvolvimento à lateralização da linguagem *versus* habilidades espaciais.

COMO O DESENVOLVIMENTO CEREBRAL ENTRA NO DEBATE

Uma coisa que dificulta ainda mais a avaliação de qualquer dessas hipóteses é o fato de que a experiência claramente muda o desenvolvimento cerebral. Portanto, a experiência cultural diferenciada por gênero pode modificar o desenvolvimento e produzir diferenças biológicas verdadeiras entre masculino/feminino em cérebros adultos. Como você pode imaginar, essa pequena controvérsia gerou uma indústria de teses de doutorado e artigos de periódicos que mantêm muitos cientistas cognitivos de ambos os lados da questão bastante produtivos.

Quais mecanismos poderiam produzir diferenças de lateralização baseadas em gênero durante o desenvolvimento? Parece haver efeitos operacionais e no desenvolvimento do cérebro em razão dos hormônios testosterona, estrogênio e ocitocina. Injeções de testosterona artificial tendem a produzir comportamento e tendências parecidos com os masculinos em mulheres, enquanto o estrogênio faz o oposto em homens. Sugere-se que a ocitocina, um hormônio liberado durante o processo de parto em mulheres, seja capaz de criar um tipo de comportamento "mamãe urso", com carinho alto em relação àqueles dentro do clã, mas agressão alta contra os fora dele.

A Medula Espinhal: A Intermediária entre os Sistemas Nervosos

A medula espinhal é a parte-chave do sistema nervoso central. Especificamente, dentro da medula espinhal estão as conexões entre o sistema nervoso central (como os neurônios motores do córtex motor primário) e o sistema nervoso periférico (receptores de pele, músculos e tendões, indo até a medula espinhal, e neurônios motores *alfa* transmitindo comandos motores da medula espinhal aos músculos). Os axônios dos neurônios sensoriais e dos neurônios motores alfa (inferiores) constituem o sistema nervoso periférico, que medeia o comportamento voluntário e as sensações.

A medula espinhal também tem funções de integração e coordenação, embora esteja próxima do nível mais baixo na hierarquia de controladores. Ela faz a intermediação entre o feedback entre os caminhos sensoriais e motores para cada membro e coordena movimentos dos membros para locomoção.

LEMBRE-SE

Cada nível da medula espinhal contém um módulo de processamento local para a área do corpo controlada desse segmento, mais as conexões para outros segmentos da medula espinhal indo e vindo do cérebro (através da medula até o neocórtex). O topo da medula espinhal lida com músculos e informações sensoriais do pescoço, enquanto os segmentos da parte inferior dela lidam com os dedos dos pés. Os segmentos da medula espinhal são designados como sendo 8 cervicais, 12 torácicos, 5 lombares, 5 sacrais e 3 coccígeos. Eles são numerados de cima para baixo, então o segmento espinhal cervical mais alto é o C1, enquanto o segmento sacral mais baixo é o S5.

ENCONTRANDO GERADORES DE PADRÕES CENTRAIS

Alguns dos primeiros experimentos neurológicos realizados por cientistas como o Sr. Charles Scott Sherrington demonstraram a existência dos chamados *geradores centrais de padrão* na medula espinhal de animais quadrúpedes, como gatos. O gerador de padrão central é um circuito neural totalmente dentro da medula espinhal que pode controlar o revezamento das pernas traseiras esquerda e direita ou dos membros dianteiros e a coordenação correta entre membros dianteiros e traseiros, embora esse circuito possa ser substituído ou controlado por mecanismos centrais.

A coordenação dos membros dianteiros/traseiros é diferente para andares diferentes. No caminhar normal em quatro patas, por exemplo, os dois membros dianteiros estão em antifase um com o outro, assim como os dois membros traseiros, e os membros dianteiros e traseiros de cada lado estão em antifase, para que enquanto o membro dianteiro esquerdo vá para trás, o membro traseiro esquerdo vá para a frente. Outros andares, como o trote, galope ou meio galope, têm diferentes relações de fase.

Ao separar as conexões entre o cérebro e a medula espinhal em animais experimentais, Sherrington mostrou que esses andares poderiam ser organizados pela própria medula espinhal na ausência de qualquer controle cerebral, quando os animais eram colocados em uma esteira. O cérebro é necessário, claro, para decidir entre andar, trotar, correr, pular ou virar no comportamento normal.

Observando o reflexo espinhal

A unidade fundamental de ação coordenada mediada pela medula espinhal é o reflexo espinhal; você pode ver a anatomia desse reflexo na Figura 2-6. Golpear a patela estica o músculo do quadríceps, como se a patela estivesse falhando. Receptores do fuso muscular no quadríceps projetam para a medula espinhal e, através dos interneurônios, ativam os neurônios motores alfa que contraem o músculo para manter a postura ereta.

LEMBRE-SE

Neurônios motores alfa são os que enervam as células musculares, que, por sua vez, movem os membros. Eles têm seus corpos celulares na parte ventral (em direção ao lado do corpo onde fica o estômago) da medula espinhal. Os axônios que conduzem os músculos saem da medula espinhal via um trato chamado *raiz ventral*.

No lado dorsal da medula espinhal estão os axônios das células sensoriais, como os receptores de estiramento, que entram via raiz dorsal.

Quando o médico bate logo abaixo da sua patela com um martelo de borracha, a batida estica levemente o tendão do seu joelho ao seu pé, esticando o músculo quadríceps e o fuso, o que faz sua perna esticar em compensação. Esse teste verifica a integridade do seu sistema nervoso periférico (nervos sensoriais e motores agindo por meio da medula espinhal).

O que a Figura 2-6 não mostra? Ela não mostra vários caminhos conectando um segmento da medula espinhal a outros e ao cérebro:

> » **A mensagem original é enviada ao cérebro.** A entrada sensorial vinda das sinapses da raiz dorsal nos neurônios espinhais que transmitem a mensagem sensorial até o cérebro (córtex somatossensorial, imediatamente posterior ao sulco central).

FIGURA 2-6: O reflexo espinhal.

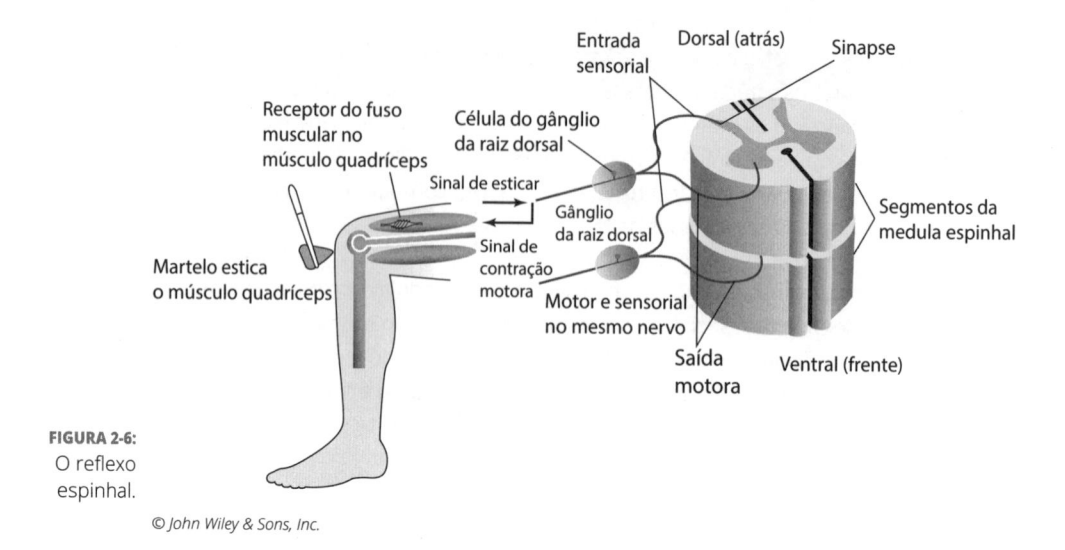

© John Wiley & Sons, Inc.

Legendas da figura:
- Receptor do fuso muscular no músculo quadríceps
- Martelo estica o músculo quadríceps
- Sinal de esticar
- Célula do gânglio da raiz dorsal
- Gânglio da raiz dorsal
- Sinal de contração motora
- Entrada sensorial
- Dorsal (atrás)
- Sinapse
- Motor e sensorial no mesmo nervo
- Saída motora
- Segmentos da medula espinhal
- Ventral (frente)

» **Mensagens de comando vêm do cérebro.** Neurônios corticais (motor superior) do córtex motor primário vêm até a medula espinhal e fazem sinapse nos mesmos neurônios motores alfa que enervam músculos para o reflexo de estiramento para permitir que você estique sua perna voluntariamente.

» **Ocorre comunicação entre segmentos.** Eventos motores ocorrendo em um segmento enviam mensagens a outros segmentos para coordenar ações corporais. Se, por exemplo, você estiver em pé enquanto sua perna esquerda começa a falhar no joelho, sua perna direita provavelmente enrijecerá em compensação, e você provavelmente estenderá sua mão esquerda para cima, entre outras coisas. Essas conexões também estão envolvidas no controle de marcha do gerador de padrão central mencionado anteriormente.

Movendo seus músculos

Como os músculos funcionam? Músculos são grupos de células conectadas umas às outras em longas correntes paralelas cujos finais estão conectados aos ossos por tendões. As células musculares contêm correntes de proteínas chamadas *actina* e *miosina*. Quando essas proteínas são estimuladas, elas deslizam umas sobre as outras, causando a contração da célula ao longo do seu comprimento.

Neurônios motores alfa fornecem o estímulo liberando o neurotransmissor neural motor acetilcolina. Quando recebida pelos receptores nas células musculares, ela causa um potencial de ação na célula muscular (um pulso elétrico na célula que o faz contrair momentaneamente) que faz a actina-miosina deslizar (pelo aumento da concentração de cálcio intracelular), o que, por sua vez, causa a contração.

Lutando ou Fugindo: O Sistema Nervoso Autônomo

As seções anteriores esboçaram os componentes-chave do sistema nervoso central (cérebro e medula espinhal) e explicaram como o sistema nervoso periférico (nervos motores e sensoriais) participa da ação. Mas quando se trata de sistemas nervosos, seu corpo tem mais do que só esses dois. Há outro sistema nervoso fora do sistema nervoso central que não controla músculos voluntários como o sistema nervoso periférico, mas o coração, glândulas e órgãos com músculos lisos (não sob controle voluntário), como os intestinos. É o sistema nervoso autônomo. Ele tem componentes sensoriais, motores e de estimulação de glândulas.

O sistema nervoso autônomo consiste de duas divisões, simpático e parassimpático, que frequentemente agem em oposição um ao outro. O sistema simpático prepara o corpo para a ação imediata (lutar ou fugir), ao custo de funções reguladoras do corpo, como a digestão. Esses dois ramos usam dois neurotransmissores diferentes — norepinefrina (noradrenalina) para o ramo simpático e acetilcolina para o ramo parassimpático — que tendem a ter efeitos opostos nos órgãos-alvo. Por exemplo, a norepinefrina acelera o coração, enquanto a acetilcolina o deixa mais lento.

A norepinefrina também dilata a pupila e os brônquios pulmonares, diminui as funções digestivas e inibe a contração da bexiga e o fluxo sanguíneo à genitália. Muitas dessas ações são mediadas pela medula da adrenal. Entretanto, a superestimulação do sistema simpático com estresse excessivo é difícil para o corpo e tende a ser associada a doenças do coração e outras doenças crônicas relacionadas ao estresse. Como conflitos sociais também podem disparar o sistema simpático, o estresse crônico da vida moderna pode resultar em superestimulação simpática e é associado a efeitos em longo prazo.

Como Sabemos o que Sabemos sobre Atividade Neural

Como sabemos o que sabemos sobre como o cérebro funciona? Não é nada óbvio, olhando para o cérebro, que ele é o lugar do pensamento, consciência e controle corporal. Alguns cientistas antigos muito proeminentes pensavam que o propósito do cérebro era resfriar o corpo através do crânio, enquanto o *coração* era o lugar da inteligência! Bem, os cientistas evoluíram bastante desde então. As seções a seguir esboçam alguns dos métodos que foram — e continuam sendo — usados para revelar os segredos do cérebro e do sistema nervoso.

Examinando problemas causados por danos cerebrais

Provavelmente, as primeiras pistas sobre o funcionamento do cérebro vieram de disfunções associadas com danos à cabeça. No início do século XX, o estudo científico do cérebro começou a avançar significantemente com o estudo da *citoarquitetura* (usando manchas para avaliar a estrutura das células em comparação à estrutura do trato em várias partes do cérebro) e *rastreamento do trato*, determinando as conexões entre uma área do cérebro e outra traçando os processos axonais das células (eu explico axônios no Capítulo 3). Os primeiros processos de rastreamento do trato frequentemente envolviam ver onde ocorria a degeneração secundária depois do dano de uma área à qual a área secundária era conectada. Manchas prateadas, como a mancha Golgi, permitiam que os pesquisadores vissem a estrutura das células neurais individuais em grande detalhe.

Usando tecnologia para visualizar o cérebro: Dos antigas EEGs até hoje

Na frente psicológica, registros eletroencefalográficos (EEG) no início do século XX revelaram que o cérebro estava produzindo constantemente oscilações elétricas que poderiam ser registradas da superfície do crânio. Essas oscilações mudavam com a estimulação externa e quando diferentes padrões de pensamentos ocorriam dentro do cérebro. Entretanto, o EEG tem algumas deficiências, o que o torna menos que ideal para estudar o cérebro cuidadosamente.

» O EEG faz médias de atividades sobre grandes áreas, então é difícil localizar a fonte da atividade registrada no cérebro. A média também tende a perder muito da complexidade da atividade cerebral.

» A atividade corrente intrínseca no cérebro tende a ser maior que — e tende a sobrepujar — o sinal transiente, e menor, suscitado por um estímulo específico, como mostrar uma foto a alguém, o que torna o EEG um método ruim para estudar o efeito de estímulos na atividade cerebral.

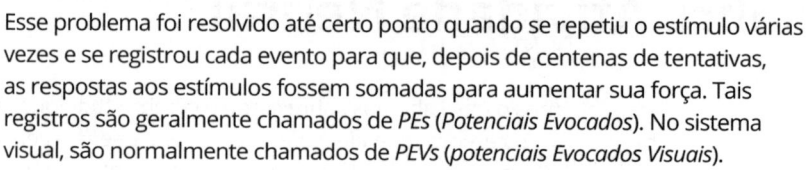

> **PAPO DE ESPECIALISTA**
> Esse problema foi resolvido até certo ponto quando se repetiu o estímulo várias vezes e se registrou cada evento para que, depois de centenas de tentativas, as respostas aos estímulos fossem somadas para aumentar sua força. Tais registros são geralmente chamados de *PEs* (*Potenciais Evocados*). No sistema visual, são normalmente chamados de *PEVs* (*potenciais Evocados Visuais*).

Do início ao meio do século XX, microeletrodos começaram a ser usados em experimentos com animais para revelar como neurônios únicos produziam potenciais de ação. No sistema visual, por exemplo, um pesquisador poderia seguir o sinal da resposta elétrica do fotorreceptor à luz através da retina e pelo tálamo e córtex visual. Similarmente, do lado motor, potenciais de ação musculares, picos de neurônios motor alfa e disparo do córtex motor eram registrados com microeletrodos. No entanto, como os registros de microeletrodos são invasivos (você precisa inserir agulhas de microeletrodos próximas aos neurônios para conseguir um registro), eles têm pouca ou nenhuma aplicabilidade em humanos.

Depois da metade do século XX, novas técnicas de imagens, explicadas nas seções seguintes, começaram a ser usadas comumente.

PET-Scan e SPECT

PET-Scan significa *Tomografia por Emissão de Pósitrons*. Nesta técnica, oxigênio fracamente radioativo de curto prazo ou moléculas de açúcar são introduzidas nos pacientes (ou voluntários) enquanto realizam alguma tarefa cognitiva. Os neurônios mais ativos absorvem a substância radioativa por causa de seu metabolismo mais alto, e o loco da radioatividade no cérebro é verificado por um scanner complexo e um software sofisticado que detecta a emissão de pósitrons (antielétrons).

Normalmente, uma varredura é feita em "repouso" — antes de a tarefa cognitiva ser realizada — e então comparada com outra varredura feita enquanto os sujeitos estão realizando a tarefa. Dessa maneira, a diferença entre essas duas varreduras é associada à tarefa. A técnica PET tem uma resolução espacial de milímetros, mas como tira apenas uma foto da atividade cerebral, não pode determinar a atividade cerebral que muda no tempo.

SPECT (do inglês *Single Photon Emission Computed Tomography* — que tem como tradução *Tomografia Computadorizada por Emissão de Fóton Único*) é similar ao TEP, exceto que o emissor radioativo ingerido emite raios gama que são detectados pelo scanner.

fMRI

A *fMRI* (imagem por ressonância magnética funcional, do inglês *functional Magnetic Resonance Imaging*) é um derivado da ressonância magnética (MRI), que é usada para fazer imagens da estrutura cerebral em alta resolução. A técnica de imagem de MRI usa um alto campo magnético e radiofrequência para detectar transições no giro de prótons (normalmente em moléculas de água) no cérebro e era anteriormente referida como *ressonância magnética nuclear* (RMN).

Imagens reconstruídas têm bom contraste entre as áreas do cérebro com alta densidade de corpo celular neuronal (matéria cinzenta) *versus* áreas consistindo, em sua maioria, de tratos fibrosos (matéria branca), em resolução milimétrica. Na fMRI, o fluxo sanguíneo ou oxigenação/desoxigenação sanguínea é detectado dinamicamente com uma resolução temporal de vários segundos (instrumentos futuros poderão ser capazes de fazer isso ainda mais rápido). Acredita-se que as mudanças do fluxo sanguíneo e a desoxigenação do sangue são medidas metabólicas que refletem a atividade neuronal real.

Embora a resolução espacial da fMRI seja de uma ordem de magnitude pior que a MRI no mesmo instrumento, normalmente uma varredura estrutural de MRI é feita antes, e então a varredura funcional de fMRI é sobreposta a ela para localizar áreas de atividade diferencial entre tarefa e repouso. Como não usa isótopos radioativos, a fMRI é considerada segura, e os protocolos podem ser repetidos muitas vezes em uma única sessão para melhorar a relação do sinal ao ruído.

MEG

MEG (magnetoencefalografia) é baseada na física dos campos elétrico e magnético. Neurônios ativos geram correntes elétricas que fluem dentro dos neurônios e em espaço extracelular ao redor. O EEG detecta essas correntes depois que se tornaram difusas pelo espaço extracelular, incluindo o crânio entre os eletrodos e o cérebro, levando a uma resolução espacial pobre.

Uma propriedade fundamental das correntes elétricas, no entanto, é que elas produzem campos magnéticos que não são desviados pela intervenção do volume do condutor elétrico. No entanto, os campos magnéticos neurais são extremamente pequenos, então a tecnologia MEG requer salas de registro altamente blindadas e detectores exóticos de campos magnéticos de força baixa chamados *SQUIDs (super-conducting quantum interference devices)*. Pesquisas atuais e instrumentos médicos usam muitos desses SQUIDs por todo o cérebro para registrar a imagem de uma grande região desse órgão simultaneamente. MEG tem resolução temporal quase tão rápida quanto EEGs e resolução espacial na ordem da fMRI.

MRI de difusão

MRI de difusão (do inglês DTI — *diffusion tensor imaging*) é uma variação da imagem por ressonância magnética. Ele mede o movimento (difusão) da água no cérebro. Como a água se move mais facilmente para baixo do citoplasma de axônios neurais cilíndricos longos, a MRI de difusão mede eficazmente os tratos de axônios. É um instrumento clínico importante porque tratos de axônios podem ser destruídos por derrames ou outros distúrbios cerebrais.

Imagiologia ótica

A imagiologia ótica é uma promissora tecnologia futura que envolve as mudanças na absorção ou a dispersão da luz por neurônios devido a suas atividades elétricas ou o uso de corantes reportadores (normalmente fluorescentes) que respondem às mudanças em concentração de certos íons (como cálcio) entrando no neurônio durante a atividade. Técnicas óticas têm sido muito usadas em experimentos em tecido isolado obtido de animais. Mudanças na dispersão ou absorção de luz infravermelha têm sido usadas em menor escala em humanos, em áreas onde há acesso ótico ao tecido, como a retina ou o córtex, durante uma cirurgia. Há também técnicas para usar luz infravermelha para obter registros parecidos com os do EEG oticamente através do crânio.

Mais recentemente, a neurociência explodiu com a optogenética, que usa modificação genética para produzir neurônios que ficam fluorescentes quando estão ativos ou podem ser ativados ou inibidos quando iluminados. A habilidade de fazer animais transgênicos com reportadores ou estimuladores optogenéticos expressados apenas em certos neurônios em determinadas áreas está revolucionando o estudo cerebral. Mais sobre isso em capítulos posteriores.

> **NESTE CAPÍTULO**
>
> Entendendo o que os neurônios fazem e como funcionam
>
> Comunicação entre neurônios: o papel dos neurotransmissores
>
> Observando o papel das células da glia
>
> Examinando as várias técnicas usadas para estudar a atividade neural

Capítulo 3
Entendendo como os Neurônios Funcionam

Tudo o que você pensa, faz e, de fato, tudo o que você *é* é o resultado das ações de cerca de 100 bilhões de neurônios. Mas o que são neurônios e como eles ativam a mente?

Neurônios são células especializadas que processam informação. Alguns neurônios são receptores que convertem estímulos sensoriais em mensagens processadas pelo cérebro, enquanto outros estimulam músculos e glândulas. A maioria deles está conectada a outros neurônios e realiza associações que permitem que um organismo — você — se comporte de maneiras complexas, baseadas no que o corpo sente interna e externamente, agora, no passado experimentado e no futuro esperado. Este capítulo explica como os neurônios funcionam, como sabemos o que sabemos sobre como o sistema nervoso opera e quais novas técnicas estão aumentando nosso conhecimento sobre o funcionamento cerebral.

Básico sobre Neurônios: Não é Só Mais Uma Célula no Corpo

Primeiro, neurônios são células e, como todas as outras, consistem de um saco de citoplasma com uma membrana separando-os do mundo externo. Dentro deles estão organelas, como a mitocôndria, que fornece energia para a célula, e estruturas, como o complexo de Golgi e o retículo endoplasmático, que produzem e distribuem proteína. O núcleo contém o DNA, que codifica a identidade do próprio organismo e da célula dentro dele.

Veja o que torna os neurônios diferentes das outras células (se você não estiver familiarizado com a estrutura geral da célula e seus componentes, pode encontrar informações na maioria dos livros de biologia, como *Biologia Para Leigos*, 1ª Edição [Editora Alta Books]):

» Uma membrana com canais iônicos seletivos que podem ser abertos por eventos elétricos ou ligados por neurotransmissores

» Dendritos, extensões ramificadas do corpo celular que recebem entradas de outros neurônios

» Um axônio, uma única extensão do corpo celular que percorre longas distâncias (até vários centímetros) para contatar outros neurônios

A Figura 3-1 mostra as principais partes de um neurônio comum. Há diferenças estruturais óbvias entre neurônios e a maioria das outras células. Enquanto a maioria das células não neuronais lembra esferoides amassados, neurônios normalmente têm uma "árvore dendrítica" de ramos (ou processos) surgindo do corpo celular (ou *soma*), mais um único processo chamado *axônio*, que também emana do corpo celular, mas percorre longas distâncias (às vezes até muitos centímetros) antes de se ramificar. Não é tão evidente na Figura 3-1 o fato de que a membrana que circunda o corpo celular do neurônio, o axônio e os dendritos é muito diferente da que circunda a maioria das outras células, por causa de seus vários tipos de canais iônicos.

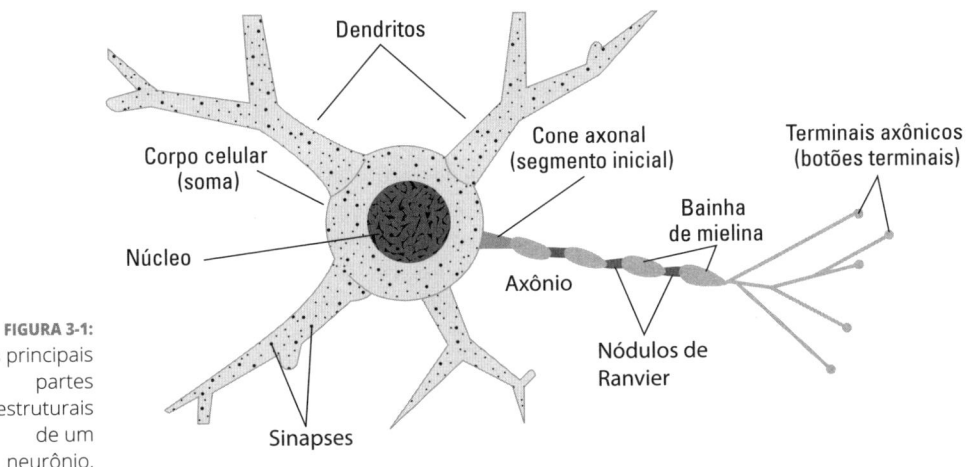

FIGURA 3-1: As principais partes estruturais de um neurônio.

Legendas da figura: Dendritos; Corpo celular (soma); Núcleo; Cone axonal (segmento inicial); Axônio; Bainha de mielina; Nódulos de Ranvier; Terminais axônicos (botões terminais); Sinapses.

© John Wiley & Sons, Inc.

Enviando e recebendo informação entre neurônios: Receptores sinápticos

Para que servem os dendritos e axônios? Vamos começar com os dendritos, ou a *árvore dendrítica*.

DICA

Pense em para que servem os ramos de uma árvore normal: são as estruturas que dão lugar às folhas, cujo propósito é absorver luz do sol para obter energia e formar os compostos orgânicos dos quais a árvore precisa. A árvore dendrítica de um neurônio faz mais ou menos a mesma coisa. É a estrutura que dá lugar a *receptores sináptico*, que reúnem informações de outros neurônios, e assim como as árvores podem ter milhares de folhas, neurônios têm milhares desses receptores.

Enquanto os dendritos recebem entradas de outras células, o axônio envia a saída da célula *para* outras. O axônio parece outro dendrito qualquer, exceto que, normalmente, não se ramifica muito próximo do corpo celular como a maioria deles.

Observando os receptores: Pré e pós-sinápticos

Para que servem os receptores? Bem, não para luz do sol. Receptores sinápticos neurais recebem informações por meio de pequenos jatos de neurotransmissores de outros neurônios. Cada pequeno jato do neurotransmissor envia ao *receptor pós-sináptico* (o receptor na árvore dendrítica do neurônio receptor) uma mensagem da célula *pré-sináptica* (a que emite os jatos).

Para o neurônio receptor, é como ouvir a centenas de corretores simultaneamente na pista da bolsa de valores. Alguns deles estão mandando jatos de mensagens felizes sobre alguma coisa ou outra e deixam o neurônio pós-sináptico feliz, ou *excitado*, enquanto outros enviam mensagens tranquilas que o deixam menos excitado ou inibido. Milissegundo por milissegundo, o nível de excitação do neurônio pós-sináptico é determinado por quais entradas, entre as milhares recebidas, estão ativas e quão ativas estão.

LEMBRE-SE

O significado da atividade (ou nível de excitação) de um neurônio é determinado por quem está falando com ele e com quem ele fala. Se nosso neurônio corretor específico, por exemplo, estivesse ouvindo a saída de outros neurônios falando sobre coisas como cabeamento elétrico, certas minas no Chile e a produção de moedas, nosso neurônio corretor poderia incorporar informações sobre o preço do cobre.

LEMBRE-SE

Essas conexões tornam-se significativas como resultado do *aprendizado*, que ocorre quando experiências modificam a força e a identidade da interconexão entre neurônios e, assim, criam memória. Suponha, por exemplo, que seu neurônio receba a entrada de alguns neurônios que indicam que você está vendo a cor cinza; outros indicam que é grande; outros, que tem uma tromba; e outros respondem à imagem de presas. Seu neurônio pós-sináptico será um detector de elefantes. Os alvos pós-sinápticos desse neurônio podem receber outras mensagens neurais de que as orelhas são grandes e de que leões e girafas também estão por perto. Nesse caso, essa atividade significaria "Estamos na África e este é um elefante africano".

Disparando pulsos para outros neurônios

Quando o neurônio pós-sináptico está excitado, ele dispara pulsos elétricos, ou *potenciais de ação*, que viajam de seu corpo celular até seu axônio, até que alcançam os lugares onde terminam os ramos do axônio e os ramos individuais, no que são chamados *terminais dos axônios* (também chamados de *botões terminais*), que ficam próximos de outros neurônios pós-sinápticos. Esses milhares de terminais dos axônios são os lugares onde seu neurônio pré-sináptico converte seu potencial de ação elétrico em jatos de neurotransmissor que transmitem uma mensagem a outros neurônios. E é assim, vezes 100 bilhões, é claro.

LEMBRE-SE

A junção entre o jato (ou impulso) neurotransmissor no axônio pré-sináptico e o dendrito recebedor do neurotransmissor *pós-sináptico* é chamada de *sinapse*, o elemento de associação mais fundamental no sistema nervoso. A lacuna entre os neurônios pré e pós-sinápticos é chamada de *fenda sináptica*. O pulso pré-sináptico provoca a difusão de um jato neurotransmissor através da fenda sináptica desde o local liberador pré-sináptico até os receptores do dendrito pós-sináptico, que têm receptores que ligam o neurotransmissor, fazendo os canais iônicos abrirem ou fecharem, produzindo um evento elétrico na célula pós-sináptica.

PAPO DE ESPECIALISTA

Muitos neurocientistas acreditam que se você for comparar cérebros a computadores digitais, a comparação do transistor deveria ser no nível da sinapse. Como cada neurônio tem cerca de 10 mil sinapses e há cerca de 100 bilhões de neurônios, as pessoas na Intel terão que passar muitas noites em claro se quiserem que seus CPUs alcancem o poder de processamento do cérebro.

Recebendo dados do ambiente: Receptores especializados

Alguns neurônios recebem entradas não como jatos de neurotransmissores de outros neurônios, mas como energia do ambiente:

- » No olho, neurônios especializados chamados *fotorreceptores* capturam fótons de luz e os convertem em liberação de neurotransmissor.
- » Na orelha, células chamadas *células ciliadas auditivas* se dobram em resposta à pressão do som na orelha interna.
- » Na pele, *receptores somatossensoriais* respondem à pressão e à dor.
- » No nariz, neurônios olfatórios respondem a fragrâncias. Pense nas fragrâncias do mundo externo ao corpo como neurotransmissores, com diferentes receptores olfatórios respondendo a diferentes fragrâncias.
- » Na língua, moléculas doces, azedas, amargas e salgadas excitam diferentes receptores nas papilas gustativas.

O sistema nervoso também tem saídas como as do sistema motor. Neurônios motores enviam seu neurotransmissor (acetilcolina) para células musculares, que se contraem quando os receptores na célula muscular o recebem. O controle do músculo estriado voluntário geralmente ocorre depois que o cérebro fez muito planejamento, do qual você normalmente não está ciente sobre o que fará e quais músculos em quais padrões contrairão para você fazer isso.

Receptores ionotrópicos *versus* metabotrópicos

Assim como conselhos podem ser acatados ou ignorados, os efeitos de um neurotransmissor liberado pré-sinapticamente no neurônio pós-sináptico estão à mercê do *receptor de neurotransmissor* na célula pós-sináptica. Embora os receptores sejam altamente específicos para um único neurotransmissor, cada neurotransmissor tem muitos tipos diferentes de receptores. Alguns agem mais rápido que os outros, outros duram mais ou menos tempo, e alguns têm vários locais de ligação que podem incluir um para um neurotransmissor rápido específico e mais locais adicionais que ligam e respondem a um ou mais neuromoduladores. Canais receptores pós-sinápticos ativados por neurotransmissores liberados por um neurônio pré-sináptico são geralmente referidos como *canais iônicos ou regulados por ligante (também conhecidos como receptores ionotrópicos)*.

Uma diferença importante entre tipos de receptores depende de uma diferença crucial entre suas estruturas. A imagem da esquerda na Figura 3-2 mostra um receptor de neurotransmissor típico posicionado na membrana celular. A maioria dos receptores de neurotransmissor tem um local de ligação para o neurotransmissor do lado de fora da membrana, que, quando o neurotransmissor é ligado, faz a proteína do receptor redobrar de tal maneira que um poro é aberto no complexo do receptor que permite que um íon específico passe pela membrana celular, de outra forma, impermeável. Estes são chamados *receptores dependentes ou regulados por neurotransmissores* (também dependentes ou regulados por *ligantes*). O tipo de receptor com o poro de íon na mesma estrutura do receptor que o local de ligação é um receptor *ionotrópico*. A maioria dos receptores de excitação e inibição rápida é deste tipo.

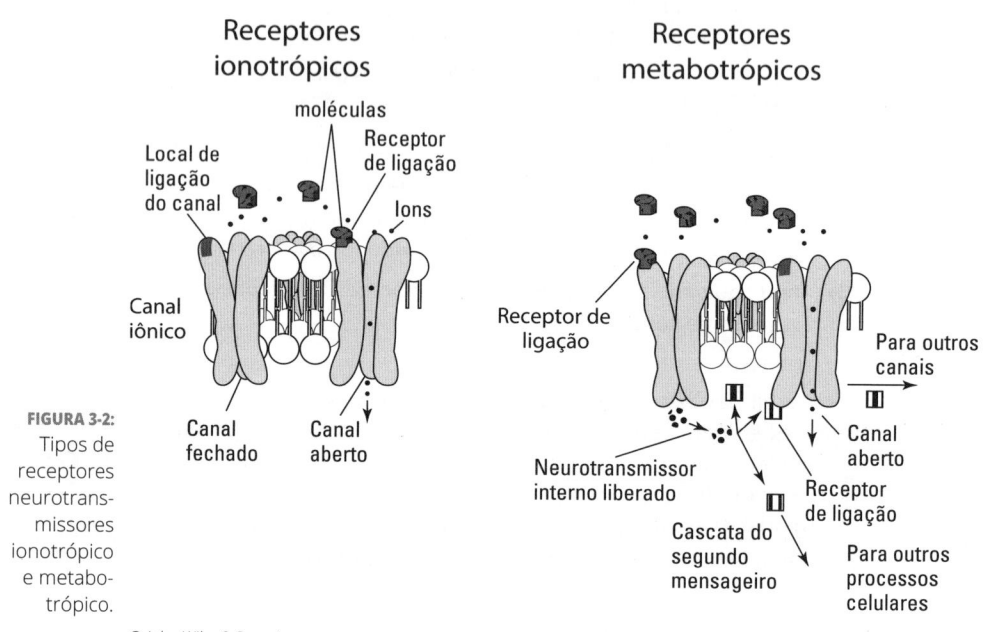

FIGURA 3-2: Tipos de receptores neurotransmissores ionotrópico e metabotrópico.

© John Wiley & Sons, Inc.

Há outro tipo de estrutura receptora, comum para neuromoduladores. Nela, o poro do canal iônico não está no mesmo lugar em que o local de ligação para o neurotransmissor (veja a imagem da direita na Figura 3-2). Em vez disso, o neurotransmissor ligando o exterior da membrana faz com que parte da proteína do canal mude de forma no interior da membrana, de modo a liberar alguns moduladores neurais intracelulares internos. Esses moduladores funcionam como mensageiros internos dentro da célula que frequentemente envolvem cascatas bioquímicas que amplificam suas ações.

A ligação do neurotransmissor a receptores metabotrópicos pode causar vários efeitos, desde abrir vários poros de canais próximos do interior até mudar a expressão do DNA no núcleo. Esses tipos de efeitos tendem a ser muito mais lentos, mas mais duradouros, quando comparados àqueles mediados por receptores ionotrópicos. Os tipos de receptores sem seus próprios canais iônicos que têm esses efeitos indiretos são chamados de receptores *metabotrópicos*.

As três principais classes funcionais de neurotransmissores

O "suco" do jato de neurotransmissor do neurônio pré-sináptico para o pós-sináptico consiste de moléculas neurotransmissoras. Existe uma variedade de tipos diferentes de neurotransmissores, cada um variando em seu tipo de efeito e tempo de curso na célula pós-sináptica. Neurotransmissores são agrupados em três classes funcionais principais:

- » **Neurotransmissores excitatórios rápidos:** Os neurotransmissores mais importantes são os rápidos e excitatórios glutamato e acetilcolina. Eles comunicam excitação forte e imediata da célula pré-sináptica para a pós-sináptica. A maioria das projeções neurais de longa distância no cérebro é feita por axônios que liberam glutamato. Todas as contrações musculares voluntárias são causadas pela liberação da acetilcolina por neurônios motores nas células motoras.

- » **Neurotransmissores inibitórios rápidos:** Como grandes sistemas interconectados formados apenas por conexões excitatórias tendem a ser instáveis e sujeitos a *convulsões* (excitação recorrente forte, descontrolada e contínua), a sutileza e o equilíbrio no sistema nervoso são garantidos pelas conexões inibitórias, usando os neurotransmissores *inibitórios* ácido gama-aminobutírico (GABA) e glicina. Neurotransmissores inibitórios permitem associações do tipo tudo-ou-nada. Por exemplo, se a maioria dos neurônios vota que você está vendo um elefante, mas alguns aqui e ali dizem "se tem quatro pernas, também poderia ser um burro", os neurotransmissores inibitórios suprimem a mensagem "poderia ser um burro".

- » **Neuromoduladores lentos que incluem ambos, excitatório e inibitório:** A maioria dos neurotransmissores rápidos é de aminoácido (diferente da acetilcolina). Neurotransmissores moduladores incluem aminas biogênicas, como dopamina e serotonina, e pequenas proteínas, como *somatostatina*, *substância P*, *encefalinas*, ou produtos químicos orgânicos chamados *catecolaminas*, como a *epinefrina* e *norepinefrina*. As ações desses transmissores são mais parecidas com as hormonais, produzindo mudanças lentas, mas duradouras. Pense em sua ação de estabelecer o "clima" dentro do cérebro como um cenário para o que os neurotransmissores rápidos estão fazendo em escalas de tempo menores. Por exemplo, você pode estar descansando quieto enquanto digere uma boa refeição (o que é uma boa ideia), quando cai uma tempestade de relâmpagos, disparando a liberação da norepinefrina, o neurotransmissor de lutar ou correr. A ação para a digestão e outros processos homeostáticos internos diminui em favor de aumentar seu pulso e pressão sanguínea e desviando o fluxo sanguíneo para os músculos em preparação para se mover rapidamente para um lugar seguro.

PAPO DE ESPECIALISTA

Acredita-se que alguns neurotransmissores se originaram evolutivamente como hormônios, que são normalmente secretados na corrente sanguínea, onde influenciam células que são receptivas a eles por todo o corpo. Neurotransmissores, liberados por axônios, parecem ter sido uma forma em que o sistema nervoso evoluiu para que uma célula pudesse falar especificamente com algumas outras poucas células — algo como sussurrar um segredo para alguns de seus melhores amigos, em vez de gritar a notícia para todo o auditório.

Que Chocante! Neurônios como Dispositivos Elétricos de Sinalização

Um aspecto crucial da função neuronal é seu uso único da eletricidade. Eles a usam para secretar seus neurotransmissores e para associações. A membrana do neurônio contém um tipo especial de canal iônico que é, na verdade, uma bomba ativa para íons. Íons são os átomos carregados que são dissolvidos em fluídos dentro e fora da célula. Os mais importantes são os sais de cloreto de sódio (NaCl), potássio (Kcl), cálcio ($CaCl_2$) e magnésio ($MgCl_2$), que dissociam quando dissolvidos nos cátions Na^+, K^+, Ca^{++} e Mg^{++}, e no ânion Cl^-. **Nota:** um *cátion* é carregado positivamente (atraído por um cátodo negativo); um *ânion* é carregado negativamente (atraído por um ânodo positivo).

O fluído fora das células e em nosso sangue, na verdade, tem mais ou menos a mesma consistência iônica que a água do mar, ou seja, em sua maioria Na^+, muito menos K^+ e ainda menos Ca^{++} e Mg^{++}, sendo Cl^- o principal ânion. Entretanto, as bombas iônicas nas membranas neurais, chamadas de *bombas Sódio-potássio ou $Na^+/K^+ATPase$*, bombeiam ativamente o sódio para fora da célula e o potássio para dentro, nessa proporção: $3Na^+$ fora para $2K^+$ dentro (veja a Figura 3-3).

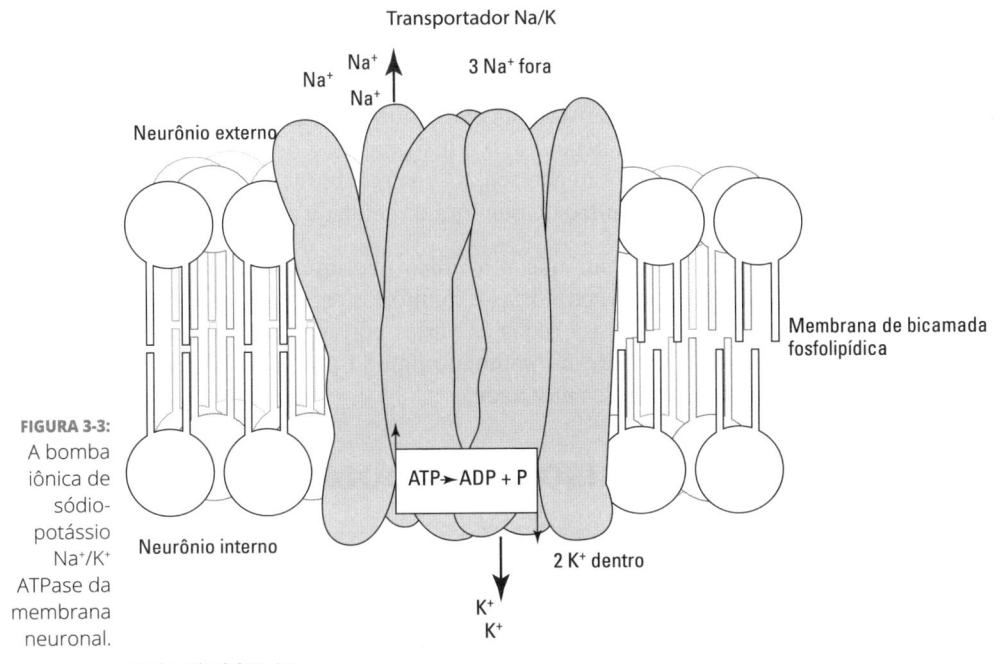

FIGURA 3-3: A bomba iônica de sódio-potássio Na⁺/K⁺ ATPase da membrana neuronal.

© John Wiley & Sons, Inc.

Essas bombas funcionam o tempo todo, criando uma situação na qual bem pouco sódio e um excedente de potássio existem dentro da célula. Entretanto, como nem tanto potássio sai quanto sódio entra, há uma *carga líquida negativa dentro da célula* devido à deficiência de íons positivos. A voltagem real que medimos com um eletrodo colocado dentro da célula (comparado com o exterior) é determinada pela condutância de dispersão de vários íons. O íon potássio tem uma condutância de dispersão muito maior que o sódio, resultando em um potencial de membrana medindo cerca de −70 milivolts. Como essa voltagem é medida por toda a membrana neuronal (de dentro do neurônio para fora), é chamada de *potencial de membrana*.

O potencial de membrana de um neurônio pode ser mudado por canais iônicos em sua membrana, que é onde o desequilíbrio da concentração iônica importa, porque quando receptores de neurotransmissores abrem canais para íons específicos, os íons fluem através desses receptores para restaurar o desequilíbrio provocado pelas bombas de sódio-potássio. O fluxo de íons é uma *corrente* que faz a *voltagem* mudar adequadamente por toda a membrana (potencial de membrana). Os neurotransmissores excitatórios rápidos glutamato e acetilcolina, por exemplo, ligam-se a receptores que permitem que íons de sódio passem pelo poro do canal. Essa entrada de íons positivos pode reduzir localmente e até reverter a polaridade do potencial negativo dentro da célula. Essa mudança de polaridade transiente é chamada *despolarização*.

Receptores inibitórios ionotrópicos são aqueles que ligam-se à GABA ou glicina e abrem canais permeáveis para Cl− (receptores GABA metabotrópicos abrem, através de segundos mensageiros dentro da célula, canais para K+ que também inibem ou hiperpolarizam a célula). Se Cl−, que é negativo, entra na célula, pode tornar o interior mais negativo, o que é chamado de *hiperpolarização*. Quando canais iônicos para K+ são abertos, K+ realmente sai da célula por causa de sua maior concentração dentro do que fora da célula, e esta também hiperpolariza.

Agora você pode ver por que um único neurônio pode ser tão complicado. Umas 10 mil sinapses excitatórias e inibitórias estão abrindo e fechando constantemente em resposta a todas as várias entradas pré-sinápticas, levando a uma mudança constante de potencial líquido por toda a membrana celular, que é a soma de toda essa atividade.

Caramba, pulsos — O potencial de ação

Você pode pensar na associação feita pelo neurônio como a soma no corpo celular das entradas excitatórias e inibitórias contínuas e variantes interferindo por toda a árvore dendrítica (algumas entradas também podem estar no corpo celular). Essas entradas produzem um potencial de membrana líquido no corpo celular. O que o neurônio faz com essa associação representada por esse potencial? Como mencionado antes, neurônios comunicam suas associações a outros neurônios, enviando uma série de pulsos de voltagem pelo axônio. Esta seção explica esses pulsos de voltagem e como eles se movem pelo axônio.

Os problemas em ir daqui até ali

Em seu córtex motor primário há neurônios que conduzem os músculos em seus dedos dos pés. Você pode supor que os axônios agem como cabos — ou seja, que o potencial de membrana dos dendritos neuronais se soma no corpo celular do neurônio motor e essa voltagem viaja ao final do axônio como se fosse um cabo. Mas a ideia não funciona. Membranas neuronais, incluindo as de axônios, não são totalmente impermeáveis ao fluxo iônico fora dos canais e estão, assim, continuamente vazando. Além disso, uma propriedade elétrica de uma membrana neuronal, *capacitância*, desvia (amortece e desacelera) rapidamente, mudando os sinais pelas distâncias que os axônios precisam comunicar.

Ajudando o sinal: Canais de sódio dependentes de voltagem

A resposta para esse problema é semelhante à solução usada para resolver um problema similar nos cabos de comunicação transatlântica, em que dispositivos chamados *repetidores* são instalados em intervalos para aumentar e limpar o sinal, que se torna reduzido à medida que viaja da costa para seu último repetidor. Neurônios usam um tipo particular de canal iônico para a mesma função, o *canal de sódio dependente de voltagem*, e sua ação é a base para toda a comunicação neural de longa distância por potenciais de ação, coloquialmente chamados de *pulsos* (porque representam uma mudança breve e repentina no potencial de membrana).

O canal de sódio dependente de voltagem não abre ao ligar um neurotransmissor, como os canais dependentes ou regulados por ligantes (discutidos na seção anterior "Receptores ionotrópicos *versus* metabotrópicos"). Mas esse canal abre quando a despolarização de membrana criada por outros canais cruza um limite.

Eis como funciona: existe um número particularmente grande desses canais no começo do axônio no corpo celular, chamado de *segmento inicial* (ou, às vezes, *cone axonal*); veja a Figura 3-1. Quando a ação somada de todas as sinapses excitatórias e inibitórias em uma célula está suficientemente despolarizada, os canais de sódio dependentes de voltagem no segmento inicial (e frequentemente também no corpo celular) se abrem e permitem que ainda mais Na+ flua através da membrana para dentro do neurônio. Essa ação despolariza ainda mais a membrana para que todos os canais de sódio dependentes de voltagem se abram naquela região, os quais normalmente só ficam abertos por cerca de um milissegundo e então se fecham sozinhos por vários milissegundos. O término do potencial de ação é também quase sempre assistido por canais de potássio dependentes de voltagem que abrem e fecham mais lentamente que os de sódio. Esses canais de potássio retificadores atrasados são responsáveis pela última porção do período refratário do pulso no qual os potenciais de ação são mais difíceis de extrair rapidamente depois de um pulso anterior.

O pulso criado pelos canais de sódio dependentes de voltagem no segmento inicial é o potencial de ação. A flutuação de voltagem criada por esse pulso viaja pelo axônio mais um pouco, mas é reduzida pelos efeitos de manobra mencionados anteriormente. Entretanto, um pouco mais para baixo do axônio está outro conjunto desses canais de sódio dependentes de voltagem. Essa distância é tal que o pulso degradado ainda está acima do limite para esses canais, então eles produzem outro pulso completo nesse novo local, que viaja mais para baixo do axônio, é reduzido, alcança outro conjunto de canais dependentes de voltagem, recebe outro impulso necessário, desce um pouco mais pelo axônio, é reduzido e, bem, você entendeu.

Pulando de nódulo em nódulo

Muitos axônios são protegidos entre os conjuntos de canais de sódio dependentes de voltagem por processos das células da glia que fornecem isolamento extra, chamados de *axônios mielinizados* (veja a Figura 3-1). As lacunas entre as bainhas de mielina onde o pulso é repetido são chamadas *nódulos de Ranvier*, e o "pulo" do potencial de ação de um nódulo para o próximo é chamado de *condução saltatória*. Axônios mielinizados têm velocidades rápidas de condução nas quais os pulsos viajam a vários metros por segundo. Muitos axônios menores no sistema nervoso são desmielinizados e conduzem potenciais de ação mais lentamente. A mielina também protege o axônio de danos. (Uma manifestação da doença de esclerose múltipla é a degradação das bainhas de mielina axonais, resultando em condução de pulsos mais lentas, erráticas e, eventualmente, falhas pelos axônios.)

Fechando o ciclo: Do potencial de ação à liberação do neurotransmissor

Um último detalhe básico a considerar no quadro de comunicação neuronal é como ir de um potencial de ação à liberação do neurotransmissor. Isso acontece quando o pulso alcança os milhares de terminais de axônio depois que ele se ramifica (veja a Figura 3-4).

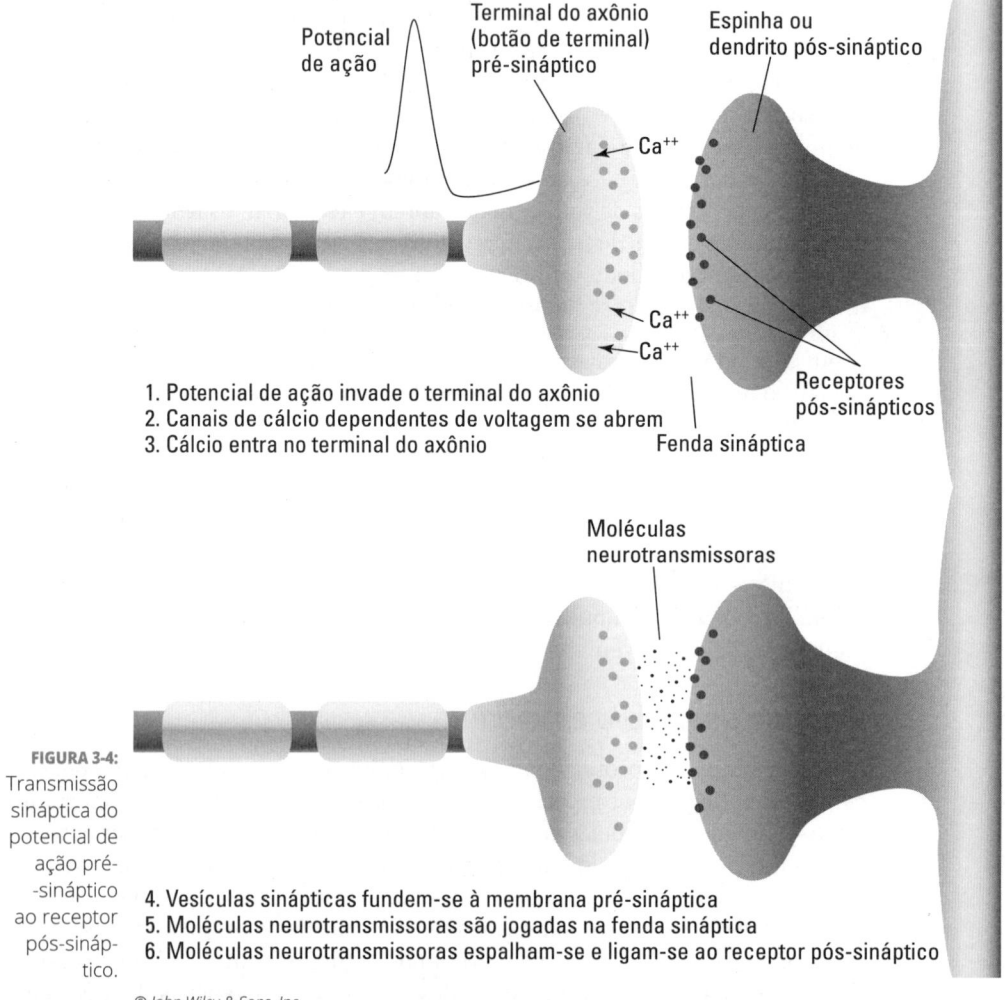

1. Potencial de ação invade o terminal do axônio
2. Canais de cálcio dependentes de voltagem se abrem
3. Cálcio entra no terminal do axônio

4. Vesículas sinápticas fundem-se à membrana pré-sináptica
5. Moléculas neurotransmissoras são jogadas na fenda sináptica
6. Moléculas neurotransmissoras espalham-se e ligam-se ao receptor pós-sináptico

FIGURA 3-4: Transmissão sináptica do potencial de ação pré-sináptico ao receptor pós-sináptico.

© John Wiley & Sons, Inc.

Eis o que acontece (confira a Figura 3-4 para um visual desses passos):

> » **Passos 1 a 3: O potencial de ação chega.** Dentro do terminal do axônio há outro tipo de canal dependente de voltagem, mas esse canal permite que cálcio (Ca++), em vez de sódio, flua para dentro. A abertura induzida pelo pulso desses canais de cálcio dependentes de voltagem faz o cálcio entrar no terminal do axônio. Dentro dele, as moléculas neurotransmissoras são embaladas em pequenas *vesículas sinápticas* envolvidas por membrana, um pouco das quais está sempre próximo da membrana no lado pré-sináptico da sinapse.
>
> » **Passo 4: As vesículas ligam-se à membrana.** Quando o cálcio entra, faz a membrana de várias dessas vesículas se fundir com a membrana celular.
>
> » **Passo 5: O transmissor é liberado.** Quando as vesículas se fundem com a membrana celular, as moléculas neurotransmissoras são jogadas na fenda sináptica.
>
> » **Passo 6: O transmissor se liga aos receptores.** As moléculas neurotransmissoras que foram jogadas na fenda rapidamente (dentro de cerca de um milissegundo) dispersam pela fenda e se ligam aos receptores na célula pós-sináptica.

DICA

Eis um atalho que alguns neurocientistas usam quando pensam nesse circuito: ao redor de um dado neurônio, a concentração extracelular de vários neurotransmissores é convertida ao potencial de membrana, que é convertido à classe de potenciais de ação no axônio, que é convertida à concentração de cálcio no terminal do axônio, que é finalmente convertido à concentração de neurotransmissores na fenda sináptica próxima à célula pós-sináptica.

Movendo-se com Neurônios Motores

Os neurônios originalmente evoluíram para coordenar a atividade muscular. Animais multicelulares grandes só podem se mover de maneira eficaz se seus músculos se moverem coordenadamente. O movimento muscular coordenado é alcançado quando os neurônios, embutidos em um sistema que recebe entrada sensorial, podem ativar os músculos de tal maneira que produzam sequências de contrações musculares específicas — que é precisamente o que o sistema neuromuscular faz.

O sistema neuromuscular tem, como saída, terminais de axônios de neurônios motores fazendo sinapses em células musculares dentro de um músculo, um terminal de axônio por célula muscular (embora um neurônio motor possa ter centenas de terminais de axônio). Isso é chamado junção neuromuscular. O terminal do axônio do neurônio motor libera acetilcolina como o neurotransmissor (veja a seção anterior "As três principais classes funcionais de neurotransmissores" para saber mais sobre a acetilcolina). Células musculares têm um receptor excitatório ionotrópico para acetilcolina que abre canais de sódio na membrana da célula muscular. Nesses canais também flui uma pequena quantidade de potássio. (Para ler mais sobre receptores ionotrópicos, veja a seção anterior "Receptores ionotrópicos *versus* metabotrópicos".)

Cada potencial de ação alcançando um determinado terminal de axônio de neurônio motor libera um pacote de acetilcolina que causa um potencial de ação na célula muscular, que tem um tempo de duração muito maior do que o um milissegundo de potencial de ação na maioria dos neurônios. Seu efeito é fazer com que os filamentos de actina e miosina na célula muscular deslizem um pelo outro (mediados pelo cálcio), unindo as extremidades da célula (contraindo-a longitudinalmente).

Um músculo é um conjunto de cadeias dessas células musculares. Quanto mais cada célula muscular é contraída e quanto mais células musculares em uma cadeia são contraídas, menor o músculo fica. Quanto mais cadeias são contraídas, mais força o músculo aplica. Esses parâmetros são controlados pelo número de neurônios motores ativados e pela taxa de disparo nesses neurônios.

Células Não Neuronais: Células da Glia

Embora o número de 100 bilhões de neurônios no cérebro seja realmente impressionante, dentro desse mesmo volume estão, pelo menos, dez vezes mais células não neuronais chamadas *glia*. As células da glia ocorrem em três tipos principais — astrócitos, oligodendrócitos e células de Schwann, e micróglia —, cada um com uma função, como explicado nas seções seguintes. Há também um tipo de célula da glia chamado de célula glial satélite, que junta a superfície de corpos celulares neurais em vários gânglios (concentrações de células nervosas) no sistema nervoso periférico.

Astrócitos

Astrócitos são células da glia que formam boa parte da estrutura do cérebro na qual os neurônios residem. Eles regulam o ambiente cerebral e formam a barreira hematoencefálica. Na maioria do corpo, os capilares do sistema sanguíneo são permeáveis a muitas substâncias para que o oxigênio, a glicose e os aminoácidos passem do sangue para o tecido, enquanto o dióxido de carbono e outras excreções vão por outro caminho. No cérebro, os astrócitos formam uma barreira adicional que é muito mais seletiva, criando um ambiente mais refinadamente controlado para as operações complexas que lá ocorrem. Os astrócitos fazem isso revestindo os vasos sanguíneos e só permitindo o tráfego de substâncias entre os capilares e o cérebro que eles próprios controlam.

No entanto, há várias desvantagens do isolamento químico relativo do cérebro criado por astrócitos. Um é que muitos remédios que poderiam ajudar potencialmente a tratar disfunções cerebrais não podem passar por essa barreira de astrócitos; portanto, não é possível realizar tratamentos injetando esses remédios na corrente sanguínea. Outra desvantagem é que o câncer de cérebro não é diretamente atacado pelo sistema imunológico porque células anticorpos também têm dificuldades de passar do sangue para os tumores cerebrais. A maioria dos protocolos de tratamento de câncer envolvem usar produtos químicos tóxicos e radiação para varrer a grande maioria de células cancerígenas em divisão, esperando que o sistema imunológico consiga limpar a porcentagem restante. Mas como a operação de limpeza dos anticorpos no cérebro é tão ineficiente, o câncer cerebral normalmente tem um prognóstico muito ruim.

Outro tipo de célula da glia com uma função similar é a célula ependimária. Ela forma uma barreira na superfície interna dos ventrículos cheios de líquido cefalorraquidiano do cérebro e no canal central da medula espinhal.

Oligodendrócitos e células de Schwann

A segunda classe de células da glia é chamada de oligodendrócitos e células de Schwann. A função de ambas é fazer a bainha de mielina dos axônios, discutida na seção anterior "Pulando de nódulo em nódulo", para condução saltatória, em que os nódulos de Ranvier com altos canais de sódio dependentes de voltagem formam "repetidores", permitindo a propagação de pulsos em longas distâncias. Oligodendrócitos realizam essa função no sistema nervoso central, enquanto células de Schwann a realizam no sistema nervoso periférico.

Uma área de pesquisa intensa agora trata do fato de que nervos periféricos regeneram seus axônios, enquanto neurônios centrais normalmente não o fazem. Você pode, por exemplo, talhar seu dedo e cortar os nervos tão severamente que todas as funções de controle motor e sensorial sejam perdidas na ponta do dedo. Mas espere um ou dois meses e a função completa geralmente retorna. Entretanto, o mesmo dano na medula espinhal o paralisa para sempre. Algumas diferenças entre oligodendrócitos e células de Schwann em resposta a danos são consideradas importantes para regeneração.

Células da micróglia

A última classe de células da glia são as células da micróglia, que são de limpeza, migram pelo cérebro quando alguma área é danificada e removem (recolhem) detritos. Este é apenas um aspecto das muitas funções de limpeza que diferentes células da glia fazem, o que inclui manter constituintes iônicos adequados no espaço extracelular, interagindo com vasos sanguíneos durante danos cerebrais e fornecer um quadro estrutural no qual os neurônios crescem inicialmente durante o desenvolvimento.

Técnicas de Registro

Os primeiros registros cerebrais — eletroencefalogramas, ou EEGs — usavam eletrodos de superfície no couro cabeludo para registrar potenciais correntes cerebrais de grandes áreas do cérebro. A maior parte do que os pesquisadores sabem sobre função neural individual (neurofisiologia) começou por volta da metade do século XX com a invenção e o uso de microeletrodos, os quais podiam mostrar a atividade de neurônios únicos, e osciloscópios, os quais podiam exibir eventos com duração de milissegundos ou menos. Como as seções seguintes mostram, vários avanços ocorreram nos tipos de dispositivos usados para registrar o trabalho dos neurônios.

Microeletrodos extracelulares individuais

Microeletrodos extracelulares são cabos muito finos, parecidos com agulhas, isolados eletricamente, exceto em suas pontas, que são do tamanho do corpo celular de um neurônio (normalmente 20 micrômetros de lado a lado, dependendo do tipo neuronal). A ponta do eletrodo é inserida no tecido neural até que esteja próxima a uma célula específica, para que a voltagem que o microeletrodo detecte seja quase completamente consequência das correntes de potencial de ação dos canais iônicos se abrindo naquele corpo celular próximo. Esses eletrodos às vezes também registram potenciais de ação de axônios próximos. Microeletrodos extracelulares também foram usados para estimular neurônios a disparar, gerando pulsos de corrente através do eletrodo e dando choque no neurônio para disparar artificialmente.

Redes de microeletrodos

Redes de microeletrodos são conjuntos que pegam amostras de centenas de células simultaneamente. Algumas dessas foram implantadas em humanos paralisados para que, por exemplo, quando a pessoa pensar em fazer algum movimento em seu cérebro e ativar seus neurônios motores, o sinal eletronicamente detectado possa ser usado para contornar a medula espinhal danificada e ativar músculos diretamente, enviando pulsos de choque a eles. Esses registros também foram usados para controlar cursores de computador para comunicação.

Eletrodos intracelulares de agulha

Registros intracelulares em neurônios de mamíferos foram feitos primeiramente com microeletrodos intracelulares de agulha, também chamados de *micropipetas de vidro*, que são tubos de vidro aquecidos no meio e então puxados para que o tubo afine e quebre no meio. A ponta na quebra pode ter um diâmetro de menos de um micrômetro e ainda ser oca! Esses microeletrodos de vidro são suficientemente pequenos, se comparados à célula de 20 micrômetros à qual podem ser inseridos.

Eletrodos intracelulares inseridos através da membrana celular permitem que pesquisadores tirem amostras da atividade elétrica dentro da célula de suas entradas sinápticas. Eletrodos intracelulares de agulha são preenchidos com uma solução salina para fazer uma conexão elétrica entre sua ponta aberta dentro da célula e amplificadores eletrônicos e telas. Um cabo de cloreto de prata dentro da micropipeta conecta o interior da célula, pela solução salina na pipeta, a um amplificador eletrônico. Micropipetas produzem mais informação sobre o que acontece dentro da célula, mas como inevitavelmente danificam a célula com a penetração, não podem ser implantadas permanentemente como seria preciso para próteses neurais, que, por exemplo, registrariam os comandos do córtex motor para mover músculos artificialmente em pessoas paralisadas.

Eletrodos Patch-clamp

Microeletrodos patch-clamp são feitos como os de vidro, exceto que, em vez de serem inseridos na célula, eles são encostados na membrana celular para que o vidro faça uma ligação química, chamada *gigaseal*, com a membrana celular. No remendo intacto da membrana, o eletrodo pode monitorar correntes passando por canais iônicos na membrana dentro da área gigaseal. Em outra configuração, a membrana dentro da gigaseal é rompida por pressão negativa, mas a gigaseal ao longo do perímetro da abertura da pipeta continua intacta para que, com o microeletrodo intracelular de vidro, haja agora continuidade elétrica entre o interior da célula através da solução salina na pipeta para o aparato de registro.

Dispositivos de imagem ótica

Avanços de imagem ótica no final do século XX e o desenvolvimento de corantes reportadores levaram ao uso de técnicas de registro ótico para monitorar a atividade neural. Aqui estão as três principais técnicas óticas:

> » **Monitoramento de mudanças na concentração iônica mediado por corante fluorescente:** Esta técnica usa corantes fluorescentes (corantes que absorvem e reemitem luz) que mudam sua fluorescência em resposta à presença de íons como cálcio, magnésio ou sódio. Os corantes mais comuns monitoram a concentração de cálcio, que é normalmente bem baixa dentro dos neurônios, mas comumente aumenta quando o neurônio está ativo devido ao fluxo de cálcio através dos canais cátion, que não são completamente seletivos para sódio, e através de canais de cálcio dependentes de voltagem, que às vezes são comuns em árvores dendríticas e no terminal do axônio. Isso significa que a atividade dentro das árvores dendríticas pode, às vezes, ser diretamente observada oticamente. A imagem ótica também permite que os pesquisadores vejam a atividade em várias células por um microscópio. Proteínas fluorescentes podem agora

ser expressas em células neuronais em partes específicas do cérebro por técnicas transgênicas de alteração de DNA em animais experimentais.

» **Monitoramento do potencial de membrana mediado por corante fluorescente:** *Corantes potenciométricos* são corantes que ligam membranas celulares neuronais e mudam ou sua fluorescência ou a absorção de luz em resposta ao nível de despolarização da membrana. A vantagem desses corantes é que eles dão uma leitura direta do potencial elétrico pela membrana para que as mudanças na membrana possam ser observadas para se saber se há ou não canais iônicos que fluem cálcio. Por outro lado, o sinal desses corantes é, normalmente, uma ordem de magnitude menor do que a dos corantes indicadores de cálcio, sendo mais difíceis de detectar.

» **Mudanças óticas intrínsecas em tecido neural excitado, como dispersão de luz:** Mudanças óticas intrínsecas ocorrem em tecido neuronal quando as células estão eletricamente ativas. A origem dessas mudanças não é clara até o momento que este livro foi escrito, mas inclui mudanças em dispersão de luz devido a inchaço celular transiente ou rearranjo de estruturas de organelas intracelulares associadas com ativação elétrica. Uma vantagem das técnicas óticas intrínsecas é que não requerem corantes e são, portanto, menos invasivas. Registros óticos intrínsecos, como eletroencefalogramas (EEGs), são executados rotineiramente em humanos usando luz infravermelha.

2
Traduzindo o Mundo Interno e Externo Através dos Sentidos

Nesta parte...

Veja como nossos sensores da pele trabalham para nos informar sobre toque e facilitar a manipulação de objetos através do toque ativo.

Descubra como o sistema visual constitui quase metade de todo o cérebro com múltiplos caminhos de processamento paralelo que tornam grande parte da visão um esforço ativo.

Descubra como nosso sentido da audição funciona, da recepção mecânica do som à sua análise no córtex auditivo.

Veja como os neurônios para os sentidos químicos, paladar e olfato, respondem a moléculas individuais que ingerimos e nos permitem experimentar o odor, o paladar e o sabor.

> **NESTE CAPÍTULO**
>
> Recebendo mensagens dos neurônios sensoriais
>
> Enviando sinais ao cérebro
>
> Observando a dor: suas causas, seus efeitos e as maneiras de diminuí-la
>
> Descobrindo distúrbios relacionados ao sentido do toque

Capítulo 4

Sentindo do Seu Jeito: Os Sentidos da Pele

A pele é a fronteira entre nós e o que não somos nós. O sentido do toque é chamado, tecnicamente, *sistema somatossensorial*. A ativação de receptores do toque em nossa pele — sensação — leva à percepção de objetos entrando em contato conosco, como a batida da mão de alguém ou a picada de um mosquito. Nossa pele é sensível não só a uma variedade de tipos de toque (cócegas, pressão e movimento, por exemplo), ela também nos permite perceber outros tipos de sensação, como temperatura e dor. Esses diferentes tipos de percepção são realizados quando diferentes tipos de receptores na pele são ativados.

Este capítulo trata dos receptores que medeiam o toque e os processos cerebrais que permitem a percepção dele. Trata também de diferentes distúrbios relacionados ao sistema somatossensorial.

Como Você Sente? A Verdade sobre a Pele e seus Neurônios Sensoriais

A pele é um órgão, um dos maiores no corpo em termos de área, e tem várias funções importantes. Ela forma uma barreira protetora entre você e o resto do mundo, mantendo dentro o que é você e fora o que não é você, incluindo bactérias, sujeira e parasitas. A pele é relativamente impermeável à água e também faz o isolamento, mantendo você mais quente por dentro do que por fora quando o exterior está frio, e mais frio por dentro do que por fora quando o exterior está mais quente que a temperatura corporal.

Propriedades gerais da pele

Para realizar todas essas funções, a pele tem várias camadas com propriedades diferentes.

A derme e a epiderme

A camada mais externa da pele é chamada de *epiderme* (*epi* significa "sobre" ou "acima", e *derme* significa "pele"). A epiderme é, na verdade, composta de várias camadas de fantasmas de células mortas que fornecem proteção mecânica do exterior. Como essas células estão mortas e não têm receptores de dor, passar as unhas levemente por sua pele remove uma camada ou duas dessas células mortas, mas não machuca (muito). Células na parte inferior da epiderme, onde ela encontra a derme, estão constantemente se dividindo, migrando para fora e morrendo para substituir as camadas mortas enquanto elas desgastam.

Abaixo da epiderme fica a *derme*, a camada viva da pele que inclui a massa de receptores somatossensoriais.

Receptores somatossensoriais

Por toda a pele há uma variedade de receptores para o toque, temperatura e dor. Receptores de pele nos permitem ter sentidos do toque passivos e ativos:

> » **Sentido do toque passivo:** Ocorre quando algo toca nossa pele e registramos o toque antes de sabermos o que o provocou.
> » **Sentido do toque ativo:** É feito principalmente com nossas mãos e pontas dos dedos. Podemos segurar um ovo ou uma maçã ou um abacaxi em nossas mãos e saber o que estamos segurando sem ver. Esses tipos diferentes de percepção ocorrem quando diferentes tipos de receptores na pele são ativados e o cérebro processa a informação e a compara com a memória.

O sentido do toque, ou *sistema somatossensorial*, para a maioria do corpo (abaixo da cabeça), é transmitido através da medula espinhal para o tálamo e, então, para uma faixa no lobo parietal imediatamente posterior ao sulco central onde existe um mapa do "toque" do corpo. Essa área do córtex é chamada de *córtex somatossensorial*.

LEMBRE-SE

A epiderme tem pouquíssimos receptores. A massa de receptores somatossensoriais está dentro da derme. As próximas seções explicam os diferentes tipos de receptores somatossensoriais.

Sentindo o toque: Os mecanorreceptores

Dentro da derme há quatro tipos distintos de receptores do toque, chamados *mecanorreceptores*, mostrados na Figura 4-1. Nas próximas seções descrevo cada um deles.

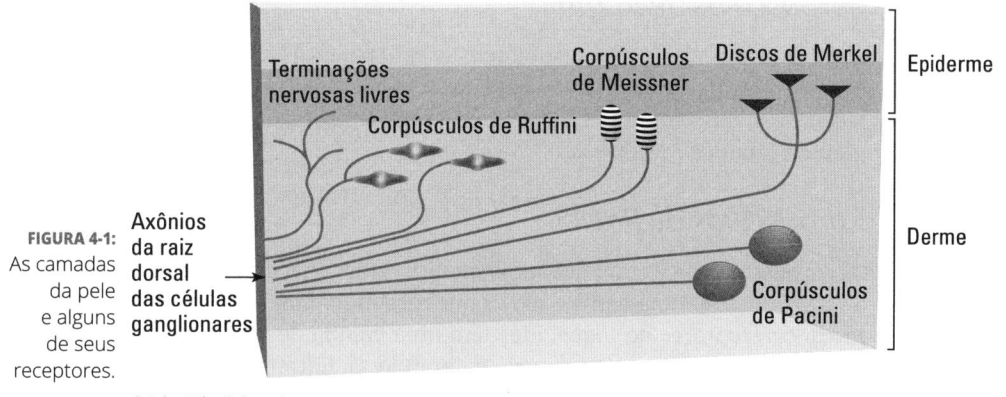

FIGURA 4-1: As camadas da pele e alguns de seus receptores.

© John Wiley & Sons, Inc.

Discos de Merkel

Receptores discos de Merkel, como o nome sugere, têm formato de disco e estão localizados perto da borda entre a derme e a epiderme, e às vezes se estendem à epiderme.

Discos de Merkel são receptores para pressão, significando que são ativados em áreas de sua pele que estão sendo pressionadas contra a cadeira em que está sentado, por exemplo. Se alguém sentasse em seu colo, os receptores da pele sobre os músculos de sua coxa seriam recrutados.

Esses receptores respondem à pressão relativamente constante sobre pequenas áreas da pele, dando a você a percepção da quantidade de força sendo exercida contra diferentes áreas da sua pele.

Corpúsculos de Meissner

Os corpúsculos de Meissner, como os discos de Merkel, também respondem à pressão, mas podem responder a mudanças mais rápidas de pressão do que os discos de Merkel, como aquelas geradas por forças de corte. A sensação evocada quando corpúsculos de Meissner são estimulados é normalmente chamada de *tremulação*.

Como os discos de Merkel, os corpúsculos de Meissner também têm pequenas áreas de sensibilidade, chamadas *campos receptivos*. Um campo receptivo de toque é a área da pele que, quando mecanicamente perturbada, ativa um receptor somatossensorial específico lá. Pequenos campos receptivos normalmente estão associados com receptores rasos (aqueles próximos ou na epiderme), enquanto receptores (profundos na derme) normalmente têm grandes campos receptivos. Pressionar qualquer ponto da pele a comprime mais profundamente do que superficialmente.

Corpúsculos de Ruffini

Os corpúsculos de Ruffini respondem ao estiramento da pele (pense na maneira como sua pele repuxa quando está sendo arrastada por uma superfície). Esses receptores, que têm uma função importante de proteger a pele de se partir, têm grandes campos receptivos.

Corpúsculos de Pacini

Os corpúsculos de Pacini, que também têm campos receptivos grandes e tendem a estar bem fundo na derme, são os que respondem mais rápido dentre todos os mecanorreceptores de toque. Eles têm uma bainha de mielina similar à bainha da glia em volta dos axônios (veja o Capítulo 3). Entretanto, em corpúsculos de Pacini, a função da bainha não é permitir que o potencial de ação pule de um nódulo para o outro, mas sim permitir que o receptor responda a mudanças rápidas na pressão. Através dos corpúsculos de Pacini, você é capaz de perceber vibrações. Se você arrastar as pontas dos dedos por uma superfície áspera como uma lixa, pode avaliar seu nível de aspereza graças aos corpúsculos de Pacini.

Como os mecanorreceptores funcionam

Neurônios somatossensoriais, cujas pontas formam os mecanorreceptores discutidos, têm uma morfologia, ou estrutura, incomum. Essa morfologia é crucial para sua função.

Sua classificação morfológica é chamada *pseudounipolar*. Embora esse nome complicado não seja particularmente esclarecedor sobre sua função, a compreensão de sua estrutura explica alguns aspectos sobre como esses receptores funcionam. A Figura 4-2 mostra um diagrama de um neurônio mecanorreceptor comum.

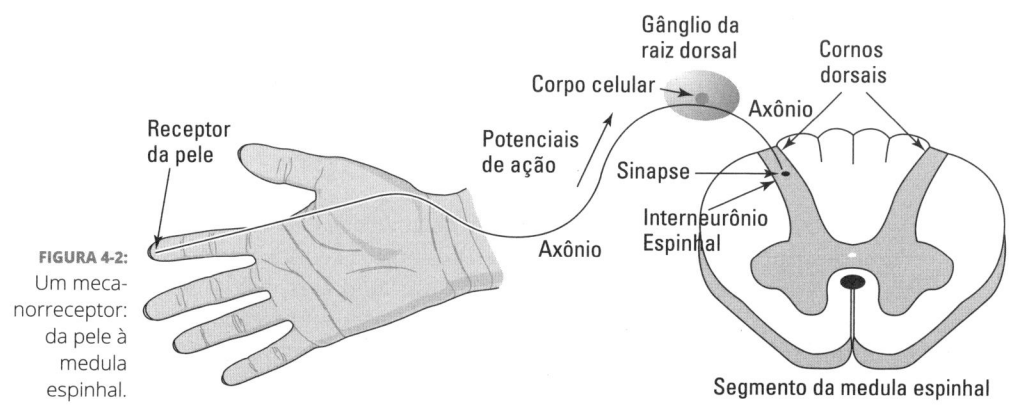

FIGURA 4-2: Um mecanorreceptor: da pele à medula espinhal.

© John Wiley & Sons, Inc.

Os corpos celulares de neurônios receptores somatossensoriais para a maioria da nossa pele (abaixo da cabeça e pescoço) estão localizados em uma série do que é chamado de *gânglios* (concentrações de corpos celulares neurais) imediatamente fora da raiz dorsal da medula espinhal. Eles são então chamados de *gânglios da raiz dorsal*. Esses gânglios e os neurônios que eles contêm são parte do sistema nervoso periférico.

Os corpos celulares dos neurônios somatossensoriais não têm dendritos, mas sim um único axônio, que sai do corpo celular e então *bifurca*, ou separa em dois caminhos, a uma curta distância.

Um fim do axônio entra na medula espinhal na raiz dorsal e faz sinapses convencionais em interneurônios espinhais, permitindo o reflexo de estiramento e a retransmissão da informação somatossensorial para outros segmentos da medula espinhal, subindo por ela até o cérebro.

A parte interessante é que o outro final do axônio vai para longe do gânglio da raiz dorsal em um feixe com outros axônios e acaba na pele, onde forma um dos tipos de receptores discutidos na seção anterior: disco de Merkel, corpúsculo de Meissner, corpúsculo de Ruffini ou corpúsculo de Pacini. Os mecanorreceptores são ativados diretamente quando uma força mecânica estimula um terminal axonal de um desses neurônios. Essa ativação ocorre através de um canal iônico especial que responde ao esticar da membrana (em um receptor neurotransmissor comum, a ativação é desencadeada por voltagem ou ligação ao ligante). Eis o que acontece:

1. **O esticar faz os potenciais de ação começarem no terminal axonal e então continuarem *em direção* ao corpo celular no gânglio da raiz dorsal (a maioria dos axônios conduz potenciais de ação *para longe* do corpo celular).**

2. **O potencial de ação continua além do ponto de bifurcação axonal perto do corpo celular para a medula espinhal, onde alcança terminais do axônio e faz sinapses convencionais em interneurônios espinhais.**

3. Os interneurônios conectam o neurônio receptor aos neurônios motores para reflexos e também enviam mensagens sobre a ativação do receptor para outros segmentos da medula espinhal até o cérebro.

Sentindo temperatura e dor

Tenho certeza de que você está ciente de que pode detectar mais do que apenas vários tipos de pressão em sua pele. Dois outros sentidos da pele são temperatura e dor. Esses receptores têm estruturas similares, ou, na verdade, falta de estrutura. Todos os mecanorreceptores discutidos na seção anterior consistem de um terminal de axônio com receptores de canal iônico embutidos em algum tipo de estrutura, como um corpúsculo, disco ou bainha de mielina, que dão ao receptor sua capacidade de resposta específica para diferentes frequências de estimulação mecânica.

Receptores para temperatura e dor são parecidos com terminais de axônio sem qualquer outra estrutura em sua volta (veja a Figura 4-3). Eles são comumente chamados de *terminações nervosas livres*. As terminações nervosas livres para temperatura têm canais iônicos que respondem a temperaturas específicas, enquanto outras geram potenciais de ação em resposta à força extrema na pele ou outros estímulos potencialmente danosos que são sentidos como dor. Alguns receptores — aqueles tendo o que chamamos de *canais de receptores transientes de potencial (TRP)* — respondem a ambos.

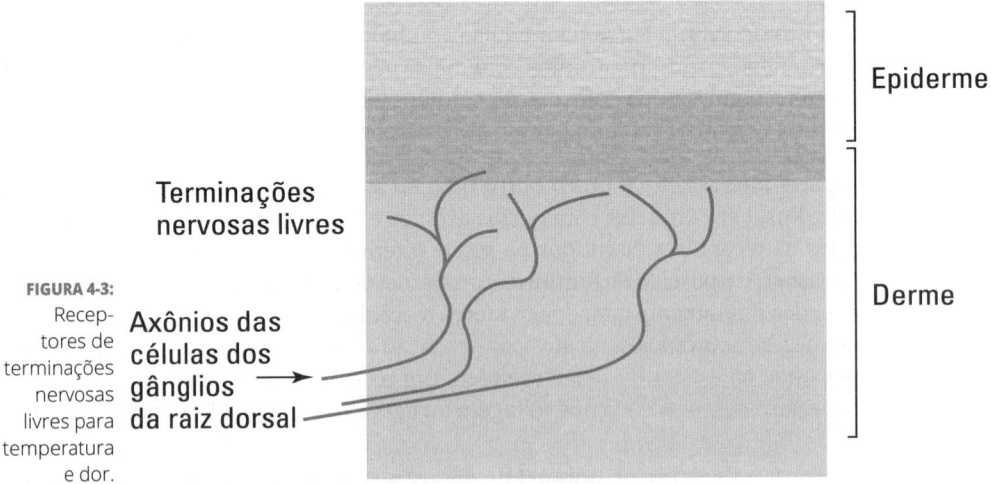

FIGURA 4-3: Receptores de terminações nervosas livres para temperatura e dor.

© John Wiley & Sons, Inc.

Diferentes receptores de temperatura respondem melhor a temperaturas específicas. Receptores de calor respondem melhor a temperaturas específicas acima da temperatura corporal (37 °C), enquanto receptores de frio respondem melhor a temperaturas abaixo da temperatura corporal. Você julga uma ampla gama de temperaturas (fresco, úmido, frio, gelado, morno, quente, e assim por diante) ao sentir a taxa única de ativação de diferentes receptores ativados a uma temperatura específica.

Entretanto, calor e frio ou pressão na pele extremos ativam receptores que são interpretados como dor. Embora diferentes tipos de receptores de dor funcionem por mecanismos diferentes, o que eles têm em comum é que a sensação de dor sinaliza dano iminente à pele. Também existem receptores de dor que respondem a danos químicos de ácidos ou bases e outros tipos de danos, como os causados por um corte. Para mais informação sobre dor, veja a seção mais adiante "Entendendo os Aspectos Complexos da Dor".

Sensações de dor e temperatura tendem a ser conduzidas por axônios de pequeno calibre em um trato de medula espinhal chamado *trato espinotalâmico lateral*. Um caminho mais medial chamado *trato lemniscal* carrega informações de toque refinado através de axônios de grande calibre com velocidades mais rápidas de condução.

Sentindo posição e movimento: Propriocepção e cinestesia

Embora não localizados na pele, receptores mediando *propriocepção* (sentido de posição) e *cinestesia* (sentido de movimento) são ou terminações nervosas livres ou estruturas similares aos mecanorreceptores como corpúsculos de Ruffini (veja a Figura 4-1) e têm disposições similares à dos corpos celulares nos gânglios da raiz dorsal (veja a Figura 4-2).

Esses receptores são embutidos nos músculos, tendões e ligamentos ao redor das articulações. Os receptores nos músculos e tendões que têm respostas relativamente contínuas chamados *proprioceptores* sinalizam a força muscular e a posição da articulação. Receptores similares com respostas de vida mais curta, ou *transiente*, sinalizam quando a articulação está se movendo, permitindo-nos ter o sentido de movimento da cinestesia. Por exemplo, proprioceptores permitem que você toque seu nariz com os olhos fechados. Receptores transientes cinestésicos permitem que você estique sua mão rapidamente e então pare no lugar certo para agarrar uma bola arremessada. Tipos diferentes de sentidos são às vezes referidos como modalidades sensoriais, seja em larga escala (como a visão *versus* o toque) ou dentro do toque (para sensação mecânica *versus* temperatura).

Receptores da Pele, Circuitos Espinhais Locais e Projeções para o Cérebro

Receptores da pele permitem que você responda a coisas que entram em contato com sua pele para que fique atento ao que elas são. As mensagens de toque, temperatura e dor que esses receptores codificam passam para outros neurônios dentro do mesmo segmento da medula espinhal, assim como para outros segmentos próximos e para o cérebro, onde a percepção ocorre.

Saídas do receptor somatossensorial

A saída da maioria dos receptores somatossensoriais participa de pelo menos três tipos diferentes de circuitos neurais:

» **Reflexos locais** são aqueles que envolvem primariamente a contração de um único músculo, como um reflexo. Por exemplo, o bíceps se contrai quando você toca em algo quente. O circuito para essa ação consiste dos neurônios na ponta dos seus dedos que contêm o sensor de temperatura para o calor. Eles contactam os interneurônios da medula espinhal na área da raiz dorsal (veja a Figura 4-2), que ativam os neurônios motores nos mesmos segmentos espinhais, os quais causam a contração de músculos que afastam seus dedos.

» **O movimento coordenado** envolve conexões de receptores por interneurônios a outros segmentos da medula espinhal. Quando você joga uma bola, mecanorreceptores na pele da mão trabalham com receptores proprioceptivos e cinestésicos associados aos músculos em seus dedos, mão, braço e ombro. Até os músculos da sua perna estão envolvidos. Atividades locomotoras como caminhar também exigem coordenação entre segmentos espinhais para que você, por exemplo, não tente mover um pé antes que o outro tenha tocado o chão. A saída do receptor de qualquer segmento na medula espinhal pode se projetar para outros segmentos para cima ou para baixo visando a atividade coordenada de vários músculos.

» **Mensagens de receptores da pele** também são passadas ao cérebro para que você fique consciente delas. Há dois caminhos principais, o *lemniscal* e o *espinotalâmico*. Ambos levam ao núcleo posterior ventral do tálamo do lado oposto do corpo dos receptores de pele, seguindo o princípio quase universal de que o lado direito do cérebro lida principalmente com o lado esquerdo do corpo e vice-versa. (Para mais sobre a interação entre os lados direito e esquerdo do cérebro, veja o Capítulo 2.)

Localizando a sensação: Áreas sensoriais corticais especializadas

Reflexos (como o reflexo espinhal, sobre o qual você pode ler no box "Chutando tudo no consultório médico") ocorrem em um circuito local mais rápido do que você consegue estar ciente dele. A consciência precisa esperar até que o sinal alcance o cérebro. Esta seção discute como os sinais da pele vão para o

CHUTANDO TUDO NO CONSULTÓRIO MÉDICO

O reflexo espinhal é a unidade mais elementar do comportamento pelo qual uma sensação causa uma ação. Em um exame neurológico padrão, enquanto você senta, o médico usa um pequeno martelo de borracha triangular para bater no seu tendão patelar logo abaixo da patela. Essa batida faz o tendão esticar. Esse esticar estimula o que aconteceria se você estivesse em pé e seus joelhos começassem a falhar. Você tem um mecanismo automático pelo qual a saída dos proprioceptores nesse tendão fazem os músculos do quadríceps contrair e estender o joelho. Quando você está sentado, essa ação resulta no movimento de chutar. O exame então testa a integridade de todo o circuito do receptor sensorial à contração muscular e tudo o que estiver envolvido.

cérebro, para onde no cérebro vão e como a atividade cerebral está relacionada à sua consciência de sensação da pele. Nesta seção dou também detalhes sobre o processamento neural em caminhos somatossensoriais (para lembrar sobre a organização e o processamento do cérebro, vá ao Capítulo 2).

A parte somatossensorial do tálamo (o núcleo ventral posterior) projeta a uma faixa estreita do córtex imediatamente posterior ao sulco central (chamado *córtex somatossensorial primário*), tornando-o a parte mais anterior do lobo parietal (veja a Figura 4-4).

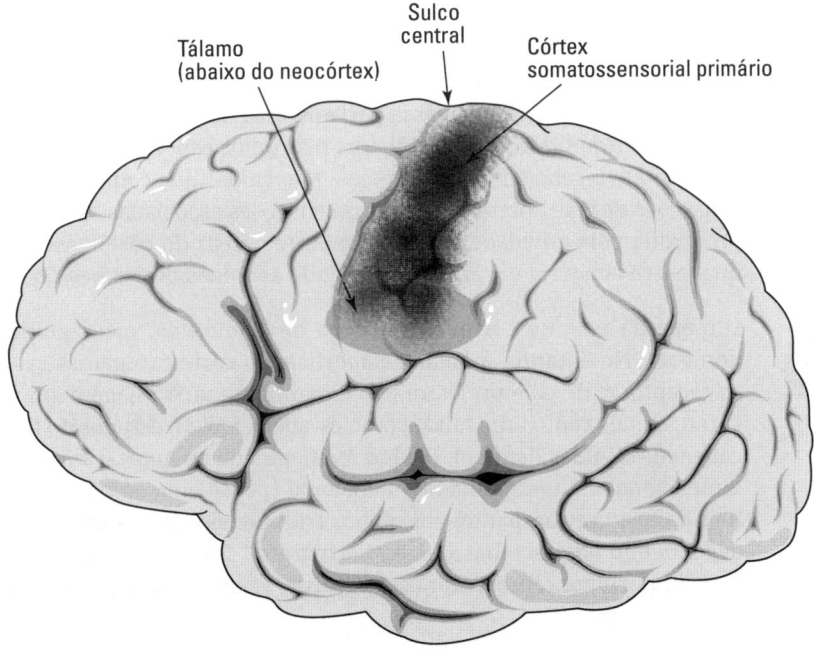

FIGURA 4-4: O lobo parietal: a área receptora somatossensorial.

© John Wiley & Sons, Inc.

Mapeando os receptores da pele em áreas cerebrais específicas: Mapas corticais

LEMBRE-SE

O mapeamento dos receptores da pele a uma área específica do neocórtex ilustra um dos princípios mais fundamentais da organização cerebral, os *mapas corticais*. A projeção do tálamo é ordenada no sentido em que os receptores em partes próximas da pele projetam a neurônios corticais próximos. A Figura 4-5 mostra uma representação do mapa da pele no córtex somatossensorial.

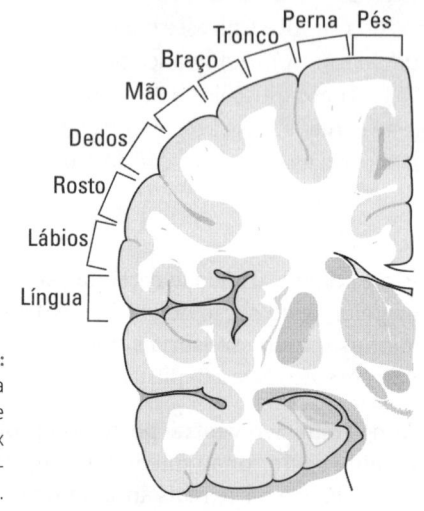

FIGURA 4-5: O mapa da pele no córtex somatossensorial.

© John Wiley & Sons, Inc.

LEMBRE-SE

A ideia fundamental sobre uma dada área do córtex ser dedicada a receptores em uma dada área da pele é a de que a atividade nessa área do córtex é necessária para a percepção do sentido da pele (junto a outras partes do cérebro). Nós percebemos atividade nessa parte da área do córtex como uma sensação na pele não porque essa área tem alguns neurônios especiais de percepção de pele, mas porque recebe entradas da pele e tem saídas que conectam a memórias de sensações de pele anteriores e outras sensações associadas. Ou seja, a percepção produzida pela atividade nessa e em outras áreas do córtex está relacionada a qual entrada neural vai até lá e para onde as saídas dessa área do córtex vão.

PAPO DE ESPECIALISTA

O mapa da pele no córtex é chamado de *homúnculo*, que significa "pequeno homem". No entanto, a área de superfície do córtex somatossensorial na qual os receptores de pele projetam não é realmente uma imagem em miniatura do corpo; é mais como uma faixa, como estabelecido em estudos do neurocirurgião canadense Wilder Penfield. Devido à dificuldade de mapear uma superfície tridimensional em uma folha bidimensional (pense em como mapas bidimensionais da terra se comparam aos globos tridimensionais), a imagem é distorcida, dependendo das escolhas que o "cartógrafo" faz sobre o que é relativamente mais importante representar com precisão *versus* o que é menos importante.

Note também que algumas áreas do corpo, como as mãos e os dedos, estão localizadas no mapa do córtex perto de áreas como o rosto, que são realmente bem distantes em termos de corpo. Alguns pesquisadores sugerem que a sensação de membro fantasma (incluindo dor) que às vezes ocorre depois de uma amputação pode ocorrer devido a projeções neurais do rosto que invadem a parte do córtex que estava sendo estimulada pelo membro e causam sensações percebidas como estando localizadas lá, mesmo que o membro já não esteja.

Densidades de receptores

Áreas iguais da pele não mapeiam áreas iguais do córtex porque áreas diferentes da pele têm diferentes densidades de receptores. A pele na ponta do dedo, por exemplo, tem muito mais receptores por área do que a mesma área na pele do abdômen ou das costas. A maior densidade de receptores na ponta do dedo permite *discriminação de dois pontos* refinada, que é a distância pela qual se pode distinguir um único ponto pressionando a pele em dois pontos próximos. A distância é de milímetros na ponta dos dedos, lábios e testa, por exemplo, mas de centímetros no estômago, nas costas e nas pernas. Você precisa de alta discriminação de dois pontos na ponta dos dedos para manipular objetos com precisão e na pele do seu rosto para fazer expressões faciais precisas.

Uma dada área do córtex processa entradas de cerca do mesmo número absoluto de receptores, para que áreas da pele com alta densidade de receptores, como a ponta dos dedos, obtenham proporcionalmente mais área cortical comparada à área da pele do que áreas com baixa densidade de receptores. Você pode observar a Figura 4-5 e ver onde a densidade de receptores de pele é relativamente alta ou baixa.

Receptores proprioceptivos e cinestésicos nos músculos e nas articulações também projetam ao cerebelo através do caminho cerebelar espinhal. Esse caminho é essencial para aprender e implementar operações motoras complexas como arremessar uma bola de beisebol.

Entendendo os Aspectos Complexos da Dor

Embora a dor, como outras sensações da pele, seja normalmente associada a algo acontecendo em alguma parte específica do seu corpo sobre a qual precisa fazer algo, também tem outras causas e efeitos. A dor pode produzir mudanças duradouras no humor e pode surgir de causas que não são percebidas e nem bem localizadas, incluindo depressão não associada a uma fonte física. Além do mais, diferente do mapa somatossensorial mecanorreceptor topográfico, mas distorcido no córtex parietal anterior (veja a Figura 4-5), não existe mapa parecido para a dor. Embora você possa localizar a dor em alguma parte de sua pele, a percepção da dor tem um efeito mais geral no humor, similar à dor que não pode ser localizada. Os caminhos da dor ao sistema nervoso central são difusos, têm múltiplas causas (*multimodal*) e impactam o humor geral frequentemente de maneiras bem duradouras.

A dor não só afeta o humor em geral, mas também vai para o outro lado: o humor pode afetar a sensação de dor. O estado mental e a atitude de uma pessoa podem fazê-la ignorar ou até nem sentir dor, enquanto a ansiedade pode intensificar a dor associada a qualquer estímulo físico específico.

Reduzindo — ou ignorando — a dor

Por milhares de anos as pessoas estiveram cientes de que é possível atenuar cognitivamente a sensação de dor. Pense nos soldados ignorando ferimentos significativos, *yogis* deitados em camas de pregos e sujeitos ignorando a dor depois da hipnose. Também foram descobertas drogas que especificamente reduzem a dor sem causar perda de consciência ou outras sensações. Muitos desses fenômenos surgem porque o sistema de dor no cérebro usa um conjunto específico de neurotransmissores.

Neurotransmissores que reduzem ou bloqueiam a dor

Eis um mistério que intrigou pesquisadores por muito tempo: por que uma substância produzida por uma planta de papoula (morfina) alivia a dor? A maioria das drogas psicoativas imita a ação de neurotransmissores conhecidos, mas até algumas décadas atrás não havia neurotransmissor conhecido que mediasse os efeitos gerais da dor.

Isso tudo mudou com a descoberta dos opioides endógenos (opioides desenvolvidos naturalmente dentro do corpo). Dessas substâncias parecidas com morfina, as mais comuns são as endorfinas (um termo que é uma abreviação de *morfinas endógenas*). Situações comuns em que as endorfinas são produzidas incluem o parto e correr os últimos quilômetros de uma maratona.

Opiáceos como a morfina e a heroína reduzem a sensação de dor porque imitam a ação de substâncias que o corpo produz sozinho para controlar a dor. Essas drogas cegam esses mesmos receptores e, em baixas doses, produzem efeitos similares. Entretanto, quando injetadas em doses altas, produzem o oposto da dor — uma "embriaguez" — e são viciantes. A droga naloxona antagoniza os efeitos desses opioides e é frequentemente dada a viciados para reverter os efeitos da heroína que eles injetaram.

A existência das endorfinas também explica outro mistério da gestão da dor, o *efeito placebo*, que ocorre quando pacientes recebem uma substância que não tem potencial bloqueador da dor, mas, como acreditam que receberam um remédio real que aliviará a dor, acham que a dor realmente foi aliviada.

Embora o efeito placebo seja robusto e comum, aqueles na comunidade médica tendem a rejeitá-lo como sendo "psicológico", ou seja, não baseado em qualquer base fisiologicamente demonstrável ou quantificável. Entretanto, parece que a droga naloxona não só reduz os efeitos de opioides, mas também reduz o efeito placebo. Isso significa que o efeito placebo não é só psicológico; ele realmente tem um componente fisiológico, envolvendo a estimulação cognitiva, da crença, da produção interna de endorfina do corpo, que, objetiva e mensuravelmente, reduz a dor ligando os receptores de endorfina.

Usando a distração para aliviar a dor: A teoria do portão

Outro mistério sobre a sensação da dor é que ela é frequentemente reduzida por distração cognitiva. Existem vários casos bem documentados de pessoas resistindo a alguma situação de sobrevivência apesar de estarem seriamente feridas e nem perceber. Uma hipótese apresentada para explicar esse efeito é chamada de *teoria do portão de Melzack e Wall*, ou teoria do portão da dor.

De acordo com a teoria do portão, mensagens de receptores de dor na pele misturam-se dentro do sistema nervoso central com mensagens de mecanorreceptores comuns. A operação do circuito neural é tal que, quando apenas receptores de dor são ativados, eles passam pelo portão na medula espinhal e alcançam o cérebro. Entretanto, se outros mecanorreceptores forem suficientemente ativados, até em outras partes do corpo, podem bloquear o portão neural e suprimir o sinal de dor ao cérebro. Ao que parece, até a atividade cognitiva pode ser suficientemente distrativa para fechar o portão de dor na espinha alta ou até em níveis cerebrais.

Livre de dor e odiando isso: Neuropatia periférica

Nas seções anteriores discuti várias maneiras pelas quais a sensação de dor pode ser reduzida, incluindo a produção de endorfinas do próprio corpo. Muitas pessoas questionam por que temos qualquer sensação de dor. Sentir dor é, bem, dolorido. Não seria melhor se pudéssemos eliminar a dor?

A resposta da pergunta se ficaríamos melhor sem a sensação de dor é um sonoro *não*. Sabemos disso porque essa situação ocorre em algumas pessoas. Uma delas é uma condição chamada *neuropatia periférica*, na qual muitos neurônios como receptores de dor no sistema nervoso periférico morrem ou ficam inativos devido, por exemplo, a problemas vasculares associados à diabetes. A perda da sensação de dor em partes do corpo também pode ser o resultado de certos derrames e tipos de danos cerebrais.

Pessoas com neuropatia periférica tendem a se machucar sem saber: elas se queimam cozinhando, quebram ossos durante atividades rotineiras e desenvolvem lesões de pele assintomáticas que são ignoradas até que se tornem infecções sérias. A sensação de dor é necessária para prevenir danos ao corpo. A perda de sensação em um membro é tão debilitante que pessoas com neuropatia periférica sensorial ficam efetivamente paralisadas naquele membro, recusando-se a usá-lo mesmo se o circuito de neurônios motores estiver intacto.

Dor crônica e diferenças individuais em percepção de dor

Embora a dor seja uma função necessária para prevenir danos ao corpo, em alguns casos a própria dor se torna debilitante. A dor crônica pode ocorrer em doenças como o câncer, no qual a função da dor — que o força a descansar, proteger ou não usar alguma parte machucada do corpo até que seja curada — se torna simplesmente inadequada, uma vez que a destruição que ocorre nesses casos está por todo o corpo e não pode ser curada com descanso. A dor também pode surgir de fatores psicológicos ou de fatores que não podem ser medicamente identificados e são presumidos como sendo psicológicos. Exemplos incluem alguns tipos de dor crônica e depressão.

A dor de fontes medicamente identificadas e a dor psicológica (ou cognitiva) parecem ativar uma área do cérebro chamada *córtex cingulado anterior*, que é a porção anterior a uma área do mesocórtex, logo acima do corpo caloso. (Veja o Capítulo 2 para uma discussão sobre as diferentes áreas do cérebro; para saber mais sobre o desenvolvimento e função do mesocórtex, veja o Capítulo 12.)

O cingulado anterior parece ser um centro de monitoramento cortical de alto nível. Ele tende a ser ativado pela dor, antecipação de dor e fracasso em atividades de busca de metas. Sua função parece ser decidir entre realizar diferentes estratégias em resposta à experiência. Em menor escala, depois de colocar sua mão em uma boca de fogão quente, isso pode deixá-lo cauteloso quando estiver perto de um fogão. Em maior escala, ser repreendido no trabalho por enviar um e-mail hostil pode fazê-lo ficar cauteloso em fazer isso de novo.

Existem diferenças individuais consideráveis a respeito da tolerância à dor, assim como podem haver diferenças na tolerância a diferentes situações para uma pessoa específica. Relata-se que homens são menos tolerantes à dor crônica do que mulheres, embora possam ser mais tolerantes à dor aguda. A tolerância da dor geralmente aumenta com a idade, baseado em testes de tolerância à dor como o tempo total que alguém consegue aguentar ao ficar com o braço imerso em água gelada. Não é claro se o aumento da tolerância com a idade é baseado em fatores psicológicos ou físicos. Treinamento atlético e forte motivação para obter algum objetivo pode reduzir significativamente os efeitos debilitantes da dor.

Sugestões de que diferentes culturas ou grupos étnicos têm limites intrinsecamente diferentes de dor — ou seja, há uma diferença fisiológica entre culturas sobre a tolerância à dor — quase sempre foram mostradas como sendo o efeito de em que ponto o estímulo percebido é relatado como doloroso ou insuportavelmente doloroso, não se a dor em si é percebida. Culturas que encorajam a expressão de emoções em geral tendem a ser associadas à tolerância mais baixa à dor.

> **NESTE CAPÍTULO**
>
> O papel que o olho e seus componentes têm na visão
>
> Examinando os centros de visão do cérebro
>
> Observando como vemos cor, profundidade e formas
>
> Descobrindo as causas de deficiência visual e os segredos por trás das ilusões óticas

Capítulo 5

Observando a Visão

Como você vê? A maioria das pessoas acha que, quando olhamos para as coisas, a luz vinda delas entra nos olhos, que enviam uma imagem, parecida com a de uma câmera, do que estamos olhando para o cérebro. No entanto, a própria retina é uma extensão do cérebro e já modifica essa imagem que recebe, a qual será ainda mais modificada pelo restante do cérebro.

A visão ocorre quando fotorreceptores da retina capturam fótons e a retina e o cérebro realizam uma análise complexa dessa informação. A entrada visual que alcança a consciência é processada em caminhos paralelos através da retina, do tálamo e do lobo occipital do córtex. Cerca de outros 15 caminhos visuais processam entradas inconscientemente para fazer coisas como controlar o diâmetro da pupila e os ritmos circadianos. Classes específicas de células neurais na retina sentem diferentes aspectos da imagem visual, como as cores presentes, se a coisa está em movimento e a localização das bordas. Esses neurônios agem como pequenos agentes que "gritam" a presença dessas características para que você possa reconhecer objetos e determinar a distância deles de você.

Este capítulo trata dos agentes celulares envolvidos na visão. No início do sistema visual, esses agentes são bem simples e reagem a qualidades como cor e intensidade. Mais alto no sistema eles se tornam muito sofisticados e seletivos, alguns respondendo apenas a certos rostos. Esta é a história deles. Ah — e depois de ter estudado todo esse circuito neural de processamento visual, pense no fato de que pessoas cegas, sem qualquer entrada dos olhos, ainda são capazes de visualizar.

Os Olhos Vencem: Uma Olhada Rápida em seus Olhos

Você pode ter ouvido que o olho é como uma câmera. Como mostra a Figura 5-1, essa comparação vem do fato de que o olho evoluiu tecidos que agem como os elementos óticos de uma câmera, a saber, as lentes, que atuam como as lentes da câmera, e a pupila, a abertura pela qual a luz entra, que funciona como o obturador da câmera.

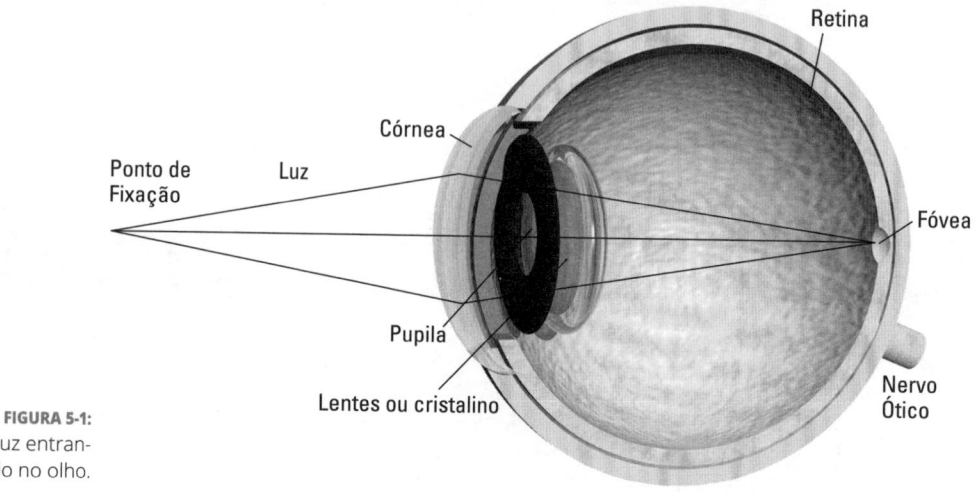

FIGURA 5-1: Luz entrando no olho.

Ilustração por Frank Amthor

Quando a luz entra no olho, a córnea, que é a camada clara mais externa na frente do olho, faz o primeiro foco, e então as lentes ou cristalino focam ainda mais, e a pupila, localizada entre a córnea e as lentes ou cristalino, abrem e fecham para deixar mais ou menos luz entrar, como o obturador de uma câmera. A imagem formada pela córnea, cristalino e pupila é projetada na *retina*, o revestimento neural dentro do olho. É na retina que a ação real da visão acontece. As seções seguintes esboçam o que acontece a essa imagem uma vez que alcança a retina.

PAPO DE ESPECIALISTA

Embora você possa achar que o cristalino do olho funcione como as lentes da câmera, não é bem assim. Na verdade, a córnea, que é a interface entre o ar e o tecido, é responsável por cerca de 70% do foco. As lentes ou cristalino do olho, sendo levemente mais densas do que o tecido ao redor, ficam com os 30% restantes. Elas mudam de forma para ajustar o foco para objetos próximos e distantes, um processo chamado *acomodação*.

A retina: Convertendo fótons em sinais elétricos

As menores unidades de luz são chamadas *fótons*. Quando eles alcançam a retina, são absorvidos pelos *fotorreceptores*, células neurais especializadas na retina que convertem luz em corrente elétrica que modula a liberação de um neurotransmissor (glutamato). Todo esse processo — de fótons para corrente elétrica à liberação de neurotransmissor — é chamado de *fototransdução*.

Existem dois tipos principais de fotorreceptores:

> » **Bastonetes,** que trabalham em luz muito fraca para visão noturna.
> » **Cones,** que funcionam apenas na luz do dia. Humanos têm três tipos diferentes de cones que nos permitem perceber cores.

À noite, quando apenas nossos bastonetes absorvem fótons suficientes para gerar sinais, você não tem visão de cor porque o sinal de um bastonete não contém informação sobre o comprimento de onda do fóton absorvido. Durante o dia, no entanto, três diferentes tipos de cones estão ativos (vermelho, verde e azul). Individualmente, os cones também não sinalizam comprimento de onda, mas o cérebro pode deduzi-lo da taxa de atividade dos diferentes cones. Em luz muito azul, por exemplo, os cones azuis são relativamente mais ativados do que os verdes e vermelhos.

Como você tem três tipos de cones, a simulação da cor na televisão e em telas de computadores requer três diferentes emissores de luz colorida: vermelho, verde e azul. Se você tivesse apenas dois cones, como muitos outros animais, as telas poderiam ter dois emissores diferentes. Se humanos, como os peixes, tivessem quatro cones, uma TV com apenas três emissores de luz colorida não conseguiria simular a cor precisamente, assim como uma impressora com um cartucho de tinta vazio não consegue reproduzir todas as cores.

Capturando fótons: Luz e fototransdução

Quando um fotorreceptor absorve um fóton de luz, ocorrem vários eventos que resultam em uma mensagem sendo enviada a outros neurônios na retina:

1. **Ocorre uma reação química.**

   A molécula rodopsina (nos bastonetes; existem moléculas similares nos cones), que absorve fótons, começa de maneira dobrada, chamada *11-cis-retinal*. Quando absorve um fóton de luz, uma ligação molecular no meio do 11-cis-retinal passa de uma configuração dobrada para lisa, convertendo-a para o que é chamado de *trans-retinal*.

   O trans-retinal é um estereoisômero do 11-cis-retinal, que significa que tem a mesma composição química, mas uma estrutura diferente.

2. **O trans-retinal reduz a concentração de GMP cíclico (GMPc).**

   GMPc é um mensageiro intracelular dentro do fotorreceptor que mantém canais iônicos despolarizantes na membrana celular aberta.

   Esses canais iônicos despolarizantes são como os canais de receptores metabotrópicos (veja o Capítulo 3), exceto pelo fato de que são ativados pela absorção da luz, em vez de por um neurotransmissor ligando-se a um receptor. Quando a luz reduz a concentração interna de GMPc no fotorreceptor, reduz o número desses canais que são abertos por meio de um segundo mensageiro em cascata, *hiperpolarizando* o receptor.

   > **PAPO DE ESPECIALISTA**
   >
   > Em todos os *vertebrados* (animais com espinha dorsal, como humanos), os fotorreceptores hiperpolarizam à luz por um mecanismo similar, usando fotoquímica similar. Alguns não vertebrados, como a cirripedia e as lulas, têm fotorreceptores que usam fotoquímica diferente para despolarizar à luz.

3. **A hiperpolarização do fotorreceptor faz com que a estrutura em sua base, chamada pedículo, libere menos glutamato, o neurotransmissor fotorreceptor.**

   O pedículo do fotorreceptor é muito similar ao terminal axônio convencional, exceto que, em vez de potenciais de ação individuais liberando lufadas de neurotransmissor, a absorção da luz modula continuamente sua liberação.

4. **A modulação da liberação do glutamato conduz outras células na retina.**

   As saídas dos fotorreceptores conduzem dois tipos principais de células chamadas bipolar e horizontal. Elas são discutidas na próxima seção.

Fotorreceptores não enviam uma imagem do mundo diretamente ao cérebro, mas se comunicam com outros neurônios retinais que extraem informações específicas sobre a imagem a ser enviada a centros cerebrais superiores. As seções seguintes exploram essa comunicação.

Enviando a mensagem ao cérebro

Por que o olho não envia o sinal elétrico de todos os fotorreceptores de bastonetes e cones diretamente ao cérebro? A principal razão é que há bem mais de 100 milhões de bastonetes e cones, mas apenas um milhão de linhas de transmissão de axônios disponíveis para ir ao cérebro (veja o Capítulo 3 para saber mais sobre axônios). E pior, essas linhas de transmissão funcionam enviando alguns potenciais de ação por segundo pelo axônio, limitando ainda mais qual informação cada linha pode enviar.

A retina contorna essas limitações de capacidade de transmissão de algumas maneiras interessantes, como mostro a seguir.

A ideia equivocada mais comum sobre a retina é a de que ela envia algum tipo de imagem bruta ao cérebro. Na verdade, a retina processa a imagem e envia informações extraídas dela a pelo menos 15 áreas cerebrais diferentes por pelo menos 20 caminhos paralelos.

Mais fotorreceptores no centro do olho

A retina tem mais fotorreceptores e outras células retinais no centro do olho (chamado fóvea; veja a Figura 5-1) do que na periferia. Você nota coisas acontecendo em sua periferia, mas para identificar algo claramente, precisa olhar diretamente para ela para colocar a imagem na fóvea de alta resolução.

Modulando respostas em torno do nível de luz média

A retina usa *adaptação* pela qual os fotorreceptores respondem brevemente sempre que o nível de luz muda, mas então se acomodam e reduzem sua saída depois de alguns segundos. A adaptação economiza energia e pulsos, e as células não precisam continuar dizendo ao cérebro: "Sim, o nível de luz continua o mesmo que há alguns segundos". Os fotorreceptores mudam suas dinâmicas para que sua liberação de neurotransmissores basais module suas respostas em torno do nível de luz atual. Esse tipo de adaptação temporal ocorre em fotorreceptores e outros neurônios retinais.

Minimizando informações pelo espaço

A adaptação ocorre de outra maneira na retina (e no cérebro) via interações de circuitos neurais. Esse tipo de adaptação minimiza a informação pelo espaço. Um processo chamado *inibição lateral* reduz a quantidade de informação que é transmitida para o cérebro porque fotorreceptores e outros neurônios retinais comunicam a diferença entre a luz onde estão e a área ao redor, em vez do nível absoluto de luz que recebem. As próximas seções explicam os circuitos neurais na retina que possibilitam a inibição lateral.

Processando sinais dos fotorreceptores: Células horizontais e bipolares

Depois da adaptação temporal, a inibição lateral é outra maneira que seu sistema nervoso tem de superar as limitações de quanta informação pode ser transmitida da retina para o cérebro. Na inibição lateral, os fotorreceptores não transmitem o nível absoluto de luz que recebem, mas comunicam a diferença entre a luz que recebem e a luz ao redor. Esta seção explica os circuitos neurais que possibilitam a inibição lateral.

Fotorreceptores se conectam a duas classes de células neurais retinais: horizontais e bipolares (veja a Figura 5-2). As células horizontais medeiam a inibição lateral, e as bipolares passam o sinal do fotorreceptor, que foi modificado pelas células horizontais, em direção à próxima camada retinal, que então projeta ao cérebro. As próximas seções explicam como esse processo funciona.

FIGURA 5-2: Fotorreceptores se conectam a células bipolares e horizontais.

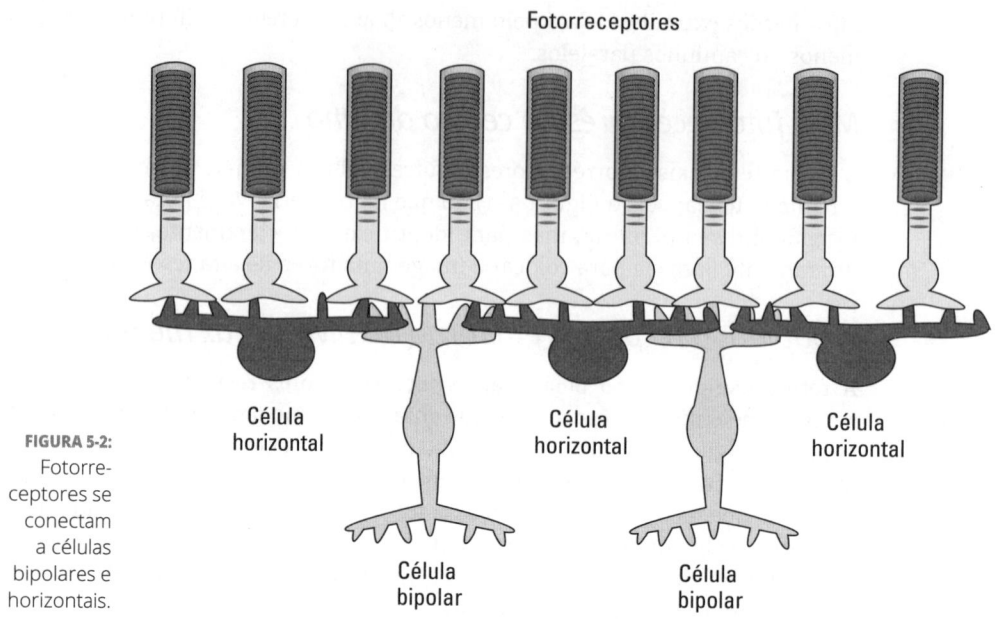

© John Wiley & Sons, Inc.

Passo 1: Reduzindo sinais redundantes (células horizontais e inibição lateral)

Suponha que você esteja vendo uma placa de pare. Você não precisa que todas as células respondam a diferentes partes da placa para relatar com alta precisão que exatamente o mesmo tom de vermelho ocorre por toda a placa. A retina pode evitar enviar informação espacial redundante porque a *inibição lateral* usa células horizontais para permitir que fotorreceptores comuniquem a diferença entre a luz que recebem e a luz ao redor.

Eis como isso funciona: as células horizontais recebem excitação dos fotorreceptores ao redor e subtraem uma porcentagem dessa excitação da saída do fotorreceptor central. Isso permite que cada fotorreceptor relate a diferença entre a intensidade da luz e a cor que recebe e a intensidade média e a cor próxima. O fotorreceptor pode, então, sinalizar pequenas diferenças em intensidade ou cor dessas áreas próximas. Esses sinais altamente precisos vão para as próximas células, as bipolares.

Passo 2: Às células bipolares e às próximas camadas de processamento

Os sinais dos fotorreceptores modificados pelas células horizontais são então enviados às *células bipolares* (veja a Figura 5-2), que carregam esses sinais para a próxima camada de processamento retinal. As células bipolares vêm em duas variedades principais:

» **Células bipolares despolarizantes,** que são excitadas por áreas de luz da imagem.

» **Células bipolares hiperpolarizantes,** que são excitadas por áreas escuras.

PAPO DE ESPECIALISTA

Como células bipolares despolarizantes e hiperpolarizantes têm respostas opostas à luz? Ambos os tipos recebem glutamato dos fotorreceptores, mas cada uma tem um receptor diferente para o glutamato. O receptor de glutamato em células bipolares despolarizantes é um receptor metabotrópico excepcionalmente rápido que é inibitório. Como mencionado antes, fotorreceptores são hiperpolarizados pela luz para que, quando iluminados, liberem menos glutamato. Essa redução de glutamato é uma redução da inibição das células bipolares despolarizantes (ou seja, desinibição = mais excitação). Células bipolares hiperpolarizantes, por sua vez, têm receptores de glutamato que respondem de maneira convencional, ou seja, a redução do glutamato resulta em menos excitação. Células bipolares hiperpolarizantes são excitadas pelo escuro e inibidas pela luz.

Como mencionado, células bipolares carregam o sinal para a frente, em direção à próxima camada de processamento retinal antes do cérebro. Nessa segunda camada retinal sináptica, as células bipolares se conectam a (fazem sinapse em) dois tipos de células pós-sinápticas:

» **Células ganglionares da retina:** Essas células enviam a saída final da retina para o cérebro.

» **Células amácrinas:** Essas células medeiam interações laterais, semelhante ao que as células horizontais fazem com os fotorreceptores (veja a seção anterior).

Eu trato esses tipos de células em mais detalhes na próxima seção. (Continue comigo pela próxima seção: estamos quase no cérebro!)

Enviando e formatando a mensagem: Células ganglionares e amácrinas

A imagem visual que os fotorreceptores captam e que as células horizontais e bipolares modificam é recebida por outro grupo de neurônios, as *células ganglionares* retinais, onde ocorre outro conjunto de interações laterais, mediadas por células amácrinas.

DICA

Células ganglionares são a saída da retina. Pense nelas como terminais de trens: a informação do olho está finalmente a bordo e pronta para a viagem ao cérebro com destino a pelo menos 15 zonas receptoras da retina no cérebro. Por que tantas zonas receptoras, e exatamente que tipo de informação cada uma dá ao cérebro? Veja a seguir.

Convertendo sinais analógicos para digitais para percorrer a distância

Como explico nas seções anteriores, as conexões dentro da retina são entre células a uma distância muito inferior a um milímetro umas das outras. Mas as mensagens indo do seu olho ao cérebro têm que viajar muitos centímetros. Alguns centímetros podem não parecer muito para você, mas para uma célula é uma maratona! Viajar essa distância exige axônios que conduzem potenciais de ação, pelos quais células ganglionares convertem sua célula bipolar analógica em código de pulso digital para transmissão para o cérebro. (Veja o Capítulo 3 para uma discussão sobre potenciais de ação.)

Desmembrando em tipos e classes de células ganglionares

Células bipolares despolarizantes, que são excitadas pela luz, são conectadas a células ganglionares correspondentes chamadas *on-center*. As células bipolares hiperpolarizantes, que são inibidas pela luz (mas excitadas pelo escuro), são conectadas a células ganglionares correspondentes chamadas *off-center*.

Além de realizar outras funções, células amácrinas modulam sinais de células bipolares para células ganglionares quase da mesma forma que células horizontais modulam sinais de fotorreceptores antes de enviá-los a células bipolares. Ou seja, células amácrinas conduzem sinais inibitórios de células bipolares ao redor para que células ganglionares respondam à diferença entre a iluminação nessa área e na área ao redor, em vez do nível absoluto de iluminação (como codificado por suas entradas de células bipolares). Essa ação reduz a quantidade de informação redundante que deve ser transmitida ao longo de números limitados de linhas de transmissão de axônios de células ganglionares.

Apesar dessa similaridade entre a função de células amácrinas e horizontais, as amácrinas vêm em mais variedades e são mais complicadas do que as horizontais. Como resultado, as mesmas entradas de células bipolares criam diferentes classes de células ganglionares. As duas classes mais importantes de células ganglionares são:

> » **Parvocelular (células pequenas):** Seletivas para cor e detalhes.
> » **Magnocelular (células grandes):** Seletivas para movimento e baixo contraste.

Células ganglionares parvocelulares são, de longe, as células ganglionares mais numerosas na retina. Ambas as classes têm variedades *on-center* e *off-center*.

Outros tipos de células amácrinas produzem classes de células ganglionares que respondem apenas a características específicas da entrada visual e projetam a áreas específicas do cérebro. Por exemplo, algumas células ganglionares respondem apenas a movimentos em uma certa direção e ajudam você a rastrear objetos em movimento ou manter seu equilíbrio. Outras sentem apenas certas cores, ajudando-o a diferenciar frutas verdes de maduras ou sinais vermelhos de verdes. Outras ainda indicam a presença de bordas na cena.

LEMBRE-SE

Células ganglionares relatam características específicas das palavras visuais "rio acima" para que a retina não precise enviar uma quantidade enorme de informação de "pixels" milissegundo por milissegundo para seu cérebro.

Dos Olhos aos Centros de Visão do Cérebro

A seção anterior explora como a retina converte luz em pulsos de célula ganglionar, que sinaliza coisas diferentes sobre a imagem visual. Esses pulsos, chamados *potenciais de ação*, podem viajar as distâncias de centímetros ao cérebro pelos axônios de células ganglionares. Nesta seção finalmente chego ao centro da questão (substância cinza) e discuto para onde esses pulsos vão no cérebro e o que acontece depois que chegam lá.

Destino: Tálamo

A principal saída da retina é para uma área do cérebro chamada tálamo (veja o Capítulo 2 para uma descrição geral). A sub-região visual do tálamo é chamada de *núcleo geniculado lateral dorsal* (NGLd). Ambas as classes celulares ganglionares, a parvocelular e a magnocelular, projetam para o NGLd — veja a seção anterior "Desmembrando em tipos e classes de células ganglionares".

A Figura 5-3 mostra que um feixe de axônios sai de cada olho e que dois feixes se juntam alguns centímetros depois. Esses feixes de axônios são chamados de *nervos óticos* (o termo *nervo* é um termo geral para um feixe de axônios). O ponto de junção onde os nervos óticos se encontram é chamado de *quiasma ótico*, que significa "cruzamento ótico".

FIGURA 5-3:
O tálamo e o neocórtex.

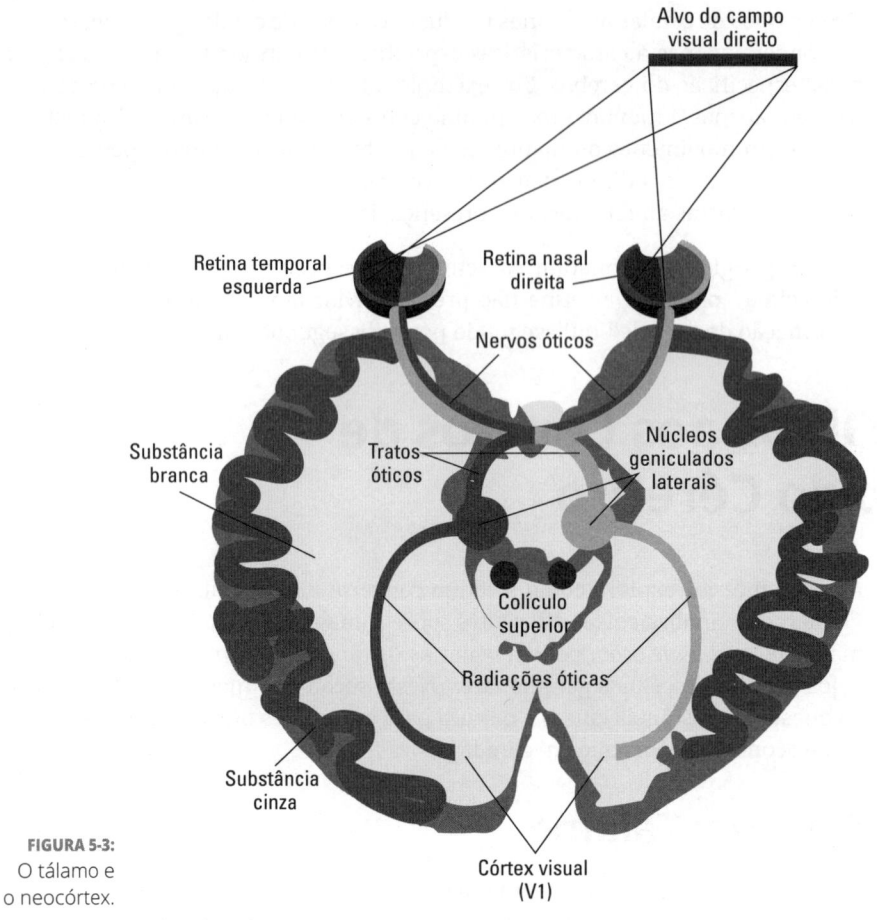

© John Wiley & Sons, Inc.

Cruzando para o outro lado: A classificação esquerda-direita de imagens

Algo muito interessante acontece no quiasma ótico. Alguns axônios de células ganglionares de cada olho cruzam no quiasma e vão para o outro lado do cérebro, e alguns não. Quais cruzam e quais não, você deve pensar, e por quê?

Observe atentamente o olho direito na Figura 5-3. A parte da retina direita mais próxima do nariz (a retina *nasal*) recebe imagens do mundo do lado direito (campo visual direito), enquanto a parte da retina direita mais distante do nariz (a retina *temporal*) recebe entrada do lado esquerdo do mundo. No olho esquerdo, o campo visual direito fica na retina temporal. O que acontece no quiasma ótico é que os axônios se classificam para que a informação recebida do campo visual direito seja enviada ao lado esquerdo do cérebro, enquanto o lado direito do cérebro recebe entradas do lado esquerdo do espaço visual (que o lado esquerdo do cérebro lida com o lado direito deve ser um tema familiar agora).

Essa classificação esquerda-direita ocorre porque os axônios das células ganglionares retinais nasais (que veem o mundo visual do mesmo lado que o olho) cruzam no quiasma ótico e vão para o lado oposto do cérebro, enquanto os axônios de células ganglionares retinais temporais não.

Então os nervos depois do quiasma ótico têm axônios diferentes dos nervos óticos indo para o quiasma; eles também têm um nome diferente: *tratos óticos*. O trato ótico esquerdo tem axônios de ambos os olhos que veem o campo visual direito, enquanto o trato ótico direito tem axônios de ambos os olhos que veem o campo visual esquerdo. Isso significa que há células no córtex que são conduzidas pela mesma localização de campo visual nos dois olhos, além do córtex visual esquerdo lidando com o campo visual direito e vice-versa.

Observando o sinal visual no tálamo

O que acontece com o sinal visual no tálamo? Vinte anos atrás, a maioria dos pesquisadores responderia muito pouco porque os axônios de células ganglionares *fazem sinapse* em células no tálamo que têm propriedades de resposta muito similares a suas entradas de células ganglionares. Cada célula talâmica de retransmissão recebe entrada de uma ou algumas células ganglionares similares e então projeta no córtex visual; por isso, neurônios NGL são também chamados de *células retransmissoras*. Por exemplo, algumas camadas do NGLd recebem entradas de quaisquer células ganglionares parvocelulares, e dentro dessas camadas, células ganglionares parvocelulares *on-center* conduzem células de retransmissão do tipo parvocelulares *on-center*. De maneira similar, células ganglionares parvocelulares *off-center* conduzem células de retransmissão parvocelulares *off-center*. Existe uma situação correspondente para células de retransmissão magnocelulares *off-center* em outras camadas NGL.

Por que as células ganglionares param essas retransmissões? É por que os axônios das células ganglionares simplesmente não conseguem crescer o suficiente? Essa explicação parece improvável, porque todos os mamíferos têm essa retransmissão através do tálamo, apesar das grandes diferenças em tamanhos cerebrais (considere as distâncias envolvidas no cérebro de um elefante e as de um rato). A explicação mais provável é a de que, embora as células de retransmissão no tálamo pareçam responder de forma muito similar às suas entradas de células ganglionares parvocelulares ou magnocelulares, outras entradas para o NGLd de outras partes do cérebro permitem funções de propagação associadas com a atenção. (Uma *função de ativação* é uma modulação da força das respostas de um neurônio a qualquer estímulo específico baseado em seu contexto de importância.)

Como a atenção usa uma função de propagação no tálamo? Imagine que você encontrará alguém que nunca viu antes e lhe falaram que essa pessoa usará uma blusa vermelha. Enquanto você procura na multidão, orienta-se e busca pessoas usando vermelho. Essa tarefa é realizada em vários lugares no seu sistema visual, incluindo seu tálamo, porque as células que respondem a coisas vermelhas em seu tálamo têm suas respostas melhoradas por sua atenção. Se você recebesse uma mensagem de que a pessoa tirou a blusa vermelha porque o avião estava muito quente e que está usando uma camiseta verde, poderia mudar sua atenção para verde, com saídas melhoradas de células respondendo para verde.

As células de retransmissão talâmicas, por sua vez, enviam seus axônios para a área visual do neocórtex na parte de trás da cabeça, chamada *lobo occipital* (veja o Capítulo 2). Esse trato de fibras de axônios é chamado de *radiação ótica* devido à aparência dos axônios "espalhando-se" a partir de um feixe. Eu discuto processamento cortical em seções posteriores começando com "Do tálamo ao lobo occipital".

Outros destinos

Algumas células ganglionares projetam para zonas receptoras diferentes do tálamo. Essas zonas, explicadas nas seções seguintes, conduzem informações específicas extraídas de imagens por funções como o controle dos movimentos dos olhos, reflexos pupilares e ritmos circadianos.

Colículo superior: Controlando o movimento do olho

Essa região do mesencéfalo recebe axônios de quase todas as classes de células ganglionares, exceto as parvocelulares. O colículo superior controla os movimentos dos olhos. Nossos olhos quase nunca estão parados; eles pulam de um ponto a outro cerca de três a quatro vezes por segundo. Esses grandes movimentos rápidos dos olhos são chamados de *sacádicos*. Eles podem ser voluntários, como quando você busca por algo visualmente, ou involuntários, como quando algo aparece ou se move em sua visão periférica e chama a sua atenção (como blusas vermelhas ou camisetas verdes). Frequentemente, quando você faz um movimento sacádico, seus olhos se movem de modo bastante preciso para uma nova área de interesse cujos detalhes estão abaixo do seu nível de consciência, mas que foram processados pelas projeções das células ganglionares para o colículo superior.

O núcleo ótico acessório e o pré-tectal

Vários núcleos óticos acessórios e pré-tectas no tronco cerebral recebem entradas das células ganglionares que detectam automovimento. Esses núcleos visuais são essenciais para o equilíbrio e permitem que você mantenha a fixação em um objeto específico enquanto você ou sua cabeça se move. Eles projetam para áreas motoras do cérebro que controlam músculos oculares para que nenhum *sinal de erro* (ou movimento da imagem além da retina) ocorra, apesar do movimento seu ou do objeto de atenção.

Uma função importante desse caminho é para *acompanhamento visual*, a habilidade de seguir, por exemplo, o voo de um pássaro pelo céu enquanto mantém a imagem do pássaro centralizada em sua fóvea de alta acuidade. Você pode fazer esse tipo de acompanhamento não só quando está parado, mas também ao correr.

O núcleo supraquiasmático

Supraquiasmático significa "acima do quiasma ótico". Essa área regula *ritmos circadianos*, o ciclo de dias e noites intrínseco do corpo, que inclui ficar acordado e dormir. Humanos são feitos para serem ativos durante as horas do dia e para dormir à noite.

Esse ciclo natural é ativado por uma classe de células ganglionares que são intrinsecamente sensíveis à luz; ou seja, têm suas próprias moléculas fotorreceptoras e respondem diretamente à luz, além de serem conduzidas pela sequência de células fotorreceptoras-bipolares (explicadas na seção anterior "Processando sinais dos fotorreceptores: Células horizontais e bipolares"). Essas células *intrinsecamente fotorreceptoras*, como são chamadas, enviam informações sobre níveis de luz do dia *versus* noite para a área do cérebro que controla seus ritmos circadianos. (Veja o Capítulo 11 para saber mais sobre o que acontece durante o sono.)

O núcleo Edinger-Westphal

Como o núcleo supraquiasmático (veja a seção anterior), o Edinger-Westphal recebe entradas de células ganglionares intrinsecamente fotorreceptoras que informam o nível de luz geral no momento. Esse núcleo controla o nível de dilatação da sua pupila, que controla a quantidade de luz que entra no olho.

Do tálamo ao lobo occipital

As células NGLd do tálamo que recebem projeções da retina projetam para o lobo occipital do córtex cerebral na parte de trás do seu cérebro. Esse é o caminho que media quase toda a visão da qual você é consciente. (Compare isso com funções da visão, como contração e dilatação da pupila, sobre a qual você não tem controle nem consciência.) A área do lobo occipital que recebe essa entrada talâmica é chamada *V1* (ou "área visual 1") e está na parte inferior da seção cerebral horizontal na Figura 5-3 (córtex visual).

PAPO DE ESPECIALISTA

Além de ser chamada V1, essa área tem outros nomes, como *área 17* (de acordo com o sistema numérico geral de áreas corticais de Korbinian Brodmann, um anatomista alemão do século XIX que designou números para cada área do neocórtex) e *córtex estriado* (referindo-se a uma densa faixa dessa área que aparece em manchas histológicas para corpos celulares únicos de V1). Para simplificar, ao longo deste livro me refiro a essa área como V1.

Neurônios na área V1 projetam para outras áreas do córtex, e elas, por sua vez, para outras áreas, para que praticamente todo o lobo occipital e a maior parte do lobo parietal e temporal inferior tenham células que respondam a certos tipos de entradas visuais. O que todas essas áreas visuais diferentes (mais de 30 na última contagem) fazem é responder e analisar diferentes características da imagem nas retinas, permitindo que você reconheça e interaja com objetos mundo afora. Essas áreas visuais realizam isso por meio de neurônios em diferentes áreas visuais que respondem a características discretas da entrada visual.

O que acontece em V1 e outras áreas visuais

Dê uma olhadinha nos números. Um pouco mais de um milhão de células ganglionares retinais projetam para cerca do mesmo número de neurônios retransmissores no NGLd do tálamo. Entretanto, cada neurônio retransmissor talâmico projeta para mais de 100 neurônios V1. Ou seja, a pequena área da imagem visual auxiliada por alguns gânglios retinais e células talâmicas conduzem centenas de neurônios V1.

O que centenas de neurônios V1 fazem com a saída de um número bem menor de células ganglionares é extrair características locais que existem em várias de suas entradas.

Como David Hubel e Torsten Weisel, da Universidade Harvard, mostraram, células V1 são quase todas sensíveis à orientação do estímulo que as excita. Isso significa que elas não disparam potenciais de ação a não ser que exista uma linha ou borda de uma orientação específica na imagem, que é representada por várias células ganglionares em uma linha em alguma direção sendo ativada.

Todas as orientações de estímulos (vertical, horizontal e tudo o que estiver no meio) são representadas em V1 para que algum pequeno grupo de células ganglionares que respondem à presença ou ausência de luz local em alguma área da imagem faça surgir um grupo bem maior de células corticais V1 que respondam apenas a uma orientação específica de uma borda passando por essa área.

Outros neurônios V1 só respondem a certas direções de movimento, como se uma sequência específica de células ganglionares tivesse que ser estimulada em determinada ordem. Assim como com a orientação, todas as direções são codificadas, cada uma por uma célula específica ou um pequeno conjunto de células. Outras células V1 são sensíveis ao deslocamento relativo dos componentes de imagem entre os dois olhos devido à sua posição de visão levemente diferente (chamada *disparidade binocular*).

LEMBRE-SE

Células em V1 são específicas não só para posição no espaço como projetado na retina, mas também a *características especiais,* como orientação e direção do movimento. Qualquer padrão na retina estimula uma maioria de células ganglionares lá, mas apenas uma minoria de células V1 que recebe daquela área. O disparo das células V1 seletivas codifica informação visual mais específica que a localização do campo visual ou luz *versus* escuridão.

Como já mencionado, a área V1 está no polo posterior do lobo occipital. Imediatamente anterior a V1 está (você deve ter adivinhado) a área V2. Anterior a ela está V3. Neurônios nessas áreas tendem a ter propriedades de resposta relativamente similares. Por enquanto apenas pense em V1–V3 como um complexo de onde surgem projeções para outras áreas (sim, eu sei que isso é uma simplificação grosseira das diferenças indiscutivelmente importantes de suas funções que pesquisas adicionais deixarão claras).

Observando os fluxos dorsal e ventral

Entender a rede de processamento visual imensamente complexa que ocupa quase metade de todo o neocórtex é uma das áreas de pesquisa mais desafiadoras na neurociência atual. Um dos princípios organizadores fundamentais que temos hoje é a divisão estrutural e funcional na hierarquia de processamento visual. Isso está ilustrado na Figura 5-4.

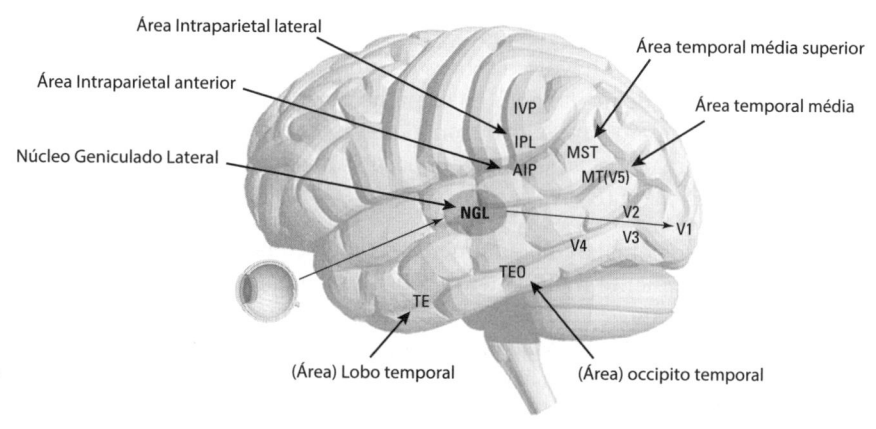

FIGURA 5-4: Áreas corticais visuais.

Ilustração por Frank Amthor

LEMBRE-SE

O complexo V1–3 dá início a dois caminhos importantes, mostrados na Figura 5-4: o fluxo dorsal e o ventral. O fluxo dorsal emana do complexo V2/V3 e inclui as áreas MT e MST no lobo parietal. O fluxo ventral inclui V4 e áreas como TE e TEO no lobo temporal inferior. As propriedades de resposta dos neurônios e os deficits visuais depois de danos a esses dois fluxos apoiam a ideia de que essas áreas têm diferenças funcionais importantes.

O fluxo dorsal

O fluxo dorsal é a projeção no lobo parietal. Áreas corticais no fluxo dorsal, como áreas chamadas *MT* (temporal média) e *MST* (temporal média superior), são dominadas por células que respondem melhor a movimento de imagem. Em MST, particularmente, há células que respondem melhor aos tipos de imagens visuais que seriam produzidas por automovimento, como rotação de todo o campo visual, e *fluxo ótico* (o padrão de movimento gerado pela tradução da informação obtida do mundo, com baixas velocidades perto da direção para a qual você está indo e altas velocidades para as laterais). Além disso, a *paralaxe do movimento*, em que objetos próximos parecem mudar mais do que os distantes

> ## VIDA EM UMA DANCETERIA VIRTUAL
>
> Existe um caso clássico (mas infeliz) em literatura clínica de uma mulher que sofreu dano bilateral a suas áreas MT esquerda e direita. Embora a visão dessa mulher seja normal quando avaliada por cartazes e testes de reconhecimento de objetos, ela tem uma deficiência grave, porque não tem habilidade para julgar movimento. Por exemplo, ela não consegue atravessar a rua por não conseguir calcular quando os carros que se aproximam alcançarão sua posição. Ela normalmente enche demais uma xícara ao servir chá porque não sabe quando o líquido alcançará a borda. Essa mulher vive no que é essencialmente um disco estroboscópico, sem habilidade de avaliar ou lidar com movimento contínuo.

quando você move sua cabeça de um lado para o outro, é codificada por células seletivas de movimento no caminho dorsal. Muitas áreas corticais do fluxo dorsal projetam para o lobo frontal por áreas como IVP (área intraparietal ventral), IPL (área intraparietal lateral) e AIP (área intraparietal anterior) (dos termos em inglês VIP, LIP e AIP).

LEMBRE-SE

O fluxo dorsal é coloquialmente referido como o caminho "onde", embora mais recentemente muitos neurocientistas tenham preferido a denominação caminho "como". Estudos de lesão mostram que esse caminho é necessário para comportamentos visualmente guiados, como pegar uma bola, correr pela floresta sem bater em árvores e até colocar uma carta na caixa de correios. Danos a essa área resultam em deficit chamado apraxia, a inabilidade de executar habilidosamente tarefas que requerem orientação visual.

O fluxo ventral

O fluxo ventral vai para áreas ao longo do aspecto inferior do lobo temporal (chamado *córtex inferotemporal*). Ele inclui áreas como TE e TEO (áreas temporal e occipitotemporal). Essas áreas projetam ao hipocampo e ao lobo frontal. O caminho ventral é frequentemente chamado de caminho "o quê". Áreas corticais nesse fluxo têm neurônios que preferem padrões ou cores específicos (quase todos os neurônios na área V4 do fluxo ventral, por exemplo, são seletivas de cor) e geralmente não são seletivas de movimento.

À medida que você move de posterior para anterior pelo lobo temporal inferior, encontra células que respondem apenas a padrões cada vez mais complexos, como a forma de uma mão. Perto do polo do lobo temporal em seu lado medial há uma área chamada *área facial fusiforme*, com células que respondem apenas a rostos. Danos a essa área resultaram em pacientes com precisão visual normal, mas que não conseguem reconhecer *nenhum* rosto, inclusive o próprio.

Interferência entre fluxos dorsal e ventral

Apesar da segregação clara entre os fluxos dorsal e ventral, eles claramente existem em uma rede na qual há interferência. Por exemplo, em experimentos de *estrutura pelo movimento*, pesquisadores colocaram pontos de refletores em várias partes do corpo de atores que usavam ternos pretos e filmaram seus movimentos em luz bem baixa, para que apenas os pontos ficassem visíveis no filme. Qualquer um que visse esses filmes poderia dizer, uma vez que fosse colocado em movimento, que os pontos estavam em corpos de pessoas, o que as pessoas estavam fazendo e até mesmo seu gênero. Nesse caso, neurônios detectores de movimento do caminho dorsal devem se comunicar com neurônios detectores de objetos no caminho ventral.

Outro exemplo de interferência de caminho dorsal-ventral é a percepção de profundidade. O sistema visual estima profundidade ou distância com vários objetos no ambiente de diversas maneiras. Algumas dicas, como *informações pictóricas de profundidade*, podem ser representadas em imagens e fotografias. Elas incluem objetos próximos se sobrepondo a objetos mais distantes e tamanho relativo (objetos mais próximos são maiores do que os mais distantes — um carro pequeno em uma imagem deve estar mais distante que uma pessoa grande). As dicas baseadas em padrão do caminho ventral devem funcionar com as dicas baseadas em movimento do caminho dorsal para dar um julgamento unificado de profundidade.

Problemas de Visão e Ilusões Visuais

Tendemos a acreditar que vemos "o que realmente está lá", quando, na verdade, o que "vemos" é uma construção de uma combinação de imagens atuais em nossas retinas e nossas experiências passadas. Se você tem um defeito de visão de cores, por exemplo, você pode aparecer no trabalho com um par de meias que você achava que combinavam, mas que seus colegas veem como diferentes (e a resposta do seu melhor amigo pode ser "Engraçado, mas eu tenho outro par em casa igualzinho!"). Também há coisas — como ilusões de ótica — que ninguém vê como realmente são. Deficit e ilusões visuais dizem muito a neurocientistas sobre como nosso sistema visual é construído e como funciona.

Parecem iguais para mim: Daltonismo

Como observo na seção anterior "A retina: Convertendo fótons em sinais elétricos", os três tipos diferentes de cones (vermelho, verde e azul) permitem que você veja cores. Tire qualquer um desses tipos de cones e você terá daltonismo.

A forma mais comum (de longe) de daltonismo resulta da ausência de um tipo de cone na retina. Cerca de 1 em 20 homens e 1 em 400 mulheres não têm os cones vermelhos (uma condição chamada *protanopia*) ou cones verdes (*deuteranopia*). Pessoas assim não conseguem diferenciar vermelho de verde.

PAPO DE ESPECIALISTA

Por que a diferença entre os gêneros? Os genes desses pigmentos estão no cromossomo X. Como homens, que têm um cromossomo X e um Y, só obtêm uma cópia do gene, são daltônicos de vermelho-verde se esse gene for defeituoso. Mulheres, em contrapartida, têm dois cromossomos X e, portanto, duas cópias dos genes verde e vermelho. Se tiverem uma cópia ruim do gene, ainda têm visão de cor vermelho-verde. Para mulheres serem daltônicas de vermelho-verde, ambos os genes em ambos os cromossomos X precisam ter defeito. O daltonismo de vermelho-verde é, então, muito mais raro em mulheres.

Ainda mais raro tanto em homens quanto em mulheres é a perda dos cones azuis, chamada *tritanopia*, que não permite distinguir azul de verde.

Um exemplo de forma adquirida de daltonismo envolve danos à área cortical V4 no fluxo ventral, resultando em *acromatopsia*, que se difere do daltonismo retinal, no qual a pessoa não consegue distinguir entre certos tons. Na acromatopsia, por sua vez, as cores diferentes aparecem como tons de cinza diferentes, mas sem cor, permitindo que a pessoa as diferencie.

Entendendo a cegueira

O pavor das pessoas de perder a visão tem quase a mesma intensidade de seu pavor de ter câncer. Embora muitas pessoas cegas tenham vidas muito produtivas e satisfatórias, a perda da visão é considerada uma das mais debilitantes de todas as lesões. Nesta seção discuto algumas das causas mais comuns da cegueira.

A maioria das cegueiras, pelo menos no mundo desenvolvido, se origina na retina. As formas mais comuns de cegueira retinal são retinopatias, como retinite pigmentosa, degeneração macular e retinopatia diabética, que causa a morte dos fotorreceptores, mas há várias outras causas para a cegueira:

» **Retinite pigmentosa:** Envolve uma degeneração hereditária dos bastonetes da retina. Essa condição progride de cegueira noturna a toda a visão periférica (visão em túnel, poupando a visão central até o fim porque não há bastonetes na fóvea), até a perda de toda a visão. Atualmente, infelizmente, não há tratamento para essa doença, e a cegueira resultante é irreversível.

» **Distúrbios metabólicos hereditários:** Degeneração macular e retinopatia diabética envolvem morte de células retinais como resultado de um distúrbio metabólico hereditário, normalmente também começando com morte de fotorreceptores, seguida pela morte de outros neurônios retinais.

» **Glaucoma:** Diferente das retinopatias anteriores, o glaucoma envolve a morte primária de células ganglionares retinais, mais comumente devido à pressão excessiva hereditária dentro do olho. Um subtipo de glaucoma, o *glaucoma de ângulo fechado*, é tratável com cirurgia a laser. A outra forma, o *de ângulo aberto*, pode ser frequentemente controlada com medicação.

» **Cataratas:** Em países de terceiro mundo, cataratas de cristalino (ou lentes) e opacidades corneanas causam uma alta porcentagem de cegueira, mas a maioria dessas condições pode ser facilmente tratada com tecnologia cirúrgica moderna.

» **Lesões no olho e cabeça:** Lesões nos olhos que causam descolamento da retina podem levar à morte retinal. Danos severos podem causar a perda de um olho inteiro (ou ambos). Lesões na cabeça, tumores ou lesões vasculares podem impactar o nervo ótico ou qualquer área de processamento visual do córtex (explicado na seção anterior "Do tálamo ao lobo occipital").

Ambliopia, frequentemente chamado de "olho preguiçoso", é uma deficiência visual que foi extremamente enigmática para pesquisadores e médicos — pelo menos até obterem um entendimento melhor dos mecanismos de plasticidade no córtex visual (o Capítulo 16 traz mais sobre plasticidade). Acontece que, durante o desenvolvimento, os olhos competem por sinapses corticais. Se um olho é oticamente muito pior que o outro devido a uma catarata, miopia ou hipermetropia extrema, as células ganglionares naquele olho disparam muito menos vigorosamente que no outro, e o outro olho "assume" todas as sinapses disponíveis em V1. Essa condição é praticamente irreversível depois dos 6 anos, então mesmo se o problema ótico no olho afetado for remediado depois dessa idade, o olho desfavorecido ainda fica cego, mesmo que esteja normal. Por isso, crianças menores de 6 anos devem ter seus olhos examinados e qualquer defeito corrigido.

Ilusões visuais

Como é que às vezes vemos algo que não está lá? Algumas ilusões de ótica, como miragens e arco-íris, ocorrem devido a propriedades óticas da atmosfera e podem ser fotografadas.

Outras ilusões, no entanto, parecem ser construções de nosso cérebro, de forma que enxergamos algo que não pode ser fotografado. Exemplos típicos incluem a ilusão Ponzo (trilhos de trem), no qual duas linhas idênticas parecem ter diferentes tamanhos quando colocadas em linhas paralelas que convergem à distância, e o cubo de Necker, em que a face do cubo parece mudar, dependendo de que lado é visto. Outra ilusão visual famosa é o triângulo de Kanizsa (veja a Figura 5-5), em que um triângulo branco sólido parece se sobrepor a um contorno preto de triângulo. A pegadinha? Não há um triângulo branco.

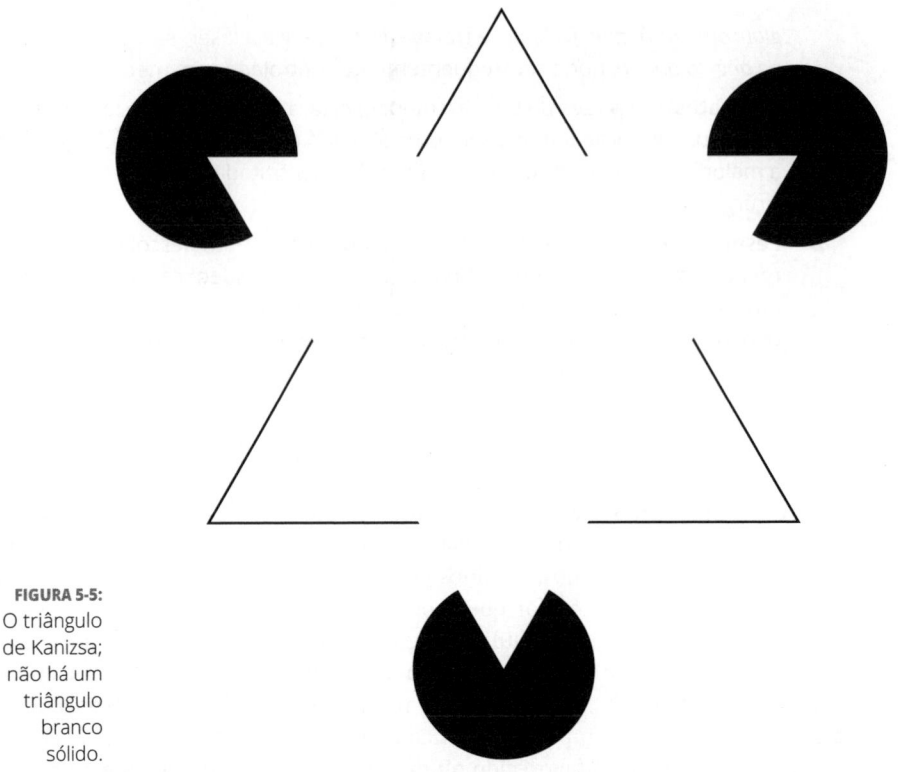

FIGURA 5-5:
O triângulo de Kanizsa; não há um triângulo branco sólido.

© John Wiley & Sons, Inc.

Cada uma dessas ilusões pode ser explicada de maneira similar. Nosso sistema visual evoluiu para dar sentido a imagens projetadas em nossas retinas resultando de objetos tridimensionais reais do mundo real. Ou seja, nós vemos o que *esperamos* ver. A imagem ilusória do triângulo de Kanizsa, por exemplo, é uma imagem bidimensional muito complicada, com os três ângulos precisamente espaçados e os três segmentos de círculos precisamente arranjados. No mundo tridimensional, tal imagem é razoavelmente possível apenas quando um triângulo branco sólido está presente. Por isso, é o que vemos.

LEMBRE-SE

O importante sobre ilusões como essas é que elas revelam coisas interessantes sobre como o sistema visual funciona. Como discuti anteriormente, o sistema visual não transmite a imagem na retina para algum lugar especial onde é observada por alguma entidade cerebral. O sistema visual extrai informações que nos permitem identificar objetos e interagir com eles. Para isso, o sistema "interpreta" a entrada visual de acordo com modelos internos que vêm de nossa própria experiência e da evolução de nossa espécie em lidar com o mundo real. Comparado a isso, temos pouco histórico evolucionário em lidar com marcações pretas em papel branco, algo que temos que aprender a produzir e interpretar.

> **NESTE CAPÍTULO**
>
> Entendendo os papéis que as orelhas externa, média e interna têm na audição
>
> Aprendendo sobre o processamento de som no cérebro
>
> Observando deficiências auditivas comuns

Capítulo 6

Falando Alto: O Sistema Auditivo

O sentido da audição, como a visão, captura energia do ambiente para nos informar sobre o que acontece lá fora. A audição detecta o som, que é nossa percepção de vibrações do ar, as quais são criadas pelas vibrações de objetos no mundo.

DICA

Pense sobre uma corda de guitarra ao ser tocada. A corda primeiro se dobra para uma direção, deixando as moléculas de ar daquele lado levemente mais densas por um momento. Essas moléculas então deixam o ar que está um pouco mais distante mais denso. O pulso continua viajando da corda e se espalhando no espaço. Quando a corda se dobra para a outra direção, deixa o ar da região imediatamente menos denso. Esse pulso de baixa pressão então se espalha. A série de pulsos de alta e baixa pressão forma uma onda cuja frequência é a frequência de vibrações da corda.

As ondas sonoras se espalhando da fonte de som formam esferas de ondas cada vez maiores, assim a energia sonora se espalha por uma área cada vez maior. Isso significa que a intensidade por unidade de área receptora diminui com a distância. Por fim, o som não pode ser escutado de muito longe porque a energia sonora por área vinda da fonte está quase igual à energia dos movimentos aleatórios das moléculas de ar. A sensibilidade do sistema auditivo à pressão das ondas no ar é muito próxima desse limiar absoluto; ou seja, podemos ouvir (detectar) mudanças na densidade das moléculas de ar próximas àquelas que ocorrem aleatoriamente em decorrência do movimento do próprio ar. Não há como ser melhor que isso, mesmo na teoria. Nosso sentido da audição nos permite não só detectar que existe som, mas também o que o fez, o que significa e de onde veio.

Por uma série complexa de interações entre as diferentes partes do sistema auditivo — tópico deste capítulo — podemos não só reconhecer a existência de um som, sua origem e a direção de onde veio, mas também realizar funções superiores, como apreciar música e entender a linguagem.

A Orelha: Capturando e Decodificando Ondas Sonoras

Os primeiros estágios do processamento auditivo são mecânicos e não neurais. Assim como o olho tem o cristalino (ou lentes) e a pupila, que focam e regulam níveis de luz, como uma câmera, o sistema auditivo transforma fisicamente as ondas sonoras recebidas. A Figura 6-1 mostra a anatomia da orelha.

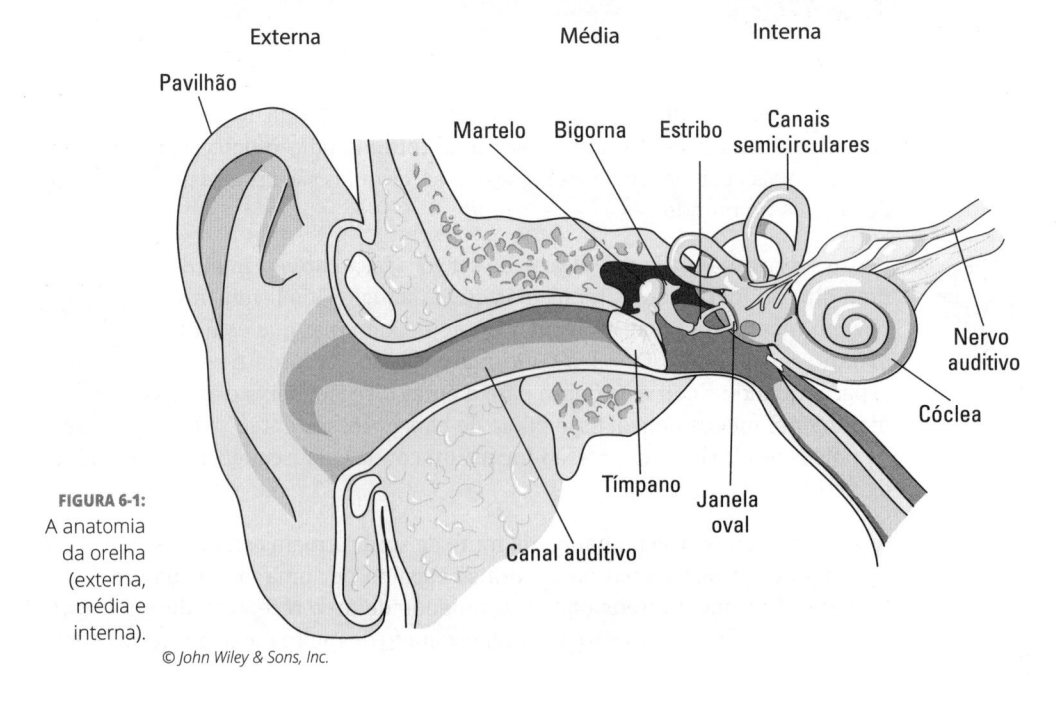

FIGURA 6-1: A anatomia da orelha (externa, média e interna).

© John Wiley & Sons, Inc.

A primeira dessas transformações é mecânica e envolve as orelhas externa, média e interna. Em geral, eis o que acontece a uma onda sonora e que lhe permite ouvir:

> » **A orelha externa:** Tem três partes: o pavilhão, o canal auditivo e o tímpano. O pavilhão "captura" e filtra as ondas sonoras e as direciona através do canal auditivo para o tímpano.
>
> » **A orelha média:** Três pequenos ossos na orelha média transformam vibrações em ondas de pressão e as enviam para a orelha interna.
>
> » **A orelha interna:** As ondas de pressão da orelha média vão para a janela oval da cóclea, onde receptores auditivos (células ciliadas) estão localizados. A estrutura mecânica da cóclea espiral faz as vibrações de alta frequência se concentrarem próximas da janela oval, enquanto vibrações de baixa frequência viajam ao fim da espiral. As ondas de pressão na cóclea curvam as células ciliadas dentro dela, que geram potenciais de ação no nervo auditivo. Neste ponto, as transformações mecânicas estão completas e os neurônios assumem, e você pode ler sobre isso na seção posterior "Dando Sentido aos Sons: Projeções Auditivas Centrais".

As seções seguintes detalham o papel de cada parte da orelha na audição.

Reunindo sons: A orelha externa

O pavilhão, o canal auditivo e o tímpano formam a orelha externa, que é a primeira estrutura envolvida no processamento do som.

O pavilhão, a primeira parte da orelha externa

A primeira parte da orelha externa que as ondas sonoras alcançam é o *pavilhão*. Apesar de seu nome técnico, você está bem familiarizado com o pavilhão: é a parte do sistema auditivo que podemos ver, colocar o cabelo atrás, furar e, se for particularmente habilidoso, balançar. Então por que não chamamos só de orelha? Porque, tecnicamente, a orelha é formada por vários componentes, o pavilhão é apenas um deles, e em neurociência — e várias outras disciplinas — você precisa ser capaz de distinguir essa estrutura de outras estruturas auditivas consideradas partes da orelha.

O pavilhão faz duas coisas com as ondas sonoras:

> » Concentra o som refletindo-o da área mais ampla do pavilhão para a abertura menor do canal auditivo.
>
> » Devido à sua forma complexa, o pavilhão muda o conteúdo da frequência do som com base na elevação da qual ele veio. Isso nos ajuda a *localizar*, ou dizer de onde o som veio (você pode ler mais sobre isso na seção posterior "Localizando Sons").

LEMBRE-SE O pavilhão de todo mundo é levemente diferente e muda à medida que a pessoa cresce. Isso significa que, durante o desenvolvimento, precisamos "aprender" a transformação de frequência direcional de nosso pavilhão. Esse aprendizado quase certamente envolve plasticidade neural — ou seja, a habilidade de conexões neurais se reorganizarem — no córtex auditivo.

Navegando no canal auditivo

O pavilhão reflete as ondas sonoras para o canal auditivo, que as transmite para o tímpano. O canal auditivo é levemente ressoante em frequências médias (importantes para ouvir vozes humanas), para que elas sejam relativamente sustentadas com pouca atenuação em seu caminho ao tímpano.

Batendo no tímpano

O canal auditivo termina no tímpano. Quando as ondas sonoras refletidas pelo pavilhão e transmitidas ao longo do canal auditivo alcançam o tímpano, ele começa a vibrar, o que dispara respostas na orelha média.

ALTURA DO SOM, ENVELHECIMENTO, E ENGANAR PROFESSORES

A frequência dos sons é medida em ciclos por segundo. O termo usado é Hertz (abreviado como Hz), dado em homenagem ao cientista alemão que estudou os fenômenos elétricos alternados. (Quando músicos falam sobre *altura do som*, é sobre isso que estão falando.)

Humanos escutam frequências de cerca de 20 a 20.000 Hz, pelo menos quando são jovens. À medida que envelhecemos, tendemos a perder a sensibilidade para frequências altas, mesmo na ausência de qualquer doença ou dano na orelha. Na verdade, pessoas acima de 60 anos raramente escutam bem acima de cerca de 16.000 Hz. Essa perda tende a ser relativamente maior em homens do que em mulheres. Estudantes de Ensino Médio são conhecidos por tirar vantagem disso colocando o toque de seus celulares em frequências altas, que seus professores não conseguem ouvir.

A orelha média

Do outro lado do tímpano há três pequenos ossos chamados *martelo* (nome em latim: *malleus*), *bigorna* (*incus*) e *estribo* (*stapes*), que constituem a orelha média.

Os três ossos da orelha média são os menores do corpo, mas têm uma função crucial: por meio deles as vibrações do tímpano ativam a janela oval (parte da orelha interna) na entrada para a cóclea.

Pense nesses três ossos como uma alavanca que, em termos físicos, é um objeto rígido que, quando usado com um fulcro (ou ponto de apoio), pode aumentar a força mecânica em outro ponto. Em termos de função dos três ossos da orelha interna, a ideia funciona da seguinte forma: o tímpano, que está anexado ao martelo, vibra em resposta ao som de acordo com a mudança de pressão no ar. No outro lado dos três ossos está o estribo, anexado à janela oval na cóclea, que é preenchida com fluído. A cabeça do martelo (em formato de bola), onde ele se conecta à bigorna, é como um fulcro desse sistema, de modo que um movimento maior, mas mais fraco, do tímpano provoca um movimento menor e mais forte do estribo. A alavanca dos ossos é necessária porque o fluído na cóclea é mais denso que o ar no tímpano.

O efeito da alavanca dos ossos da orelha média é na ordem de 100 para 1, o que significa que a força é muito amplificada. Uma segunda vantagem mecânica é que a área do tímpano é maior do que a área da janela oval, significando que a força é amplificada também nessa proporção.

Tocando acordes para o cérebro: A orelha interna

Depois que a janela oval da cóclea foi ativada pelos ossos da orelha média, a orelha interna entra em ação. Ela consiste da cóclea e seus conteúdos e conexões (veja a Figura 6-2). Quando o estribo vibra vigorosamente a janela oval na entrada para a cóclea, ondas de pressão são enviadas pelo fluído que preenche a cóclea. Essas ondas de pressão curvam os transdutores do som, os cílios das células ciliadas auditivas, localizadas no Órgão de Corti (também chamado de órgão espiral) dentro da cóclea. Essas células ciliadas são tão sensíveis a pequenos movimentos que podem responder a desvios dos cílios com larguras de nada mais que um átomo!

Um fato interessante é que os cílios nas células ciliadas auditivas na cóclea não só se parecem com o tipo de cílio que outras células não neuronais têm para mover coisas no fluído extracelular; eles também são, aparentemente, derivados evolutivamente de cílios do tipo motor, como os usados por alguns organismos unicelulares para se movimentar.

FIGURA 6-2 A cóclea e o Órgão de Corti.

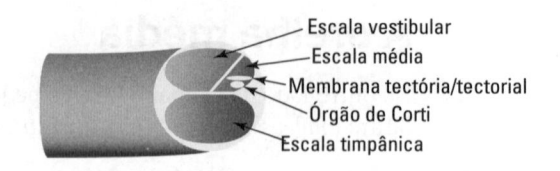

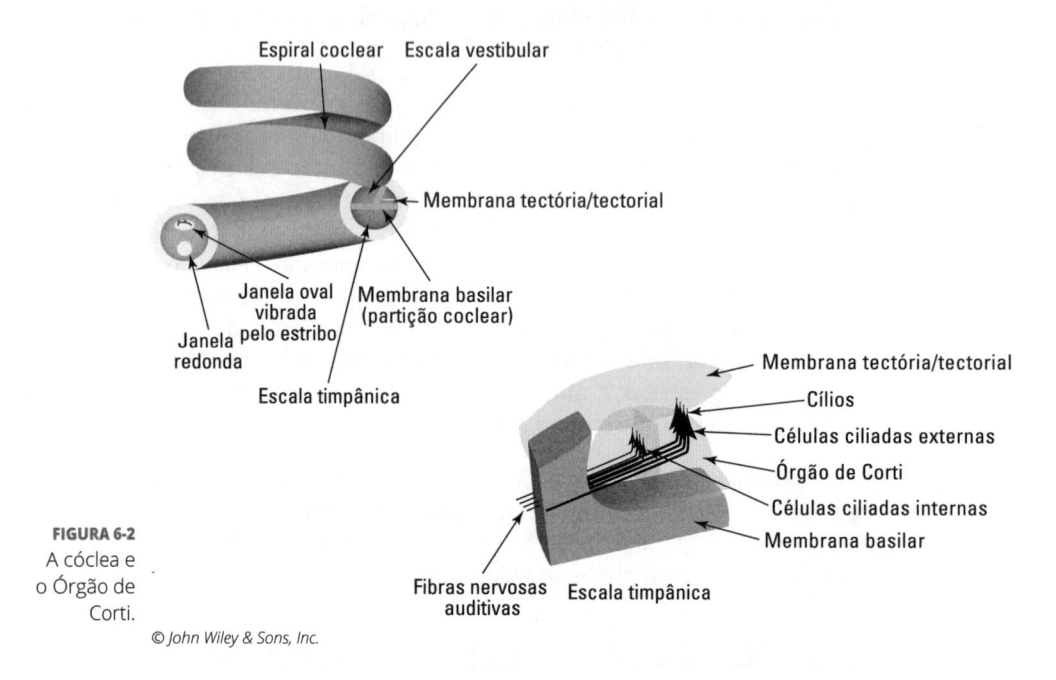

© John Wiley & Sons, Inc.

Abrindo canais iônicos para disparar potenciais de ação

Na base dos cílios de células ciliadas auditivas há canais especializados que lembram mecanorreceptores (veja o Capítulo 4), de modo que, quando os cílios se curvam, eles esticam a membrana celular ciliada, que por sua vez abre canais iônicos que despolarizam a célula ciliada e fazem os terminais de axônios das fibras do nervo auditivo do outro lado da célula ciliada dispararem potenciais de ação. Esses potenciais de ação descem pelo nervo auditivo até o núcleo coclear.

O Órgão de Corti contém, na verdade, dois tipos de células ciliadas, as internas e as externas. Embora haja menos células ciliadas internas do que externas, as internas fazem mais conexões com o nervo auditivo do que as externas. Ainda assim, células ciliadas externas têm uma função importante: elas controlam a rigidez da membrana próxima dos cílios de células ciliadas. Essa função motora da célula ciliada externa aumenta a sua resposta a baixas amplitudes de sons, especialmente em altas frequências, mas a enfraquece para sons excessivamente altos para prevenir danos à célula ciliada.

Enviando informações sobre frequência e amplitude

Cerca de 30 mil fibras nervosas auditivas viajam da cóclea ao núcleo coclear (veja a Figura 6-3) no tronco cerebral. A estrutura desses neurônios é parecida com a dos mecanorreceptores nos gânglios da raiz dorsal (veja o Capítulo 4). No sistema auditivo, o corpo celular do neurônio sensorial está no gânglio espiral do núcleo coclear. Esses neurônios têm dois axônios. Um vai para a célula ciliada auditiva na cóclea, onde o curvar dos cílios induz potenciais de ação no axônio do neurônio coclear. O outro projeta para o núcleo olivar superior, carregando a mensagem auditiva.

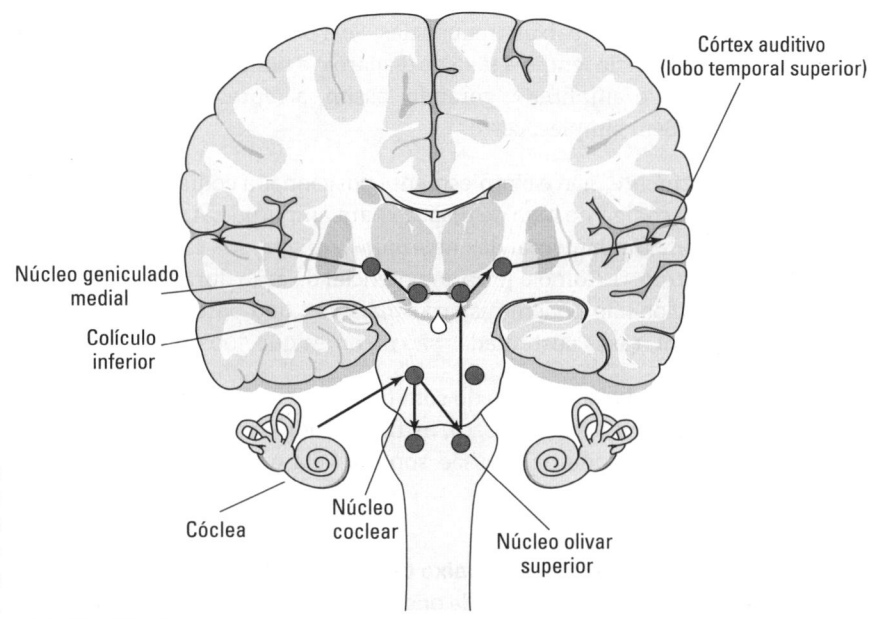

FIGURA 6-3 Como a mensagem de som chega no córtex auditivo.

© John Wiley & Sons, Inc.

A mensagem que as fibras auditivas enviam para o cérebro sobre o som no ambiente consiste de duas propriedades básicas do som — frequência e amplitude —, similar à maneira como a retina informa o cérebro sobre cor e intensidade da luz. Entretanto, enquanto a retina representa o espaço explicitamente em termos de localização na retina, não há ligação similar entre a localização do som e a posição na cóclea. Em vez disso, quando se trata do sentido da audição, o córtex calcula a localização do som no espaço (você pode ler mais sobre isso na seção mais adiante "Localizando Sons"). Ou seja, a saída do nervo auditivo não inclui explicitamente uma representação do espaço (que é uma das razões pelas quais a cóclea consegue mediar a audição, apesar de ter apenas 30 mil fibras auditivas — compare isso com os mais de um milhão de axônios de células ganglionares retinais que saem de cada olho!).

Embora a posição na cóclea não reflita a localização do som, a cóclea é estendida em uma dimensão, formando uma espiral consistindo de cerca de 2,5 voltas (veja a Figura 6-2). O que está representado nessa única dimensão é a frequência.

A estrutura mecânica da cóclea (resistência, tamanho) é tal que frequências altas só causam vibrações na porção da cóclea perto da janela oval, enquanto frequências baixas produzem amplitude de vibração maior em direção ao final da cóclea, mais distante da janela oval (o centro da espiral). A posição ao longo da cóclea onde a vibração ocorre codifica a frequência. Respostas de células ciliadas próximas da janela oval indicam altas frequências; aquelas mais distantes indicam baixas frequências. Se a posição ao longo da cóclea pode codificar frequência, então a taxa de disparo e o número de células disparando podem codificar a amplitude, gerando, assim, a representação neural da entrada de áudio. Bem simples, certo?

Infelizmente, não é simplesmente posicionar a codificação para frequência *versus* um código de taxa de disparo para amplitude. A razão tem a ver com a propriedade fundamental dos neurônios, ou seja, sua taxa de disparo máxima (veja o Capítulo 3). Como o próprio potencial de ação dura cerca de um milissegundo, neurônios não podem disparar mais de 1.000 potenciais de ação por segundo; em geral, taxas sustentadas são menores que 500 por segundo.

Por conta da localização do som (veja a seção mais adiante "Localizando Sons" para saber mais sobre isso), as fibras auditivas normalmente disparam apenas no pico da onda de pressão sonora. Veja o que isso significa para diferentes frequências:

> » **Para frequências abaixo de cerca de 500 Hz:** Fibras auditivas conseguem disparar a cada pico da onda de pressão sonora, para que sua taxa de disparo realmente codifique a frequência diretamente. Em outras palavras, em baixas frequências, as fibras disparam na frequência do som.
>
> » **Para frequências acima de 500 Hz:** Fibras auditivas não conseguem disparar na frequência do som, então disparam a cada dois picos, ou a cada cinco ou dez, ou... você entendeu. Nesse caso, a frequência é codificada pelo local na cóclea.

Amplitudes de frequência de som altas e baixas são codificadas tanto pelo número de pulsos que ocorrem em cada pico de pressão de pulso quanto pelo número de fibras ativas (sons altos recrutarão mais fibras para disparar do que sons mais fracos).

POR QUE APARELHOS AUDITIVOS FUNCIONAM

A estrutura unidimensional de frequência da cóclea é o que torna as próteses auditivas tão bem-sucedidas. A maioria das perdas auditivas está associada à morte das células ciliadas auditivas. Próteses auditivas de sucesso consistem de redes de eletrodos lineares que são deslizados para dentro da cóclea. O processamento eletrônico divide o som em bandas de frequência e gera uma corrente estimulante no local adequado da prótese para conduzir diretamente as fibras nervosas auditivas. Na época em que escrevo este livro, bem mais de 50 mil próteses auditivas foram implantadas nos Estados Unidos, muitas permitindo que os beneficiários se comuniquem verbalmente com pouca dificuldade. Não há prótese de sucesso atualmente nem remotamente comparável para a perda de visão.

Dando Sentido aos Sons: Projeções Auditivas Centrais

As 30 mil fibras auditivas transmitem mensagens sobre som para o núcleo coclear, e além, em um código misturado. Cada fibra é sensível a uma banda de frequência específica, e fibras diferentes têm diferentes limites e taxas de disparo que codificam a magnitude do som.

Pare antes do tálamo

Fibras nervosas auditivas não projetam diretamente ao tálamo; elas retransmitem duas vezes antes disso. Como já mencionado, quando os cílios auditivos se curvam, a membrana das células ciliadas se estica e abre canais iônicos que despolarizam a célula ciliada e fazem os terminais de axônios das fibras nervosas auditivas dispararem potenciais de ação.

Os potenciais de ação do nervo auditivo vão para o núcleo coclear onde estão os corpos celulares dos neurônios para aqueles axônios e provocam um potencial de ação no corpo celular, que, por sua vez, provoca um potencial de ação em um segundo axônio que cruza o meio do corpo e projeta para um núcleo, chamado de *núcleo olivar superior*, do lado oposto (veja a Figura 6-3). Em outras palavras, potenciais de ação do núcleo coclear direito cruzam para o núcleo olivar superior à esquerda e vice-versa. Os núcleos vivos superiores estão localizados na ponte (veja o Capítulo 2 para informações gerais sobre as áreas do cérebro).

Células retransmissoras no núcleo olivar superior projetam para o *colículo inferior*, localizado, como você deve imaginar, logo abaixo do colículo superior no mesencéfalo. Finalmente, neurônios do colículo inferior projetam para o núcleo geniculado medial do tálamo, sobre o qual você pode ler na próxima seção.

LEMBRE-SE

Todas as projeções depois da projeção contralateral para o núcleo olivar superior são *ipsilaterais*, significando que ficam do mesmo lado. Portanto, o geniculado medial do lado direito do corpo recebe principalmente entrada da orelha esquerda e vice-versa.

Por que a mensagem auditiva passa por duas paradas de processamento antes de alcançar o tálamo? A resposta tem a ver com a localização do som. Tanto o núcleo olivar superior quanto o colículo inferior de cada lado do cérebro recebem não só projeções contralaterais, mas também ipsilaterais. Comparações neurais entre as saídas de cada orelha configuram a codificação neural para localizar o som. No sistema auditivo, a localização do som é mediada por um cálculo neural da diferença entre o volume do som e o tempo de sua chegada entre as duas orelhas. Esses cálculos requerem tempo neural preciso, o que significa que devem ocorrer bem no início do fluxo de processamento auditivo, o mais próximo possível dos dois núcleos cocleares. A seção mais adiante "Localizando Sons" entra nos detalhes do mecanismo para localização de som.

Em direção ao tálamo: O núcleo geniculado medial

O núcleo geniculado medial de cada lado do cérebro recebe entradas primariamente da orelha do lado oposto. As respostas dos neurônios geniculados mediais parecem ser similares àquelas do nervo auditivo; ou seja, são códigos de frequência para que cada célula retransmissora geniculada medial prefira uma banda específica de frequência, similar à sua entrada de axônio do núcleo coclear, e sons mais altos recrutem mais células disparando em taxas mais altas.

Além dessas similaridades, funções típicas de propagação de atenção talâmicas quase certamente também ocorrem aqui. Por exemplo, se você "acha" que escutou um barulho suspeito, pode se concentrar e tentar ouvir a ocorrência de outro evento desse barulho. A melhoria neural de *entrada auditiva assistida* — sons que você tenta ouvir *deliberadamente* — é mediada em várias áreas cerebrais, que normalmente incluem o tálamo.

Processando sons no cérebro: O lóbulo temporal superior

Como mostra a Figura 6-3, o núcleo geniculado medial do tálamo transmite informação auditiva para o lobo temporal superior em uma área levemente posterior ao meio do sulco superior. Essa área do lobo temporal superior é chamada de *córtex auditivo primário*, ou *A1*. Também conhecida como *giro de Heschl*.

O que varia com a posição dentro de A1 é a frequência à qual os neurônios respondem. Tal mapa de frequência é chamado de *tonotópico*. Assim como imagens reais no sistema visual são feitas de *padrões* de linhas e bordas, entre outras coisas, reunidas como formas no córtex visual, o córtex auditivo representa padrões de frequências cuja combinação indica algum significado, como a palavra "oi" ou uma porta batendo.

Outros aspectos do som, especialmente a localização, também parecem ou serem processados por neurônios em A1 ou dependerem de projeções de A1, já que lesões em A1 impedem a habilidade de uma pessoa de localizar a direção de onde vem um som.

A Figura 6-4 mostra o córtex auditivo primário e outras áreas importantes para diferenciar sons.

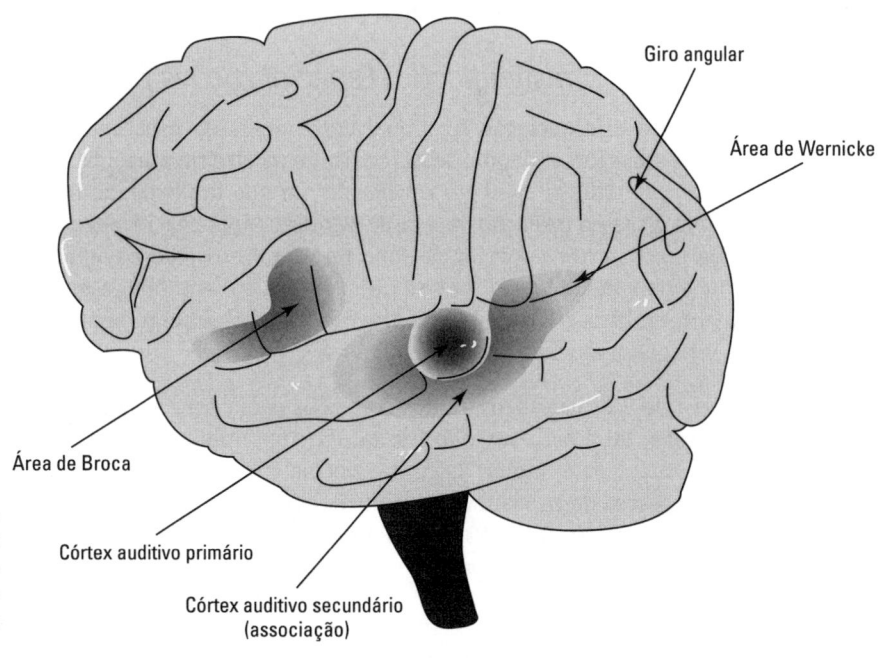

FIGURA 6-4
O córtex auditivo primário e outras áreas-chave.

© John Wiley & Sons, Inc.

Lidando com padrões auditivos complexos

Perto da área auditiva A1 há várias áreas de ordem mais altas que, por não terem convenção padrão de nomes, são normalmente chamadas de *áreas de associação auditiva*.

Muitos neurônios corticais fora de A1 respondem melhor a sons complexos ou ambientalmente relevantes do que a tons puros. Um exemplo de um som complexo é um trinado, no qual a frequência muda enquanto dura o som. Foram registrados neurônios que respondem bem a outros sons reais do ambiente, como chaves tilintando, portas fechando ou uma mesa sendo arrastada pelo chão, em vez de tons.

A preferência cortical para padrões de som de ordem mais alta é claramente um tema comum no processamento cortical. Em níveis mais baixos (aqueles próximos da entrada) no sistema auditivo (e outros sistemas sensoriais também), a maioria dos neurônios responde à maioria dos estímulos, com a representação neural projetada por um número relativamente pequeno de linhas de transmissão de axônios. No córtex, neurônios ficam mais seletivos, preferindo padrões mais complexos de modo que, para um determinado som real, apenas uma minoria dos neurônios corticais responda. Mas como bilhões de neurônios corticais estão disponíveis, seu reconhecimento e sua memória de sons específicos estão ligados ao disparo de uma porcentagem relativamente pequena de neurônios específicos cuja atividade é própria àquele estímulo. Muita da especificidade nas respostas neurais é alcançada por aprendizado e experiência.

Ouvindo com significado: Especializações para linguagem

Embora a diferenciação funcional entre áreas de processamento auditivo de ordens superiores (depois de A1) continue incerta no presente, um fluxo de processamento auditivo é bem conhecido por sua importância no processamento da fala. Essa é a projeção da *área de Wernicke* (área 22), localizada na borda entre a parte posterior superior do lobo temporal e o lobo parietal. Pacientes com danos na área de Wernicke têm dificuldades em entender a linguagem. Quando falam, embora o discurso seja fluente, é normalmente sem sentido, normalmente chamado de "salada de palavras".

A área de Wernicke tem muitas conexões com outra área de linguagem, a área de Broca, localizada no lobo frontal, imediatamente anterior às áreas motoras que controlam a língua, as cordas vocais e outros mecanismos da linguagem. Danos à área de Broca levam a dificuldades de discurso fluente, mas deficit na compreensão da fala só é realmente aparente para construções de sentenças complexas, como a voz passiva.

As áreas de Wernicke e Broca, mostradas na Figura 6-4, estão localizadas no lado esquerdo do cérebro em praticamente todas as pessoas destras (quase 95%). A situação é mais complicada para canhotos. Uma pequena maioria de canhotos também tem a linguagem primariamente do lado esquerdo, mas o resto a tem do lado direito do cérebro.

Alguns pesquisadores sugerem que há dois tipos de pessoas canhotas: *canhotos fortes*, cujo cérebro realmente é invertido em relação a destros, e *canhotos misturados*, cuja lateralização cerebral é igual à de destros, mas que, por um acaso, são canhotos. Algumas evidências sugerem diferenças correlatas em alguns traços entre os dois tipos, com canhotos fortes escrevendo com a mão em gancho "de ponta cabeça", enquanto canhotos misturados tendem a escrever com a mão em uma posição espelhada simétrica à de escrita de destros.

A identificação de áreas da linguagem do lado esquerdo constituiu uma das primeiras instâncias da lateralização funcional conhecida no cérebro. Dado que danos à área de Wernicke do lado esquerdo causam distúrbios profundos no processamento da linguagem, a questão que surge é qual função é mediada pela área espelhada simétrica do lado direito do cérebro. Evidências recentes sugerem que danos à área 22 do lado direito resultam em inabilidade de processar *prosódia* na linguagem — mudanças de tonalidade e ritmo —, que transmite significado. Pacientes com esse dano, por exemplo, têm dificuldades em distinguir sarcasmo *versus* questionamento *versus* outros tons de voz e, em particular, não "entendem" piadas e outras formas de humor.

Percebendo música: Eu tenho ritmo

Música é outro estímulo complexo para o processamento de áudio que parece depender mais do lado direito do que do lado esquerdo do cérebro, indicado pelo fato de que a maioria das pessoas reconhece melodias melhor com sua orelha esquerda (lado direito do cérebro).

Um fato interessante é que há um caso clínico de dano bilateral em áreas auditivas de ordem superior que resultou em uma perda bem específica. Chamada *amusia*, é uma condição em que a pessoa é incapaz de reconhecer melodias. Apesar da amusia, a paciente tinha habilidade normal de compreender a fala e sons ambientais complexos, e sabia os nomes das músicas dos discos que possuía. Ela só não conseguia reconhecer as músicas quando eram tocadas.

Localizando Sons

A localização da fonte de um som é bem diferente de localizá-lo visualmente. A ótica do olho preserva a topografia entre direção no mundo externo e posição na retina, que é mantida em projeções para centros visuais superiores. Mas as orelhas não codificam a direção auditiva em nenhum mapa. Em vez disso, a localização do som é calculada neuralmente no sistema auditivo por comparações neurais entre as duas orelhas. Esse cálculo começa no núcleo olivar superior e no colículo inferior e é representado no disparo das células no córtex auditivo, que respondem melhor ao som emanando do alcance de uma elevação e azimute (direção no plano horizontal) específicos.

Calculando o azimute (ângulo horizontal)

O sistema auditivo usa dois métodos diferentes para calcular o azimute: diferença interaural de intensidade e diferença interaural de tempo.

Esses dois métodos funcionam melhor em gamas de frequência complementares. O disparo de pulsos no pico de pressão sonora exato funciona melhor em frequências baixas porque os axônios podem disparar rápido o suficiente para seguir mais ciclos e ficar no que é chamado *bloqueio de fase*. Por outro lado, a diferença interaural de intensidade é maior para frequências mais altas do que mais baixas, porque a própria cabeça enfraquece mais frequências altas do que baixas.

Diferença interaural de intensidade

Uma fonte sonora que não está diretamente em frente ou atrás do ouvinte é mais alta na orelha mais próxima do que na mais distante. Alguns neurônios no núcleo olivar superior e no colículo inferior recebem entradas ipsilaterais e contralaterais. Esses neurônios são dispostos para que alguns respondam melhor quando as entradas são iguais entre as duas orelhas, enquanto outros preferem porcentagens de força diferentes da esquerda *versus* direita. Esses neurônios projetam de maneira ordenada para o córtex auditivo, onde a localização auditiva é, então, representada pela posição da superfície do córtex.

Diferença interaural de tempo

A posição da fonte de som também afeta o tempo relativo que este leva para alcançar as orelhas. A maioria de nós está familiarizado em contar os segundos entre o tempo que vemos o raio e ouvimos o trovão, com um atraso de cinco segundos para cada 1,6 km. Ou seja, a velocidade do som é de aproximadamente 304 metros por segundo, ou 0,3 metro por milissegundo. Se a cabeça humana tem (cerca de) 15 centímetros (0,15 metro) de largura, então a diferença no tempo de chegada entre as duas orelhas para uma fonte direta de um lado é de cerca de metade de um milissegundo.

Dado que potenciais de ação duram cerca de um milissegundo, você pode pensar que o sistema auditivo não seria capaz de resolver uma diferença de meio milissegundo. Mas consegue! O tempo de chegada do som é codificado por fibras auditivas, porque disparam no pico exato da onda de pressão sonora, que, claro, tem atraso entre as duas orelhas.

O processo decodificador para a diferença interaural de tempo é requintado. Axônios dos dois núcleos cocleares fazem caminhos de comprimento diferentes da orelha esquerda *versus* a direita para o núcleo olivar superior e colículo. Os caminhos iguais para os neurônios de lá resultam em dois sinais chegando ao mesmo tempo quando a fonte sonora está diretamente à frente ou atrás. Neurônios que recebem entradas com um caminho levemente mais longo da orelha esquerda *versus* a direita respondem melhor se o som estiver proporcionalmente mais perto da orelha esquerda do que da direita, para que os pulsos cheguem ao mesmo tempo. Uma rede de neurônios com caminhos de diferentes comprimentos produz um mapa linear de neurônios, cada qual preferindo uma direção diferente. Esse mapa também é projetado ao córtex auditivo de maneira ordenada para que a posição represente a direção horizontal.

> ## LOCALIZAÇÃO AUDITIVA EM CORUJAS
>
> Corujas têm uma localização auditiva tão precisa que, com apenas o som do movimento de um rato para guiá-las, conseguem localizar e pegar as criaturas na escuridão total. Por causa dessa habilidade, corujas são usadas como modelo em vários laboratórios para estudo dos mecanismos neurais de localização do som. Pesquisadores descobriram que, entre outras coisas, as duas orelhas da coruja não são simétricas, mas são dispostas para que haja uma diferença de intensidade processada pelas orelhas em função de elevação e também de azimute.

Detectando elevações

Enquanto a cabeça estiver na vertical, não existe nenhuma diferença de sinal binaural útil entre as duas orelhas para permitir que você estime a elevação, pois isso depende das características de reflexão de frequência do pavilhão, ou orelha externa (veja a seção anterior "A Orelha: Capturando e Decodificando Ondas Sonoras" e a Figura 6-1).

A forma complexa do pavilhão funciona como filtro de frequência quando reflete o som dependente de elevação. Quase todos os sons no mundo natural consistem de várias frequências em taxas particulares com as quais você se familiariza. O grau com que o pavilhão distorce o som diz ao seu córtex auditivo a elevação do som.

Eu Não Consigo lhe Ouvir: Surdez e Zumbidos

Como em qualquer sistema, as coisas podem dar errado. Falhas no sistema auditivo podem variar de profundas, como não ser capaz de ouvir nada, a meramente irritantes, como zumbido periódico nas orelhas. Esta seção entra em alguns detalhes em duas condições — perda auditiva e zumbido —, e ambas podem variar de suaves a severas.

Perda auditiva

A surdez ou surdez parcial pode ser congênita (desde o nascimento) ou o resultado de doença ou dano por sons altos. A surdez congênita é rara, se comparada à adquirida, ocorrendo em menos de 1 em 1.000 nascimentos. Cerca de um quarto dos casos de surdez congênita é devido a malformações da orelha interna; as outras causas são desconhecidas.

As causas da surdez adquirida são mais fáceis de apontar. Infecções severas da orelha interna podem causar surdez pela destruição ou comprometimento dos três ossos da orelha média. Chamada *perda auditiva condutiva*, nessa condição as vibrações do som não são mecanicamente transmitidas do tímpano para a cóclea. A otosclerose, crescimento de massas esponjosas nos ossos da orelha média, é uma perda auditiva condutiva hereditária que começa normalmente entre os 15 e 40 anos de idade. É mais comum em mulheres do que em homens. A rubéola materna pode causar o nascimento de filhos surdos devido a danos pelo vírus.

Algumas infecções, entre outras causas desconhecidas, podem resultar na *doença de Mènière*, uma perda parcial da função auditiva e vestibular (equilíbrio) devido a um mecanismo comum que afeta a cóclea e os canais semicirculares próximos dela que trabalham em equilíbrio.

Além do declínio relacionado à idade em sensibilidade de frequência alta (*presbiacusia*, que ocorre em quase todo mundo, especialmente homens), a causa mais frequente de perda auditiva é o dano ao tímpano ou às células ciliadas auditivas. Os tímpanos podem ser danificados mecanicamente por itens entrando no canal auditivo ou por alta pressão, como no caso de mergulho em águas profundas. Barulhos altos podem danificar a audição permanentemente ao destruir células ciliadas auditivas. Quanto mais alto o barulho, menos tempo leva para ocorrer a perda auditiva. Danos de células ciliadas auditivas são permanentes, mas próteses auditivas podem ser inseridas na cóclea para estimular as fibras cocleares eletricamente para restaurar um pouco da audição.

Ah, aqueles mosquitos zzz zzz zzz zzz zzz zzz: Zumbidos

O zumbido é a percepção de um barulho nas orelhas e tem várias causas: infecções, alergias, reações a certos remédios e exposição a barulhos altos (muitos músicos têm zumbidos).

O chamado *zumbido objetivo*, que surge de espasmos musculares nas orelhas, pode ser detectado por médicos com instrumentos especiais que detectam o barulho em si. O *zumbido subjetivo* pode surgir de várias causas, mas é frequentemente associado à perda auditiva.

Há alguns tratamentos universalmente eficazes para zumbidos, mas, em casos extremos, alguns pacientes usam fones de ouvido que produzem barulho para mascarar o barulho do zumbido com ruído branco gerado eletronicamente, dando algum alívio. Em casos extremos, alguns pacientes optaram por tratamentos cirúrgicos, no qual o cirurgião lesiona (destrói) alguns nervos auditivos para alívio, mas que também reduz a audição normal. Às vezes o zumbido também pode aparecer de repente e então desaparecer dentro de alguns meses.

> **NESTE CAPÍTULO**
>
> Entendendo o sentido do olfato
>
> Observando os mecanismos para o processamento do paladar
>
> Reconhecendo a conexão entre olfato e paladar
>
> Aprendendo como as coisas dão errado com esses sentidos

Capítulo 7

Odores e Paladar

Deixe um cachorro sair e você imediatamente observará que ele vive em um mundo de cheiros. Ele corre por aí em um padrão complexo, cheirando, movendo-se e cheirando novamente. Depois de um minuto, seu cachorro sabe quais outras criaturas estiveram em seu quintal, o que fizeram e provavelmente quando fizeram. Cachorros e outros mamíferos vivem em um mundo olfativo que é praticamente invisível para humanos. O nariz dos cachorros contém mais ou menos um bilhão de receptores olfativos, um número praticamente igual ao total de neurônios do cérebro desses animais. Humanos devem se virar com cerca de 10 milhões de receptores — um décimo do que os cães têm —, que se projetam em um cérebro sobrecarregado por outras informações, em sua maioria visuais.

Enquanto sentidos como visão e audição são detectados como energia (fótons de luz e ondas sonoras), o *olfato* envolve detectar substâncias reais do mundo. O outro sentido que envolve detecção de substâncias é o paladar, que funciona como um portal de prazer/dor para o corpo, encorajando-nos a ingerir substâncias que são doces e, às vezes, salgadas, que geralmente são necessárias para nutrição, e nos desencorajando a comer muitas substâncias amargas e azedas, que podem ser tóxicas ou estar estragadas. Receptores de paladar ocorrem em quatro tipos principais, principalmente na língua. Mas detectar gostos complexos, referidos como *sabores*, requer cheirar simultaneamente o que estamos provando. (Se você tampar o nariz, por exemplo, achará difícil distinguir substâncias como cereja, chocolate ou café baseado apenas no gosto.)

O paladar, como outros sentidos, é transmitido do tálamo para o córtex, sendo o olfato o único sentido que projeta diretamente ao córtex, sem passar pelo tálamo. O sentido de odor não talâmico dá origem ao comportamento cuja causa não percebemos conscientemente, como alguns aspectos da atração sexual. Este capítulo explica como ambos esses sentidos funcionam.

Que Cheiro É Esse?

Seja de botão, arrebitado, grego ou aquilino, seu nariz tem um papel tanto na respiração quanto na captação de odores. Ele filtra, aquece e umedece o ar que você respira e o analisa para entender os odores.

Essa análise começa com os receptores olfativos no teto do seu nariz (veja a Figura 7-1). Os neurônios receptores olfativos têm cílios grudados no muco e que se alinham no teto do nariz. Essa camada de muco é chamada *mucosa olfativa*, que vem do latim para o que significa, mais ou menos, "muco do cheiro". Os cílios têm receptores que respondem a odores diferentes.

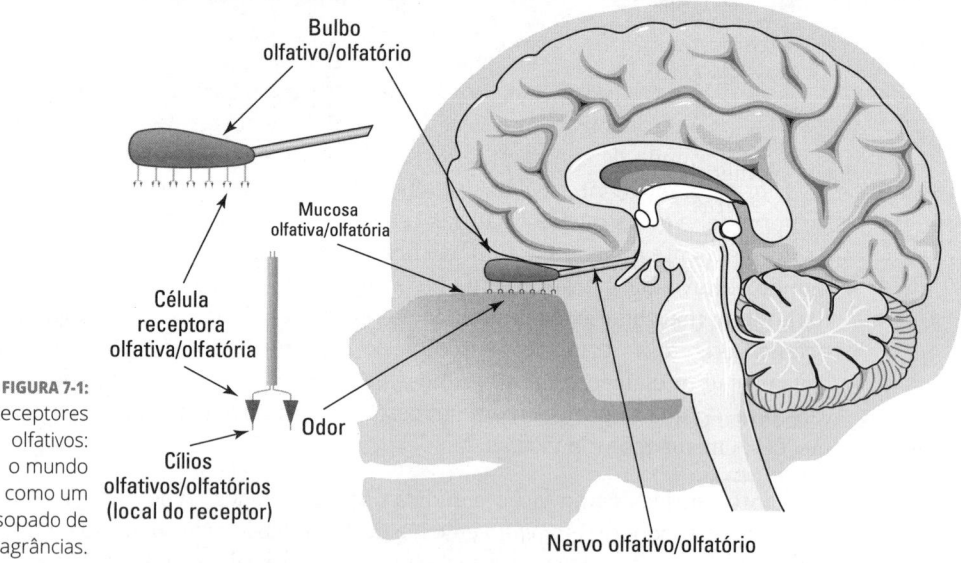

FIGURA 7-1: Receptores olfativos: o mundo como um ensopado de fragrâncias.

Bulbo olfativo/olfatório
Mucosa olfativa/olfatória
Célula receptora olfativa/olfatória
Odor
Cílios olfativos/olfatórios (local do receptor)
Nervo olfativo/olfatório

© John Wiley & Sons, Inc.

Os receptores olfativos funcionam de modo parecido com outros receptores metabotrópicos para neurotransmissores (veja o Capítulo 3), exceto que uma molécula do mundo se liga a um receptor e faz o restante do processo acontecer. A neurotransmissão no resto do cérebro envolve um neurônio pré-sináptico liberando um neurotransmissor que se encaixa geometricamente em uma porção de um receptor pós-sináptico. Em receptores metabotrópicos, essa ligação causa uma segunda cascata de mensageiros dentro da célula que resulta na liberação de mensageiros intracelulares que se ligam do lado de dentro de outros receptores e abrem outros canais. Com o sentido do olfato, há mais de 1.000 tipos de receptores olfativos que respondem a odores do mundo e ativam o sistema nervoso. A maioria dos receptores olfativos vive apenas algumas semanas ou meses e são constantemente substituídos. Eles são o primeiro exemplo conhecido de neurogênese adulta, a geração de novos neurônios no sistema nervoso adulto, que agora se sabe que também ocorre no hipocampo.

LEMBRE-SE

O olfato surge de moléculas do mundo ligando-se a tipos específicos de receptores, seguido pelo cérebro analisando o resultado. Cada um dos aproximadamente 1.000 receptores olfativos diferentes responde a muitos odores diferentes, e cada odor se liga a um subconjunto um tanto diferente desses receptores. Dessa maneira, cada odor tem uma única *assinatura de atividade do receptor*. O cérebro identifica o odor dessa assinatura. Em mamíferos menos dominados pela visão do que humanos, boa parte do cérebro é dedicada ao processamento olfativo.

Classificando as coisas pelo bulbo olfatório

Em humanos, cerca de 10 mil receptores olfativos ou olfatórios, consistindo de cerca de 1.000 tipos diferentes de receptores, projetam ao bulbo olfatório, onde há cerca de 1.000–2.000 zonas receptoras diferentes chamadas *glomérulos olfativos*. O fato de que o número de glomérulos é quase o mesmo que o número de tipos de receptores olfativos não é só uma coincidência: a maioria dos glomérulos recebe entradas de principalmente um único tipo de receptor. Se você tirasse uma foto do que acontece no bulbo olfatório quando alguém está cheirando um odor específico, veria um padrão de atividade pelos glomérulos que constitui a assinatura para esse odor.

Entretanto, o processo é um pouco mais complicado que o receptor tipo A cheirando rosas, o receptor tipo B cheirando tortas e o receptor tipo C cheirando meias sujas. Cheiros reais no mundo são formados por uma mistura complexa de odores. O cheiro da sua xícara de café, por exemplo, contém pelo menos 100 tipos diferentes de moléculas produtoras de odor, o que significa que 100 assinaturas diferentes são sobrepostas pelos glomérulos olfativos. Ou seja, seu cérebro ainda precisa fazer um pouco de processamento antes que possa reconhecer o que está bebendo.

Projetando por caminhos diferentes

O bulbo olfativo tem várias projeções principais. Essas projeções são únicas entre os sistemas sensoriais, pois vão diretamente a várias áreas do córtex sem retransmitir pelo tálamo primeiro. A Figura 7-2 mostra o esquema geral de projeção olfativa.

FIGURA 7-2:
O sistema olfativo no cérebro.

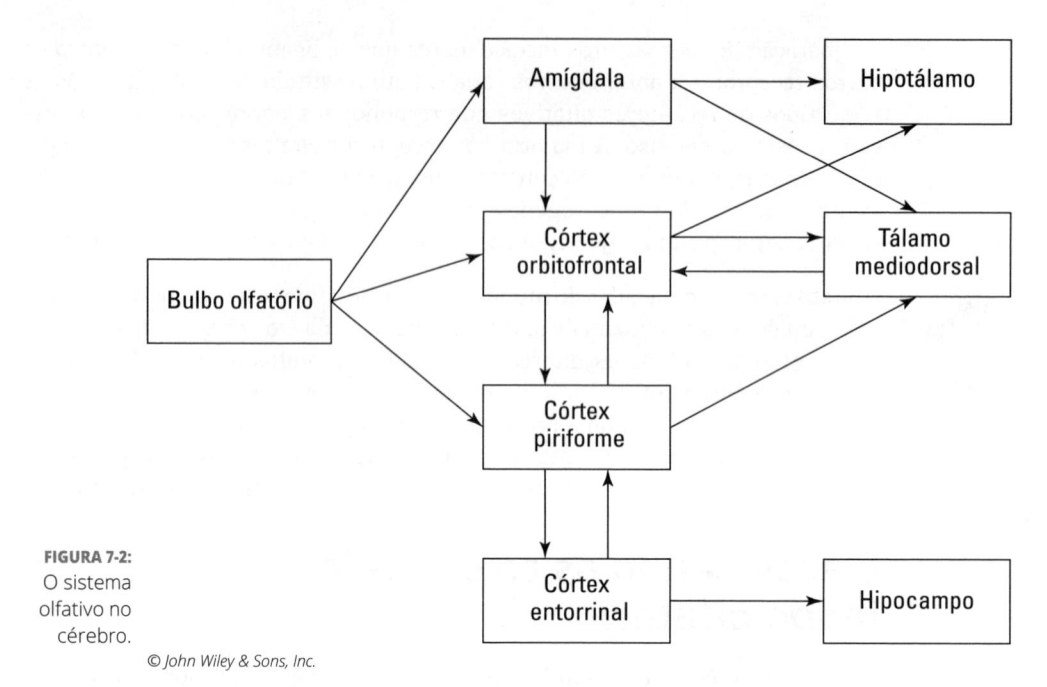

© John Wiley & Sons, Inc.

O bulbo olfatório projeta para estas áreas do córtex:

» **O córtex orbitofrontal:** A projeção orbitofrontal medeia a discriminação consciente de odores.

A área olfativa do tálamo (*o tálamo mediodorsal*) é alcançada por uma projeção retransmitida do córtex orbitofrontal, e não diretamente pelo bulbo. Como a atividade no tálamo é normalmente necessária para a consciência de qualquer entrada sensorial, esse ciclo direto deve ser evoluído para permitir a consciência e a atenção aos odores.

» **O córtex piriforme:** A projeção para o córtex piriforme é um caminho antigo que possibilita a discriminação reativa e inconsciente de odores.

» **O córtex entorrinal:** Projeções ao córtex entorrinal, amígdala e hipocampo permitem que você se lembre de odores que foram parte de uma experiência importante. A projeção da amígdala ao hipotálamo medeia respostas hormonais a odores.

As próximas seções trazem os detalhes sobre alguns caminhos-chave que as projeções tomam e o que os cientistas pensam que eles significam.

Fazendo o ciclo entre o córtex orbitofrontal e o tálamo mediodorsal

O ciclo entre o tálamo mediodorsal e o córtex orbitofrontal medeia a atenção e outros aspectos conscientes da detecção de odores.

Muitos neurocientistas acreditam que o tálamo é um dos controladores centrais da função cerebral. Ele funciona como um policial de trânsito em uma cidade na qual todas as ruas se encontram no centro para que as mensagens mais urgentes possam apenas ir de uma parte do cérebro à outra sob ordem do policial. A consciência envolve o controle talâmico de quais áreas do cérebro se comunicam com outras áreas.

De acordo com essa ideia, animais mais primitivos que mamíferos tinham sistemas sensoriais que foram inicialmente separados e altamente especializados; circuitos visuais mediavam o comportamento visual, circuitos auditivos mediavam respostas a vários sons, e assim por diante. Mamíferos, por outro lado, parecem ter erguido um novo sistema sensorial unificado que sempre envolveu um ciclo entre o tálamo e alguma área do neocórtex. Nesse esquema, "áreas de associação" talâmicas controlam o tráfego por vários núcleos talâmicos específicos a cada sentido. Esse sistema talâmico-neocortical é semelhante a uma nova rodovia interestadual que conecta os principais centros em alta velocidade, desviando de velhas rotas e cidades menores.

A explicação para a diferença entre os outros sistemas sensoriais e o sistema olfativo tem a ver com o fato de que o sistema olfativo já era bem desenvolvido nos primeiros mamíferos. Para ampliar a metáfora da interestadual, imagine o que acontece quando uma interestadual precisa cruzar uma grande cidade. A estrutura da interestadual é limpa e regular fora da cidade onde é construída para uma especificação eficiente, mas dentro da cidade várias exceções e concessões fora do padrão precisam ser feitas. A era do sistema olfativo bem estabelecido forçou o cérebro a "hackear" um caminho talâmico, projetando do córtex olfativo para uma área de comutação no tálamo, que então projeta de volta ao córtex de maneira similar aos outros sentidos.

A comutação talâmica e mecanismos de integração significam que, quando você encontra um incêndio, também vê chamas, ouve os estalos e cheira a fumaça como uma experiência única, a qual também inclui lembrar o gosto de algo queimando e a dor de tocar algo quente.

Projetando para o córtex piriforme e para a amígdala

Ouras projeções significativas do bulbo olfatório são para o córtex piriforme e para a amígdala.

Um aspecto do olfato que o diferencia dos outros sentidos é que frequentemente ele gera intrinsecamente uma resposta emocional. Embora imagens perturbadoras e sons também gerem respostas emocionais, essa reação constitui uma minoria de nossa experiência normal visual e auditiva (eu espero!). Em contraste, uma grande porcentagem de cheiros evoca reações emocionais, sendo ou imediatamente repugnantes ou desagradáveis (como cheiros emitidos por insetos fedorentos e gambás) ou agradáveis (como o aroma de pêssegos frescos ou biscoitos de chocolate assando).

As projeções diretas do bulbo olfatório para o córtex piriforme e amígdala parecem ser parte de um circuito neural que medeia comportamentos de aproximação/recuo para cheiros. Alguns desses comportamentos são inatos (genéticos). Por exemplo, desde o nascimento, cheiros doces são agradáveis, enquanto cheiros ácidos e sulfurosos são rejeitados, como demonstrado em filmes de expressões faciais de recém-nascidos quando os bebês são expostos a tais cheiros.

Outros odores, como os de queijo, são aprendidos. Crianças normalmente se afastam do cheiro de queijo azedo inicialmente, mas aprendem a gostar mais tarde. O oposto ocorre quando comida estragada é ingerida. Até um pequeno incidente pode disparar uma aversão eterna àquela comida, mesmo quando não está estragada. A aversão aprendida ao cheiro envolve projeções para a amígdala e o hipocampo, que são as principais estruturas de organização de memória no cérebro (veja o Capítulo 2 para saber mais sobre essas áreas cerebrais).

Projetando para o córtex entorrinal e hipocampo

Em todos os outros sistemas sensoriais além do sistema olfativo, os receptores periféricos projetam ao tálamo e uma sucessão de áreas corticais, que por sua vez projetam para estruturas de memória como o córtex entorrinal e hipocampo. O córtex entorrinal é um tipo de processador frontal "pré-classificador" para entradas do hipocampo, o qual possui a maioria das sinapses associativas.

O sistema olfativo tem, no entanto, mantido um velho padrão no qual o bulbo olfatório projeta diretamente a essas estruturas. Esse caminho se preocupa com associações de memória de cheiros bem universais, como algo apodrecendo, em vez de cheiros sofisticados, como café com avelã e chocolate amargo, os quais requerem uma ordem maior de processamento cortical para estabelecer sua identidade antes de serem armazenados na memória.

Projetando diretamente na amígdala

A amígdala fica logo em frente do hipocampo e tem função de memória similar, exceto por ser especializada em lidar com formação de memória emocionalmente saliente. Isso significa que (1) a amígdala recebe entradas de estruturas como o bulbo olfatório, porque certos cheiros têm aspectos emocionais intrinsecamente fortes, como dejetos humanos e comida estragada, do lado negativo, e odores sexuais, do lado positivo. Isso significa também que (2) a amígdala se comunica com áreas do lobo frontal, como o córtex orbitofrontal, que estão envolvidas no controle e na iniciação de comportamentos altamente emocionais e envolvem circuitos de recompensa no cérebro.

Especificando mais no córtex orbitofrontal

Como já mencionado, os neurônios do bulbo olfatório em cada glomérulo tendem a receber entradas do mesmo tipo de receptor entre 1.000 diferentes tipos de receptores, mas cada um deles responde a muitos odores. Os neurônios no córtex orbitofrontal, no entanto, são muito mais específicos: respondem bem a muito menos odores do que os receptores olfativos ou os neurônios glomérulos.

Essa característica do odor é similar à característica cortical encontrada em outros sistemas sensoriais. Por exemplo, no sistema visual, a maioria das células na retina e no tálamo respondem a praticamente qualquer aumento ou diminuição de luz em alguma área, mas células corticais respondem apenas a bordas com uma orientação específica e, às vezes, apenas quando se movem em uma direção específica. Pode-se dizer que o córtex visual detecta a coincidência de características lineares alinhadas. O córtex olfativo, por outro lado, detecta a coincidência de cheiros ocorrendo simultaneamente, como os mais de 100 cheiros distintos que formam o aroma de qualquer tipo específico de café.

O córtex orbitofrontal também tem um papel em suas percepções de sabor e no aprendizado:

» **Gerando a percepção do sabor:** Os neurônios no córtex orbitofrontal combinam cheiros com gostos para gerar a percepção do sabor. Ao combinar esses dois sentidos, você pode distinguir mais facilmente entre coisas como chocolate e café. Sem o sentido do olfato, como quando sua mucosa olfativa está alterada porque se está resfriado, a comida fica sem gosto e menos palatável.

» **Aprendendo quais comidas evitar:** O córtex orbitofrontal também tem um papel no aprendizado. Adultos consomem comidas diferentes que não são igualmente palatáveis para crianças, como todo mundo que já tentou fazer uma criança comer brócolis ou espinafre sabe. Durante o desenvolvimento, humanos aprendem pela experiência culinária a descobrir muitos alimentos bem palatáveis dos quais inicialmente não gostavam. Podemos também aprender, mesmo a partir de uma única experiência ruim, a evitar certos alimentos de que um dia gostamos. Isso funciona porque o córtex orbitofrontal codifica uma representação específica do alimento que inclui odor e sabor, e essa representação é combinada na amígdala com a experiência desagradável de dor de estômago ou pior. Encontros futuros com a comida que provocou o desconforto disparam a memória representativa do córtex amígdala-orbitofrontal, que programa uma resposta emocional negativa e a fuga.

FEROMÔNIOS HUMANOS: MITO OU EQUÍVOCO?

Sabe-se bem que o cheiro contribui muito para o comportamento sexual. O que não se sabe tanto é que muito da contribuição do olfato ocorre inconscientemente. Por exemplo, o olfato induz a uma orientação ao sexo oposto, mesmo que não estejamos geralmente conscientes de que o cheiro tem algum papel (embora usar perfume torne a conexão entre cheiro e atração mais óbvia). Há muito se sabe a partir de relatos, e mais recentemente foi provado por pesquisa controlada, que mulheres que vivem em proximidade física tendem a sincronizar seus ciclos menstruais inconscientemente pelo olfato.

O nariz contém outro órgão do cheiro próximo do osso vômer, o *órgão de Jacobson*. Esse órgão pode ter receptores para odores sexuais humanos que são inconscientemente processados em estruturas do sistema límbico como a amígdala e que influenciam em comportamentos sexuais como os já mencionados.

O termo biológico tradicional para um odor que influencia a comunicação interindividual específica de espécies e que afeta um comportamento é *feromônio*. Houve algumas controvérsias (embora estejam diminuindo) sobre usar esse termo para a comunicação de odor humano. O primeiro aspecto da controvérsia é biológico. Até recentemente, muitos pensavam que humanos não tinham um órgão vomeronasal (e nós temos). A segunda razão é mais filosófica ou política: deve-se usar um termo para se referir à mediação de comportamento em animais para humanos conscientes?

Independente do termo usado, a comunicação de odores ocorre entre humanos, usando odores similares àqueles usados em outros animais (e é por isso que perfumes são frequentemente feitos de extratos de glândulas olfativas sexuais de animais), e esses odores agem em receptores em uma estrutura similar, têm projeções centrais similares e resultam em efeitos comportamentais inconscientes.

Tendo Bom Gosto

Uma razão do sucesso evolucionário humano é que somos onívoros. Por toda a Terra encontram-se pessoas que comem qualquer coisa que tenha valor nutricional. Para isso, humanos devem ser capazes de discriminar entre plantas tóxicas ou não, frutas verdes e maduras e carne fresca ou estragada. Como você sente o gosto do que já está na sua boca e está prestes a engolir, você precisa fazer essa discriminação rápida e precisamente.

O paladar, como os outros sentidos, começa com um conjunto de receptores. Esses receptores residem na língua em estruturas chamadas *papilas* (veja a Figura 7-3). Elas aparecem como pequenas protuberâncias visíveis na língua (as quais você provavelmente passou algum tempo observando quando era menor!).

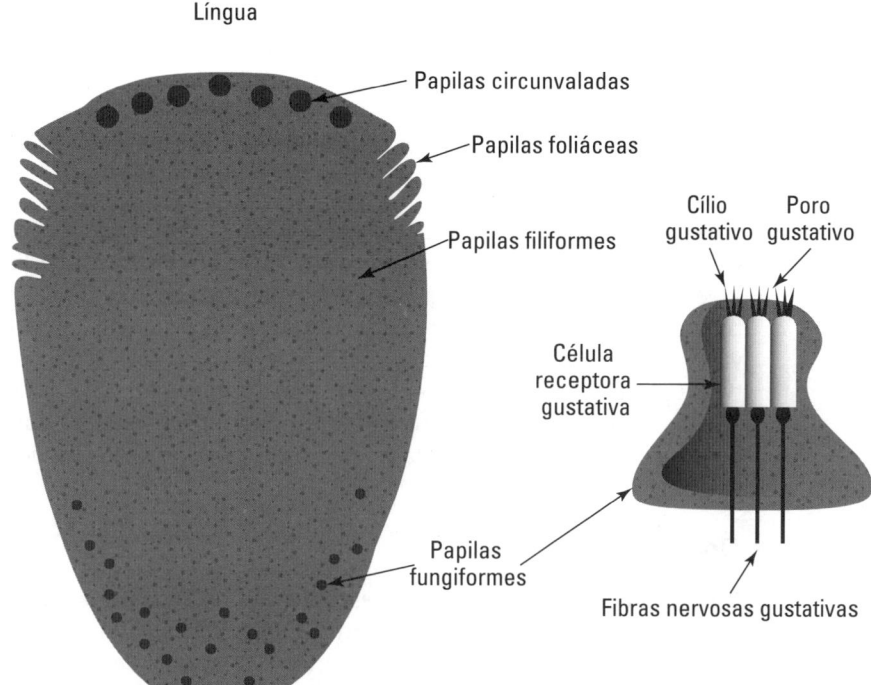

FIGURA 7-3: A língua e seus receptores de gosto.

© John Wiley & Sons, Inc.

Há quatro tipos de papilas: filiforme, fungiforme, foliácea e circunvalada. Com a exceção da filiforme, todas as outras (coletivamente chamadas de papilas gustativas) contêm as células receptoras gustativas. Você pode encontrar essas papilas na ponta, nas laterais e no fundo da língua. O gosto ocorre nessas áreas. A porção central da língua tem quase exclusivamente papilas filiformes; o gosto não ocorre lá (as papilas filiformes têm uma função mecânica em algumas espécies, que usam essa parte mais áspera da língua para empurrar o alimento ingerido).

A língua discriminante: Os quatro gostos básicos

Cada papila gustativa tem de cinco a dez células gustativas que elaboram cílios que detectam substâncias de sabor. O total em todas as papilas gustativas é de cerca de 10 mil células gustativas, e a maioria das papilas tem receptores para vários sabores. As células gustativas vivem apenas algumas semanas e são constantemente substituídas. A sensação "básica" do gosto engloba esses sabores básicos: doce, salgado, amargo e azedo, mais um quinto gosto básico, *umami*, que foi recentemente adicionado por pesquisadores que localizaram um tipo de receptor específico para ele. Esse receptor responde particularmente bem ao aminoácido L-glutamato. (A palavra *umami* vem do termo japonês que significa "gosto saboroso e agradável".) A experiência do umami é a de um gosto semelhante ao da carne, parecido com glutamato monossódico. Há receptores para umami, como os outros sabores "clássicos", em toda a língua, e são representados em cada uma das três morfologias de papilas gustativas (fungiforme, foliácea e circunvalada). Também pode haver receptores de CO_2 que são ativados por líquidos carbonados.

A ideia difundida de forte especialização regional da língua para determinados gostos — ou seja, que você sente coisas doces em uma área da língua, coisas azedas em outra, coisas salgadas em outra, e assim por diante — veio de uma tradução errada de um artigo do famoso psicofísico alemão Edwin G. Boring na virada do século XX. Na verdade, como menciono, a maioria das papilas gustativas tem receptores para diversos sabores. Contudo, em uma escala mais sutil, algumas evidências permanecem para o gosto relativamente aumentado por doce na frente da língua e amargo no fundo, com variação individual considerável mesmo nesta tendência.

Doce

O gosto doce é mediado por receptores que respondem a açúcares, a fonte de energia do metabolismo. Na história evolucionária humana, obter energia suficiente era quase certamente a principal demanda de ingestão de alimentos, e humanos são geneticamente programados para gostar do sabor de sacarose e outros açúcares. Na verdade, muitos receptores gustativos humanos respondem exclusivamente ao açúcar. Infelizmente, enquanto comer o quanto quisesse de qualquer coisa doce que pudesse ser encontrada fosse adequado para nossos ancestrais distantes, o consumo excessivo de alimentos doces na era moderna forçou a maioria de nós a usar a disciplina e dietas, ou arriscar se tornar obeso.

Salgado

Outro recurso limitado no mundo natural é o sal (NaCl), que constitui o principal íon no fluído por nossos corpos. Como os receptores de doces, um grande número de receptores gustativos responde quase que exclusivamente ao sal. No entanto, outros sais, como o cloreto de potássio (KCl), também ativam esses receptores. Como com os doces, o desejo inato de humanos por sal, combinado com sua disponibilidade imediata, hoje pode facilmente resultar em consumo excessivo, levando às vezes à hipertensão e outros problemas de saúde.

Azedo

O gosto azedo é resultado da habilidade de detectar a acidez, então receptores de azedo reagem a íons H+. Como a acidez pode ser uma característica de alimentos que são bem palatáveis (como chucrute e limões), assim como uma característica que indica deterioração (pense em leite azedo), a reação ao gosto azedo é bem complexa e depende do aprendizado.

Amargo

O amargor, assim como a acidez, é às vezes, mas não sempre, um sinal de toxicidade alimentar ou de estar verde. A substância que exemplifica melhor o gosto amargo é a quinina. Nós aprendemos pela experiência que alguns alimentos com gosto amargo devem ser evitados, enquanto outros alimentos podem ter um leve toque de amargor e não oferecer problema. Alguns aspectos do gosto picante podem ser mediados pela resposta levemente ardida transmitida pela ativação do nervo trigêmeo.

Enviando a mensagem do gosto ao cérebro: Codificação do gosto

Como explico anteriormente neste capítulo, há cerca de 1.000 tipos diferentes de receptores para o olfato, e os receptores olfativos projetam para regiões de tipos específicos de receptores no bulbo olfatório. A situação com o paladar é mais simples no sentido de que há apenas cinco gostos básicos. Por outro lado, a projeção para o cérebro por tipos de receptores de sabor diferentes não resulta em uma especialização espacial por tipo de receptor.

Projetando ao tronco cerebral através da corda do tímpano e do nervo glossofaríngeo

Como já descrito, cada papila gustativa tem múltiplas (de cinco a dez) células receptoras de sabor, com a maioria das papilas tendo pelo menos um de cada dos cinco tipos básicos de receptores. As células receptoras de sabor projetam a uma área do tronco cerebral chamada *núcleo do trato solitário* na medula (veja a Figura 7-4) através de dois nervos diferentes:

» **A corda do tímpano** carrega a mensagem do paladar da maior parte da frente da língua (principalmente papilas fungiformes).

» **O nervo glossofaríngeo** carrega mensagens de papilas foliáceas e circunvaladas, e de algumas papilas fungiformes traseiras.

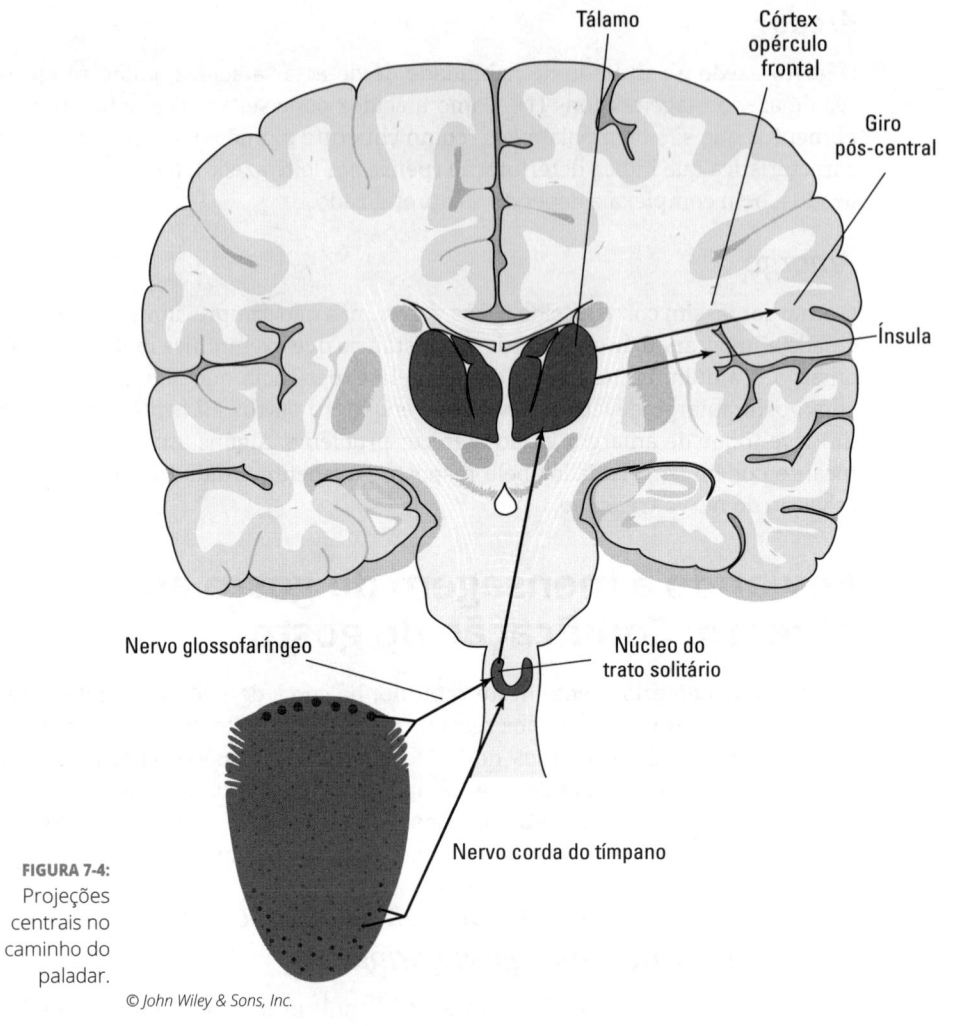

FIGURA 7-4: Projeções centrais no caminho do paladar.

© John Wiley & Sons, Inc.

Não há diferença clara nas funções desses dois caminhos. Receptores de sabor provavelmente evoluíram de receptores somatossensoriais mais gerais que projetavam por nervos diferentes da frente e de trás da língua.

Codificação distribuída versus rotulada em linha

Cada axônio do nervo corda do tímpano recebe entradas de várias células receptoras de sabor. As fibras nervosas muito seletivas, como algumas fibras de sal, recebem entradas quase exclusivamente de receptores de sal. Outras fibras da corda do tímpano recebem uma mistura de entradas de diferentes tipos de células receptoras para que representem outros gostos por um padrão de disparos pelas fibras.

Em outras palavras, as mensagens transmitidas por fibras da corda do tímpano podem ser consideradas como *rotuladas em linha* (respondem apenas a sal, por exemplo) ou *distribuídas* (respondem a vários sabores espalhados por várias fibras):

» **Codificação distribuída:** Uma grande porcentagem de receptores de sabor respondem a algum grau por sabores doce, salgado, azedo e amargo, deixando para os centros superiores do cérebro a identificação do sabor da taxa de ativação do receptor distribuída por vários receptores.

» **Codificação rotulada em linha:** Alguns receptores de sal e, em alguma medida, de doce parecem ser altamente específicos, então nosso cérebro pode considerar a ativação desses receptores rotulados em linha como para doce ou salgado.

A ideia de um código disparado por fibras gira em torno do que a célula no cérebro pode "saber" sobre o sabor disparando em qualquer fibra em particular. Algumas das fibras de sal, por exemplo, são exclusivas o suficiente em suas respostas a sal para que você possa interpretar a taxa do potencial de ação disparando como uma mensagem rotulada em linha da quantidade de NaCl (ou sais similares como KCl) presentes. Mas em um código distribuído, as fibras da corda do tímpano respondem amplamente, e você não pode interpretar os disparos como qualquer sabor específico sem comparar os disparos em uma fibra com os que ocorrem em outras fibras. Os neurônios a que essas fibras projetam no córtex realizam essa comparação e permitem identificações de sabores sutis e complexos. Essa informação é combinada com o sentido do olfato para o sentido sofisticado do gosto chamado *sabor*.

Outros sistemas sensoriais usam ambas as estratégias de codificação. O que é único no paladar é que a combinação existe no mesmo nervo.

Identificando e lembrando dos gostos

Sinais de células do paladar vão ao cérebro por várias rotas diferentes (veja a Figura 7-4).

» Receptores na frente e nas laterais da língua projetam via corda do tímpano.

» Aquelas no fundo da língua (principalmente receptores circunvalados e foliáceos) projetam via nervo glossofaríngeo.

» Alguns receptores de paladar na boca e na laringe viajam através do nervo vago. (**Nota:** Há tão poucos desses receptores de paladar comparados àqueles na língua que não os discuto em detalhe.)

Todos os três nervos projetam ao *núcleo do trato solitário* (NTS), localizado na medula. Neurônios do paladar no NTS recebem outras entradas que modulam seus disparos, associados com a saciedade. Por exemplo, comer substâncias doces reduzirá, depois de algum tempo, as respostas de neurônios NTS que respondem ao doce, o que, por sua vez, reduzirá quanto prazer você obtém se continuar comendo coisas doces. (Resumindo, é uma das razões de você poder comer uma certa quantidade de barras de chocolate antes do seu corpo dizer: "Chega!")

O NTS projeta para a porção do gosto do tálamo, o *tálamo ventral posteromedial* (*VPM*). As conexões recíprocas entre essa área talâmica e as áreas de processamento cortical para o gosto medeiam a consciência da sensação de sabor. Lesões no VPM causam ageusia, a perda do sentido do paladar, por exemplo.

O tálamo VPM projeta para duas áreas do neocórtex: a *ínsula* e o *córtex opérculo frontal* (veja a Figura 7-4). Essas são ambas consideradas áreas "primárias" corticais de gosto. O lobo insular é um pequeno lobo cortical distinto na função dos lobos parietal, frontal e temporal. O córtex opercular (*opérculo* significa "tampa") fica logo acima da ínsula. Essas duas áreas gustativas primárias são evolucionariamente antigas e embutidas em um complexo de circuitos corticais que também são afetados pelo olfato e pela visão, e parecem estar envolvidas em saciedade, dor e algumas funções de homeostase.

A ínsula e o córtex opercular projetam ao córtex orbitofrontal, onde também são combinados com sinais olfativos para determinar o *sabor*, o "gosto" complexo derivado de uma combinação de gosto e cheiro. Eles também projetam para a amígdala, que medeia a memória para experiências emocionalmente salientes. A amígdala projeta de volta ao córtex orbitofrontal.

O circuito cortical, junto da amígdala, permite que você associe a visão, o cheiro e o gosto de alimentos bem específicos com sua experiência antes e depois de ingeri-los. Suas experiências com alimentos programam, então, suas preferências e vários disparos para a fome ao ver ou cheirar alimentos.

O Papel do Aprendizado e da Memória no Paladar e no Olfato

Então como é que você aprende a gostar daquele chili apimentado que fez você quase engasgar quando comeu a primeira garfada? É improvável que a espécie humana tenha evoluído durante tanto tempo para ter uma predileção específica pelo *Five Alarm Chili* do Chef Pancho. Em vez disso, embora você possa ter achado o gosto muito forte inicialmente, depois de algumas mordidas seus receptores se adaptaram (ou morreram!), e você achou o sabor (combinação da experiência de gosto e cheiro) bem agradável.

O córtex é adepto da modificação da atividade neural a partir da experiência para melhorar a detecção e a discriminação. Se os cientistas registrassem neurônios em seu córtex orbitofrontal enquanto você comesse esse chili (algo que já foi feito com macacos — com algo diferente de chili, claro), eles veriam neurônios cujos disparos aumentaram as associações combinadas entre o gosto e o cheiro específicos do *Five Alarm* do Pancho. Enquanto um novato em chili não seria capaz de diferenciar o chili do Pancho do chili de outro cozinheiro, um cliente regular do Pancho poderia perceber a diferença imediatamente.

PAPO DE ESPECIALISTA

Comer não é só uma questão de cheirar e sentir o gosto. A textura da comida, que é percebida por mecanorreceptores durante a mastigação, é um componente importante do prazer de comer. Essa é uma das razões pela qual as pessoas que nascem sem a capacidade de sentir gosto ou cheiro ainda gostam de comer, e por que a atenção e a manipulação da textura é parte do tratamento de todos os restaurantes de alta qualidade (veja o Capítulo 4 para informações sobre mecanorrecepção).

Falta de Paladar e Problemas no Olfato

Frequentemente tendemos a não perceber o valor do paladar e do olfato. Como já mencionado, quando temos um resfriado com congestão nasal, nosso sentido do olfato pode ser severamente comprometido, e, com ele, nossa sensação de sabor (a combinação de olfato e paladar). Entretanto, nossa falta de apetite quando estamos doentes não seria uma boa situação permanente, porque precisamos comer regularmente para permanecer vivos. De certo modo, somos todos "viciados" em comida, que é geralmente uma coisa boa e necessária (quando somos capazes de nos controlar na fila do self-service).

Pouco ou nenhum olfato

As pessoas variam em sua habilidade de detectar e discriminar odores. Mulheres tendem a ter um sentido de olfato melhor do que homens. Pessoas com esquizofrenia muitas vezes têm algumas deficiências no sentido do olfato (pesquisadores acham que isso está ligado a problemas neurais gerais no lobo frontal). Algumas pessoas, no entanto, não têm sentido do olfato, o que é chamado de *anosmia*. Alguns nascem sem o sentido do olfato, e outros podem perder um pouco ou todo ele devido a danos cerebrais ou danos à mucosa olfativa. Exposição contínua a substâncias nocivas que danificam o tecido, por exemplo, pode ter esse efeito.

Há também pessoas que congenitalmente não têm o sentido do paladar (*ageusia*), embora a falta total do paladar seja muito rara. Mais comum é um sentido bem pobre do paladar (*hipogeusia*), que pode também ser associado ou até causado por danos na mucosa olfativa (neste caso a anosmia leva à hipogeusia devido ao envolvimento do olfato e paladar). A hipogeusia também é rara como condição congênita, mas pode ocorrer como o resultado de danos no nervo (como na corda do tímpano) devido à doença ou lesão. Hipogeusia temporária normalmente acompanha algumas quimioterapias. O envelhecimento, em geral, tende a reduzir a sensibilidade a gostos amargos. Isso dá às crianças uma justificativa para suas reclamações sobre alguns vegetais serem muito amargos para elas quando não o são para seus pais.

TRANSPLANTANDO NEURÔNIOS OLFATIVOS

Normalmente, receptores olfativos morrem e novos são gerados, em um ciclo contínuo, mesmo em sistemas nervosos adultos. Isso é incomum quando comparado a outros sistemas sensoriais. No sentido da visão, por exemplo, neurônios mortos na retina e na cóclea não são normalmente substituídos, e as perdas são permanentes. Algumas pesquisas foram direcionadas para o transplante de neurônios da mucosa olfativa (principalmente as células olfativas embainhadas, um tipo de célula tronco no sistema olfativo) em áreas danificadas do cérebro ou da medula espinhal na esperança de que as células olfativas não só regenerem a área como também se convertam em tipos neuronais espinhais ou cerebrais e se integrem funcionalmente em circuitos neurais danificados. Uma patente para esse tratamento de transplante foi apresentada por Rhawn Joseph, Ph.D., do *Brain Research Laboratory* em San Jose, Califórnia. Testes com humanos foram conduzidos em Portugal e na China, mas a maioria dos esforços nos Estados Unidos permaneceu na fase básica da pesquisa.

Saciedade

O sentido do paladar é modulado por mecanismos de saciedade. Cientistas conhecem pelo menos dois mecanismos de saciedade bem distintos. Um é um mecanismo cerebral central, e o outro ocorre nos próprios receptores do paladar.

No mecanismo central, enquanto você come e fica satisfeito, o item que você está comendo perde sua desejabilidade. Esse fenômeno é chamado *aliestesia* ("gosto alterado") e é um mecanismo cerebral que indica que você está ficando satisfeito. Esse mecanismo pode ser visto no disparo reduzido dos neurônios orbitofrontal de paladar/olfato para o odor específico de uma substância depois que uma quantidade substancial dela foi consumida.

A chamada *saciedade sensorial específica* ocorre nos próprios receptores de paladar e olfato. Ela tende a suprimir seu apetite especificamente para o sabor que você está consumindo, agindo em uma escala de tempo mais rápida que a aliestesia.

PAPO DE ESPECIALISTA

Vários hormônios gastrointestinais regulam o apetite por meio de suas ações no cérebro. Hormônios derivados do intestino, que incluem grelina, insulina, polipeptídeo pancreático (PP) e outros, estimulam áreas específicas do hipotálamo e do tronco cerebral. Eles também modificam as sensações que são transmitidas pelo nervo vago para o núcleo do trato solitário (NTS). O hipotálamo recebe entrada neural do tronco cerebral e tem receptores para hormônios circulantes. O hipotálamo e o tronco cerebral controlam o apetite por intermédio de interações com centros superiores, como a amígdala e o córtex.

3
Seguindo em Frente: Sistemas Motores

Nesta parte...

Entenda como os músculos movem nossos membros e nosso sangue e como o sistema nervoso os controla para fazer essas coisas.

Veja como a medula espinhal funciona como um "microprocessador" que cuida das funções de movimento como equilíbrio e até controle de marcha sem que você perceba.

Descubra como o controle motor funciona como uma hierarquia, do planejamento de alto nível no lobo frontal à saída do córtex motor primário ao tronco cerebral e medula espinhal.

Veja como a maioria de nossas atividades neurais é inconsciente, incluindo, particularmente, o sistema nervoso autônomo e seus efeitos no estado de vigília e excitação.

> **NESTE CAPÍTULO**
>
> Categorizando tipos de movimento
>
> Observando como seu cérebro, sua medula espinhal e seus músculos trabalham juntos para controlar o movimento
>
> Examinando distúrbios do sistema motor

Capítulo 8
Os Fundamentos dos Movimentos

Como a sobrevivência exige encontrar comida, abrigo e um companheiro e, ao mesmo tempo, evitar predadores e perigos, no fim, a função do sistema nervoso é controlar o movimento. A associação neural, até mesmo o pensamento abstrato, trata de planejar como buscar algo de que você precisa e evitar coisas perigosas ou desagradáveis.

Os sistemas nervosos quase certamente surgiram em organismos marinhos multicelulares para coordenar o ritmo de flagelos em células dispersas pelo exterior do organismo. Tradução: você não só precisa ter todos os seus remos na água como também precisa que eles se movam em uníssono. Em animais avançados, o movimento é realizado ao ter músculos que contraem, neurônios motores que comandam a contração dos músculos e um sistema nervoso que coordena a sequência e a quantidade de contração.

Músculos e células musculares são os efetivadores do sistema motor. Células musculares são parecidas com neurônios, pois têm receptores especializados e produzem potenciais de ação. Os neurônios que controlam os músculos diretamente são chamados *neurônios motores*. Eles emanam da medula espinhal para controlar os membros ou dos nervos cranianos para controlar músculos na cabeça e no pescoço. A saída de neurônios motores é coordenada por interações neurais dentro e entre segmentos da medula espinhal e, no nível mais alto, pelo cérebro. Este capítulo apresenta essas interações para você.

Identificando os Tipos de Movimento

Diferentes tipos de movimento são controlados por diferentes tipos de circuitos neurais:

- **Movimentos que regulam funções corporais internas,** como contrações estomacais e intestinais. Em geral você não está consciente desses movimentos nem pode controlá-los voluntariamente.
- **Movimentos reflexivos,** como o de retirada provocado por estímulos dolorosos, são gerados por circuitos locais que agem mais rápido que sua consciência. No entanto, você fica consciente do reflexo e pode suprimi-lo, como quando segura na asa de uma xícara de café quente por alguns segundos, em vez de derrubar a xícara no chão e fazer uma bagunça.
- **Movimentos voluntários totalmente conscientes,** como decidir se levantar de sua cadeira, são o resultado de seu "livre arbítrio", no sentido de que essas decisões de fazer esses movimentos são o resultado da atividade que é produto da ação cerebral de alto nível.

As seções seguintes explicam esses tipos de movimentos em mais detalhes.

Movimentos que regulam funções corporais internas

O sistema nervoso autônomo (veja o Capítulo 2) geralmente controla movimentos que regulam funções corporais. A maioria desses movimentos, como contrações que movem alimentos e detritos pelo seu sistema digestivo ou o ritmo dos cílios que removem fragmentos inalados de seus pulmões, nunca alcança a consciência e não pode ser controlada conscientemente. Não importa o quanto tente, embora seja intelectualmente consciente de que estão funcionando, você não pode, por exemplo, sentir fisicamente seus cílios se movendo, nem pode fazê-los se movimentar mais lenta ou rapidamente.

Outras funções, como sua frequência cardíaca, são funções das quais você geralmente não está consciente. Com um pouco de esforço, no entanto, pode ficar consciente de sua frequência cardíaca e, se for praticante avançado de ioga, controlá-la diretamente. A respiração é outro movimento geralmente não controlado. Você normalmente não controla a respiração e não está consciente dela, mas pode segurar a respiração debaixo d'água e controlá-la com bastante precisão para falar.

Movimentos reflexivos

Movimentos reflexivos, como o nome sugere, normalmente resultam como uma resposta a algum tipo de estimulação sensorial. O reflexo clássico envolve afastar-se de uma entrada dolorida. Outros reflexos simples incluem o reflexo de engasgo, que evita que você engula objetos inadequadamente grandes, e o reflexo de retenção da respiração, que ocorre quando seu rosto vai para debaixo d'água.

Entretanto, alguns reflexos são mais complicados. Por exemplo, a não ser que você esteja embriagado, não precisa fazer muito esforço consciente para manter seu equilíbrio enquanto está em pé (mesmo em uma perna só) ou ao andar em linha reta. Seu senso de equilíbrio vem dos seguintes:

» **Entrada sensorial de seus receptores de estiramento:** Quando você anda, seus músculos da perna são principalmente controlados por circuitos da medula espinhal, cujo trabalho é contrair os músculos certos na quantidade certa para mantê-lo ereto ou se movendo em linha reta. Esses circuitos recebem entrada sensorial de receptores de estiramento em seus músculos, articulações e tendões sobre cargas, forças e movimento. Há dois tipos de sinais de feedback sensorial: propriocepção e cinestesia.

- *Propriocepção* significa sentido de posição, enquanto *cinestesia* significa sentido de movimento. Ambos são mediados por *receptores de estiramento*. Eles lembram mecanorreceptores como terminações de Ruffini (veja o Capítulo 4).
- Os receptores de estiramento em músculos são chamados de *receptores fusomusculares* e sinalizam o comprimento muscular (propriocepção) e a taxa de mudança do comprimento muscular (cinestesia). Receptores nos tendões (que conectam os músculos aos ossos) que relatam força muscular geral são chamados de *órgãos tendinosos de Golgi*, enquanto receptores em tecido conectivo como cápsulas articulares indicam a quantidade de flexão da articulação.

» **Informação de movimento do sistema visual e vestibular:** As informações do sistema visual são produzidas por neurônios que respondem seletivamente a direções específicas de movimento. Seu sistema vestibular é baseado nos três canais semicirculares próximos da cóclea, e cada qual responde a uma direção específica da rotação da cabeça, o que lhe dá a sensação de equilíbrio. (Quando você bebe álcool demais, rompe essa entrada sensorial sobre seu estado de equilíbrio.) Veja os capítulos 5 e 6 para mais informações sobre seus sistemas visual e auditivo.

Quando você caminha, seu cérebro se utiliza de todos esses reflexos de equilíbrio. Para andar você transfere seu peso principalmente para uma perna e se inclina, para que comece a cair para frente. Seu sistema de reflexo faz sua outra perna estender e apoiar seu peso para que você não caia. Você então transfere seu peso para essa perna e "cai" de novo. Para mais informações sobre como seu corpo coordena esse movimento complexo, vá para a seção mais adiante "Subindo na hierarquia: Locomoção".

Movimentos planejados e coordenados

Humanos são capazes de fazer sequências de movimentos mais variadas e mais complexas do que qualquer outro animal, especialmente quando consideramos o fato de que a maioria das sequências complexas de movimento que os humanos executam são aprendidas.

Então por que os humanos têm uma habilidade melhorada para sequências complexas de movimentos? Comparar o cérebro de humanos e de outros animais dá algumas respostas. Quase todo mundo está ciente de que humanos têm cérebros grandes, especialmente em relação ao tamanho do corpo. Mas a expansão cerebral não foi uniforme. Se você comparar o cérebro de primatas (bugios, macacos e humanos) ao de outros mamíferos, verá que, geralmente, o cérebro primata não só tem a razão cérebro-corpo normalmente mais alta do que outros mamíferos, mas a razão do lobo frontal ao resto do cérebro também é maior. Ao compararmos o cérebro humano ao cérebro de primatas não humanos, veremos a mesma coisa.

O que ter quantidade "extra" de lobo frontal pode realizar? Mais área de lobo frontal pode significar mais níveis na hierarquia de representação de movimento. Níveis adicionais de abstração fornecem uma vantagem qualitativa, e não só quantitativa, como discuto nas seções seguintes.

PAPO DE ESPECIALISTA

Alguns pesquisadores argumentam que a própria linguagem, o separador máximo dos humanos de outros animais, evoluiu literalmente de mãos dadas com a destreza manual. Esse argumento sugere que a habilidade do lado esquerdo do cérebro permite o aprendizado da produção da complexidade da linguagem e também torna a maioria de nós destra.

Controlando o Movimento: Planejamento Central e Execução Hierárquica

As contrações musculares que produzem o movimento resultam de muitas exigências diferentes, como discuto nas seções anteriores. Os tipos de movimento variam de automáticos, que regulam funções corporais, a reflexivos e execuções conscientes e planejadas de tarefas complexas. Nas seções seguintes explico os sistemas de controle e os mecanismos neurais que fundamentam cada um desses tipos de movimento.

Ativando movimentos musculares involuntários

Funções de movimento que não são controladas voluntariamente (como aquelas que regulam funções corporais) são normalmente realizadas por músculos lisos, em vez de estriados. Músculos lisos nas paredes dos vasos capilares, por exemplo, permitem que os vasos contraiam e dilatem para ajudar o coração a movimentar o sangue. O músculo ciliar do olho dilata a pupila. O trato urinário e o útero também têm músculos lisos.

Em alguns músculos lisos, as células musculares individuais têm junções comunicantes entre elas para que toda a unidade do músculo liso contraia de maneira simultânea e coordenada. *Junções comunicantes*, também chamadas de *funções gap* ou *nexos*, são conexões especializadas entre células que permitem que moléculas selecionadas se movam diretamente entre elas.

Junções comunicantes em células musculares fazem com que a despolarização elétrica em uma célula muscular (que é o que a faz contrair) se espalhe diretamente para células musculares vizinhas, fazendo com que contraiam em uníssono. Isso permite entradas de alguns neurônios motores ou hormônios para causar uma contração grande e sincronizada em todo o músculo. Músculos lisos que não têm ou têm menos junções comunicantes têm mais inervação de terminais de neurônios motores que controlam a contração de células individuais, produzindo padrões de contração mais precisos e diferenciados. Exemplos típicos de junção comunicante de músculos lisos são aquelas que revestem os vasos sanguíneos, enquanto os músculos lisos que controlam a íris do olho (para contrair ou dilatar a pupila) têm menos junções comunicantes e controle neuronal motor mais preciso.

Células musculares lisas contraem espontaneamente porque elas próprias produzem seus potenciais de ação pelo controle intracelular de seus canais iônicos de membrana. Esse tipo de mecanismo é normalmente encontrado onde há contrações musculares rítmicas, como nos intestinos, para o movimento que move comida e os detritos através de seu sistema digestivo. Você pode ler mais sobre esses sistemas no Capítulo 2.

Ativando o reflexo de retirada

A unidade mais simples do comportamento que inclui um componente sensorial e um motor é o reflexo de retirada. Você toca algo que produz uma sensação desagradável ou inesperada e se afasta mesmo antes de seu cérebro se engajar o suficiente para dizer "Mas o que...!?". A Figura 8-1 mostra como o reflexo de retirada funciona quando você fura seu dedo em uma tachinha afiada (veja o Capítulo 2 para uma descrição de outro reflexo, o reflexo de estiramento).

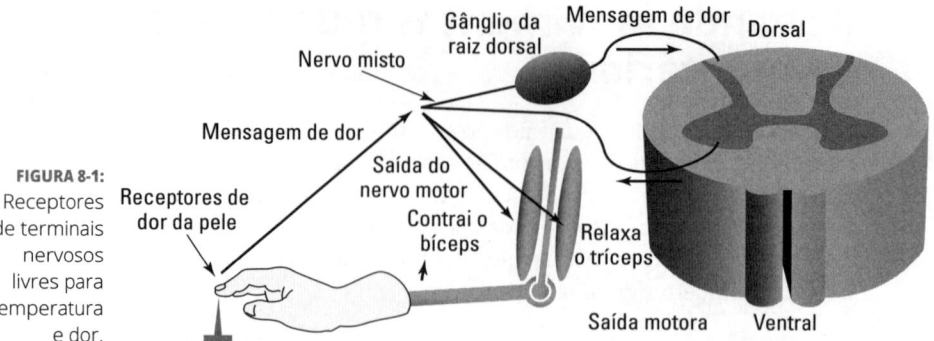

FIGURA 8-1: Receptores de terminais nervosos livres para temperatura e dor.

© John Wiley & Sons, Inc.

O reflexo de retirada começa com seu dedo encontrando a ponta afiada de uma tachinha, disparando esta sequência de eventos:

1. **A ponta penetra a pele e ativa os receptores de terminações nervosas livres que permitem a sensação de dor.**

   Veja o Capítulo 4 para mais sobre receptores de dor.

2. **Os receptores de dor enviam suas mensagens através de potenciais de ação por seus axônios, subindo do braço para o ombro e então para o gânglio da raiz dorsal que recebe a informação de toque do dedo.**

   O gânglio da raiz dorsal que recebe a informação de toque do dedo está no segundo torácico: T2.

3. **O axônio do receptor de dor libera o glutamato neurotransmissor na área cinzenta espinhal para interneurônios da medula espinhal.**

   Interneurônios são neurônios cujas entradas e saídas estão inteiramente dentro de um segmento da medula espinhal.

4. **Os interneurônios espinhais contactam neurônios motores para o bíceps e o tríceps.**

   Quase todo o movimento voluntário é controlado pelos chamados pares *flexor-extensor*, que são pares musculares como o bíceps e o tríceps que agem em oposição. Ao aumentar o disparo de seus neurônios motores, o reflexo aumenta a ativação do músculo flexor do bíceps, enquanto diminui o disparo dos neurônios motores extensores do tríceps, permitindo que o músculo relaxe. Esses eventos coordenados fazem o braço se mover.

5. **Os axônios do neurônio motor deixam a parte ventral da medula espinhal e entram e viajam no mesmo nervo que a entrada sensorial em direção ao gânglio da raiz dorsal.**

   O lado distal do gânglio da raiz dorsal é um nervo misto que contém axônios nervosos sensoriais e motores. Os nervos sensoriais que vão em direção à medula espinhal são chamados *aferentes* (o nome para nervos indo em direção ao sistema nervoso central). Os nervos motores carregam sinais para longe na medula espinhal, em direção aos músculos, e são chamados *eferentes*.

6. **O resultado final: O tríceps relaxa enquanto o bíceps flexiona, fazendo o braço se afastar da tachinha.**

    Na maioria dos casos, os interneurônios no segmento torácico afetado também comunicam o sinal de dor para outros segmentos espinhais, o que pode causar uma retirada coordenada envolvendo não só seu braço, mas também o dedo afetado e seu ombro. Se você ficou realmente assustado, pode até pular para longe, requerendo a ativação flexora-extensora de músculos em ambas as pernas. Você poderia também, é claro, com força de vontade suficiente, bloquear o reflexo e forçar seu dedo na tachinha afiada.

LEMBRE-SE O reflexo de retirada é independente do cérebro e age antes que o sinal sensorial seja retransmitido para o cérebro por outros interneurônios. Ou seja, seu braço se move para longe da tachinha antes de você sentir e dizer "Ai!"

Subindo na hierarquia: Locomoção

Enquanto a resposta da picada no dedo é um exemplo de atividade coordenada mediada pela medula espinhal que ocorre principalmente dentro de um único segmento da medula espinhal, a locomoção é um exemplo de atividade coordenada de quatro membros controlada principalmente dentro da medula espinhal, mas distribuída por diversos segmentos.

No final do século XIX, Sir Charles Sherrington de Cambridge realizou experimentos de caminhada em esteiras em gatos cujo cérebro estava desconectado da medula espinhal. Esses experimentos mostraram que o feedback sensorial da esteira em movimento era o suficiente para induzir a caminhada competente e que até mesmo o andar que os gatos usavam mudava em função da velocidade da esteira. Ou seja, a medula espinhal é um computador ou processador periférico altamente competente para a locomoção. Circuitos neurais dentro da medula espinhal podem produzir um conjunto de oscilações coordenadas chamadas *gerador de padrão central* para alternar o controle dos quatro membros durante o caminhar.

Resumindo, você tem que decidir *andar*, não *como* andar. A locomoção é um processo que envolve um sistema de controle hierárquico multinível no qual a consciência controla o processo geral, mas não a minúcia dos passos. Há várias vantagens do controle motor hierárquico:

» **Eficiência:** Com os níveis baixos cuidando da maioria dos detalhes, o cérebro não precisa calcular e controlar cada contração muscular individual para que você se mova.

» **Velocidade:** A transmissão neural de seus receptores articulares até seu cérebro e de volta para os músculos leva tempo. Você pode se mover mais

> rapidamente se um circuito espinhal local mais curto cuidar da maioria dos detalhes do movimento e seu cérebro monitorar o progresso geral.
>
> » **Flexibilidade:** Uma sequência de contrações musculares pré-programadas pelo cérebro para andar pode ser simples, até lenta, em terreno plano, mas o que acontece se você pisar em um buraco ou tropeçar em uma raiz? Seus circuitos neurais de reflexo espinhal locais aprenderam a lidar rapidamente com tais contingências no período de alguns anos em que aprendia a andar.

LEMBRE-SE

Se o gerador de padrão central da medula espinhal pode produzir o caminhar alternando membros coordenadamente, para que precisamos do cérebro? A resposta simples é: para tomada de decisão. Nós normalmente não vivemos em esteiras, portanto, é o cérebro que deve decidir andar (ou não), que tipo de passo dar (caminhar ou correr) e para onde ir. Além do mais, podemos fazer coisas como dançar o foxtrot e pular amarelinha, o que envolve sequências complexas de passos diferentes para os quais não existe nenhum programa da medula espinhal.

A flexibilidade de pular, fugir e saltar, misturados em qualquer ordem, requer mais do que a medula espinhal é capaz. Além do mais, em alguns animais, como humanos e guaxinins, os membros anteriores são capazes de manipulações muito complexas bem diferentes do que é envolvido na locomoção. Essas manipulações complexas requerem observação, pensamento, feedback de erro e aprendizado. Em outras palavras, requerem um cérebro.

Usando seu cérebro para comportamento motor complexo

Na maior parte do tempo, grandes aviões comerciais voam no piloto automático. Um computador pega informações de sensores sobre o estado do avião, como sua altitude e curso, e as compara à altitude e curso desejados. O piloto automático então manipula as superfícies de controle do avião (ailerons, elevadores e leme) para levar o avião ao estado desejado, apesar do vento e de outras variáveis que tendem a tirá-lo do curso.

Depender do piloto automático funciona bem quando você está a várias centenas de metros da altitude desejada ou quando demorar minutos para executar uma correção não é um problema. Pilotos automáticos são muito mais raramente usados durante uma decolagem ou aterrissagem, porque decisões de fração de segundo e antecipatórias devem ser tomadas sobre fatores como ventos laterais e outros tráfegos aéreos. Durante a aterrissagem, um erro de nove a seis metros do chão não fará parte de uma margem de erro aceitável. Com o piloto automático desligado, o piloto tem controle direto dos ailerons, elevadores e do leme, e usa o computador entre suas orelhas e um conjunto completamente diferente de algoritmos para controlar a aeronave.

De maneira similar, o cérebro pode assumir controle direto dos músculos da medula espinhal. Quando o faz, as ações que seguem são muito mais complexas e envolvem planejamento, conhecimento e a habilidade de se adaptar a circunstâncias em mudança. Neste ponto, você está além do reino do simples comportamento reflexivo. Para detalhes sobre ação consciente ou gerada por objetivos, veja ao Capítulo 10.

Puxando a Carga: Células Musculares e seus Potenciais de Ação

Até aqui forneci um monte de informações sobre como o cérebro e a medula espinhal organizam o controle dos músculos, mas não falei muito sobre os músculos em si — um tópico que abordo agora. Músculos são grupos de células musculares. Eles contraem porque as células musculares contraem ao longo de seu comprimento paralelo até o eixo longo do músculo.

Seu corpo tem dois tipos principais de músculos: liso e estriado. Discuto músculos lisos, que são controlados pelo sistema nervoso autônomo, em detalhes na seção anterior "Ativando movimentos musculares involuntários". Os músculos voluntários são chamados de *músculos estriados*. O sistema nervoso controla esses músculos.

Células musculares são células excitáveis, assim como neurônios, significando que podem produzir potenciais de ação. Em músculos voluntários, os potenciais de ação são produzidos quando terminais de neurônios motores pré-sinápticos liberam o neurotransmissor acetilcolina, que se liga a um receptor pós-sináptico na célula muscular. A região da fibra muscular onde os terminais de axônios de neurônios motores fazem sinapse é chamada *placa terminal ou placa motora terminal*. Praticamente toda neurotransmissão de músculo estriado em vertebrados é mediada pela acetilcolina. Os passos seguintes esboçam como esse processo funciona para controlar o movimento:

1. **Depois que o terminal pré-sináptico do neurônio motor libera a acetilcolina, liga-se ao receptor pós-sináptico na célula muscular.**

    A acetilcolina liga um receptor chamado de *receptor nicotínico* em células musculares, que é um receptor ionotrópico excitatório (veja o Capítulo 3).

    Esse nome não significa que o receptor tem o hábito de fumar cigarros. Significa que a nicotina é um *agonista* particularmente eficaz para esse receptor. Ou seja, a nicotina, uma substância que não é normalmente liberada no receptor muscular, é muito eficaz em produzir os mesmos efeitos que o neurotransmissor (ligante) normal, a acetilcolina.

    Há normalmente um terminal de axônio de neurônio motor por célula muscular, embora um único axônio de neurônio motor possa se ramificar e ativar muitas células musculares.

PAPO DE ESPECIALISTA

2. **Ao ligar a acetilcolina, um canal seletivo para sódio e potássio se abre dentro do complexo proteico do receptor.**

   Isso produz o que é chamado de *potencial de placa terminal*, que é similar ao potencial pós-sináptico produzido por conexões excitatórias entre neurônios.

   A acetilcolina não fica permanentemente ligada ao receptor da célula muscular. Se ficasse, o músculo não mais relaxaria ou contrairia. (Algumas toxinas se ligam permanentemente ao receptor, causando a ativação ou inativação permanente, ambas muito ruins.) O tempo comum de ligação da acetilcolina para o receptor é tecnicamente chamado pelo termo *afinidade*. Depois que a molécula de acetilcolina sai do receptor, moléculas de degradação (chamadas *colinesterases*) na fenda sináptica destroem a molécula de acetilcolina para que não possa se ligar novamente.

3. **O potencial de despolarização da placa terminal abre canais de sódio dependentes de voltagem na célula muscular, causando um potencial de ação muscular.**

   Esse potencial de ação tem uma base iônica similar àquela do potencial de ação neural, exceto que dura muito mais, na ordem de 5 a 10 milissegundos.

4. **O potencial de ação ativa canais de cálcio dependentes de voltagem do tipo L na membrana da célula muscular, fazendo com que uma estrutura dentro da célula muscular libere cálcio.**

   Essa estrutura é chamada de retículo sarcoplasmático.

5. **Esse aumento no cálcio interno das células musculares faz os miofilamentos de actina e miosina deslizarem uns sobre os outros (veja a Figura 8-2) para diminuir sua sobreposição, fazendo a célula contrair em seu comprimento.**

   Isso envolve uma interação do cálcio e uma proteína encontrada em músculos chamada troponina.

   O processo da contração muscular usa ATP (trifosfato de adenosina) como fonte de energia. *ATP* é a "moeda" universal de energia dentro de células para conduzir atividades metabólicas que requerem energia.

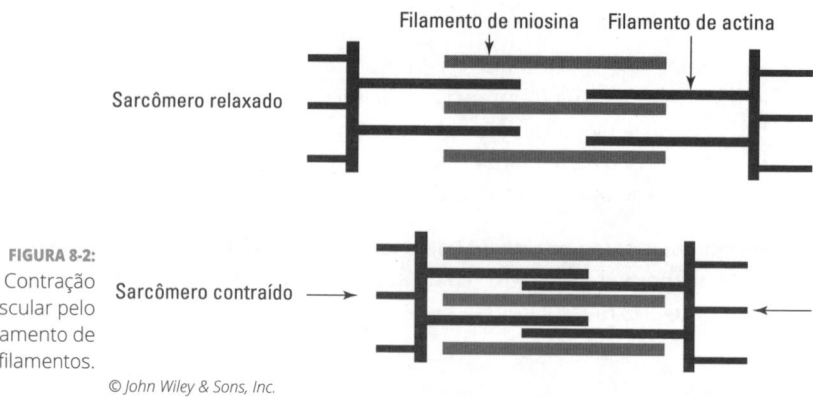

FIGURA 8-2: Contração muscular pelo deslizamento de miofilamentos.

© John Wiley & Sons, Inc.

LEMBRE-SE

Células musculares são estendidas, então são chamadas *fibras musculares*, e um músculo propriamente dito é composto de várias fibras. O número de células musculares contraídas ao longo de uma fibra determina seu encurtamento, que, por sua vez, é controlado pelo número de células musculares ativadas (número de sinapses ativas) e suas taxas de ativação (taxa de disparo do neurônio motor). A força da contração também é uma função do número de fibras musculares paralelas. Portanto, o número de neurônios motores ativados e suas taxas de ativação podem controlar muito precisamente a força muscular para produzir forças de contração precisamente graduadas.

Distúrbios Musculares e do Neurônio Motor Muscular

Distúrbios musculares podem ocorrer devido a danos em qualquer parte do complexo sistema de controle. Há também doenças que são específicas a neurônios motores ou à junção neuromuscular.

Miastenia grave

Miastenia grave é uma doença na qual os receptores musculares para acetilcolina não funcionam adequadamente. Essa doença é caracterizada por fraqueza muscular, fadiga e, finalmente, paralisia. Parece haver formas congênitas e autoimunes da miastenia grave, sendo as formas autoimunes as mais comuns.

Embora não exista cura para essa doença, agentes anticolinesterásicos que inibem a habilidade da colinesterase de destruir a acetilcolina podem fortalecer contrações ao aumentar a ligação da acetilcolina a qualquer receptor. Esses tratamentos podem mitigar alguns sintomas da doença temporariamente, mas a doença é progressiva, e os remédios anticolinesterásicos não ajudam muito.

Doenças virais do neurônio motor: Raiva e poliomelite

Quando os terminais de axônios de neurônios motores reciclam suas membranas para formar vesículas sinápticas, ficam vulneráveis a vírus que pegam no processo de reciclagem. Dois exemplos notáveis de vírus que representam um perigo por esse processo são polio e raiva. Eles entram nos terminais de axônios de neurônios motores e viajam até o sistema nervoso central. O vírus da raiva ataca outros neurônios, e a doença é normalmente fatal, a não ser que a pessoa (ou animal) infectada receba uma vacina que possa estimular a produção de anticorpos.

A polio tende a causar a destruição dos próprios neurônios motores, normalmente resultando em paralisia. Dependendo da quantidade de destruição, a reabilitação pode ser capaz de mediar parte da paralisia. Um resultado de reabilitação motora é que o menor número de neurônios motores que sobram gera mais terminais de axônio e pode, portanto, inervar mais células musculares para maior força de contração. A desvantagem disso, no entanto, é que a morte aleatória de neurônios motores que a maioria dos idosos tolera razoavelmente bem é particularmente incapacitante para vítimas de polio, porque um número total muito menor de neurônios motores está fazendo todo o trabalho de contração muscular.

Lesão da medula espinhal

Danos a qualquer área de controle motor no sistema nervoso central podem produzir paralisia, *paresia* (fraqueza) ou *apraxia* (falta de habilidade ou destreza motora). No cérebro, tais disfunções normalmente ocorrem devido a derrames ou danos na cabeça. Na espinha, tais deficiências são comumente o resultado de quedas e outros ferimentos. Em casos de transecção da medula espinhal, o resultado é paralisia total das áreas do corpo inervadas abaixo do(s) segmento(s) espinhal(is) danificado(s). Várias abordagens para lidar com danos severos na medula espinhal foram testadas. Aqui estão algumas particularmente interessantes:

» **Axônios renováveis:** Muitas abordagens biológicas de células operaram na premissa de que transecções espinhais normalmente cortam axônios e o funcionamento poderia ser recuperado se os axônios ainda vivos pudessem ser incluídos para regenerar por áreas transeccionadas a seus alvos de saída de neurônio motor original.

Um mistério particularmente impressionante nessa pesquisa é que nervos periféricos transeccionados normalmente *crescem* de volta depois de serem cortados, mas neurônios centrais não, pelo menos não em mamíferos. Em vertebrados de sangue frio, como peixes e salamandras, até neurônios centrais regeneram axônios depois da transecção. Muitos laboratórios estão trabalhando atualmente nesse problema, e algum progresso tende a acontecer dentro de alguns anos. Um foco é baseado no fato de que a bainha de mielina em volta de nervos periféricos é de células chamadas *células de Schwann*, mas a bainha de mielina em volta de axônios do sistema nervoso central é de células chamadas *oligodendrócitos*.

» **Estimulando o movimento mecanicamente:** Esta abordagem para o problema é orientada por engenharia. Um esquema envolve implantar redes de eletrodos de registro no córtex motor primário para "interceptar" os comandos para mover músculos, retransmitindo esses sinais por cabos além da transecção da medula espinhal e conduzindo eletronicamente ou o próprio músculo direcionando o estímulo elétrico ou estimulando os neurônios motores alfa inferiores (veja o Capítulo 2), cujos axônios deixam a medula espinhal e fazem sinapse nas células musculares. Pesquisas consideráveis e algum progresso estão acontecendo atualmente com essa abordagem.

> **NESTE CAPÍTULO**
>
> Observando os diferentes tipos de movimentos reflexivos
>
> Entendendo a hierarquia da coordenação motora
>
> Examinando o papel do cerebelo na correção de erros motores

Capítulo 9

Coordenando Mais as Coisas: A Medula Espinhal e as Vias Medulares

O reflexo motor ilustra a base da hierarquia do funcionamento do sistema nervoso central. No reflexo motor, a ativação de um receptor faz os músculos adequados se contraírem como uma resposta ao sinal do receptor. O reflexo de estiramento clássico que seu médico testa quando bate no seu tendão patelar com um pequeno martelo de borracha é um exemplo. Nesse reflexo, a batida ativa um receptor de estiramento cuja atividade normalmente indica que seu joelho está dobrado. A resposta da medula espinhal a esse sinal é ativar o músculo do quadríceps para restaurar a posição desejada do membro para que você não caia no chão.

Esse reflexo é a rota direta pela qual o cérebro traduz entradas sensoriais em saídas motoras. Nesse nível mais baixo, os reflexos são rápidos e estereotipados: o disparo de alguns *proprioceptores* (um receptor que sente o comprimento do músculo ou a posição da articulação) faz alguns músculos específicos se contraírem. Em níveis superiores, mais receptores ativam mais músculos em um padrão mais complexo, que é estendido pelo espaço e tempo. No nível mais alto, movimentos novos nunca feitos antes podem ser gerados por controle cortical.

Este capítulo explica os diferentes tipos de movimentos reflexivos, do nível reflexivo mais baixo ao mais alto (locomoção — sim, andar envolve reflexos) e explica de que forma o cerebelo é parte essencial do sistema motor. Movimentos complexos de vários membros e de alto nível usam vias de controle de reflexo neural que existem em níveis mais baixos.

O Reflexo de Retirada: Uma Resposta de Ciclo Aberto

O reflexo de retirada é o que os engenheiros chamam de *ciclo aberto*, porque não é controlado para manter uma posição fixa. Seu propósito é uma saída rápida da posição atual sem um ponto final específico. Um reflexo de retirada clássico ocorre se a ponta do seu dedo toca uma superfície quente e seu braço é puxado para trás. Esse reflexo é feito inteiramente no ciclo da medula espinhal e, de fato, ocorre antes de você ficar consciente dele.

O início do reflexo de retirada também pode ser descrito como sendo *balístico*, no sentido de que, uma vez lançado, sua trajetória não é controlada (até o final, que discuto brevemente). Por exemplo, se você tocar em uma panela quente no fogão, seu cotovelo pode, sem querer, derrubar a vasilha da salada no balcão próximo a ele, porque todo o movimento de retirada é executado como uma unidade, sem modificação contínua (como parar quando seu cotovelo entra em contato com a vasilha).

LEMBRE-SE Embora a porção inicial do reflexo de retirada seja balística, o final provavelmente não é. Todos aprendemos ao longo de uma vida derrubando vasilhas de salada e outras coisas a não reagir exageradamente a tais estímulos. Você pode observar facilmente que a "violência" da retirada é aproximadamente calibrada pelo quão dolorido é o estímulo. Lembrando do fato de que o reflexo ocorre mais rápido e, portanto, antes da consciência, fica claro que há algum nível baixo de controle sobre o ponto de parada. Esse controle de parada está primariamente na medula espinhal, mas pode envolver o tronco cerebral e o cerebelo para um movimento suficientemente longo (um reflexo de retirada muito violento pode até envolver dar passos para trás). O final de um reflexo de retirada violento envolve então a coordenação de vários membros e padrões de movimentos aprendidos por meio de experiências anteriores.

Mantenha sua Posição! Reflexos de Ciclo Fechado

Uma forma comum do reflexo envolve manter um tipo de homeostase dinâmica, tal como quando você ajusta a força muscular para manter um membro em uma posição específica. Como os músculos só exercem força quando contraem, o movimento dos membros normalmente depende de ativação antagônica de pares musculares opostos chamados *pares extensor-flexor*.

Forças opostas: Pares musculares extensor-flexor

Um exemplo típico de um par de músculos extensor-flexor é o sistema bíceps-tríceps que move o antebraço no cotovelo (veja a Figura 9-1).

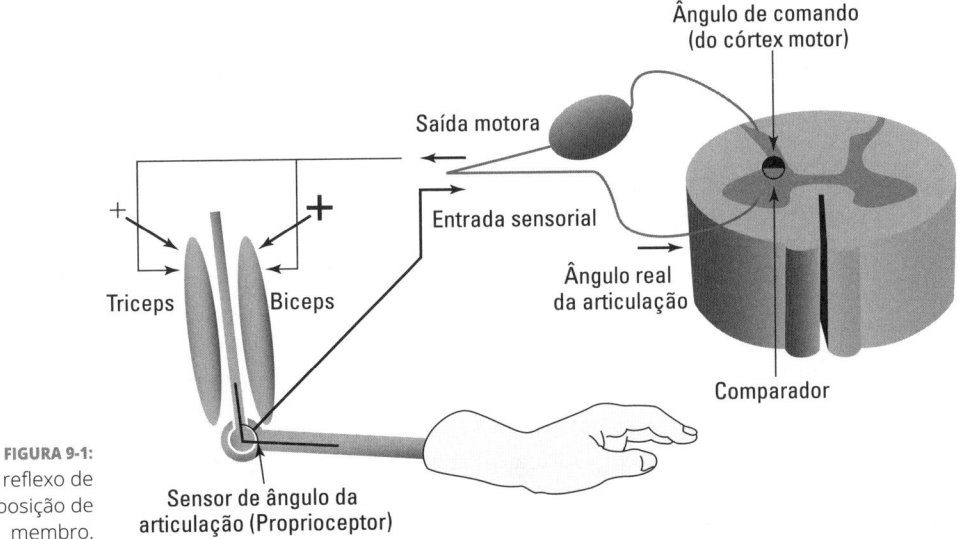

FIGURA 9-1: O reflexo de posição de membro.

© John Wiley & Sons, Inc.

Pense em flexionar seu braço para que fique quase em um ângulo reto com seu cotovelo. Quando seu braço está nessa posição, mas sem se mover, o ângulo do cotovelo é uma função das diferenças de forças exercidas pelo bíceps *versus* o tríceps (e a influência da gravidade, é claro). Quando o braço está se movendo, forças adicionais ocorrem a partir da aceleração.

Como você pode "comandar" seu cotovelo para ficar em qualquer ângulo, você pode se perguntar como manter seu braço em uma posição específica é um reflexo. Eis a resposta: a não ser que você esteja aprendendo a posicionar seu corpo de novas maneiras (aprendendo a quinta posição no balé, por exemplo, ou aprendendo a manter seus calcanhares para baixo ao andar a cavalo), você normalmente não emite comandos conscientes para seus membros sobre como manter sua posição.

Em vez disso, o comando de posição vem na forma do disparo dos neurônios do córtex motor primário (superior), cujos axônios descem a medula espinhal até que chegam ao segmento adequado. Lá, fazem sinapse nos *neurônios motores alfa* inferiores, os neurônios que realmente se conectam aos músculos. O disparo nos neurônios do córtex motor é, então, traduzido em disparo dos neurônios motores alfa, que é traduzido em força de contração no músculo. O feedback dos proprioceptores ajusta o disparo do neurônio motor alfa para manter a posição real do membro na posição de comando. Esse feedback é o tópico da próxima seção.

Determinando a taxa de disparo correta com o circuito neural comparador

O problema para o cérebro é que ele tem que determinar qual taxa de disparo nos neurônios motores alfa inferiores é requerida para levar o membro a uma certa posição. Obter um cálculo preciso é complicado pelo fato de que você talvez esteja segurando algo, deixando seu membro mais pesado do que o normal, ou seus músculos podem estar cansados, o que significa que não produzem tanta contração por potencial de ação quanto o normal.

Esse problema é muito parecido com o problema enfrentado pela caldeira de calefação que aquece as casas no inverno (especialmente no hemisfério norte e em áreas muito frias). Se caldeiras fossem projetadas para funcionar constantemente para manter sua casa em uma temperatura específica, elas funcionariam bem apenas se a temperatura externa nunca variasse. Se a temperatura externa estivesse mais quente ou mais fria do que a temperatura ideal, o calor (ou frio) adicional àquele que a caldeira produzisse deixaria sua casa quente (ou fria) demais.

Em vez disso, caldeiras são controladas por termostatos, que são interruptores que fecham quando a temperatura cai abaixo da temperatura configurada, mas, caso contrário, permanecem abertos. Se você configurar o termostato para 22 graus, e sua casa estiver mais fria do que isso, a caldeira funcionará até que a temperatura de 22 graus seja alcançada, o interruptor do termostato se abre, e a caldeira desliga.

O que isso tem a ver com cérebros, braços e músculos? A saída do córtex motor, como a caldeira, precisa ser controlada para alcançar um ângulo de braço determinado, como a temperatura. O dispositivo parecido com o termostato no sistema motor é um *circuito neural comparador* na medula espinhal. Ele compara o comando do neurônio do córtex motor a um relatório da posição atual do membro dos proprioceptores na articulação do membro e age como um interruptor. Se o membro estiver em um ângulo menor que o desejado, o comparador age como um portão nos neurônios motores alfa para aumentar os disparos e colocar mais tensão no tríceps (extensor) e menos no bíceps (flexor). Se o ângulo é maior que o desejado, o comparador envia mais saída ao flexor e menos ao extensor.

LEMBRE-SE

A razão pela qual o reflexo de posição de membro é em *ciclo fechado* é porque o circuito do comparador neural usa feedback sensorial do proprioceptor para manter o membro em uma posição específica. Esse mecanismo de feedback funciona estando seu braço quase reto, com o cotovelo para cima ou para baixo, ou se você estiver segurando uma xícara ou um peso de cinco quilos. Além do mais, se quiser fazer um movimento suave de braço, digamos, para arremessar uma bola de beisebol, seus neurônios do córtex motor precisam apenas enviar a sequência de posições desejadas, e o comparador da medula espinhal faz o resto.

O circuito do comparador neural funciona ainda melhor que a caldeira de um termostato, porque termostatos não podem normalmente ser manipulados para produzir variações complexas de temperatura em uma casa (só parece que podem quando alguém pensa que está muito frio e outra pessoa pensa que está muito quente e ambas têm acesso ao termostato — o que pode ser um problema na minha casa).

Na maioria das casas, o termostato controla não só a caldeira, mas também o ar-condicionado, porque a caldeira em geral é usada para deixar a temperatura mais alta, e o ar-condicionado, para deixá-la mais baixa. Isso é como o sistema de ciclo fechado para o par extensor-flexor (tríceps-bíceps), que envolve modificar a condução para ambos os músculos. A ativação do extensor estende o membro, enquanto que o flexor reduz o ângulo da articulação.

PAPO DE ESPECIALISTA

Na verdade, ambos os músculos estão sempre parcialmente ativados ao mesmo tempo, mesmo sendo opostos. Uma razão para isso é que a articulação humana pode girar, além de rodar sobre seu eixo principal. A quantidade de giro que ocorre quando você gira sua articulação é controlada pela ativação de ambos os músculos opostos, com o músculo menos ativado controlando o giro, enquanto o mais ativado controla a direção principal da rotação.

Outra razão igualmente importante para ativar ambos os músculos tem a ver com começar e parar com alta velocidade e precisão. Quando você move seu braço rapidamente, digamos, em extensão, o músculo flexor age como um freio no fim do movimento, então a ativação relativa vai toda do extensor no começo para alguma combinação em direção ao final do movimento, para todo o flexor no final, quando você para. No ponto de parada, o extensor é reativado para evitar que você volte para a direção original. Pacientes com tremor, como o mal de Parkinson, têm sistemas de controle de limite com defeito, então seus membros oscilam no que deveria ser o ponto final de um movimento planejado.

Os Reflexos Moduladores: Equilíbrio e Locomoção

Outro tipo de reflexo é o dinâmico. Reflexos dinâmicos são aqueles que modificam sistematicamente a posição de pontos estabelecidos do membro para realizar movimentos equilibrados e ordenados — locomoção. Isso envolve não só mudar o comando de posição do ponto estabelecido para um par flexor-extensor controlado por um segmento da medula espinhal, mas também coordenar vários pares de flexor-extensor em todos os quatro membros.

Pense nos reflexos em uma hierarquia. No nível inferior está o reflexo de retirada de ciclo aberto, onde disparar um receptor de dor causa uma retirada balística da fonte de dor sem posição final estabelecida. No próximo nível está o reflexo de feedback de ciclo fechado, em que o córtex envia o comando de posição para a medula espinhal e a sua rede neural modifica a ativação de neurônios motores alfa, que conduzem pares musculares para manter o membro na posição ordenada pelo córtex.

O próximo reflexo de nível mais alto é o reflexo postural. Nós normalmente não pensamos em ficar eretos como um reflexo, mas fazer isso realmente envolve a coordenação de ciclo fechado de vários reflexos. O objetivo, no entanto, ainda é estático. Para ficar em pé e ereto, você não só precisa manter suas pernas estendidas e exercendo força o suficiente para contrabalançar a gravidade, mas também precisa se certificar de não cair para os lados, para a frente ou para trás. Comparado à maioria dos vertebrados, nós, humanos, complicamos essa tarefa consideravelmente ao insistir em ficar em duas pernas, em vez de nas quatro normais. Nas próximas seções discuto o reflexo postural e como um centro de controle superior usa esse reflexo para a locomoção.

Mantendo o equilíbrio: O reflexo vestíbulo-espinhal

Imagine que você esteja parado em pé. Seu córtex motor está emitindo comandos para manter uma posição ereta. Mas o que realmente acontece é que você oscila levemente nessa posição à medida que este ou aquele músculo fica cansado, ou inclina levemente para um lado ou para o outro enquanto muda a direção do olhar. Você não só precisa manter articulações específicas em posições específicas, precisa também manter o equilíbrio da esquerda para a direita e da frente para trás, o que pode requerer a compensação em algumas articulações *longe* de suas posições normais ao ficar em pé para impedi-lo de cair. O feedback do equilíbrio vem do sistema visual, que detecta movimentos como o balanço, e do seu sistema vestibular.

O *sistema vestibular* é um conjunto de três canais semicirculares na orelha interna, próximo da cóclea. Essas cavidades cheias de fluidos têm células ciliadas, semelhantes às no Órgão de Corti na cóclea. Mas em vez de detectar sons, essas células ciliadas do canal semicircular detectam movimentos de fluidos produzidos pelo movimento da cabeça (veja o Capítulo 6 para informações sobre a orelha interna; os canais semicirculares e a cóclea têm uma origem evolucionária comum). Os três canais semicirculares detectam a rotação sobre o eixo vertical, o eixo horizontal de trás para frente e o eixo horizontal de orelha a orelha, respectivamente.

Os sinais dos canais semicirculares medeiam um reflexo de equilíbrio chamado *reflexo vestíbulo-espinhal* que envolve retransmitir pelo córtex e cerebelo (discutido posteriormente neste capítulo). Sinais vestibulares são também combinados com sinais do gânglio retinal e de células corticais que detectam movimento na mesma direção que o canal semicircular detecta. Dessa maneira, os sistemas visual e do canal semicircular trabalham juntos para derivar sua orientação e movimento pelo espaço para controle do equilíbrio.

O sistema de controle do equilíbrio controla os músculos do seu tronco. Se você começa a cair para a direita, por exemplo, pode, além de ativar os músculos extensores da sua perna direita, levantar seu braço direito para gerar uma força contrária para restaurar o equilíbrio. Animais com cauda podem usá-la para restaurar o equilíbrio mesmo enquanto estão no ar, por exemplo.

A coordenação do equilíbrio é realizada pelo processamento neural, que é distribuído através da medula espinhal e inclui estruturas do tronco cerebral como os núcleos vestibulares na medula e o vestíbulo-cerebelar. O comando cortical "simples" no topo dessa hierarquia para "ficar em pé parado" é realizado por um sistema distribuído complexo e multinível que cuida dos detalhes e executa algumas respostas em circuitos locais rápidos.

Faça a locomoção

Claro, a maioria de nós quer fazer algo além de ficar em pé parados na vida. Para realmente se mover, no entanto, outro nível de hierarquia é necessário, para que possa gerar um ciclo de locomoção, ou marcha. Uma *maneira de andar* é uma repetição de uma sequência de movimentos de pernas e braços que realiza a locomoção. Caminhar, correr, pular e saltar são maneiras de andar diferentes — sequências de movimentos que são repetidos em um ciclo.

O básico da locomoção

Uma maneira de entender a locomoção é pensar nela como uma sucessão de reflexos, indo do nível mais baixo para o mais alto:

» Reflexos de receptores de articulações que sentem sua posição (chamados *propriocepção*; veja o Capítulo 8) e controlam os músculos de suas pernas geram força suficiente para suportar seu peso corporal e mantê-lo ereto.

» Quando você inicia um passo, inclina-se para a frente e começa a cair. Um reflexo espinhal move a perna que está apoiando menos peso para a frente para segurar sua queda, e você dá um passo.

» Circuitos neurais na medula espinhal também controlam seus braços e pernas em coordenação para que suas pernas alternem uma com a outra e seus braços alternem em antifase com suas pernas, para que seu braço esquerdo se mova com sua perna direita, e seu braço direito, com sua

> perna esquerda. Outros circuitos espinhais permitem que você compense superfícies irregulares escorregadias.
>
> » Em níveis superiores você ainda pode escolher se mover em uma variedade de maneiras. Pode também aprender novas maneiras, como o foxtrot e, com a prática, tornar-se um dançarino proficiente.

O ajuste do movimento envolve aprender a coordenação de toda a medula espinhal com estruturas cerebrais centrais, como o cerebelo e o córtex motor.

Alternando maneiras de andar dos membros: Geradores de padrão espinhais

Você pode realizar movimento cíclico em um sistema hierárquico de duas maneiras: você pode controlar centralmente a sequência pré-programada de ações que formam o ciclo do movimento ou pode pré-programar o ciclo inteiro. Para algumas sequências de movimento, você usa ambas as estratégias. Quando está aprendendo uma nova sequência de movimentos, como dançar o foxtrot, precisa planejar conscientemente cada passo. Se quiser dar um passo à frente com seu pé esquerdo, deve se inclinar para a direita e para a frente, levantar seu pé esquerdo e avançá-lo para a frente para evitar sua queda. Seu comando cortical motor primeiro momentaneamente substitui seu ponto de equilíbrio para realizar a inclinação e, então, restaura o equilíbrio ao avançar sua perna esquerda, sustentando seu corpo. Ao aprender a dançar, cada passo é executado de maneira similar, mas seu lobo frontal controla a sequência.

Algo muito diferente ocorre com maneiras de andar padrão que você realiza a vida inteira, enquanto caminha, corre ou até pula. Nesses casos, o padrão inteiro foi aprendido. O local dos padrões aprendidos para a maioria das maneiras de andar básicas, caminhar e correr, está na própria medula espinhal (talvez com uma pequena ajuda do tronco cerebral e do cerebelo), distribuído entre os segmentos do cervical ao torácico que controlam os braços e as pernas.

LOCOMOVENDO-SE COM MOVIMENTO ALTERNADO DE MEMBROS

O padrão de modo de caminhar aprendido na medula espinhal é baseado no que os pesquisadores chamam de *gerador de padrão central*, que alterna as duas pernas e os dois braços uns com os outros e as pernas e os braços em contrafase (perna esquerda e braço direito se movem em frente juntos, assim como a perna direita e o braço esquerdo), o que é comum tanto para caminhar quanto para correr. Como o "conhecimento" de como fazer isso está embutido na medula espinhal, o cérebro só precisa comandar qual modo de caminhar é desejado, e a medula espinhal toma conta dos detalhes. Isso permite que você faça coisas como mastigar chiclete e caminhar ao mesmo tempo.

MUDANDO O RITMO: ANDANDO, CORRENDO, PULANDO E TROTANDO

Maneiras de andar são muito mais eficientes quando controladas por uma hierarquia na qual os níveis mais baixos cuidam dos detalhes de níveis mais baixos com ciclos de feedback rápido e os níveis mais altos cuidam de coisas como selecionar o modo de andar e a velocidade sem ter que programar cada contração muscular.

Essa divisão de trabalho funciona porque a maioria das contrações musculares necessárias para locomoção é relativamente comum entre os modos e, portanto, pode ser controlada por níveis mais baixos na hierarquia. Esse sistema também permite ajustes rápidos para erros, tais como quando você está correndo e pisa em um buraco. Pelos circuitos de locomoção da medula espinhal, seu corpo automaticamente compensa o choque súbito mais rápido do que você poderia pensar sobre o que fazer.

Corrigindo Erros sem Feedback: O Cerebelo

Todos nós ouvimos que a prática leva à perfeição. Isso não é estritamente verdade, mas a prática tende, sim, a melhorar a performance. Então a pergunta é: como a repetição nos torna melhores em fazer alguma coisa? O processo geral de melhoria de performance envolve dois passos:

» Passo 1: Reconhecendo ou "marcando" erros
» Passo 2: Mudando algum aspecto da sequência (como o tempo) em resposta ao erro

O processo de melhoria de performance baseado na repetição é normalmente chamado de *aprendizado motor* e depende do córtex motor no lobo frontal e da estrutura cerebral inferior chamada cerebelo (que significa "pequeno cérebro").

O cerebelo é evolucionariamente antigo, existindo em vertebrados não mamíferos como peixes e anfíbios. É complexo, de acordo com alguns pesquisadores contendo tantos neurônios quanto o resto do sistema nervoso central (algo como 100 bilhões). Embora os pesquisadores não entendam bem os detalhes de como o circuito neural medeia a correção de erro motor, está claro que o cerebelo é o centro do aprendizado e da coordenação motora. Lesões cerebelares resultam em diminuição do tônus muscular, movimentos desajeitados e anormais e perda do equilíbrio.

Observando os sistemas cerebelares

O cerebelo é um computador de erro de sequência que compara o estado desejado ou programado em qualquer ponto de uma sequência motora com o estado real do corpo na execução da sequência. Partes diferentes do cerebelo recebem informações somatossensoriais de todo o corpo, mais entradas vestibulares, visuais e até auditivas. As entradas são recebidas quase exclusivamente no manto externo do cerebelo, chamado de *córtex cerebelar*, que então projeta para os núcleos cerebelares profundos cujas projeções são organizadas em três sistemas principais, mostrados na Figura 9-2:

» **Neocerebelo:** Projeta (via tálamo ventrolateral) para áreas pré-motoras, como o córtex motor suplementar e o córtex pré-motor, para monitoramento de correção de erros de planos gerais. Ou seja, coordena o planejamento de movimentos que estão prestes a ocorrer à luz de aprendizados anteriores sobre sequências de movimentos similares. Por exemplo, se você está prestes a bater em uma bola de tênis, seu cerebelo tem informações de sucesso/fracasso armazenadas sobre a sequência inteira de movimentos necessários, da preparação da raquete para acompanhar.

» **Espinocerebelo:** Projeta para o córtex motor primário e para baixo, descendo por caminhos motores para a medula espinhal para a correção de erro de detalhes precisos do movimento.

» **Vestíbulo-cerebelo:** Projeta para o sistema oculomotor para controlar movimentos dos olhos e para zonas receptoras vestibulares para a correção de mecanismos de equilíbrio.

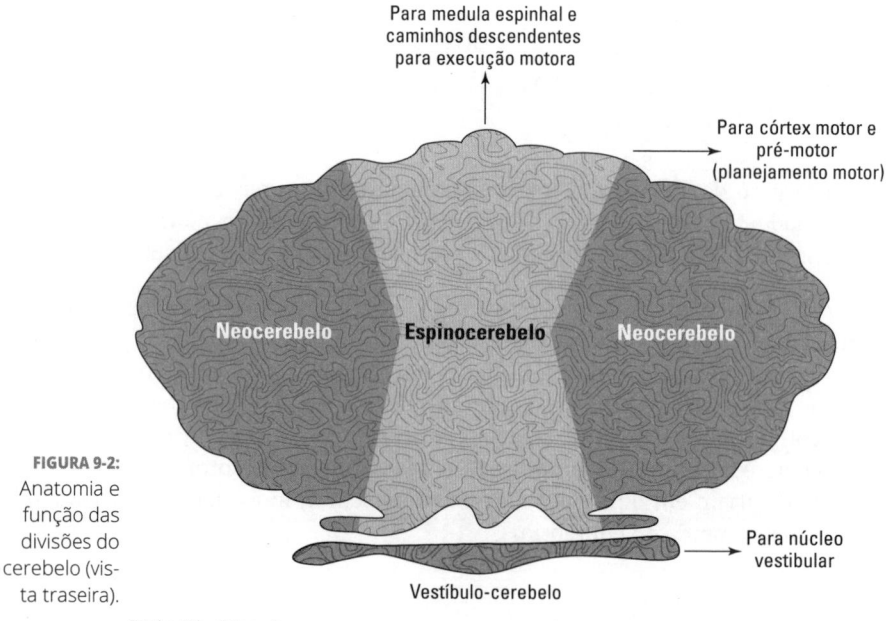

FIGURA 9-2: Anatomia e função das divisões do cerebelo (vista traseira).

© John Wiley & Sons, Inc.

A separação anatômica entre o neocerebelo e o espinocerebelo também reforça a ideia de uma hierarquia no controle motor. O neocerebelo (a parte evolucionária mais nova) interage com o planejamento e a organização de áreas do córtex pré-motor, enquanto o espinocerebelo mais antigo interage com áreas de coordenação do córtex motor primário e da medula espinhal para a correção de erros em um nível de controle mais baixo.

DICA

Pense desta maneira: ao ir a um destino que você frequenta, às vezes pega a estrada alta, e às vezes a estrada baixa. Seu caminho espinocerebelar faz você correr mais rápido e com mais segurança sobre os obstáculos em ambas as estradas, enquanto seu caminho neocerebelar lhe avisa que a estrada baixa, nesta situação específica, pode levá-lo mais rápido.

Um fato interessante: estudos de imagem recentes mostram um relacionamento próximo entre o aprendizado motor no cerebelo e a atividade cognitiva que se pensava ser bem abstrata, como jogar xadrez. Quando jogadores experientes de xadrez estão contemplando jogadas específicas no jogo, seu cerebelo é ativado, sugerindo que parte do conhecimento abstrato de como as peças se movem é realmente representada como sequências de movimento no cerebelo.

Prevendo a localização do membro durante o movimento

Para o cerebelo realizar suas funções refinadas de controle motor, ele deve manter "modelos" neurais de como os músculos do corpo movem os membros em tempo real. Isso significa que o cerebelo realiza uma associação neural na qual prevê onde os membros e outras partes do corpo estarão durante uma sequência de movimentos. Se você estiver correndo, por exemplo, e tropeçar em uma raiz, um erro é enviado ao cerebelo indicando a posição da sua perna, e não onde ela deveria estar, e mecanismos compensatórios multinível são disparados para manter seu equilíbrio e recuperar a passada.

LEMBRE-SE

Essa função de previsão é a chave de como o cerebelo permite que você melhore com a prática. Considere um jogador de basquete que consegue lançar uma bola através de um aro apenas levemente maior que a bola a mais de 6 metros de distância. A prática permite que o cerebelo do jogador "calibre" a força muscular necessária. Em qualquer arremesso específico, embora o pulo não seja exatamente do mesmo lugar em qualquer arremesso feito antes, a distância medida pelo sistema visual é traduzida para o modelo cerebelar, que ajusta a saída do programa motor vindo do córtex para fazer os três pontos. Alguns de nós podem realizar façanhas como essa melhor que outros, claro. A pergunta é: isso é possível por causa da prática ou de um cerebelo melhor? Pesquisadores querem saber!

Focando em controle do movimento cortical e tronco encefálico

O córtex motor controla o movimento via caminhos diretos e indiretos, como mostrado na Figura 9-3. No controle direto, os neurônios motores superiores no córtex motor primário projetam diretamente a neurônios motores inferiores na medula espinhal que conduzem o músculo adequado. Essa projeção controla movimentos voluntários complexos, como os requeridos para tocar um piano. Os axônios de neurônios nesse caminho cruzam (interceptam) para o outro lado do corpo na medula e passam para dentro da substância branca da medula espinhal. Eles tendem a se localizar em partes mais laterais dos tratos de substância branca externa na medula espinhal. O córtex motor primário recebe entradas proprioceptivas do homúnculo somatossensorial logo em frente do sulco central. Também recebe entradas significantes de áreas pré-motoras do lobo frontal, tálamo e cerebelo.

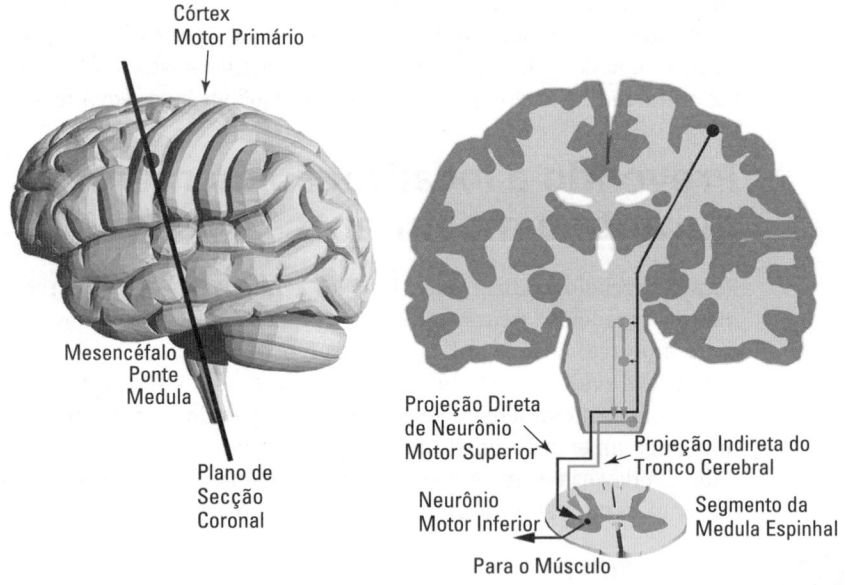

FIGURA 9-3: Projeções de neurônios motores superiores para a medula espinhal e tronco cerebral.

Ilustração por Frank Amthor

Neurônios motores superiores também projetam para os núcleos do tronco cerebral, particularmente na medula, mas também no mesencéfalo e na ponte. Esses núcleos recebem entradas da medula espinhal e de outras áreas cerebrais, tais como os canais semicirculares no sistema vestibular e no sistema visual. Esses núcleos do tronco cerebral, por sua vez, projetam via partes mais mediais dos tratos de substância branca espinhal para neurônios motores inferiores para conduzir músculos, normalmente para movimentos controlados mais automaticamente, como andar e correr.

O tronco cerebral constitui então o próximo nível na hierarquia acima da medula espinhal, com o córtex motor primário e áreas pré-motoras do lobo frontal acima disso. O controle cortical de movimento, por sua vez, depende de interações do lobo frontal com os gânglios basais e o cerebelo.

> **NESTE CAPÍTULO**
>
> Entendendo a complexidade de ações geradas por metas
>
> Observando as áreas cerebrais envolvidas no planejamento executivo
>
> Examinando teorias sobre neurônios-espelho e von Economo
>
> Explorando disfunções motoras relacionadas aos gânglios basais

Capítulo 10

Planejando e Executando Ações

Todos nós fazemos coisas por várias razões. De um lado, reflexos simples como puxar sua mão para longe de um fogão quente acontecem tão rapidamente que ocorrem antes da percepção consciente. No outro extremo, um ato — como dizer "Sim" — pode ser planejado com grande deliberação por anos. Todos nós também fazemos coisas que não queremos fazer e, às vezes, mais tarde desejamos não ter feito.

Descobertas de pesquisas de neurociência podem nos dizer muito sobre reflexos, porque praticamente todos os animais os têm e porque podemos estudar reflexos em animais que agem essencialmente da mesma maneira que em humanos. Mas sociedades humanas não operam exclusivamente por reflexo. Elas operam com base na habilidade humana de escolher cursos de ação baseados em pensamento e racionalidade. Então qual localização cerebral, sistema ou processo únicos existem em humanos que apoiam esse "livre arbítrio" e nos distinguem de outros animais?

Para ganhar um impulso nessa área nebulosa, considere que o comportamento é controlado por um sistema hierárquico. Pense em cada nível do sistema como um regulador que mantém um atributo — por exemplo, postura — em algum ponto determinado. O nível no sistema que controla esse ponto determinado tem algum elemento de escolha com relação ao nível inferior, que não tem.

As questões então são estas: o que está no nível superior? E realmente há alguma escolha? Os humanos têm um nível neural único que outros animais não têm, alguma área cerebral especial ou um conjunto de "neurônios de consciência", os hipotéticos (muitas vezes de forma satírica) neurônios especiais únicos de humanos cuja atividade cria ou apoia a consciência? A consciência emerge de apenas ter um cérebro grande o suficiente? Ou a consciência não é real, não é uma causa de nada, mas um resultado, uma ilusão que segue o fluxo com atividade cerebral complexa, o que alguns filósofos chamam de *epifenômeno*? Este capítulo considera alguns dos dados mais relevantes.

Transformando o Movimento de Reflexos a Conscientes, ou Ação Gerada por Objetivo

Como o Capítulo 8 explica, tipos diferentes de movimentos são controlados por diferentes tipos de circuitos neurais. A analogia usada foi de aviões comerciais voando no piloto automático. O piloto automático tem um conjunto de objetivos, como curso e altitude, e um conjunto de entradas, como leituras de bússola e altímetro. O piloto automático ajusta sua saída de motor, as superfícies de controle de voo, como o leme e o elevador, para manter essas configurações. Esse controle lembra o tipo de reflexos que lhe permitem permanecer ereto ao andar até mesmo em terreno irregular.

LEMBRE-SE Movimentos relativamente complexos como caminhar envolvem ações reflexivas de baixo nível, com os músculos sendo controlados pela medula espinhal. Você pode decidir se quer caminhar pela cozinha para pegar uma xícara de café, mas, além disso, quanto tempo você passa pensando sobre cada passo que dá ou até mesmo como segurar uma xícara de café? No movimento reflexivo, um programa motor é executado, no qual o estado atual do corpo chama o próximo estado.

No entanto, nem todo movimento é reflexivo. O cérebro pode assumir controle direto dos músculos a partir da medula espinhal, e faz isso por meio de projeções do *córtex motor primário*, a porção mais posterior do lobo frontal imediatamente anterior ao sulco central (veja a Figura 10-1). Os axônios dos neurônios no córtex motor primário viajam pela medula espinhal e fazem sinapse nos mesmos neurônios motores que medeiam os reflexos discutidos no Capítulo 8.

No entanto, esse controle direto permite muito mais flexibilidade e adaptabilidade do que pode ocorrer com reflexos. Voltando à analogia do piloto automático, quando o cérebro assume o controle muscular, é como desligar o piloto automático. Mas, depois de fazê-lo, você precisa saber conscientemente como pilotar o avião. Onde fica esse conhecimento e como ele chegou lá?

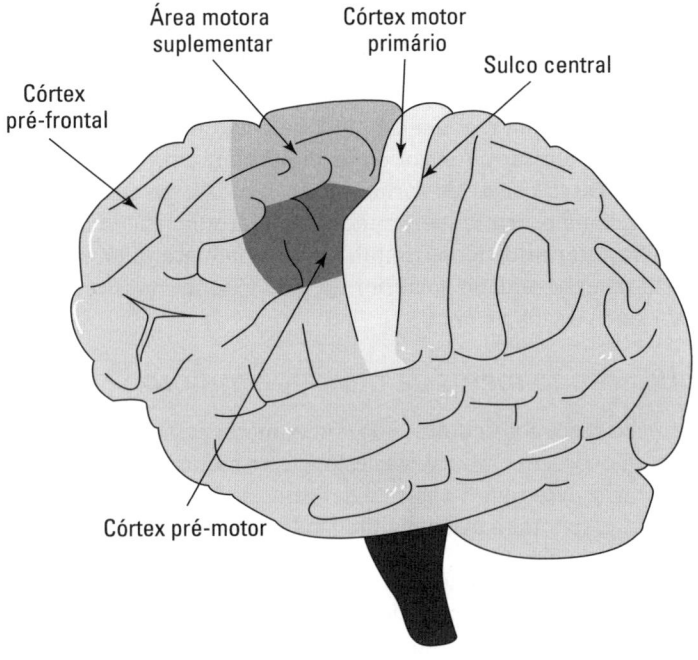

FIGURA 10-1: As áreas de controle motor do córtex pré-frontal.

Legendas: Córtex pré-frontal; Área motora suplementar; Córtex motor primário; Sulco central; Córtex pré-motor.

© John Wiley & Sons, Inc.

Como os lóbulos frontais funcionam

O córtex motor primário, na área mais posterior do lobo frontal, é a saída do sistema de controle motor cortical. Neurônios motores no córtex motor primário (chamados *neurônios motores superiores*) enviam seus axônios pela medula espinhal e inervam neurônios motores alfa (inferiores), que conduzem os músculos do tronco. (Para controle dos músculos da cabeça, os axônios de neurônios motores primários deixam o cérebro via nervos cranianos.)

Enviando mensagens do córtex motor primário para os músculos

Pesquisadores sabem a partir de experimentos de estimulação, como aqueles feitos pelo neurocirurgião mundialmente famoso Wilder Penfiel, que estimulação elétrica de locais discretos no córtex motor primário causa contração de músculos discretos no corpo de acordo com um mapa ordenado, referido como *homúnculo motor* (muito similar ao da área somatossensorial primária do Capítulo 4).

LEMBRE-SE

Os mapas motor e somatossensorial são parecidos porque onde há densa inervação neural de músculos no corpo, como na ponta dos dedos e lábios, também há, normalmente, discriminação precisa de toque que permite feedback para aprendizado e monitoramento de performance. A representação sensorial do corpo fornece feedback para áreas de controle motor correspondentes para aquela parte do corpo por meio do sulco central.

O sistema de controle motor cortical permite flexibilidade e adaptabilidade no comportamento motor que seria impossível com apenas processadores de piloto automático da medula espinhal de baixo nível. Você não evoluiu com a capacidade de dançar o foxtrot ou de digitar em um teclado, mas pode aprender a fazer essas coisas de forma muito rápida e precisa. No lobo frontal há vários níveis de controle hierárquico. A hierarquia procede mais ou menos da parte mais anterior do lobo frontal, no topo da hierarquia, para o córtex motor primário na extremidade posterior do lobo frontal, no nível mais baixo, o que forma a saída do lobo frontal.

Estabelecendo metas de atividade motora

Algo precisa dizer aos neurônios do córtex motor primário quando devem disparar e em qual ordem. Isso envolve estabelecer metas de atividade motora (aonde você quer ir?), determinar a estratégia (como quer chegar lá?) e, finalmente, executar o plano (pilotar o avião manipulando ailerons, elevadores e o leme).

A parte mais anterior do neocórtex é o córtex pré-frontal (um nome que choca a maioria dos estudantes porque o córtex pré-frontal engloba cerca de metade de todo o córtex frontal). Como a hierarquia motora do córtex frontal funciona? Suponha que você esteja em uma festa e decida perguntar a alguém do outro lado da sala se essa pessoa o encontraria no pátio para conversar sobre algo. Essa meta é abstrata, e você pode realizá-la de várias maneiras. Poderia gritar seu pedido para o outro lado da sala. Poderia andar até a pessoa e anunciar seu pedido em uma voz normal. Poderia enviar uma mensagem de texto. Poderia usar gestos para deixar seu pedido claro.

Agora, a maioria dessas abordagens é incompatível ou, no mínimo, tem componentes incompatíveis: você não pode fazer gestos amplos e mandar a mensagem de texto. Você provavelmente não quer andar até lá e então gritar com a pessoa. Dada a meta selecionada, você deve, então, selecionar uma maneira (*programa motor*) para alcançá-la. Cada método para alcançar a meta envolve diferentes músculos em uma sequência diferente. Depois de selecionar um método — digamos, andar até lá —, você deve, então, programar sua própria sequência muscular para realizar isso.

Mas se a pessoa se mover enquanto você escolhe seu caminho pela multidão para chegar lá, você pode ter que mudar seu plano, alterando o programa ou mudando para outro diferente. É aqui que ter um cérebro, principalmente um córtex frontal grande, é realmente útil. A próxima seção passa pelos detalhes.

Planejando, corrigindo, aprendendo: Córtex pré-frontal e processadores subcorticais

De onde vêm as metas do programa motor? Organismos complexos, como você, têm metas que existem em uma hierarquia de submetas. Digamos que você goste de ouvir gravações de Beethoven e ouça uma nova versão da *Sinfonia nº9* que gostaria de ter. Você alcança essa meta indo a uma loja e comprando um CD. Buscar essa meta requer que você saiba onde há uma loja e que é provável que ela tenha a gravação que quer. A meta de ir até a loja poderia ser alcançada dirigindo seu carro ou pegando um ônibus. Quando chega na loja, precisa de um meio para pagar pelo CD e um jeito de voltar para casa.

Qualquer um poderia elaborar esse cenário por vários parágrafos. Embora fazê-lo provavelmente envolveria dezenas de passos com várias alternativas, nenhum humano normal teria problemas para compreender como executar esse plano descrito. Nenhum animal não humano possivelmente compreenderia ou executaria um plano tão complexo, a não ser que fosse treinado explicitamente de maneira rigorosa, flexível e passo a passo (eu falo sobre esse tipo de aprendizado sequencial na discussão do cerebelo no Capítulo 9).

Hierarquias de metas complexas e flexíveis vivem no córtex pré-frontal. Um córtex pré-frontal grande permite planos multinível e complexidade em cada nível. Planos complexos requerem memórias de longo prazo que possam acessar subplanos como a forma de encontrar uma loja, como dirigir um carro e como pagar por um CD de Beethoven. Eles também requerem memória operacional e de curto prazo (os sete itens, mais ou menos, que você pode manter na memória ao mesmo tempo) para formar o conjunto relevante de subplanos em uma estrutura que realize a meta geral.

Memória operacional (ou de trabalho)

A maioria de nós tende a pensar na memória como um local de armazenamento de dados. Entretanto, a memória operacional no cérebro é bem diferente disso. É mais como a manutenção temporária de um padrão dinâmico de disparos neurais. Cada ideia de meta, como obter a 9ª de Beethoven, é um conjunto de representações neurais relacionadas espalhadas pelo cérebro (Beethoven, música, nº9, gravação, CD player, e assim por diante). A memória operacional é a criação no lobo pré-frontal de um circuito temporário no qual todas as ideias relacionadas a essa gravação são ativadas em um ciclo recorrente, etiquetadas como um conceito. Enquanto todas as ideias relacionadas forem continuamente ativadas, a ideia fica na memória.

DICA

Pense na memória operacional como um malabarista ou um time de malabaristas. Enquanto as bolas (os itens de memória discreta) permanecem no ar e são jogadas de mão em mão com sucesso, o show continua. Mas pare de fazer malabarismos e as bolas caem no chão (como o padrão dinâmico de ideias no cérebro). O show acaba.

A memória operacional pode guardar até sete conceitos, ou seja, humanos têm cerca de sete malabaristas à sua disposição. Enquanto o primeiro malabarista está com o conceito da 9ª de Beethoven, ele ocasionalmente joga uma das bolas, digamos, a bola "obter gravação", para um segundo malabarista, que começa a construir o conceito da loja de CDs clássicos mais próxima e mantém essas bolas no ar. Quando esses dois "malabaristas" estão estabelecidos, podem trocar de bolas com um terceiro, que pega a mensagem "dirigir até a avenida São João, na loja de CDs".

De modo interessante, humanos parecem não ter uma oferta muito maior de "malabaristas" da memória operacional do que vários outros animais. Corvos e pássaros, por exemplo, podem diferenciar entre conjuntos de cinco contra seis "itens". No entanto, a complexidade dos itens que os humanos podem manter na memória (que os pesquisadores chamam de *pedaços*) é muito maior, de modo que um item de cada malabarista humano pode conter vários componentes, cada qual deixaria exaustos todos os malabaristas em um animal não humano.

LEMBRE-SE

O processo de malabarismo neural que mantém itens ou pedaços na memória operacional envolve interações de neurônios corticais pré-frontais e estruturas subcorticais, como o hipocampo e a amígdala. Em especial, a interação do córtex pré-frontal lateral e do hipocampo mantém a maioria das associações genéricas (Beethoven, nº9, CD, gravação, e assim por diante) que codifica e define itens relevantes à situação presente. O córtex orbitofrontal (a parte anterior dos lobos frontais sobre os olhos) interage com a amígdala para codificar os riscos e benefícios dos pedaços de subplanos para a meta considerada, por exemplo, se a loja de CDs é em uma vizinhança perigosa e ir até lá depois de escurecer talvez não seja uma boa ideia.

Iniciando ações: Gânglios basais

Dado que existem riscos e recompensas para cada ação, incluindo as maneiras de usar e partir para a ação, onde a escolha é feita? O córtex pré-frontal também interage com outro conjunto de estruturas subcorticais chamadas *gânglios basais*. Essa interação é crucial para realmente iniciar ações adequadas para metas.

A interação dos gânglios basais com o lobo pré-frontal envolve dois aspectos diferentes de buscar metas: seleção e troca.

- » **Seleção:** Como os gânglios basais funcionam como um circuito é uma das áreas menos entendidas de neurociência do sistema, apesar de sua importância em doenças como Parkinson e Huntington (explicadas na seção posterior "Quando Tiramos as Rodinhas: Distúrbios Motores"). A maioria dos modelos sugere que executem uma função "ou tudo ou nada" entre metas e submetas alternativas corticais em competição, que são simultaneamente ativadas em qualquer dada situação. Você pode querer o CD do Beethoven, mas pode estar cansado ou com fome ou com medo de ir à loja à noite. Em cada nível da hierarquia da submeta, a interação entre a atividade pré-frontal e os gânglios basais fazem uma meta ser selecionada, e as outras, inibidas.

- » **Troca:** Se você, por um acaso, está no caminho para a loja para comprar o CD do Beethoven e encontra um bando de cães selvagens, suas metas imediatas provavelmente mudarão consideravelmente. A mudança em suas metas imediatas requer mudanças em todas as suas submetas, além de, neste caso, a ativação das respostas autônomas de lutar ou fugir. Os gânglios basais também controlam esse tipo de troca de meta. Pelo menos parte desse controle é realizado por meio da conexão dos gânglios basais ao tálamo.

PAPO DE ESPECIALISTA

Os gânglios basais são estruturas filogeneticamente antigas que existem em vertebrados não mamíferos. Animais como sapos e lagartos também escolhem entre metas, mas suas escolhas são muito mais contidas pelas oportunidades e perigos imediatos. Mamíferos em geral, e primatas e humanos em particular, podem se engajar em metas complexas de longo prazo, com muitos passos e decisões e ocorrendo por dias, meses ou até anos. Essa capacidade é permitida pelo córtex pré-frontal, que adiciona sutileza, complexidade, adaptabilidade e perseverança (em períodos de tempo maiores que dias) na busca de metas para o sistema de gânglios basais mais instintivo e filogeneticamente mais antigo.

Os gânglios basais são um sistema de núcleos embutidos em um sistema maior de áreas corticais e subcorticais que mediam o controle motor (veja a Figura 10-2). Entradas de muitas áreas do neocórtex e do tálamo entram nos gânglios basais pela retransmissão por estruturas dos gânglios basais chamadas *caudado* e *putâmen*, que juntas são chamadas de *corpo estriado*, que projeta para três núcleos interconectados dentro do centro dos gânglios basais, chamados de *globo pálido*, *núcleo subtalâmico* e *substância negra* (no mesencéfalo). A saída desses três núcleos, particularmente do globo pálido, inibe áreas motoras por meio do tálamo.

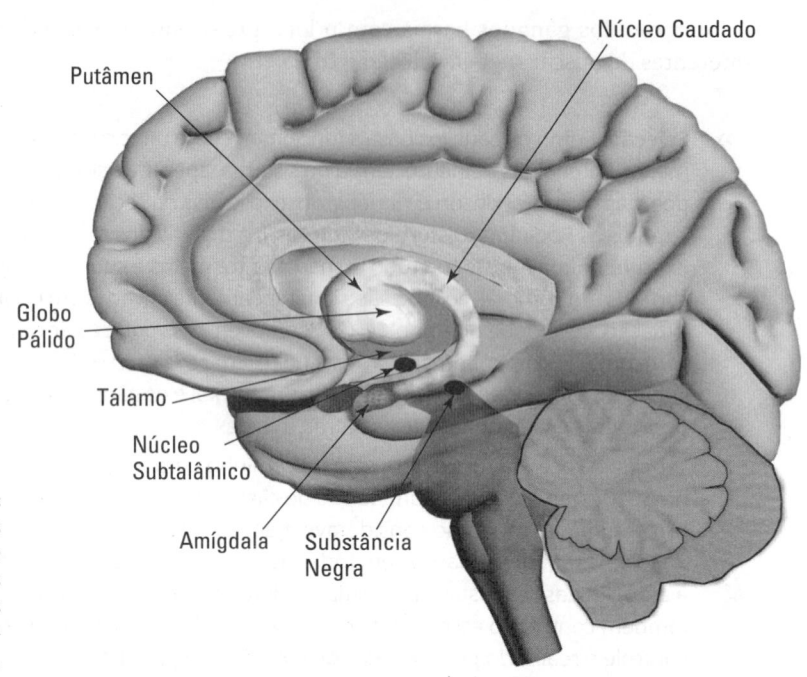

FIGURA 10-2: Os gânglios basais e estruturas cerebrais relacionadas.

Ilustração por Frank Amthor

LEMBRE-SE

A principal função do complexo dos gânglios basais é monitorar o status de muitos sistemas de planejamento motor cortical e inibir todos, exceto o principal a ser executado. Por exemplo, você normalmente não coçaria o nariz enquanto faz um forehand no tênis. Em geral, a maioria de nós só consegue fazer uma coisa de cada vez que requeira supervisão consciente contínua. A execução de tarefas duplas se deve ao fato de que uma ou ambas as tarefas são tão automáticas ou praticadas que podem ser feitas com pouco esforço consciente.

Em muitos casos, nossa habilidade de multitarefa aparente é realmente um caso de compartilhamento cíclico de tempo. Pense em dirigir e se envolver em uma conversa complexa. Você ouve ou fala por alguns segundos, então presta atenção na estrada e volta à conversa. Você pode fazer isso automaticamente mudando de uma tarefa para a outra em um intervalo de tempo de alguns segundos ou pode fazer isso ao deixar uma tarefa dominar e interromper a outra por breves períodos de tempo. Os gânglios basais são um dos principais controladores desse tipo de atividade.

No meio das coisas: Áreas suplementares e pré-motoras

Entre o córtex motor primário e o córtex pré-frontal estão duas áreas corticais que medeiam o sequenciamento de movimentos. A mais medial é a *área motora suplementar* (AMS); lateral a ela está o *córtex pré-motor* (CPM); veja a Figura 10-1 para visualizar essas áreas.

O córtex pré-motor: Aprendendo a fazer direito

O trabalho do córtex pré-motor é monitorar conscientemente sequências de movimento usando feedback sensorial. Depois que os gânglios basais e o córtex pré-frontal selecionaram a meta, o córtex pré-motor coordena os passos para alcançar essa meta. A atividade no córtex pré-motor lhe ajuda a aprender no que prestar atenção enquanto realiza uma sequência motora complicada e o que fazer quando ficar preso em um ponto específico.

Lembre-se de quando você aprendeu a escrever seu nome pela primeira vez quando criança. Cada letra era difícil, então você trabalhava arduamente para escrever cada letra, verificando sua forma enquanto seguia. Você também provavelmente tinha que verificar onde estava no nome, qual letra era a próxima e quanto espaço deixar entre as letras. Todo esse monitoramento requeria feedback sensorial considerável de seu sistema visual e até mesmo de sua mão e dedos. Embora seu cerebelo ajudasse um pouco enquanto praticava, no começo a escrita requeria concentração consciente e monitoramento considerável — e tudo isso ocorria no córtex pré-motor.

O córtex motor suplementar: Passando direto

Agora compare assinar um recibo de cartão de crédito hoje com aquela experiência de escrever seu nome na infância. Uma vez que você decide como escrever sua assinatura, realiza a tarefa quase inconscientemente e com rapidez. Na verdade, se pensar sobre as letras individuais que está escrevendo enquanto assina, provavelmente parará ou cometerá um erro. Anos de prática fazendo a mesma assinatura fizeram com que a sequência inteira fosse armazenada como um único pedaço executável de movimentos. Esse pedaço é amplamente armazenado na área motora suplementar.

O cerebelo: Onde você coordena e aprende movimentos

Mais uma estrutura subcortical merece ser mencionada: o cerebelo. O cerebelo recebe entrada sensorial de receptores periféricos, assim como de áreas pré-frontais e outras associações corticais, e projeta para o córtex motor primário.

O cerebelo é uma área de aprendizado e coordenação motora de alto nível. Quando você tenta fazer algo difícil pela primeira vez, como andar de bicicleta, comete vários erros não só no que faz, mas também na velocidade com que o faz. Ao monitorar seus erros e compará-los com os objetivos que estabeleceu, o cerebelo permite que você melhore com a prática. Ele também permite que você integre o que vê (como a rota da bola de tênis) com o que faz (a mecânica de uma batida específica adequada para enviar a bola para onde você quer que ela vá).

Embora o cerebelo pareça como um único "órgão" cerebral, consiste, na verdade, de três áreas bem diferentes com conexões diferentes:

» Na parte inferior, o *vestíbulo-cerebelo* executa correção de erros e aprendizado motor para equilíbrio, usando entradas dos canais semicirculares e do sistema visual.

» O cerebelo medial intermediário, também chamado de *espinocerebelo*, coordena o tempo de locomoção e a atividade do tronco.

» O *neocerebelo* lateral interage com a área pré-frontal e outras áreas corticais para aprender sequências gerais do plano.

Veja o Capítulo 9 para mais detalhes sobre essa estrutura cerebral.

Juntando tudo

Se você colocar alguém em um aparelho de ressonância magnética e pedir que essa pessoa execute uma série de movimentos de dedos que não praticou muito, verá a ativação de várias áreas pré-frontais, do córtex pré-motor e do córtex motor primário. Se pedir que o sujeito mova seus dedos de uma maneira que já praticou (como um praticante de LIBRAS soletrando uma palavra comum), a área motor suplementar, e não o córtex pré-motor, seria ativada primariamente.

A Figura 10-3 é um diagrama do sistema de controle motor do cérebro. Pense no subsistema gânglios basais/cerebelo intermediário/córtex motor primário como estando um nível hierárquico acima da espinha. A área motora suplementar e o córtex pré-motor são o próximo nível. Finalmente, o córtex pré-frontal e o circuito do cerebelo lateral formam mais um nível de controle. Lembre-se também de que o córtex pré-frontal é uma grande área com várias subdivisões, então a realidade é muito mais complicada que essa imagem.

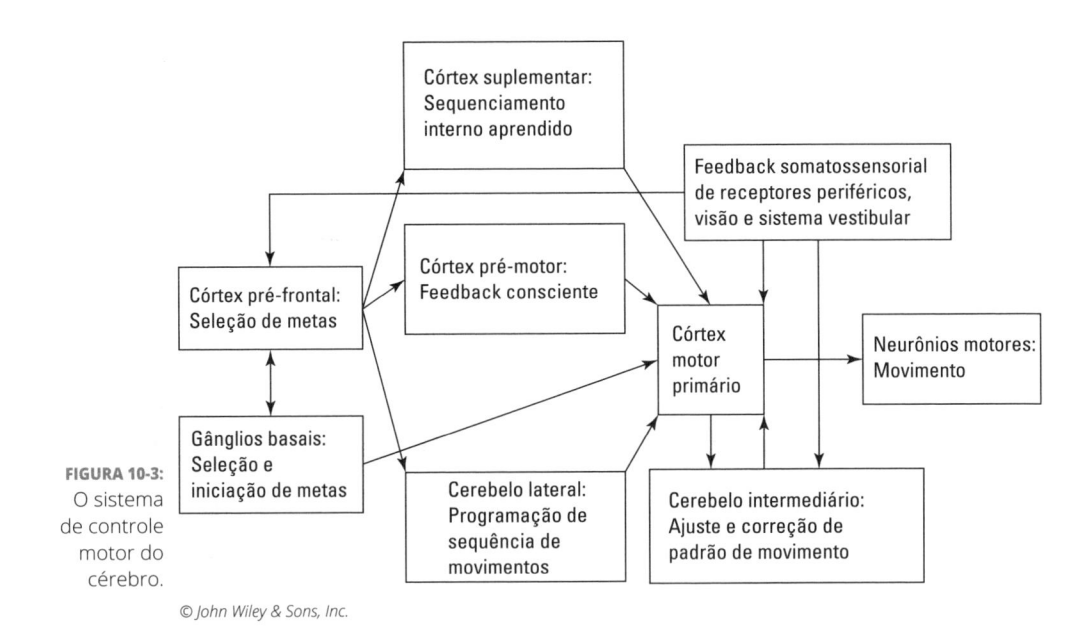

FIGURA 10-3: O sistema de controle motor do cérebro.

[Diagrama de fluxo mostrando:
- Córtex suplementar: Sequenciamento interno aprendido
- Feedback somatossensorial de receptores periféricos, visão e sistema vestibular
- Córtex pré-motor: Feedback consciente
- Córtex pré-frontal: Seleção de metas
- Córtex motor primário
- Neurônios motores: Movimento
- Gânglios basais: Seleção e iniciação de metas
- Cerebelo lateral: Programação de sequência de movimentos
- Cerebelo intermediário: Ajuste e correção de padrão de movimento]

© John Wiley & Sons, Inc.

Onde Estão os Neurônios de Vontade Própria?

No começo deste capítulo eu menciono as diferenças entre ações reflexivas que normalmente não podemos controlar e ações mediadas por nosso livre arbítrio. Como todas as ações são, por fim, executadas pelo disparo de uma sequência de neurônios motores, muitas pessoas acham que qualquer entidade que estiver no nível mais alto da hierarquia deve ser a personificação da seleção consciente. A pergunta é: nós podemos identificar essa entidade?

O que vem primeiro: O pensamento ou a ação?

Dr. Benjamin Libet, um neurocientista na Universidade da Califórnia, em São Francisco (USCF), conduziu uma famosa série de experimentos sobre o assunto na década de 1980. Esses experimentos eram controversos na época, e ainda o são. Neles, Libet pedia que os sujeitos sentassem calmamente observando um relógio especial e, *sempre que eles próprios decidissem*, movessem um pouco a mão enquanto notavam a posição do ponteiro do relógio. Ou seja, os sujeitos deveriam registrar o tempo quando decidissem mover as mãos. Enquanto realizavam a tarefa, Libet fazia registros elétricos de suas atividades cerebrais (EEGs).

Libet analisou os dados sobrepondo a posição do relógio aos traços dos EEGs para que pudesse comparar os EEGs aos momentos exatos em que os participantes diziam que tinham tomado a decisão de mover suas mãos. Eis o que os dados nos mostraram com segurança: desvios dos traços do EEG ocorreram tipicamente meio segundo antes de os sujeitos indicarem que decidiram mover suas mãos (esse desvio é normalmente chamado de *potencial de prontidão* e é mais forte sobre a área motor suplementar).

Em outras palavras, ao observar o traço do EEG, Libet podia dizer meio segundo antes que seus sujeitos fizessem a decisão de mover suas mãos que eles "livremente" tomaram a decisão de mover sua mão.

Contemplando os resultados do estudo

Os dados de Libet mostraram que a atividade cerebral precedia a consciência dos sujeitos de sua decisão de mover. O que esse resultado significa?

O que não significa é que Libet estava controlando a mente dos sujeitos do experimento. Ele estava apenas registrando sua atividade cerebral. Alguns sugeriram que o experimento mostra que o cérebro é meramente uma máquina e que o livre arbítrio é uma ilusão ou *epifenômeno* (um efeito colateral, como assumir que o barulho que um carro faz é na verdade o que o faz se mover).

O que o próprio Libet achou desse resultado? Sua interpretação citada com mais frequência é a de que o processo de decidir realizar uma ação, como mover sua mão, deve começar inconscientemente, mas um ponto de "veto" é alcançado, sobre o qual você tem controle consciente. Ou seja, uma mistura de ações em potencial borbulha em seu córtex até que, em um momento, os gânglios basais inibem todas as ações, exceto uma. Essa única ação recebe, então, todo o processamento cortical e, cerca de meio segundo depois, chega ao consciente.

Para os sujeitos no experimento, os potenciais de ação borbulhando em seus córtices incluíam uma variedade de ações possíveis, como mover suas mãos, levantar e ir embora, olhar pela janela, e assim por diante. Então os gânglios basais inibiam todas as ações, exceto mover a mão, que recebia todo o processamento cortical e chegava à consciência, momento em que tomavam a decisão de mover as mãos e marcar o tempo.

Ninguém acredita que esse experimento coloque a consciência nos gânglios basais ou no córtex motor suplementar (onde o potencial de prontidão é mais forte). O que a maioria dos neurocientistas acredita é que a percepção comum de uma hierarquia linear da decisão consciente de disparar neurônios motores não é convincente. Somos todos uma massa de impulsos e inibições que são produtos de nossas constituições e experiências.

Você ainda é responsável!

Se nenhum controlador central consciente controla o que fazemos, como podemos ter responsabilidade por nossas ações?

A responsabilidade decorre do fato de que o momento de decisão consciente antes da ação conjura memórias e processos de pensamento racionais que envolvem todo o cérebro e nos permitem fazer alguma previsão das consequências do que estamos prestes a fazer. Como essa racionalidade preditiva deriva de nosso cérebro como um sistema, é robusta e envolve nossos valores morais e culturais.

Mas então o processo de veto — quando os gânglios basais inibem todas as ações exceto a que tomaremos — é realmente consciente? Sem tentar definir a própria consciência, o que os pesquisadores dizem é que o processo de veto ativa grandes áreas cerebrais e que você está consciente disso. Como essa atividade contínua alcança sua consciência, a "escolha" — ou seja, a ação não inibida — é informada pelo seu histórico, que inclui suas experiências, suas memórias e seus valores. Só isso não significa que qualquer decisão que você faça seja realmente "livre", mas é uma escolha informada, em vez de subconsciente ou reflexiva, na qual você pesa alternativas e seus custos e benefícios.

Você ainda pode ignorar impulsivamente os custos de certas escolhas ou fazer más escolhas, apesar de estar totalmente consciente das consequências. Mas você pelo menos está geralmente consciente disso, e praticar a autodisciplina e a introspecção claramente melhora sua habilidade de fazer boas escolhas. De forma interessante, anormalidades no lobo frontal, particularmente no córtex orbitofrontal, parecem reduzir a capacidade de uma pessoa de fazer escolhas inteligentes sem reduzir a capacidade de fazer cálculos mentais dos custos e benefícios delas.

Descobrindo Neurônios Novos (e Estranhos)

Um dos princípios fundamentais da neurociência é a *doutrina neuronal*. Ela diz o seguinte:

» Neurônios são as unidades estruturais do cérebro.

» Neurônios, embora especializados em alguns casos, operam por princípios biofísicos comuns.

» O poder do cérebro de pensar e controlar o comportamento é principalmente uma propriedade de circuito das interconexões dentro do sistema nervoso.

Uma verdade óbvia da doutrina neuronal é a de que você não deve esperar que os cérebros sejam primariamente distintos por ter tipos únicos de células, mas por ter diferentes circuitos. Em geral, isso é verdadeiro: os tipos neuronais básicos são bem antigos evolucionalmente. Na retina, por exemplo, as mesmas cinco classes básicas de células existem em espécies vertebradas, de sapos a humanos.

No entanto, houve descobertas de neurônios que, embora não únicos a humanos, aparecem apenas em animais com cérebros grandes, como humanos, macacos e, em alguns casos, baleias. As seções seguintes discutem dois tipos neuronais "estranhos": neurônios-espelho e neurônios von Economo.

Neurônios-espelho

Uma das descobertas neurais mais animadoras das últimas duas décadas é a dos *neurônios-espelho*. Eles são neurônios visuais que disparam não só quando um macaco está realizando uma tarefa que requer feedback visual, mas também quando ele observa um humano ou outro macaco realizando a mesma tarefa.

Pesquisadores registraram neurônios-espelho em macacos na área motora suplementar (AMS) e no córtex pré-motor (CPM), assim como no lobo parietal anterior. Esses neurônios ficaram ativos quando os macacos realizaram manipulação manual de tarefas que exigiam feedback visual (a área motor suplementar e o córtex pré-motor estão claramente envolvidos em coordenação motora). O que chocou os pesquisadores foi que esses neurônios eram ativados não só quando os macacos realizavam a tarefa para a qual foram treinados, mas também quando assistiam ao pesquisador realizar a tarefa no treinamento (uma descoberta que foi feita acidentalmente por Rizzolatti e colegas na Universidade de Parma, na Itália).

As propriedades básicas de neurônios-espelho foram replicadas em muitos laboratórios e foram estendidas para o domínio do áudio (neurônios-espelho respondem ao som de tarefas específicas que fazem barulho, como operar uma manivela de moagem). Experimentos de imagem cerebral em humanos também mostraram padrões de ativação fazer-e-ver nas mesmas áreas que os registros de célula individual em macacos.

A função dos neurônios-espelho é incerta, mas estas são algumas hipóteses:

» Eles podem auxiliar no aprendizado de tarefas, fornecendo um substrato com o qual um primata pode aprender pela imitação.

» Podem participar em um circuito neural pelo qual um macaco (ou humano) pode entender o propósito da ação do outro. Essa sugestão é relacionada à ideia de uma *teoria da mente* pela qual humanos (e talvez primatas superiores) entendam as ações dos outros como sendo intencionais e com propósito, ou psicológicas, em vez de um resultado da física comum.

PAPO DE ESPECIALISTA

Esta ideia levou a certa especulação de que alguma deficiência nesse sistema do neurônio-espelho poderia estar associada com a tendência autística da falta de empatia, de tratar os outros como se fossem objetos inanimados, em vez de entidades similares à própria, cujos sentimentos podem ser feridos, e as metas, frustradas — uma ideia que ainda é controversa. Algumas tentativas foram feitas para "tratar" pessoas com autismo ao estimular áreas cerebrais onde residem os neurônios-espelho usando técnicas como a estimulação magnética transcraniana (EMT: uso de um campo magnético pulsado e focado gerado fora da cabeça para afetar a atividade cerebral em áreas específicas).

» O sistema do neurônio-espelho pode estar envolvido no aprendizado da linguagem, durante o qual, ao longo dos anos, as crianças imitam constantemente a fala que ouvem ao seu redor. Alguns cientistas postulam que o sistema do neurônio-espelho permitiu a linguagem humana ao fornecer uma representação suficiente de comportamento complexo (linguagem) que poderia ser imitado e, então, dominado.

Como os neurônios-espelho são encontrados em várias áreas cerebrais e, portanto, quase nunca são eliminados por uma única lesão, confirmar ou refutar quaisquer dessas funções sugeridas é muito difícil. (Se existissem em apenas uma área, os pesquisadores poderiam estudar mais facilmente se o dano àquela área afetou negativamente qualquer uma dessas capacidades.)

Neurônios von Economo

Os tipos neuronais básicos encontrados em cérebros de mamíferos são evolucionariamente antigos. Uma seção do córtex motor do rato parece muito com uma seção do córtex auditivo humano, por exemplo. Neuroanatomistas geralmente não encontraram diferenças em cérebros de mamíferos no nível de tipos celulares únicos.

Mas então há os neurônios *von Economo* (VENs).

Onde esses neurônios são encontrados

Esses neurônios, nomeados em homenagem ao neurologista romeno Constantin von Economo, também são chamados de *células fuso*. Eles parecem ser células piramidais corticais grandes demais que têm uma árvore dendrítica excepcionalmente escassa (ou seja, têm relativamente poucas ramificações), mas têm conexões axoniais extensas pelo cérebro. Eis a parte interessante:

» Esses neurônios são encontrados apenas em humanos e grandes macacos (chimpanzés, gorilas e orangotangos), algumas baleias e golfinhos, e elefantes. São mais comuns em humanos do que em qualquer outra espécie.

» São encontrados apenas em duas regiões do cérebro: no córtex cingulado anterior (acredita-se ser uma área de controle executivo em relação a outras áreas corticais) e no córtex insular frontal e pré-frontal dorsolateral, que são também áreas de controle executivo.

Especulação sobre o que esses neurônios fazem

Uma especulação considerável ocorreu sobre se os neurônios von Economo são simplesmente uma variante estrutural extrema das células piramidais normais (a principal classe celular cortical envolvida em conexões de longa distância; veja o Capítulo 2) necessitadas por cérebros de tamanho grande, ou se têm alguma função e fisiologia únicas. Sua função é desconhecida. Algumas evidências indiretas indicam que são particularmente comprometidos no Alzheimer e em outros tipos de demência, mas isso pode ser um efeito, e não uma causa.

Alguns pesquisadores especulam que, dadas projeções extensivas, neurônios von Economo ligam várias áreas corticais. A vantagem de fazer isso com algumas células especializadas, em vez de várias (como é normal), poderia ser a de que os potenciais de ação de alguns neurônios von Economo seriam sincronizados em diferentes áreas corticais porque surgiram de uma única célula. Disparo neural sincronizado foi implicado como um mecanismo de atenção, porque os potenciais de ação chegando em alvos pós-sinápticos são muito mais eficazes se ocorrerem ao mesmo tempo, em vez de quando estão fora de fase. A ideia básica é a de que, entre todo esse disparo de fundo no cérebro, aqueles neurônios conduzidos por neurônios von Economo disparando sincronizadamente formem um conjunto autorreforçador que surja acima do ruído e alcance a atenção.

Se a função e fisiologia de neurônios von Economo possibilitaram de alguma forma única a autoconsciência, por exemplo, isso produziria uma revolução na neurociência. Também poderia mudar profundamente a maneira pela qual as pessoas veem outras espécies em que esse neurônio é encontrado. O juri ainda não tomou uma decisão sobre isso.

Quando Tiramos as Rodinhas: Distúrbios Motores

Nossa habilidade de nos mover pode ser comprometida por dano ou doença que afete qualquer neurônio na cadeia de controle do córtex pré-frontal até os neurônios-motor alfa que saem da raiz ventral da medula espinhal e estimulam músculos.

Miastenia grave

A miastenia grave (MG) é uma doença autoimune que ocorre quando anticorpos bloqueiam receptores de acetilcolina na extremidade da placa motora da junção neuromuscular, interferindo com a ligação da acetilcolina aos receptores e, eventualmente, os destruindo. Os sintomas iniciais de MG incluem fraqueza muscular e fadiga, e normalmente envolvem músculos que controlam o olho e o movimento de pálpebras, expressões faciais, mastigação, deglutição e geração de fala. Depois afeta músculos respiratórios e músculos que controlam movimentos dos membros e do pescoço.

Imunossupressores às vezes são usados para reduzir a resposta imune em MG. A remoção da glândula timo também alivia sintomas ao reduzir respostas imunes.

Danos à medula espinhal e ao cérebro

O tipo mais comum de paralisia deriva do dano na medula espinhal que serve os axônios dos neurônios motores superiores primários indo do córtex à sinapse nos neurônios motores alfa inferiores que conduzem os músculos. Neurônios sensoriais vindo dessas áreas do corpo ao cérebro também são similarmente afetados. Se o dano na medula espinhal é abaixo dos segmentos espinhais cervicais, o resultado típico é a *paraplegia*, em que o controle das pernas é perdido, mas o controle dos braços e mãos permanece. Danos em níveis mais altos podem produzir *tetraplegia*, perda do controle dos quatro membros. Quando esses axônios são rompidos por um dano, eles não crescem de volta, e um grande segmento de toda a pesquisa em neurociência hoje está tentando entender o porquê.

Dano central pode produzir efeitos mais sutis, mas igualmente debilitantes. Danos a áreas do lobo frontal que controlam o movimento podem resultar em paralisia parcial ou *paresia* (fraqueza, em vez de paralisia total). Dano ao lobo parietal pode resultar em *apraxia*, a inabilidade de executar movimentos especializados, enquanto alguns controles permanecem, embora desajeitados.

Degeneração dos gânglios basais

Deficiências motoras podem também resultar da degeneração nos gânglios basais. Duas degenerações relativamente comuns e bem conhecidas são o mal de Parkinson e de Huntington.

Mal de Parkinson

A degeneração (especificamente a perda das células dopaminérgicas) da substância negra causa o mal de Parkinson (veja a Figura 10-2). A substância negra é parte do sistema de gânglios basais (veja a seção anterior "Planejando, corrigindo, aprendendo: Córtex pré-frontal e processadores subcorticais" para saber mais sobre o papel dos gânglios basais no movimento). Essa doença é caracterizada por uma rigidez postural encurvada e dificuldade de iniciar movimentos ou mudar a maneira de andar.

Tentativas na metade do século XX foram feitas para tratar a doença injetando dopamina naqueles com o mal, mas essa opção de tratamento foi ineficaz porque a dopamina não cruza a barreira hematoencefálica. No entanto, o precursor metabólico na produção celular da dopamina, L-dopa, *cruza* essa barreira e fornece alívio considerável, mas apenas temporário, dos sintomas.

Tratamentos com L-dopa eventualmente param de funcionar porque as células que convertem L-dopa em dopamina param de funcionar ou morrem. Nas últimas duas décadas, sucesso considerável foi alcançado em aliviar os sintomas do mal de Parkinson com uma técnica chamada *estimulação cerebral profunda* (ECP). A ECP parece ser mais eficaz quando o eletrodo de estímulo é colocado no núcleo subtalâmico, em vez de na substância negra. Pesquisadores ainda não têm certeza do porquê de essa localização ser melhor, e essa incerteza enfatiza uma falta da compreensão total do complexo do circuito dos gânglios basais e sua relação com suas conexões para o tálamo e neocórtex.

Doença de Huntington

A doença de Huntington envolve a degeneração de células no corpo estriado (caudado e putâmen, os núcleos de entrada para os gânglios basais). É hereditária, de início tardio e, de algumas maneiras, tem sintomas opostos aos do mal de Parkinson.

Enquanto o paciente com Parkinson tem problemas para iniciar movimentos ou sequências de movimentos, os pacientes de Huntington exibem movimentos incontroláveis, como contorções e giros. O termo *coreia* no nome original dessa doença (coreia de Huntington) é relacionado à palavra "dança", descrevendo movimentos incontroláveis e contínuos parecidos com uma *dança* em pacientes com Huntington.

> **NESTE CAPÍTULO**
>
> Entendendo o papel do sistema nervoso autônomo
>
> Entrando nos detalhes dos subsistemas simpático e parassimpático
>
> Examinando ritmos circadianos, ciclos de sono e os diferentes estágios do sono
>
> Abordando distúrbios do sono e distúrbios do sistema nervoso autônomo

Capítulo 11

Ações Inconscientes com Grandes Implicações

Embora todos estejamos familiarizados com nossos sentidos da visão, audição, tato, paladar e olfato, que nos contam sobre o mundo à nossa volta, também temos sentidos menos conhecidos que nos contam sobre o mundo dentro de nós. Esses sentidos detectam e regulam coisas como nossa temperatura corporal, batimento cardíaco, sede, fome e estado de vigília. Muitas dessas funções reguladas internamente são parte do que é chamado *homeostase*, a manutenção ativa de vários aspectos do estado interno de nosso corpo.

As funções homeostáticas do sistema nervoso surgiram antes de todas as habilidades cognitivas superiores que foram ativadas pelo cérebro. Até invertebrados, como moluscos, vermes e insetos, têm sistemas nervosos que regulam processos metabólicos como a digestão. Essas funções homeostáticas são necessárias para as células do corpo viverem. Até disfunções pequenas nesses mecanismos reguladores podem comprometer rapidamente a saúde e, se qualquer um falhar, a morte normalmente vem rápido.

A maioria dessas funções é mediada pelo sistema nervoso autônomo, que em vertebrados é distinto dos sistemas nervosos central ou periférico. Este capítulo examina como o sistema nervoso autônomo funciona, incluindo seu envolvimento na regulação do sono, uma função homeostática altamente necessária, mas pouco compreendida.

Trabalhando nos Bastidores: O Sistema Nervoso Autônomo

Embora tendamos a pensar que o cérebro é um órgão que produz pensamento e inteligência, ele também controla vários aspectos do metabolismo corporal, como frequência cardíaca, respiração, temperatura e ritmos circadianos. Geralmente não estamos conscientes das ações desses processos regulatórios. Em animais primitivos, como invertebrados, essas funções regulatórias são mediadas por cooperação de coleções de neurônios chamados gânglios. Em animais muito cerebrais, como mamíferos, essas funções regulatórias são mediadas por partes inferiores (caudais) do cérebro, como o tronco cerebral e a medula espinhal.

Os componentes regulatórios do sistema nervoso central interagem com o que é essencialmente outro sistema nervoso, o *sistema nervoso autônomo*. Ele é, na verdade, um sistema duplo, porque tem dois componentes, chamados ramos *simpático* e *parassimpático*, que agem em oposição um ao outro. As seções seguintes explicam o que é o sistema nervoso autônomo, o que ele faz e como funciona.

Entendendo as funções do sistema nervoso autônomo

Seu corpo faz muitas coisas das quais você geralmente não está ciente. Eis aqui apenas alguns exemplos; há muitos processos mais, quase numerosos demais para mencionar:

» Seu coração bombeia sangue por sua vasculatura (a vasta rede de vasos sanguíneos correndo pelo seu corpo e órgãos), carregando oxigênio e nutrientes para lá e retirando detritos da vizinhança de cada célula viva em seu corpo.

» Você transpira em um dia quente ou quando se exercita.

» Seu sistema digestivo processa comida para extrair nutrientes e, então, para eliminar os detritos que não podem ser usados. Seus rins filtram outros detritos.

Combinando os níveis de atividade de órgãos diferentes

Por todo o corpo, vários órgãos produzem, filtram e circulam substâncias essenciais que, no fim, são consumidas ou liberadas por células para serem removidas. Para funcionar eficientemente, os órgãos devem funcionar cooperativamente. Por exemplo, quando você transpira para eliminar o excesso de calor, seus rins devem acompanhar a perda de água para manter seus fluidos corporais em equilíbrio. O volume de fluxo sanguíneo precisa ser suficiente para circular qualquer nutriente e detrito conforme a necessidade.

Assim, uma função do sistema nervoso autônomo é combinar os níveis de atividade de diferentes órgãos para equilibrar várias planilhas de balanço de entrada/saída para consumíveis e detritos de células. Essas demandas são complexas o suficiente, mas não são a única coisa que o sistema nervoso autônomo faz.

Deixando-nos mudar entre estados calmos e ativos

A vida consiste em mais do que a digestão. Precisamos nos mover, às vezes bem rapidamente. Com movimentos rápidos, o máximo de sangue possível precisa ir aos músculos, e a frequência cardíaca e a respiração precisam acelerar para combinar com as exigências de metabólitos dos músculos, não as do sistema digestivo.

DICA

Você pode pensar sobre a dualidade dentro do sistema autônomo como correspondendo ao nosso corpo estando em dois estados principais:

» Um estado homeostático tranquilo no qual conservamos recursos energéticos e alocamos e distribuímos eficientemente energia, nutrientes e detritos.

» Um estado competitivo ativo no qual suprimimos a homeostase e alocamos todos os recursos que pudermos para a atividade energética para ganhar ou evitar perder alguma competição, mesmo se ficarmos esgotados e tivermos que "compensar" a energia e o rompimento do mecanismo homeostático mais tarde.

Nosso corpo muda do estado de manutenção homeostática, que existe quando as coisas estão calmas, para o estado competitivo, ativo quando estamos sob ameaça ou buscando comida ou um companheiro.

Dividindo e conquistando: Subsistemas simpático e parassimpático

O sistema nervoso autônomo é dividido em subsistemas *simpático* e *parassimpático* (veja a Figura 11-1). Como você pode ver na Figura 11-1, muitos efeitos do subsistema simpático parecem ser o oposto dos efeitos do parassimpático. Considere estes exemplos:

Subsistema parassimpático	Subsistema simpático
Contrai a pupila	Dilata a pupila
Estimula a salivação	Inibe a salivação
Estimula a digestão	Inibe a digestão
Contrai a bexiga	Relaxa a bexiga
E assim por diante...	E assim por diante...

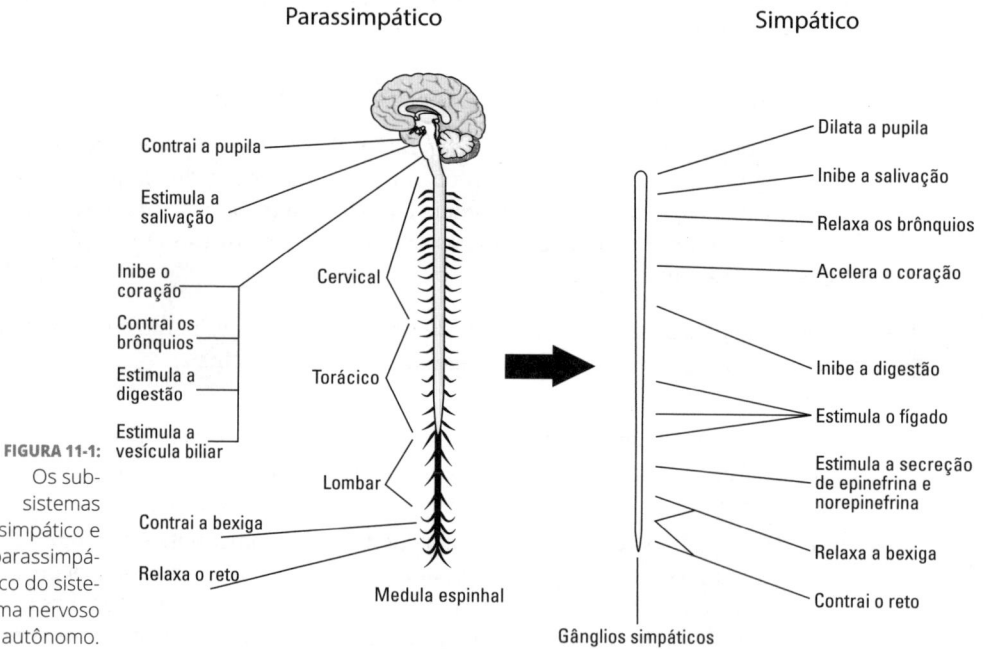

FIGURA 11-1: Os subsistemas simpático e parassimpático do sistema nervoso autônomo.

© John Wiley & Sons, Inc.

LEMBRE-SE

Por que o sistema nervoso autônomo tem essa estrutura de oposição dupla? Imagine que, como seus ancestrais, você tivesse que perseguir seu almoço antes de comê-lo. O sistema simpático "lutar ou correr" aumentaria a frequência cardíaca e a respiração (entre outras coisas) e desviaria o fluxo sanguíneo para longe do sistema digestivo para os músculos esqueléticos para permitir que você esteja muito ativo. Depois de pegar sua refeição, seria hora de se sentar e comê-la. O sistema parassimpático diminuiria seu metabolismo geral e direcionaria o fluxo sanguíneo para seu sistema digestivo, permitindo que extraia os nutrientes de que precisa da sua caça bem-sucedida. Todos os animais vertebrados têm uma versão similar desse sistema dual.

Ambos os subsistemas envolvem neurônios em segmentos espinhais específicos ou em nervos cranianos que usam a acetilcolina como neurotransmissor.

O subsistema simpático: Lutar ou correr

Respostas de lutar ou correr são uma terminologia de abreviação para qualquer atividade que requeira atividade muscular voluntária de alto metabolismo. A necessidade percebida de se engajar em tal atividade, como ver um urso se aproximando, ativa a divisão simpática do sistema nervoso autônomo.

Essa divisão consiste de neurônios localizados nos segmentos torácico e lombar da medula espinhal (veja a Figura 11-1). Esses *neurônios colinérgicos* (neurônios que usam acetilcolina como neurotransmissor) fazem sinapse em neurônios nos gânglios simpáticos, um sistema de neurônios fora da medula espinhal correndo quase em paralelo a ela. Neurônios nos gânglios simpáticos fazem sinapse em órgãos-alvo, como o coração, pulmões, vasos sanguíneos e trato digestivo. Esses neurônios de segunda ordem usam a noradrenalina (norepinefrina) como neurotransmissor.

Um alvo simpático adicional é a medula adrenal. Neurônios pós-sinápticos de lá liberam uma pequena quantidade de epinefrina e norepinefrina na corrente sanguínea. A liberação de norepinefrina produz efeitos muito rápidos, de modo que apenas uma pequena quantidade de epinefrina precisar ser liberada para equilibrar o sistema.

O subsistema parassimpático: Está tudo bem!

A divisão parassimpática consiste de neurônios localizados no tronco cerebral e na medula espinhal sacral, que também usam acetilcolina como neurotransmissor. Esses neurônios fazem sinapse diretamente em neurônios em vários gânglios perto dos órgãos-alvo, como o coração. Esses neurônios ganglionares também usam acetilcolina como neurotransmissor. Os receptores do órgão-alvo para esses gânglios parassimpáticos têm receptores muscarínicos, um tipo de receptor metabotrópico para acetilcolina (veja o Capítulo 3).

Controlando o sistema nervoso autônomo

Ambas as divisões do sistema nervoso autônomo têm feedback sensorial dos órgãos-alvo. Esse feedback neural é usado em circuitos de controle da medula espinhal local. O controle geral do sistema autônomo, particularmente o equilíbrio entre as divisões simpática e parassimpática, vem de níveis superiores que incluem o hipotálamo e a glândula pituitária, também chamada hipófise, assim como o tronco cerebral.

Obtendo feedback sensorial de órgãos-alvo

Assim como temos receptores para coisas fora do corpo, como detectores de luz (fotorreceptores) na retina, temos sensores dentro do corpo que detectam coisas como pressão sanguínea, temperatura e níveis de dióxido de carbono. Essa informação é usada para manter a homeostase.

A artéria carótida no pescoço, por exemplo, tem receptores (chamados *barorreceptores*, no seio carotídeo) que sentem a pressão sanguínea. Esses receptores enviam sinais de pressão alta através do nervo vago para o núcleo do trato solitário (NTS) na medula do tronco cerebral. O NTS projeta localmente ao núcleo ambíguo e ao núcleo vagal, que libera acetilcolina como parte do sistema parassimpático para desacelerar o coração.

Outro exemplo é a regulação de temperatura. Termorreceptores no hipotálamo respondem a temperaturas baixas ou altas do corpo enviando sinais para neurônios motores autônomos para produzir respostas como tremores ou suor. O hipotálamo também recebe entrada sensorial de temperatura de receptores de temperatura na pele, cuja atividade é retransmitida pela medula espinhal para o hipotálamo.

O hipotálamo: Controlando os subsistemas simpático e parassimpático

Um controlador importante do sistema nervoso autônomo é o hipotálamo. Ele é, na verdade, um conjunto de núcleos que ficam abaixo do tálamo. O hipotálamo está envolvido no controle de funções corporais, como fome, sede, temperatura corporal, fadiga e ritmos circadianos.

ATIVANDO O HIPOTÁLAMO

O hipotálamo é controlado ou ativado por projeções de áreas cerebrais abrangentes, incluindo as seguintes:

» **Medula:** Entradas da medula ventrolateral carregam informações do estômago e do coração.

» **Amígdala e hipocampo:** Entradas da amígdala são normalmente associadas a memórias de eventos aterrorizantes que ativam a divisão nervosa simpática do sistema autônomo via hipocampo. Há uma grande entrada do hipocampo para o corpo mamilar do hipotálamo, que permite que outros componentes da memória o modulem, incluindo lembranças de cheiros.

» **Núcleo do trato solitário:** Comunica entradas viscerais e de paladar que controlam o comportamento alimentar.

» **Lócus coeruleus, ou cerúleo:** É o produtor principal de norepinefrina no cérebro. O hipotálamo projeta para o lócus coeruleus, ou cerúleo, um local de liberação de norepinefrina, e recebe retorno de projeções do lócus coeruleus sobre o nível de secreção de norepinefrina (que também é modulada por outras entradas).

» **Córtex orbitofrontal:** A entrada orbitofrontal é associada com reações fisiológicas para recompensa e punição.

Alguns desses sinais são subconscientes, mas você é consciente de outros. Por exemplo, se fica com medo ao assistir a um filme de terror, você está consciente da resposta de lutar ou correr sendo ativada: você fica tenso, seu coração acelera, e você pode começar a suar.

LEMBRE-SE

A ativação provavelmente ocorre em vários circuitos neurais de baixo nível, e é tão rápida, que a resposta de lutar ou correr entra em ação antes de você notá-la. Um grande psicólogo americano, William James (1842–1910), apontou que a ordem dos fatores não é ver um urso, ficar com medo e correr, mas, sim, ver um urso, correr e depois ficar com medo. No entanto, algumas hipóteses atuais defendem que as reações cognitiva e autônoma ocorrem simultaneamente.

LIBERANDO NEURO-HORMÔNIOS

Como já mencionado, para que o hipotálamo e, por sua vez, o sistema nervoso autônomo sejam ativados adequadamente, precisa ocorrer uma integração complexa de sinais do sistema nervoso central.

Por exemplo, ao ver um urso, o sistema simpático deve ser ativado com base em coisas como seu medo de urso, memória do abrigo mais próximo para o qual pode correr e armas em potencial que possa usar. O sistema simpático deve, então, aumentar os componentes interagentes associados com o fluxo sanguíneo, como frequência cardíaca e dilatação vascular, e combinar a saída do pulmão ao maior fluxo sanguíneo, aumentando a respiração e dilatando os brônquios. Enquanto isso, a maioria dos sistemas aumentados pelo sistema parassimpático deve ser inibida, como o digestivo, e funções do fígado e da vesícula biliar. Durante o tempo em que você está correndo, sua temperatura corporal aumenta, e isso é compensado pelo suor. Se correr por um longo período, consome a maioria da glicose disponível em sua corrente sanguínea e começa a metabolizar lactato.

Uma maneira pela qual os núcleos do hipotálamo exercitam esse controle é pela secreção de *neuro-hormônios* (liberação hipotalâmica de hormônios), que agem na glândula pituitária, ou hipófise, na base do cérebro, para liberar hormônios pituitários específicos. Alguns dos numerosos hormônios secretados pelo hipotálamo incluem os seguintes:

» **Vasopressina:** Um hormônio peptídeo, a vasopressina controla a permeabilidade dos túbulos renais para ajudar a reabsorver e conservar substâncias necessárias no sangue, particularmente água, ao concentrar a urina. Também contrai a vasculatura periférica, aumentando a pressão sanguínea arterial.

» **Somatostatina:** Há dois peptídeos da somatostatina, ambos agem no interior do lobo da pituitária. Esses peptídeos inibem a liberação de hormônios estimulantes da tireoide e de crescimento quando seus níveis estão muito altos. A somatostatina também reduz as contrações do músculo liso no intestino e suprime a liberação de hormônios pancreáticos.

» **Oxitocina:** Foi conhecida primeiro por seu papel na reprodução feminina, disparando a distensão do cérvix e do útero e estimulando a amamentação. A oxitocina sintética (Pitocina) às vezes é administrada durante o parto para acelerar o processo de nascimento. Níveis circulantes de oxitocina também afetam comportamentos maternais como reconhecimento social, afinidades de pares e o orgasmo feminino. Dar Pitocina a homens também mostrou aumentar o comportamento socialmente cooperativo.

» **Hormônios reguladores do crescimento:** O hipotálamo também controla a liberação de vários hormônios reguladores do crescimento, alguns dos quais também são controlados pela liberação da somatostatina. Hormônios do crescimento como a somatotropina têm efeitos diretos na redução da absorção de lipídios (gordura) por células e efeitos indiretos na promoção do crescimento de ossos.

Sinais de cruzamento: Quando o sistema nervoso autônomo erra

Respostas simpáticas de lutar ou correr desviam os recursos corporais de mecanismos homeostáticos necessários, como a digestão, para permitir esforço muscular voluntário rápido e prolongado. Entretanto, se esse desvio é constante e excessivo, há um preço a pagar. Estresse crônico é um nome normalmente dado à superativação contínua do sistema simpático. Os efeitos fisiológicos específicos da superativação do sistema nervoso simpático do estresse crônico incluem:

» Supressão do sistema imunológico
» Redução do crescimento (devido à supressão dos hormônios do crescimento)
» Problemas para dormir
» Disfunção de memória

Muitos desses sintomas estão associados com altos níveis circulantes de cortisol, liberado pela glândula adrenal.

A resposta ao estresse crônico, tanto em forma quanto em quantidade, pode diferenciar consideravelmente entre indivíduos. Em mulheres, o acúmulo de gordura em volta da cintura frequentemente acompanha o estresse crônico, enquanto que homens experimentam uma redução na libido e o risco de disfunção erétil. Ambos os sexos podem experienciar depressão, queda de cabelo, doença cardíaca, ganho de peso e úlceras. Até alcoolismo e fibromialgia foram ligados ao estresse crônico. Esses problemas podem ocorrer mesmo se nenhuma ameaça real estiver presente no ambiente. Luz ou barulho excessivo, sentimentos de aprisionamento e subordinação social podem induzir ao estresse. Ele também pode adicionar problemas de sono e outros problemas de saúde.

A partir dos problemas causados pelo estresse crônico, não conclua que todo estresse é ruim. A baixa estimulação em um ambiente pobre e tedioso mostrou ter efeitos negativos no aprendizado e desenvolvimento, e alguns estudos recentes até sugeriram que ambientes intensos diminuem o ritmo de crescimento de tumores cancerígenos.

De muitas maneiras, o estresse psicológico é como o exercício. Exercício moderado ajuda os músculos a se adaptarem, ficando mais fortes. Quando o exercício é severo demais ou um tempo inadequado é reservado para a recuperação, podem ocorrer inflamação e danos duradouros para articulações, ligamentos e tendões. O estresse funciona do mesmo jeito. Humanos (e todos os animais) evoluíram para lidar e responder adequadamente a uma quantidade moderada de incerteza em seus ambientes.

Bons Sonhos: O Sono e os Ritmos ou Ciclos Circadianos

Todos os animais com cérebro avançado, como todos os vertebrados e até cordados como tubarões, dormem. Você pode pensar que dormir é um tempo de ficar confortável com seu travesseiro favorito e cobertor confortável, mas dormir é, na verdade, um estado do cérebro e do corpo em que a consciência fica ausente ou severamente reduzida, mas a atividade cerebral permanece. Não é o mesmo que a hibernação ou o coma.

Embora todos os mamíferos e a maioria dos peixes, répteis e anfíbios durmam, ninguém sabe realmente por quê. Hipóteses variam de uma necessidade de conservar energia a alguma vantagem em ficar escondido e parado à noite para evitar predadores. E nenhuma teoria para a *função* do sono que foi proposta está próxima do universalmente aceitável.

Apesar da falta de uma explicação clara para uma proposta primária para o sono, é claro que coisas importantes acontecem durante este. Também é claro que há diferentes tipos de sono (estágios) e que a privação deste produz efeitos nocivos, como disfunção cognitiva. As seções a seguir têm os detalhes.

Sincronizando o relógio biológico com exposição à luz

Uma coisa sobre o sono que os cientistas entendem relativamente bem é como ele é controlado. O ciclo sono-vigília é um ritmo ou ciclo circadiano baseado na sincronização entre um "relógio" biológico intrínseco e a exposição à luz do dia.

O relógio consiste de um conjunto de células interconectadas em um núcleo do hipotálamo chamado *núcleo supraquiasmático* (NSQ), que significa "núcleo acima do quiasma". Embora a atividade dessas células controle o ritmo ou ciclo circadiano geral em humanos e todos os outros vertebrados, essas células também existem em organismos primitivos e em entidades unicelulares, como as algas.

PAPO DE ESPECIALISTA

Uma função de tais ritmos ou ciclos em organismos unicelulares é evitar a replicação de DNA durante alta exposição à luz ultravioleta durante o dia. Outra pode ser ganhar uma vantagem sobre outros organismos, tornando-se mais ativo logo antes do amanhecer, em vez de esperar pela luz em si.

Ciclos ou ritmos circadianos em células são controlados por uma rede genética. Um jogador crucial na rede é a proteína PER, cujos níveis variam em um ciclo de 24 horas. A expressão de PER e algumas outras proteínas do relógio, como CRY, é controlada por outra proteína, chamada CLOCK-BMAL. No ciclo ou ritmo circadiano, os níveis de PER sobem, e em seguida seu promotor CLOCK-BMAL é inibido, e então os níveis de PER diminuem. O tempo para o ciclo ou ritmo circadiano de concentração é de aproximadamente 24 horas, e ocorre em praticamente todas as células corporais em todas as formas de vida na Terra, incluindo organismos unicelulares.

Tempos de ciclo intrínseco versus real

O tempo do ciclo ou do ritmo circadiano na rede do núcleo supraquiasmático e em qualquer outro lugar do corpo é de aproximadamente 24 horas, mas raramente exato. Pessoas diferentes têm tempos de ciclo intrínseco diferentes, que pode ter uma variação de horas em relação ao ciclo estimado de 24 horas. Na verdade, a maioria das pessoas tem tempos de ciclo de cerca de 25 horas. Nossos ciclos intrínsecos são sincronizados com o ciclo de 24 do mundo real através da exposição à luz, especialmente a luz do sol no início do dia.

Cientistas descobriram o relacionamento entre os tempos de ciclo intrínseco e os do ciclo do mundo real por experimentos em que os voluntários viviam em salas fechadas sem dicas externas sobre o tempo real. Esses voluntários começaram a "funcionar livremente", de acordo com seu próprio tempo de ciclo intrínseco, e se tornaram cada vez mais defasados do tempo real quanto mais ficavam em isolamento. Muitas pessoas cegas também funcionam livremente e têm dificuldade em lidar com planejamentos do tempo real porque tendem a ficar defasadas. (Evidências recentes indicam que a luz fraca constante mantida durante esses experimentos afetava o tempo de ciclo intrínseco aparente e que manter os sujeitos em escuridão total dá uma resposta mais próxima de 24 horas.)

O papel das células ganglionares da retina

O mecanismo para a sincronização do relógio intrínseco com a luz externa envolve as atividades de uma classe especial de células ganglionares da retina chamadas *células ganglionares intrinsecamente fotossensíveis*, que projetam para o núcleo supraquiasmático.

Essas células são únicas, pois têm seu próprio pigmento visual que as permite responder diretamente à luz. Em outras palavras, não são conduzidas por fotorreceptores da retina pela rede de processamento retinal normal da luz (veja o Capítulo 5 para saber mais sobre a retina). Embora as células ganglionares intrinsecamente fotossensíveis também tenham essa entrada "normal" do fotorreceptor, essa não é a entrada que controla os ritmos circadianos.

Os cientistas sabem disso porque algumas doenças degenerativas de fotorreceptores retinais em humanos e animais resultam na morte de todos os fotorreceptores, e ainda assim esses humanos e animais podem se sincronizar com a luz. Por outro lado, doenças (como o glaucoma) que matam todas as células ganglionares retinais eliminam a habilidade de sincronização.

PAPO DE ESPECIALISTA

Alguns vertebrados de sangue frio, como sapos e salamandras, têm o que é chamado de "terceiro olho" ou "olho parietal", que emana da glândula pineal. Esse olho não "vê" no sentido tradicional, mas neurônios intrinsecamente fotossensíveis nesse olho recebem estímulos luminosos suficientes passando pelo fino crânio desses animais para sincronizar seus ritmos circadianos.

Observando os diferentes estágios do sono

Pouco é sabido sobre qualquer diferença na função das quatro fases do sono. O que os pesquisadores sabem é que o sono, que é induzido pelo ritmo ou ciclo circadiano, faz ciclos por vários estágios característicos, cada qual com suas propriedades únicas.

Se você observar alguém dormindo, uma das diferenças mais óbvias é se os olhos estão se movendo. Durante alguns estágios do sono, os olhos da pessoa se movem rápida e quase continuamente, enquanto em outros estágios os olhos parecem se mover muito pouco. Isso distingue o sono do *movimento rápido dos olhos* (REM, do inglês *rapid eye movement*) do sono *não REM* (NREM). O sono NREM é ainda mais dividido em fases distintas, denominadas N1, N2, N3 e N4 (algumas fontes não incluem um quarto estágio NREM). Os estágios NREM ocorrem em ordem ascendente ou descendente, com transições ocasionais de N2 para REM.

Sono NREM

As fases iniciais do sono consistem na transição da vigília para sono profundo através das fases NREM, chamadas N1, N2, N3 e, às vezes, N4.

A Figura 11-2 mostra um registro das fases de sono de uma típica noite, chamado *hipnograma*. (Note que o sono REM está mais próximo da fase de vigília.) Normalmente a pessoa desce para N1, depois N2, N3, e assim por diante, em ordem (embora nem sempre alcance N4 no primeiro ciclo). A pessoa então oscila de volta pelas fases N até REM (cerca de 90 minutos depois de dormir), e desce novamente. Mais tarde da noite, as fases são cada vez mais rasas, às vezes não alcançando N3 ou N4. Ocasionalmente há também breves transições de REM para vigília momentânea. (*Nota:* Essa figura ilustra uma média "típica" do conjunto de ciclos. Pessoas diferentes têm padrões diferentes, e o padrão da mesma pessoa pode variar consideravelmente de noite a noite.)

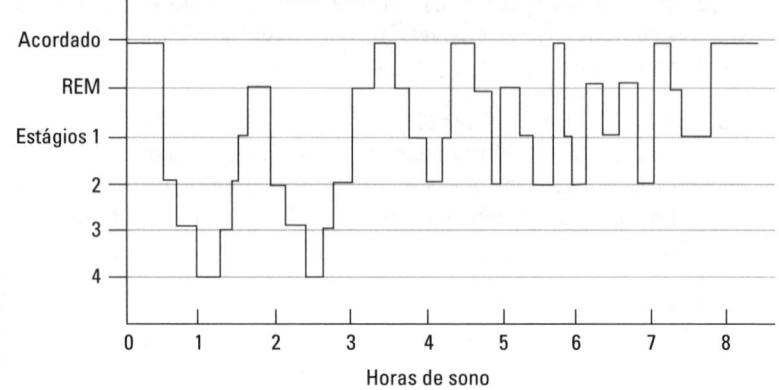

FIGURA 11-2: Hipnograma mostrando os estágios do sono.

As fases NREM são caracterizadas por mudanças distintas nos padrões EEG. A Figura 11-3 mostra típicas formas de onda de EEG registradas durante estágios de sono REM e NREM.

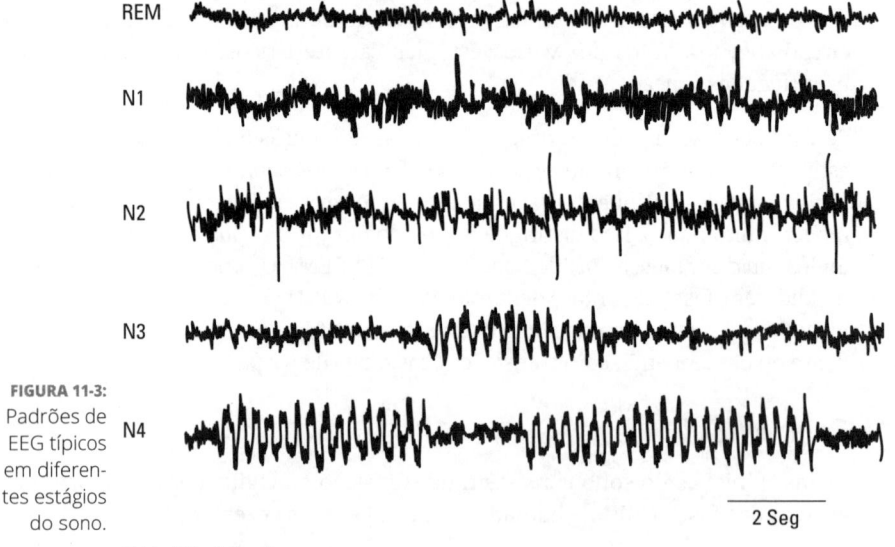

FIGURA 11-3: Padrões de EEG típicos em diferentes estágios do sono.

O estado de vigília normal é associado com uma predominância de ritmos beta no EEG, enquanto o relaxamento acordado, como durante a meditação, muda os ritmos do EEG de beta para alfa. No primeiro estágio do sono há lentos movimentos dos olhos característicos tecnicamente chamados de *movimentos lentos dos olhos* (SREMs, do inglês *slow rolling eye movements*). Nessa hora, ondas alfa quase desapareçam do EEG e ondas teta começam a predominar. O estágio N2 também é dominado por ondas teta, mas mudam para ondas delta em N3 e N4. N4 é o estágio mais profundo do sono, do qual é mais difícil acordar.

Sono REM

O sono REM é a fase em que a maioria dos sonhos ocorre. Esse estágio ocupa cerca de um quarto do tempo total de sono e é caracterizado por altas frequências no EEG. A atividade de alta frequência no EEG reflete o fato de que as atividades motoras que ocorrem nos sonhos, como correr, estão associadas às atividades no lobo frontal nas áreas de sequenciamento motor, mas sua saída é bloqueada na medula espinhal para que movimentos reais sejam inibidos, apesar da atividade nas áreas cerebrais de controle de movimento inicial.

SONO REM E O APRENDIZADO

Pesquisas recentes mostraram que o sono REM é importante para consolidar o aprendizado. Durante o sono REM, o que foi aprendido naquele dia e colocado na memória de curto prazo é transferido para a memória de longo prazo. Pesquisadores acreditam que a memória de curto prazo envolve sinapses no hipocampo que foram transitoriamente reforçadas pela experiência via potencialização em longo prazo. Essas são as sinapses que receberam entrada coincidente de várias áreas do córtex que eram parte da representação sensorial do que foi aprendido (cores e padrões, por exemplo). Durante o sono, essas sinapses hipocampais ativadas realimentam e ativam as áreas do córtex que as ativaram (veja o Capítulo 15 para saber mais sobre memória e hipocampo). Isso causa a existência de um tipo de circuito cortical "ressonante" para aquela representação. Pesquisadores também postulam que sinapses que são potenciadas durante atividades em vigília são pareadas de volta para que o cérebro esteja pronto para crescimento sináptico renovado durante o aprendizado.

Eis um exemplo de como o hipocampo transfere memórias para o longo prazo durante o sono. Experimentos em que ratos eram treinados a navegar por labirintos mostraram que sequências de atividade nas células de local hipocampal, que codificam a localização em labirinto, "repassavam" a sequência de navegação do labirinto durante o sono do rato. A privação do sono, especificamente do sono REM, rompia essa reprodução e a habilidade dos ratos de reter o aprendizado que ocorria durante suas práticas durante o dia.

PAPO DE ESPECIALISTA

O sono REM também parece ser importante sem nenhuma outra razão que não a privação do sono levar à compensação desproporcional do componente REM do sono. Pesquisas em humanos mostram que quando somos privados de nosso sono, passamos proporcionalmente mais tempo em sono REM do que em fases NREM. Crianças também não só dormem mais do que adultos, mas passam uma grande proporção do sono em REM.

> ## UM MUNDO DE SONHADORES
>
> Pesquisadores acreditam que todos os mamíferos e a maioria, se não todos, dos vertebrados dormem. Embora não possamos saber diretamente se animais não humanos sonham durante o sono ou qual seria o conteúdo desses sonhos, é claro que muitos animais exibem características EEG de sono REM que são acompanhadas pelo sonho em humanos. Se animais são privados do sono, eles também, quando podem dormir, entram em REM mais rapidamente e passam mais tempo dormindo em REM.
>
> Você pode notar facilmente o sono REM nos cães ao observar os movimentos dos olhos através das pálpebras fechadas e os movimentos suprimidos e as vocalizações que marcam esse período de outros estágios não REM mais profundas.

SONHE UM POUCO COMIGO

Sonhos normalmente ocorrem durante o sono REM e são lembrados de modo mais vívido se a pessoa acordar durante ou logo depois do estágio REM. Sonhos envolvem imagens e sequências de eventos, como voar, que são literalmente "fantásticas" — ou seja, desobedecem leis normais da física.

Em muitas tradições religiosas se acredita que os sonhos conectam a pessoa a uma realidade alternativa que pressagia o futuro ou informa a pessoa por meio de processos extranormais. Do ponto de vista da neurociência, no entanto, sonhos são um fenômeno cognitivo que acompanha o sono REM, e a neurociência tem pouco a dizer sobre o significado do conteúdo cognitivo dos sonhos. Como o aspecto fantástico dos sonhos se assemelha a pensamentos psicóticos, eles podem representar atividades cerebrais que talvez ocorram em todas as pessoas e que não são controladas por restrições racionais durante o processo do sonho.

Do ponto de vista evolucionário, a quase universalidade do sonhar em humanos e evidências de que sonhar também ocorre em outros mamíferos sugerem que os sonhos têm alguma função. O contra-argumento é o de que o sono REM tem uma função, mas os sonhos em si, que só acontecem no sono REM, por coincidência, são insignificantes. Atualmente não há consenso científico sobre o assunto.

Associações funcionais dos ritmos cerebrais

O EEG é um registro feito por eletrodos colocados no couro cabeludo. Esses eletrodos mostram atividade cerebral constante, esteja o sujeito acordado ou dormindo. As frequências presentes no EEG refletem aspectos do estado cerebral, como a fase do sono ou o estado de alerta enquanto acordado. Os tipos de ondas presentes no EEG são frequentemente descritos como *ritmos* e recebem nomes do alfabeto grego, como *alfa*, *beta*, *gama*, *delta* e *teta*. A força de cada ritmo é a quantidade de amplitude na banda de frequência para aquele ritmo.

Tipo de Ritmo	Frequência
Alfa	8-13 Hz (ciclos por segundo)
Beta	13-30 Hz
Gama	30-100 Hz
Delta	0-4 Hz
Teta	4-8 Hz

A Figura 11-4 mostra como ficaria um intervalo de 4 segundos dominado por cada um desses ritmos. (**Nota:** Na vida real, vários ritmos são ativados simultaneamente, e a frequência exata de cada ritmo muda ao longo do tempo, então traços de EEG reais teriam uma aparência muito mais turbulenta do que esses exemplos.)

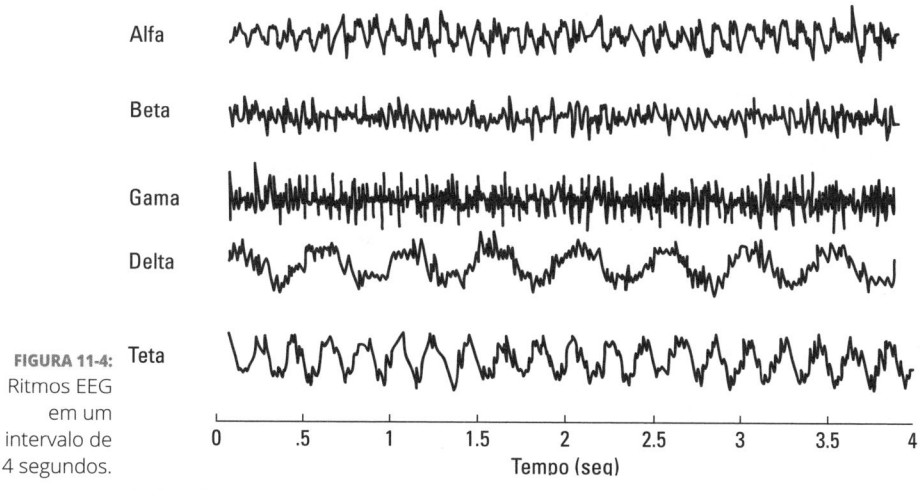

FIGURA 11-4: Ritmos EEG em um intervalo de 4 segundos.

© *John Wiley & Sons, Inc.*

Uma das principais funções de registros EEG é detectar as ondulações de *fuso* ou *ictais* que correm em EEGs de pacientes com epilepsia. Um pequeno número de tais fusos é normalmente produzido no sono N2, como os três picos bifásicos de amplitude alta na Figura 11-3.

Ritmos alfa

Ritmos alfa são normalmente associados a estados cerebrais como a meditação e são mais fortes com os olhos fechados.

Um movimento popular nas décadas de 1960 e 1970 usou monitoramento eletrônico de ondas alfa em *biofeedback* para aumentar a atividade de ondas alfa como meio de aprofundar ou melhorar o estado meditativo. Pessoas, e até animais como gatos, podem realmente aumentar a produção de ondas alfa com *biofeedback*. Investigar se a produção aumentada de ondas alfa leva à função cognitiva em um plano superior é algo além do escopo desta discussão, mas é claro que a meditação (e a oração) podem reduzir a ansiedade.

Ondas beta

Associadas à vigília, e mais proeminentes em lobos frontais. Ocorrem durante o pensamento concentrado ou o pensamento associado com esforço mental.

Ondas gama

Ondas gama foram relacionadas ao processamento de informações no cérebro, particularmente em "ligar" diferentes regiões do cérebro por meio de disparos sincronizados (veja o Capítulo 14 para uma discussão sobre a hipótese da memória de curto prazo como uma interação das ondas de EEG teta e gama embutidas). A atividade consciente de vigília é normalmente associada ao domínio de ondas beta e gama no EEG, embora haja variação considerável entre sujeitos e no mesmo sujeito, dependendo do humor, exigências da tarefa e outros fatores.

Ondas delta

Ondas delta são quase sempre características de sono profundo com baixa ondulação (N3 e N4, discutidos antes). Elas parecem se originar de maneira coordenada em interações do tálamo, do córtex e da formação reticular sob controle de mecanismos de sono hipotalâmicos.

Teta

Ondas teta são frequentemente associadas à inibição que ocorre no cérebro, como quando uma resposta normalmente automática a um estímulo é suprimida. Acredita-se que também são associadas com a memória de curto prazo.

Controlando os ciclos do sono

O controle do sono geral é a parte do ritmo ou ciclo circadiano mediado pelo núcleo supraquiasmático, que sincroniza todo o corpo a um único relógio. Esse relógio é "configurado" pela exposição à luz do início do dia devido às ações das células ganglionares retinais intrinsecamente fotossensíveis que projetam para o núcleo supraquiasmático via trato retino-hipotalâmico.

O controle de ciclos do sono específicos, como o REM, ocorre pela atividade dos neurônios no tronco cerebral, especialmente os que são chamados células *sleep-on* na área do tegmento pontino do sistema ativador reticular (uma "estrutura" difusa que se estende da medula espinhal pelo tronco cerebral e inclui áreas em várias estruturas subcorticais). REM também é associado com a liberação reduzida de neurotransmissores serotonina, norepinefrina e histamina, mas alta liberação de acetilcolina e dopamina.

Entre as fases não REM do sono, os estágios 3 e 4 são os de sono profundo. São chamados, às vezes, de *sono de baixa ondulação* devido à dominação do EEG por ondas delta (veja as figuras 11-3 e 11-4). O sono de baixa ondulação é conhecido por ser prolongado se a duração do estado de vigília que o antecede for maior que o normal. No entanto, paradoxalmente, alguns sonhos ocorrem durante o sono de baixa ondulação, embora muito menos do que durante REM. Isso foi verificado ao acordar sujeitos nesta fase (enquanto monitorados por registros EEG).

Embora os níveis de acetilcolina sejam elevados em outras fases do sono, se comparados com a vigília, eles diminuem no sono de baixa ondulação. Cientistas supõem que níveis altos de acetilcolina em sono REM mantenham o fluxo de informações do neocórtex para o hipocampo, enquanto baixos níveis de acetilcolina no sono de baixa ondulação permitem a transferência de informações do hipocampo de volta para o neocórtex, como parte de consolidação da memória.

Sonhos não tão bons: Combatendo os distúrbios do sono

Em 2012, a OMS divulgou que 40% da população mundial apresenta algum tipo de distúrbio ou síndrome do sono. No Brasil, 43% da população não consegue dormir da maneira correta. Além disso, distúrbios do sono podem ser extremamente perigosos em profissões como a de motorista de caminhão e em empregos de alto risco em fábricas. Até sem qualquer problema subjacente de sono em circunstâncias normais, a falta de sono suficiente, como durante a criação dos filhos ou em turnos rotativos, pode causar sérios distúrbios. Muitos distúrbios do sono também podem causar uma gama de problemas até para pessoas que têm a oportunidade adequada e apropriada para dormir. Veja a seguir alguns exemplos comuns dos distúrbios do sono.

- » **Insônia primária:** A insônia (inabilidade de dormir) é **primária** quando há dificuldade crônica de dormir ou continuar dormindo, sem uma causa conhecida (como dor). Pode aparecer quando essa inabilidade induzida do estresse se torna crônica mesmo que o estresse seja removido. Ela também pode resultar de uma lesão ou dano nos centros de controle hipotalâmicos do sono, como o núcleo supraquiasmático ou uma diminuição na liberação de melatonina, como se pensa ocorrer com o envelhecimento.

- » **Narcolepsia:** A tendência de dormir durante o dia em horas inadequadas é chamada *narcolepsia*. Ela é às vezes acompanhada por *cataplexia*, fraqueza muscular repentina induzida por emoções fortes. Sabe-se que a narcolepsia é causada por mutações genéticas. Várias raças de labradores e dobermans com narcolepsia genética foram criadas para estudos científicos.

- » **Síndrome das pernas inquietas:** Quase todo movimento muscular voluntário é suprimido durante o sono. No entanto, pessoas com a síndrome da perna inquieta (SPI) experimentam movimentos de membros durante o sono, incluindo puxões, principalmente nas pernas, mas muitas vezes nos braços e até no tronco. A SPI pode variar de casos muito leves a severos o suficiente para causar perda significante de sono. Pode piorar progressivamente ou parar de repente. Algumas SPIs são genéticas e muitos casos são associados com deficiências de ferro e dopamina.

PAPO DE ESPECIALISTA

Existe uma associação entre o mal de Parkinson, a perda de células dopaminérgicas na substância negra (veja o Capítulo 10 para saber mais sobre os gânglios basais) e a SPI. A gravidez e algumas medicações antipsicóticas aumentam os sintomas de SPI.

» **Sonambulismo:** O sonambulismo envolve se engajar em atividades normalmente associadas à vigília durante o sono de baixa ondulação. Embora sua causa exata seja desconhecida, parece ter um componente genético devido ao agrupamento em famílias afetadas. O sonambulismo normalmente começa na infância, mas diminui com o tempo, o que reforça a teoria de estar associado a algum atraso na maturação. É às vezes aumentado por antidepressivos como benzodiazepinas.

PAPO DE ESPECIALISTA

As pessoas quase nunca têm consciência durante o sonambulismo e podem não só se machucar, mas cometer atos violentos. Esse fenômeno apresenta não só desafios a sistemas judiciais, que devem determinar a culpa por tais atos, mas também oportunidades para autores de novelas.

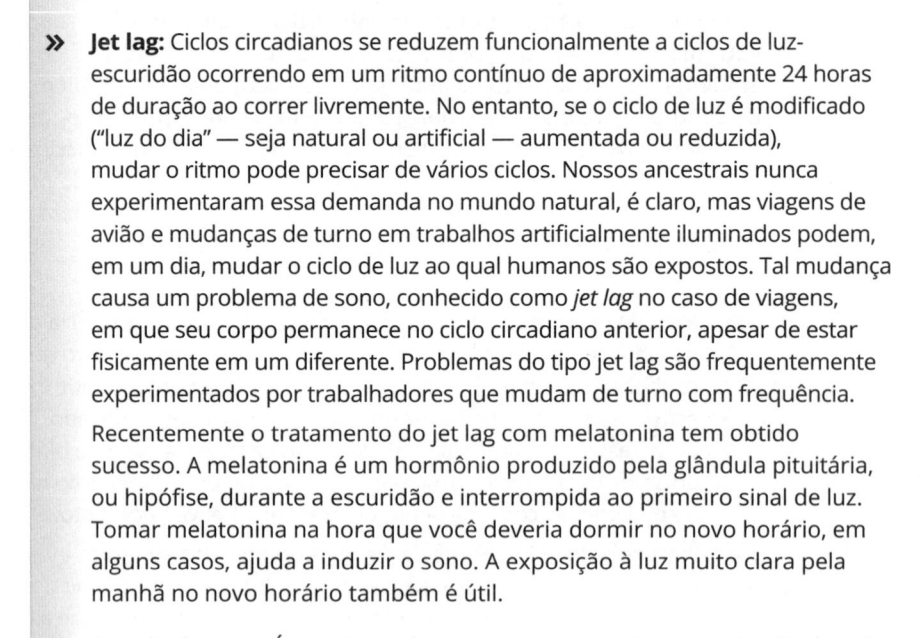

» **Jet lag:** Ciclos circadianos se reduzem funcionalmente a ciclos de luz-escuridão ocorrendo em um ritmo contínuo de aproximadamente 24 horas de duração ao correr livremente. No entanto, se o ciclo de luz é modificado ("luz do dia" — seja natural ou artificial — aumentada ou reduzida), mudar o ritmo pode precisar de vários ciclos. Nossos ancestrais nunca experimentaram essa demanda no mundo natural, é claro, mas viagens de avião e mudanças de turno em trabalhos artificialmente iluminados podem, em um dia, mudar o ciclo de luz ao qual humanos são expostos. Tal mudança causa um problema de sono, conhecido como *jet lag* no caso de viagens, em que seu corpo permanece no ciclo circadiano anterior, apesar de estar fisicamente em um diferente. Problemas do tipo jet lag são frequentemente experimentados por trabalhadores que mudam de turno com frequência.

Recentemente o tratamento do jet lag com melatonina tem obtido sucesso. A melatonina é um hormônio produzido pela glândula pituitária, ou hipófise, durante a escuridão e interrompida ao primeiro sinal de luz. Tomar melatonina na hora que você deveria dormir no novo horário, em alguns casos, ajuda a induzir o sono. A exposição à luz muito clara pela manhã no novo horário também é útil.

» **Apneia do sono:** É caracterizada por pausas anormais na respiração durante o sono, muitas vezes indicada pelo ronco. Na *apneia do sono central*, a respiração é interrompida por esforço respiratório insuficiente, enquanto a *apneia do sono obstrutiva* se deve ao bloqueio físico da passagem de ar, normalmente acompanhada pelo ronco. Essa última, em homens, é conhecida como uma causa significativa de perda do sono em mulheres.

4 Inteligência: O Cérebro Pensante e a Consciência

Nesta parte...

Descubra que a inteligência é multifacetada e, apesar do dr. Spock, inclui emoções como um componente essencial.

Veja como e onde os pensamentos são processados no cérebro da entrada sensorial à consciência.

Descubra qual parte do cérebro é responsável pelo resto dele, o nível executivo do funcionamento.

Veja o que realmente acontece no cérebro quando aprendemos e lembramos de coisas ou até esquecemos o que aprendemos.

Descubra como o cérebro muda sua estrutura durante o desenvolvimento e aprendizado.

Veja o que dá errado no cérebro em disfunções neurológicas, doenças psiquiátricas e anormalidades congênitas, assim como quando drogas são ingeridas.

> **NESTE CAPÍTULO**
>
> Observando os tipos e a natureza da inteligência
>
> Entendendo o papel das emoções na cognição
>
> Processando emoções por meio do sistema límbico
>
> Ficando consciente dos detalhes sobre consciência

Capítulo 12

Entendendo a Inteligência, a Consciência e as Emoções

Como os humanos precisam fazer muitos tipos diferentes de coisas complexas, há muitos tipos diferentes de inteligência. A inteligência requerida para fazer e usar ferramentas, por exemplo, é muito diferente daquela necessária para entender que suas ações estão irritando alguém que pode machucá-lo. Não só existem vários tipos de inteligência (habilidades de linguagem *versus* espaciais, para citar apenas duas), mas a inteligência também existe em vários níveis. Uma pessoa pode exibir inteligência excepcional em escolher vencedores prováveis em uma corrida de cavalos, mas não ter inteligência para saber que apostar em cavalos provavelmente não fornece uma fonte de renda segura e de longo prazo.

O tipo de inteligência que aprendemos na escola é principalmente baseado em regras (se essas circunstâncias existem, então isso acontece...) e exprimível em linguagem. Em contraste ao pensamento baseado em regras estão as emoções. Emoções são sentimentos, muitas vezes não exprimíveis em palavras, trazidas à tona por circunstâncias. Embora sejam pensadas como o oposto da razão, as emoções são uma parte útil e necessária da cognição. Elas não só medeiam aspectos instintivamente controlados do comportamento, como evitar gafes sociais, mas também permitem o aprendizado e o comportamento adaptativo que não é baseado em regras. Danos a partes específicas do cérebro, como o córtex orbitofrontal, podem produzir indivíduos com QIs normais, mas processamento emocional defeituoso que é severamente disfuncional em situações reais.

Este capítulo mergulha na inteligência, emoção e *consciência*, a percepção explícita de nossos próprios pensamentos e experiências, que é a máxima manifestação da inteligência.

Definindo Inteligência

Inteligência é algo que a maioria de nós define referenciando exemplos, em vez de qualquer regra específica. A inteligência é exibida em comportamento adaptativo, ou seja, adequadamente responsivo a circunstâncias, especialmente quando elas são complexas e em mutação. Um aspecto importante da inteligência é a habilidade de fazer previsões. Essa habilidade é normalmente ativada pelo aprendizado e seu resultado, a memória. Ao notar nuvens no céu, por exemplo, pode ser inteligente levar um guarda-chuva ao cinema, porque poderá estar chovendo quando você sair, mesmo que não esteja chovendo agora.

Algum poder de previsão, sem dúvida, existe em nossos genes. A inteligência foi selecionada por mecanismos evolucionários porque produzia comportamento adaptativo, a habilidade de selecionar metas mais complexas e buscá-las em um ambiente mais complexo.

Entendendo a natureza da inteligência: Geral ou especializada?

O ambiente em que nós, humanos, estamos é mais complexo do que o de qualquer espécie, porque nós construímos muito dele. Humanos modificam seu ambiente físico e social até o ponto de criar vários microambientes que requerem habilidades bem diferentes: manipulação física de coisas como canetas e teclados, habilidades sociais para lidar com relacionamentos, habilidades de linguagem para comunicação, habilidades matemática e espacial para ler mapas e navegação, e muitas outras.

TIPOS DE INTELIGÊNCIA

Você pode delinear quais são os chamados *tipos de inteligência* de muitas maneiras. Exames padrão para entrar em uma faculdade normalmente têm seções de línguas e matemática (e, às vezes, analíticas), enquanto que o conhecido fator de análise da inteligência de J. P. Guilford tinha até 150 fatores em três dimensões (conteúdos, produtos e operações). Um critério relativamente recente aceito são os oito tipos de inteligência de Howard Gardner, mostrados aqui.

Inteligência	Aptidão para ou Competência em...
Linguística	Compreensão e uso da linguagem
Lógico-matemática	Raciocínio quantitativo e lógico
Espacial	Navegação, geometria e padrões
Interpessoal	Interações sociais
Intrapessoal	Seus próprios pontos fortes e fracos, sabedoria
Corporal-cinestésica	Esportes, dança, atletismo e controle motor refinado
Musical	Cantar, instrumentos musicais, composição
Naturalista	Entender padrões na natureza e sobreviver em um ambiente natural não feito pelo homem

Enquanto sistemas mais antigos para analisar inteligência concentravam em fatores correlacionados com sucesso na escola e a sociedade industrial ocidental em geral, os tipos de inteligência de Gardner incluem várias categorias não acadêmicas distintas.

Uma das controvérsias mais duradouras na psicologia e na ciência cognitiva é se a inteligência é unitária ou divisível em sub-habilidades distintas.

De um lado está a tradição da psicologia comportamental, que considera o cérebro como um dispositivo de propósito geral de aprendizado cuja estrutura interna não tem significância em entender o aprendizado ou o comportamento. Do outro lado estavam os *frenólogos*, que acreditavam que o desenvolvimento de traços intelectuais específicos era associado com o crescimento do cérebro, que literalmente fazia o crânio crescer naquela parte específica. Ao examinar pessoas que acreditavam ter habilidade alta ou baixa em vários traços e associar essas habilidades (ou a falta delas) com a altura relativa de várias áreas em seu crânio, os frenologistas criaram mapas elaborados que identificavam o local de dúzias de traços, variando de habilidade matemática à cautela (veja a Figura 12-1).

FIGURA 12-1: Mapa frenológico do cérebro.

© John Wiley & Sons, Inc.

A premissa fundamental da frenologia é agora totalmente descreditada. Certas áreas do cérebro não mapeiam especificamente ou unicamente certos tipos de inteligência. Nem áreas locais do cérebro (neocórtex) crescem e formam protuberância para fora do cérebro de acordo com o desenvolvimento de traços específicos, como cautela ou secretividade.

Por outro lado, o cérebro também não é uma massa difusa não diferenciada de formação por associação, como as seções seguintes explicam.

Caminhos sensoriais para áreas específicas do cérebro

Entradas sensoriais e saídas motoras seguem caminhos específicos e são processadas principalmente em áreas específicas, embora a maioria das habilidades envolva várias áreas cerebrais. O córtex pré-frontal, por exemplo, é crucial para o desempenho de quase todas as habilidades que requerem inteligência.

LEMBRE-SE

Danos a algumas áreas específicas do cérebro podem diminuir muito certas habilidades, como a compreensão ou produção da linguagem, enquanto deixam outras habilidades relativamente intactas. Além da linguagem, habilidades como entender arranjos espaciais e como manipular ferramentas e objetos também parecem ser particularmente afetadas por lesões em áreas específicas do cérebro. Esses fatos parecem indicar que a inteligência é especializada.

A Figura 12-2 mostra alguns casos nos quais traços específicos de inteligência parecem ser particularmente comprometidos por danos cerebrais locais. Os cientistas sabem, por exemplo, que habilidades espaciais como navegação e reconhecimento de padrão são altamente dependentes do córtex parietal direito (imagem superior na Figura 12-2), enquanto a linguagem depende de áreas de Broca e de Wernicke, do lado esquerdo do cérebro (explicadas no Capítulo 13), como mostrado na imagem inferior da Figura 12-2.

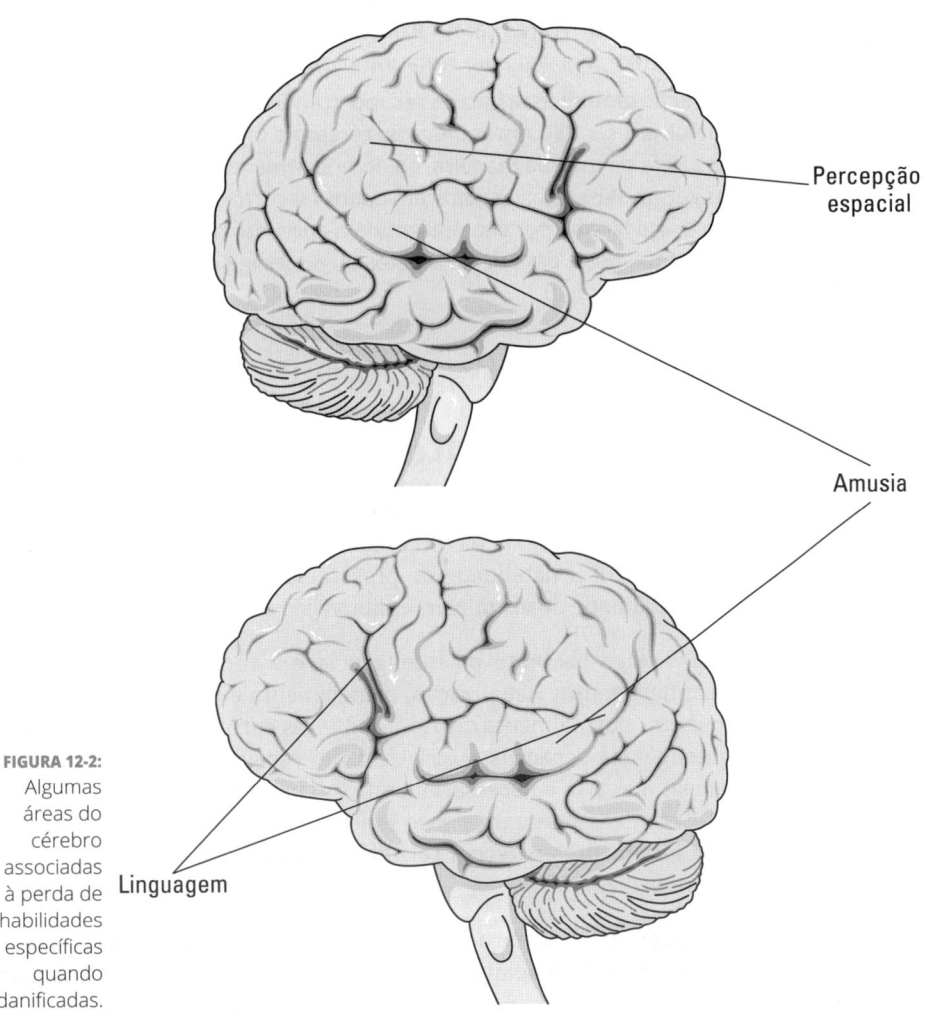

FIGURA 12-2: Algumas áreas do cérebro associadas à perda de habilidades específicas quando danificadas.

© John Wiley & Sons, Inc.

CAPÍTULO 12 **Entendendo a Inteligência, a Consciência e as Emoções**

Uma síndrome interessante que parece ser relativamente localizada é a *amusia adquirida*, a perda da habilidade de reconhecer melodias musicais mesmo quando a linguagem e outras habilidades auditivas permanecem intactas. A amusia é associada com dano unilateral ou bilateral ao córtex auditivo de ordem superior no lobo temporal posterior. Pode resultar de dano em qualquer dos lados, mas é mais comumente vista com dano em ambos os lados causado por interrupção do fluxo sanguíneo nas artérias cerebrais centrais.

Localização, plasticidade e recuperação de dano cerebral

Pessoas podem se recuperar de danos cerebrais significativos como os causados por derrames. Essa recuperação é possível porque outras áreas cerebrais, local e globalmente, assumem a função das áreas cerebrais comprometidas:

» **Recuperação local:** A área cerebral danificada e a área imediatamente ao seu redor se reorganizam para restaurar parte da função perdida.

» **Recuperação global:** Esse tipo de recuperação é mais complicado porque pode envolver usar diferentes áreas do cérebro e caminhos para realizar a mesma tarefa da mesma maneira, ou aprender maneiras alternativas de fazer as coisas. Pessoas que sofreram danos no córtex motor que controla a mão e o braço direito, por exemplo, podem aprender a usar a mão esquerda de maneira diferente para pegar objetos ou podem usar mais a mão esquerda (não afetada).

Você pode ler mais sobre plasticidade no Capítulo 16.

Componentes da inteligência

Apesar do resultado do debate sobre quantos fatores distintos de inteligência existem, na maioria das tarefas da vida real a inteligência depende de várias habilidades. Isso inclui a habilidade de prestar atenção, memória de curto e longo prazo, a habilidade de visualizar, a motivação e expectativas.

Uma tarefa que exige bastante da inteligência é a tomada de decisão, que depende do conhecimento, visualização, planejamento e pensamento abstrato. Esses componentes normalmente cruzam fronteiras entre a linguística, a lógica e tipos de inteligência espaciais. A criatividade, especificamente, é auxiliada pela inteligência, mas não é necessariamente um produto direto dela. Algumas pessoas muito criativas pontuam pouco em testes de inteligência, e algumas pessoas muito inteligentes parecem ser incapazes de "pensar fora da caixa", como costumamos dizer.

Uma das motivações para tentar identificar os fatores que dão suporte à inteligência geral é a esperança de que, com a melhoria desses fatores, você possa modificar a inteligência. Outra é a esperança de que identificar os fatores determinantes da inteligência ajudariam os cientistas a compreendê-la.

Variações biológicas

Ao tentar determinar o efeito que as variações biológicas têm na inteligência, os cientistas observam diferenças entre humanos e outros animais. Nesses estudos, se descobriu uma ligação entre a inteligência e a razão entre o tamanho cerebral e o tamanho corporal, e entre inteligência e a porcentagem relativa do córtex pré-frontal.

Diferenças entre humanos também foram estudadas, mas você não pode dizer muito sobre inteligência fazendo comparações entre humanos. Uma das dificuldades é que, embora exista uma ligação estatística entre inteligência e tamanho cerebral, um tamanho pequeno pode ser o resultado de uma patologia genética específica ou efeitos ambientais, como má nutrição pré-natal ou abuso de drogas materno. Como fatores como esses também afetam a inteligência, relacionar diretamente o tamanho do cérebro ao seu poder é impossível.

A inteligência parece estar correlacionada com o tamanho da memória operacional e com a complexidade das ondulações EEG e, em homens, mas não em mulheres, com a velocidade do processamento mental medido por tempos de reação específicos. No entanto, como outras correlações comportamentais, não é claro se esses fenômenos são a causa da inteligência ou o resultado dela.

Criação

Quanto a criação afeta a inteligência? Uma maneira de abordar essa pergunta é observar gêmeos idênticos criados separadamente para ver se sua formação genética fez sua inteligência ser quase a mesma, apesar da criação diferente. Se a genética fosse tudo, o QI de ambos os gêmeos seria exatamente igual. No entanto, o estudo de gêmeos criados separadamente demonstrara uma correlação de apenas cerca de 70% estatisticamente, sugerindo uma influência ambiental considerável também.

No entanto, esse tipo de resultado pode e tem sido mal interpretado. As situações em que gêmeos foram criados separadamente não são exatamente experimentos controlados com seleção aleatória. Quando as famílias adotivas, por exemplo, se assemelham aos pais biológicos, essas similaridades de resultado aparentam ser genéticas. Além disso, 50% da determinação genética de inteligência deixa os outros 50% para o ambiente. Mais importante, mesmo que o componente ambiental em estudos típicos seja muito pequeno, não significa que alguma intervenção anormal, como um novo método de ensino, não possa ter o potencial de fazer uma diferença muito maior.

A maioria dos cientistas acredita que a maneira adequada de encarar o componente genético da inteligência é a capacidade. Há limites biológicos para o tamanho da memória operacional, a rapidez do processamento neural e a informação que pode ser transmitida por tratos de fibra axonal específicos. Essas capacidades não parecem variar muito entre indivíduos, mas a habilidade de usá-las eficazmente varia bastante. Pequenas diferenças em herança genética podem ser ampliadas pela experiência. Por exemplo, se uma criança lê bem, ela tenderá a

SAVANTS

Qualquer um que pense realmente entender a inteligência precisa ser humilhado pelos *savants*, pessoas com capacidades mentais inexplicavelmente extraordinárias normalmente em um domínio específico: multiplicar dois números de quatro dígitos mentalmente, calcular instantaneamente o dia da semana de uma data histórica específica ou exibir memórias quase fotográficas ou enciclopédicas, por exemplo.

Neurocientistas não têm explicação pronta para como os *savants* conseguem fazer essas coisas e por que o resto de nós não. Alguns deles têm estruturas cerebrais anormais (o irmão mais velho no filme *Rain Man*, de 1988, estrelado por Dustin Hoffman e Tom Cruise, por exemplo, não tinha corpo caloso conectando os dois hemisférios cerebrais), mas outros têm um cérebro que parece normal na arquitetura básica.

Pessoas com habilidades de *savant* não desfrutam de sucesso ou felicidade particularmente grande. Muitos são oprimidos por sua memória ou outras habilidades e são incapazes de desligá-las e se concentrar em problemas normais da vida. Frequentemente, as habilidades de *savant* parecem ser contrabalançadas por incompetência em muitas outras áreas necessárias para o sucesso na vida. Muitos, mas não todos, *savants* são autistas, por exemplo.

Se você pensar na dotação genética humana para a inteligência como uma capacidade, então *savants* parecem indicar que ou a maioria de nós não está nem perto de nossa capacidade real ou há algum mecanismo ou estrutura no cérebro, cuja identidade não é totalmente compreendida, que produz habilidades de *savant* em pouquíssimas pessoas.

ler mais, e seu vocabulário e conhecimento de mundo serão maiores, assim como seus poderes de concentração e paciência. Ela fará mais das coisas que resultam em maior inteligência e as fará melhor durante sua educação do que outra criança com apenas uma leve diminuição na capacidade bruta de leitura.

A inteligência como um comportamento adaptativo

O centro da inteligência tem a ver com comportamento adaptativo amplo e flexível, bem como profundo. Embora *savants*, por exemplo, pontuem muito bem em alguns testes de QI, sua falta de sucesso geral na vida, e até em lidar com a vida normal, sugere que testes de QI não captam uma característica fundamental da inteligência. Considere os paralelos entre *savants* que, por exemplo, podem instantaneamente dizer que o Natal no ano de 1221 foi em uma quarta-feira, mas não conseguem se vestir apropriadamente, e pessoas com dano no lobo frontal, que normalmente pontuam mais alto que a média em testes de

QI, mas não conseguem lidar com as demandas da vida normal, especialmente quando em situações mutáveis.

O que os testes de QI parecem medir é alguma combinação no nível de algumas habilidades intrínsecas e os resultados da aplicação dessas habilidades que se manifestam como habilidades específicas adquiridas em qualquer idade. Os testes não medem coisas como julgamento, sabedoria e autocontrole, que também são necessários para o sucesso na vida. Habilidades são importantes e podem realizar coisas quase miraculosas, às vezes, mas não são tudo.

Observando os diferentes níveis de inteligência

Além de a inteligência ser incorporada em diferentes domínios, como linguagem *versus* manipulação espacial, parece também existir em diferentes níveis de competência. O nível mais baixo de competência associado à inteligência é aquele incorporado nas formas de vida inferiores, organismos unicelulares; o nível mais alto que conhecemos é a consciência humana.

» **Homeostase nas formas de vida mais primitivas, como procariontes:** Organismos unicelulares são a primeira grande divisão entre a vida e a não vida. Procariontes (células sem núcleo distinto), como as bactérias, mantêm a homeostase regulando o movimento de substâncias através de suas paredes celulares. Sistemas internos de enzimas constroem estruturas intracelulares, regulam o consumo de energia e a liberação de detritos, e permitem a reprodução por divisão. Essas funções regulatórias poderiam ser consideradas a forma mais primitiva de inteligência.

» **Especialização celular em eucariontes:** Eucariontes (células com núcleos distintos) têm organelas internas como núcleo e mitocôndria. Como tal, são organismos multicomponentes, até no nível celular. Organismos multiceluludos abrangem células eucarióticas que se especializam individualmente para funcionar dentro de uma organização maior. Essa diferenciação celular interna e externa aumenta muito o poder de adaptação do organismo.

» **Consciência em vertebrados e, possivelmente, cefalópodes:** Entre animais multicelulares, os vertebrados (e talvez polvos e lulas) parecem demonstrar consciência. A consciência envolve ter modelos internos que permitem estratégias de perseguição de metas de vários passos, mas não instintiva. Em mamíferos, muito dessa capacidade se deve ao sistema límbico e sua interação com o neocórtex. Atualmente, cientistas não foram capazes de descobrir quais processos permitem que polvos exibam um comportamento adaptativo complexo com um cérebro pequeno e organizado, de forma completamente diferente daquela do cérebro humano.

» **Consciência:** A manifestação máxima da inteligência está na *consciência*, a percepção explícita de nossos próprios pensamentos e experiências. A consciência em humanos tende a ser associada com a linguagem, que nos permite nomear e categorizar o que acontece no mundo. A consciência, derivada da linguagem, depende em parte do tamanho cerebral, da organização cerebral e de habilidades especiais como a linguagem única a humanos. A consciência existe em formas rudimentares de primatas, mas existe completamente somente em humanos.

» **Metacognição:** A metacognição reflete o nível mais alto e mais abstrato da competência mental na consciência. É associada com a consciência dos efeitos das ações de alguém e da habilidade de manipular representações abstratas. A metacognição envolve monitorar alguém e suas ações como um observador quase imparcial e externo. Certos tipos de meditação e oração são exemplos de tentativas de entrar no estado metacognitivo.

Inteligência Emocional

Um aspecto comumente mal compreendido da inteligência é seu relacionamento com a emoção. O equívoco é expressado na dicotomia de que a inteligência é racional e baseada em regras, enquanto a emoção é instintiva, animalística e irracional.

No entanto, emoções podem ser vistas de duas maneiras que indicam que são intrinsecamente inferiores ao raciocínio baseado em regras:

» **Emoções são cruciais para mediar interações sociais, que são um dos ambientes mais complexos em que os humanos existem.** Pela espécie animal, os animais mais inteligentes tendem a ser sociais ou descender de espécies sociais. A emoção é a moeda pela qual interações complicadas, como o papel em hierarquias sociais, ocorre.

» **A emoção é uma maneira pela qual o cérebro pode comunicar a saída de uma associação neural para controlar o comportamento que não é exprimível como uma regra.** Por exemplo, a maioria dos animais, incluindo humanos, tem medo inato de cobras. Quando encontramos algo parecido com uma cobra quando crianças, muito antes de saber o que é uma cobra ou a diferença entre tipos venenosos ou não, temos medo instintivamente e a evitamos.

Sistemas cognitivos superiores sequestram a aproximação/retração do sistema emocional para situações muito mais complexas que resultam do aprendizado. Depois que aprendemos a dirigir, por exemplo, passamos a entender que um carro vindo em nossa direção provavelmente está sendo dirigido por alguém que não está prestando atenção ou que está mentalmente comprometido de alguma maneira, e, sentindo medo, saímos do caminho mesmo antes de estarmos conscientes de fazê-lo.

Certos centros cerebrais impactam a emoção. As áreas de processamento de emoções do cérebro são filogeneticamente antigas, como as estruturas subcorticais incluídas do sistema límbico (como amígdala, septo, fórnix e núcleos talâmicos anteriores; veja a seção mais adiante "Emocionando-se com o sistema límbico" para detalhes sobre essas estruturas). Os mamíferos, e particularmente os primatas, adicionam interações corticais entre os sistemas emocionais antigos e áreas mais novas como o córtex orbitofrontal.

O córtex orbitofrontal dá alta resolução ao sistema de resposta emocional. Em vez de apenas ficar com medo dos perigos programados por instintos, como aranhas e cobras, podemos ficar com medo e aprender a evitar situações complexas perigosas, como insultar nosso chefe ou comprar um carro usado sem que alguém o tenha inspecionado primeiro.

Lidando com memórias de reações emocionais fortes

O sistema córtex orbitofrontal-amígdala é difícil de ser entendido como um tipo de inteligência porque sua saída é criar um sentimento apreensivo sobre uma situação que não é exprimível em palavras. Essa ideia foi formalizada por Antonio Damasio, da Universidade do Sul da Califórnia, como a *hipótese dos marcadores somáticos*. Suponha, por exemplo, que seu carro fique sem gasolina em um local específico na estrada pela qual você sempre viaja. A inconveniência e o perigo em potencial da situação criam uma experiência emocional na hora. Dias depois, ao dirigir pela mesma área, você provavelmente terá um sentimento de inquietação que não entende racionalmente e que o faz verificar o medidor de gasolina.

Evidências indicam que as memórias criadas no sistema córtex orbitofrontal-amígdala são muito estáveis. Ou seja, praticamente qualquer situação que você tenha experimentado e que tenha tido consequências desagradáveis produzirá uma memória que é ativada em situações similares. A parte racional do seu cérebro substitui os sentimentos de inquietação quando necessário. Por exemplo, se você esteve em um acidente de carro, pode, pelo resto de sua vida, experimentar inquietação quando estiver em um carro, mas você passa por cima desse sentimento porque precisa dirigir. Continuar a dirigir pode *extinguir* parcialmente a força do sentimento, mas a inquietação pode nunca desaparecer completamente.

Emocionando-se com o sistema límbico

O sistema límbico é um conjunto de núcleos cerebrais subcorticais e suas interconexões que se pensou um dia serem um sistema evolucionário que mediava o comportamento instintivo primitivo.

Estruturas cerebrais tipicamente enumeradas no sistema límbico incluem amígdala, fórnix, hipotálamo, hipocampo, tálamo e giro cingulado (veja a Figura 12-3). Enquanto as três primeiras estruturas estão envolvidas no processamento de estímulos emocionalmente salientes, como pular para longe de uma cobra, o hipocampo e o tálamo estão envolvidos em muitos circuitos corticais, como memória e processamento sensorial, que não têm uma relação óbvia com respostas instintivas. O hipotálamo está envolvido em funções "reptilianas" inferiores, como regulação de temperatura e fluido.

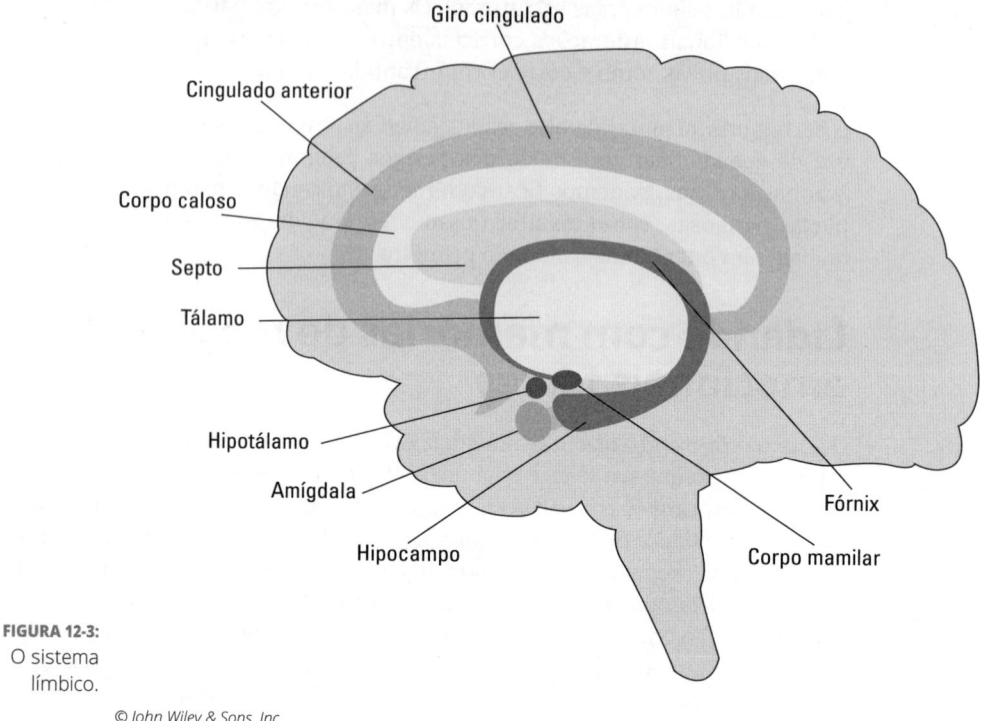

FIGURA 12-3:
O sistema límbico.

© John Wiley & Sons, Inc.

O CÉREBRO TRIUNO DE MACLEAN

Um dos esquemas mais comumente conhecidos sobre a organização do cérebro é o *cérebro triuno*, postulado pelo neurocientista Paul MacLean na década de 1960 e popularizado no fim da década de 1970 pelo livro *Os Dragões do Éden: Especulações sobre a evolução da inteligência humana* (Gradiva), de Carl Sagan. A ideia básica do cérebro triuno é a de que o cérebro tem uma estrutura hierárquica de três níveis na qual os dois primeiros níveis se desenvolvem um depois do outro sobre o nível reptiliano inferior. De acordo com a teoria de MacLean:

- O nível inferior "reptiliano" (exibido por lagartos e cobras) tem os gânglios basais como o nível organizacional mais alto (acima do tronco cerebral e da medula espinhal vista na maioria dos vertebrados primitivos e até em alguns invertebrados). Os gânglios basais medeiam comportamentos instintivos como respostas de lutar ou correr, fome, defesa de território e perseguição sexual.

- O próximo nível adicionado sobre o cérebro reptiliano é o sistema límbico, proposto para conter amígdala, hipotálamo, septo, hipocampo, complexo hipocampal e córtex cingulado. Essas estruturas surgiram nos primeiros mamíferos e permitiram sentimentos, que habilitaram comportamentos mais complexos, como cuidados parentais e participação em hierarquias de dominância social.

- O nível final é o complexo primário neomamífero associado com o grande neocórtex, que alcançou seu pico nos primatas, particularmente em humanos. Esse nível permite comportamento social complexo, inteligência, graus variados de percepção e, por fim, consciência.

A hipótese do cérebro triuno foi influente e continha muitas ideias valiosas. No entanto, tem sido difícil identificar o limite entre os níveis límbico e neomamífero.

O hipocampo

O *hipocampo* é a estrutura mais importante na mediação da transferência de informações da memória de curto prazo para a de longo prazo. Ele recebe conexões de praticamente todo o neocórtex; essas conexões são mapeadas em sinapses cuja força pode mudar se várias entradas estão ativadas simultaneamente. Por exemplo, se uma área detectora de cor do córtex sinalizar "cinza", outra área sinalizar "grande" e outra área sinalizar "tem uma tromba", o neurônio no hipocampo para o qual os três neurônios projetam poderia ser parte de um detector de elefantes. Neurônios no hipocampo projetam de volta ao neocórtex, ativando exatamente as mesmas áreas sensoriais que enviaram os sinais originais e fazendo isso de maneira que uma representação mental de um elefante é formada.

O hipocampo está envolvido em muitos aspectos diferentes da memória, não só aqueles que têm alta saliência emocional (que parece ser a função da amígdala, logo em frente ao hipocampo). Pesquisas extensivas sobre o hipocampo em ratos feitas por John O'Keefe e colegas da Universidade do Arizona indicam que muito do hipocampo é dedicado à navegação nessa espécie. Pesquisadores conjecturam que a memória para navegação pode ter sido a função evolucionária original do hipocampo, depois da qual se envolveu em outros tipos de memória, incluindo especificamente a memória episódica (veja o Capítulo 13 para informações sobre a diferença entre memória episódica e semântica).

A amígdala

A *amígdala* parece ser parte de um circuito de memória diferente. Tem algumas similaridades ao hipocampo, mas suas entradas e saídas são associadas com os estímulos que têm saliência emocional. Muitas das entradas para a amígdala a alcançam por uma rota de resolução baixa e rápida, como diretamente do tálamo, bulbo olfatório ou outras estruturas subcorticais. A saída da amígdala vai para várias estruturas subcorticais, como o hipotálamo, bem como para o córtex orbitofrontal.

O circuito neural envolvendo a amígdala permite não só as respostas típicas e inatas de evitar, como para cobras, mas também a habilidade de aprender contextos associados com o perigo ou a dor. Esse é o mesmo circuito, na verdade, que funciona mal em cérebros de quase todo herói ou heroína de filmes de terror.

O córtex cingulado anterior

O giro cingulado é uma área mesocortical (mais antiga, não neocortical) logo acima do corpo caloso (o grande trato de fibras que conecta os dois hemisférios cerebrais). O mesocórtex é filogeneticamente mais antigo que o neocórtex.

Descobertas recentes sobre a porção anterior dessa área mesocortical sugerem que ela tem um papel de monitoramento importante no qual integra atividade em muitas outras áreas cerebrais. Especificamente, o córtex cingulado anterior é ativado em tarefas nas quais ocorrem a detecção de erro e o monitoramento de conflitos, como a tarefa de Stroop.

Na tarefa de Stroop, o participante deve relatar a cor das letras que formam os nomes das cores, com algumas dessas cores diferentes da tinta das letras. Ou seja, as letras que formam a palavra *azul* são de outra cor que não azul, e os sujeitos do teste devem relatar essa outra cor. Praticamente todos os sujeitos realizando essa tarefa têm problemas; eles leem a palavra, em vez de dizer a cor das letras, apesar da prática. A implicação é que o processo de ler palavras se tornou tão automático em pessoas normais que ultrapassa até tentativas conscientes de relatar a cor das letras.

O córtex cingulado anterior também é ativado pela expectativa de receber dor e parece ocupar uma posição crucial em mecanismos neurais associados com contingente de recompensas e punição sobre o comportamento. Por exemplo, se você bate em uma bola de tênis inadequadamente e ela não passa a rede, seu córtex cingulado anterior é ativado desde o momento em que você bateu errado na bola até o momento em que a bola realmente bate na rede.

A ativação do córtex cingulado anterior também parece ser dependente do nível de percepção da qualidade da performance em várias tarefas. Se você se vir em uma posição difícil em um jogo de xadrez, por exemplo, seu cingulado anterior será ativado mesmo que você esteja inconsciente de qualquer movimento ruim específico. Em tal situação, age como um executivo para convocar recursos, como melhor concentração, para lidar com o fato de que você está tendo dificuldades com a tarefa.

O córtex orbitofrontal

O córtex orbitofrontal (também chamado de córtex pré-frontal ventromedial) é a parte anterior e medial do córtex pré-frontal. O córtex orbitofrontal é essencial para avaliação de risco e recompensa e para o que pode ser chamado de "julgamento moral". Pacientes com danos nessa área podem ter inteligência normal ou superior avaliada em testes, mas têm falta de um conceito rudimentar de boas maneiras ou ações adequadas em contextos sociais; eles também perdem quase toda a aversão ao risco, apesar do conhecimento claro de consequências ruins.

O papel dessa área ficou famoso por um incidente no qual um dano extensivo a ela ocorreu em um trabalhador de ferrovia chamado Phineas Gage. Enquanto usava uma barra de ferro para colocar a carga explosiva, a carga disparou e lançou a barra de ferro, que atravessou o córtex orbitofrontal de Gage. Ele perdeu a consciência apenas brevemente e pareceu se recuperar quase imediatamente. Depois de vários dias de tratamento para lidar com uma possível infecção, ele voltou ao trabalho. Depois do acidente, Gage parecia ser tão inteligente quanto antes, mas não era o mesmo homem. Ele ficou impulsivo, abusivo e irresponsável, um contraste total com sua personalidade anterior. Ele também desperdiçava sua renda em vários investimentos insensatos e altamente especulativos, e, por fim, foi despedido.

LEMBRE-SE

O córtex orbitofrontal e a amígdala formam um sistema de aprendizado sobre comportamento adequado e evasivo com consequências ruins, em parte ao experimentar medo dessas consequências. Muitos incidentes similares ao de Gage, assim como estudos de imagens cerebrais, corroboram a importância do córtex orbitofrontal para o aprendizado e para ser capaz de exibir comportamento adequado.

Entendendo a Consciência

Os neurocientistas costumavam ser relutantes em discutir a consciência porque ninguém podia defini-la e porque não havia esperança em determinar uma base neural para a falta de consciência em um cachorro *versus* sua existência em humanos. Isso mudou consideravelmente por estas razões:

» Estudos de imagens cerebrais mostram diferenças significativas em contingentes de padrões de ativação na consciência.

» A neurociência cognitiva e a inteligência artificial entenderam o que é a percepção e como ela difere, mas apoia, a consciência. Uma das ideias-chave é a diferença entre estar consciente e estar consciente de que você está consciente.

Analisando suposições sobre a consciência

A seguir há algumas percepções interessantes que as pessoas têm sobre consciência e uma avaliação sobre se essas ideias são precisas:

» Um dos sentimentos mais universalmente expressados sobre o fenômeno da consciência é sua unidade. Cada um de nós sente que é um ser consciente, único e indivisível que sempre sabe o que sabe e não sabe o que não sabe.

Ainda assim, ilusões perceptivas nos dizem que nossa visão da realidade pode estar distorcida. O esquecimento transitório que todos nós experimentamos indica que nosso cérebro não é um banco de dados no qual podemos sempre acessar confiavelmente uma memória específica. E às vezes nós mudamos de ideia na ausência de qualquer informação relevante.

» Também tendemos a sentir que, embora impulsos e desejos possam surgir em nossa mente de vez em quando, uma consciência central essencial tem a escolha final ou poder de veto sobre nossas ações.

O poder de veto sobre impulsos é central para conceitos legais sobre culpa e o que constitui o pecado em muitas tradições religiosas. No entanto, atos impulsivos dos quais nos arrependemos racionalmente mais tarde desmentem o fato de que nossa consciência é sempre soberana. Todos já tivemos aqueles momentos "o que é que eu estava pensando", que deveriam nos convencer de que nossa consciência não é sólida e invariável, mas dependente de forças invisíveis internas e externas, das quais não somos conscientes. Hábitos que o aproximam do perigo podem fazer você perder o controle, apesar de sua crença racional em seu próprio autocontrole.

» A maioria de nós sente que, não importa o quão inteligente uma máquina possa parecer (pense em computadores que foram criados para jogar xadrez ou o Watson jogando *Jeopardy!*), ela não pode ter essa consciência central, mesmo em teoria.

Praticamente ninguém acredita que qualquer computador seja consciente ou mesmo próximo disso. Além disso, há dois campos amplos. Um diz que nenhuma máquina eletrônica *jamais* será consciente simplesmente porque não são feitas do material adequado. O outro considera a falta de consciência em máquinas como a diferença entre humanos conscientes e chimpanzés cientes, mas inconscientes: ou seja, é uma questão de poder cerebral suficiente que ainda não foi alcançado artificialmente. Quando computadores ficarem poderosos o suficiente para se equipararem ao cérebro humano em alguns sentidos de instruções executadas por segundo, serão conscientes.

PAPO DE ESPECIALISTA

O futurista e empreendedor Ray Kurzweil calculou que esse ponto de habilidade computacional (a "singularidade") deve ser alcançado antes de 2030, então a maioria das pessoas vivas hoje verá se esse resultado realmente será o caso.

Tipos de consciência

A análise de consciência mais comumente aceita delineia entre a percepção pura e a consciência:

» **Ciência:** Implica em um nível de percepção que pode determinar o comportamento e ser sentida como uma experiência. O que falta na ciência, em relação à consciência, é principalmente a linguagem, pela qual a experiência é interpretada no esquema racional. Algumas tradições meditativas, por exemplo, tentam alcançar na mente o estado de ciência sem qualquer camada de interpretação ou reação.

» **Consciência:** É principalmente associada com a linguagem, na qual o mecanismo da língua cataloga e relaciona a experiência criada pela ciência em um esquema geral racional ligado à memória. Gerald Edelman, vencedor do Nobel que trocou sua pesquisa de biologia molecular pela neurociência, se referiu à consciência como "o presente lembrado". Essa lembrança liga a experiência atual com conceitos anteriores que são incorporados na linguagem.

Estudando a consciência

Embora neurocientistas um dia tenham evitado discussões sobre a consciência como sendo um domínio da filosofia, agora tipos diferentes de consciência são considerados como estando, pelo menos parcialmente, associados a diferenças em atividades neurais que são mensuráveis, pelo menos em teoria. A questão é, então, como pesquisar algo que é uma experiência intrinsecamente privada. Neurocientistas usam duas abordagens principais, que podem ser chamadas de "dividir e conquistar" e "esgueirar-se":

» **A abordagem "dividir e conquistar":** Envolve distinguir entre algum estado cerebral em que uma pessoa está consciente do equivalente mais próximo no qual ela não está, como: dormir *versus* acordar, coma *versus* paralisia, e dano ao cérebro que não elimina a consciência *versus* dano que elimina.

» **A abordagem "esgueirar-se":** Nela, os pesquisadores normalmente comparam situações diferentes que resultam em grandes diferenças na consciência. Geralmente o que dá suporte a essa ideia é que há algum tipo de continuidade da não percepção para a percepção até a consciência total.

Há implicações profundas associadas com diferentes modelos para a natureza essencial da consciência. Se a consciência é um contínuo possibilitado pelo tamanho do cérebro, então animais com cérebro grande, como chimpanzés, têm alguma consciência, como presumivelmente terão os computadores em um futuro próximo. Se a consciência é o resultado da linguagem, então qual é o status de um humano que perdeu a função da linguagem (não só a habilidade de falar, mas a habilidade de ter pensamentos verbais)? Se um circuito neural específico ou até um tipo de célula neural é necessário para a consciência, então seria interessante saber se qualquer outro animal tem esse circuito ou neurônio, se algum humano não o tem ou se eles realmente poderiam ser simulados em máquinas.

Até agora, os melhores dados que os pesquisadores têm sobre humanos vêm da comparação entre estados cerebrais semelhantes a consciente e não consciente.

Dormir versus acordar

Estado de vigília e de sono são caracterizados por diferentes ritmos EEG. Na vigília, o cérebro faz ciclos por ritmos alfa, beta, gama e teta. No sono não REM, ondas delta e teta predominam (veja o Capítulo 11 para mais sobre os estágios do sono).

Durante o sono REM (movimentos rápidos dos olhos), que é o sono em que ocorrem os sonhos, os ritmos EEG são muito mais semelhantes aos ritmos que ocorrem durante o estado de vigília. Então a pergunta é: o sonho tem mais a ver com a consciência do que com o sono não REM?

A maioria dos neurocientistas provavelmente concordaria que sim, sugerindo que os ritmos EEG em sono REM e a vigília estão ligados por alguns aspectos da atividade cerebral em que a consciência está ou pode estar baseada. Afinal de contas, é possível lembrar do sonho no sono REM. Ele contém imagens, ações, enredos, diálogos e outros processos mentais que ocorrem durante a consciência em vigília. Se acordadas durante o sono REM, as pessoas podem dizer o que estava acontecendo em seu sonho, como se tivessem sido interrompidas na conduta de uma atividade consciente normal.

Então, no esquema de contraste de sono, o sono REM tem características experimentais parecidas com a consciência em vigília e similares aos ritmos EEG. O sono não REM não tem nenhuma.

Neurocientistas também descobriram que o sono REM exibe mais padrões coerentes de atividade sincronizada que envolve interação entre os lobos frontal e outros corticais do que o sono não REM. A conclusão, que é apoiada por outros dados, é a de que a consciência é particularmente dependente de atividade interativa entre os lobos cerebrais frontal e outros.

Coma versus paralisia

Danos ao cérebro podem produzir uma gama de efeitos — da paralisia à perda total de consciência. A paralisia pode ocorrer com ou sem perda de consciência. Há muitos casos de paralisia, por exemplo, no qual o único movimento voluntário que pode ser feito pelo paciente é piscar. Embora superficialmente tais pacientes sejam frequentemente tratados como se estivessem inconscientes, tentativas de comunicação ("Pisque uma vez para sim, duas para não", por exemplo), foram frequentemente bem-sucedidas. Pacientes com falta até da habilidade de piscar são quase sempre considerados em um estado vegetativo, mas as imagens cerebrais e outras técnicas mostraram que até alguns desses pacientes estão cientes do que acontece ao seu redor.

Uma hipótese duradoura sobre quais regiões do cérebro suportam a consciência é às vezes chamada de *hipótese do triângulo de Cotterill*. Ela sugere que a consciência de alto nível requer o envolvimento das áreas do córtex sensorial, tal como o lobo parietal ou occipital; os lobos frontais, particularmente as áreas pré-motoras; e o tálamo.

Um estudo recente envolvendo pacientes em estados vegetativos ou aparentemente vegetativos parece apoiar essa ideia. No estudo, músicas familiares eram tocadas para pacientes sem resposta enquanto os pesquisadores faziam imagens do cérebro de cada um deles. As primeiras áreas sensoriais do cérebro em coma e de pessoas anestesiadas normalmente respondiam a entradas sensoriais. Essa entrada é normalmente também retransmitida pelo tálamo para os lobos frontais. No entanto, pesquisadores foram capazes de distinguir entre o coma verdadeiro e os pacientes "aprisionados" não responsivos, porque, no último, um sinal de feedback voltava dos lobos frontais para as áreas sensoriais do córtex; tal sinal não ocorreu em pacientes verdadeiramente vegetativos.

ANESTESIA E CONSCIÊNCIA

Embora pessoas normalmente descrevam estar anestesiadas como ser "colocada para dormir" ou "estar apagada", estar anestesiado não é a mesma coisa que dormir. O propósito da anestesia é criar um estado artificial de inconsciência em que não só não haja resposta a estímulos de dor, como o corte cirúrgico, mas também não haja consciência ou memória subsequente dos estímulos. Anestésicos não suprimem todas as atividades cerebrais, apenas a atividade associada com a consciência.

Um dos grandes mistérios persistentes na neurociência é que ninguém sabe de verdade em detalhes como o anestésico realmente funciona. Alguns, como o isoflurano e o óxido nitroso, são gases relativamente inertes, enquanto outros, como a cetamina e barbitúricos, são agonistas para receptores de neurotransmissores específicos (receptores de glutamato NMDA, por exemplo), interferindo com sinais que, caso contrário, dispariam uma resposta.

Uma coisa que muitos agentes anestésicos têm em comum é a solubilidade lipídica (em gordura), sugerindo que esses anestésicos interferem com a transmissão neural por infusão na bainha de mielina que cerca vários axônios, ou na membrana neural em si. No entanto, o mecanismo para sua seletividade com relação à alteração da consciência é pouco compreendido. O mesmo vale para intoxicantes como o álcool.

O debate sobre os níveis de consciência e anestesia produziram algumas ramificações muito práticas para pais com filhos que requerem algum tipo de cirurgia (como a circuncisão) logo depois do nascimento. Médicos costumavam rotineiramente negar a anestesia nessas situações porque argumentavam que (1) a anestesia é perigosa para recém-nascidos tanto pelo risco de morte quanto pelo potencial de danos ao sistema nervoso, e (2) bebês não são seres realmente conscientes de qualquer maneira e não teriam memória de nenhuma cirurgia com ou sem anestesia. A maré parece ter mudado em direção ao uso do anestésico, embora, aparentemente, essa mudança não tenha ocorrido devido a uma descoberta específica da neurociência.

Dano cerebral

Danos a áreas cerebrais superiores como o córtex podem resultar em perda de alguns aspectos específicos da consciência ou perda total dela. Enquanto danos sérios ao tronco cerebral tendem a ser rapidamente fatais (essa área cerebral controla mecanismos homeostáticos básicos, como pressão sanguínea, frequência cardíaca e respiração), danos ao córtex tendem a produzir perdas mais específicas. Considere estes exemplos:

> » Danos ao lobo temporal ou pré-frontal podem interromper a memória de curto prazo e funções de aprendizado sem afetar a memória de longo prazo.
>
> » *A isquemia* generalizada (perda do fluxo sanguíneo e, portanto, oxigenação) pode produzir amnésia temporária.
>
> » Dano à área de Wernicke na junção entre os lobos parietal e temporal (veja o Capítulo 6) produz uma inabilidade de entender a linguagem, sem uma perda geral de consciência. É claro, não entender a linguagem muda significativamente a qualidade dessa consciência.

Dois campos e um meio-termo

A ligação entre a linguagem e a consciência é uma das áreas mais fortemente debatidas da neurociência. As pessoas tendem a se enquadrar em dois campos: o daqueles que pensam que a linguagem é consciência, e o daqueles que pensam que formas não linguísticas de consciência são possíveis.

Alguns sugerem que, como humanos pensam em palavras, a linguagem do pensamento é a consciência. O fato de poucos de nós lembrarmos qualquer coisa de nossa vida antes dos 2 anos de idade pode ser resultado da reorganização profunda de nosso cérebro que ocorre depois que aprendemos a linguagem, que em si é pensada como sendo a fundação da consciência. Além disso, embora animais como chimpanzés possam aprender a usar a linguagem de sinais para objetos, eles não usam gramática e, assim, não têm linguagem; portanto, por definição, não são conscientes. Isso também implicaria, como mencionei anteriormente, que humanos que não possuem linguagem interna (não só a habilidade de falar) não seriam considerados conscientes.

PAPO DE ESPECIALISTA

Um dos casos de teste acidental mais famoso de linguagem e consciência é o de Helen Keller, que era normal até cerca dos 19 meses, quando uma infecção desconhecida destruiu sua visão e audição. Ela viveu em uma existência quase animal, até que Ann Sullivan (recomendada por Alexander Graham Bell, um pesquisador da surdez e o inventor do telefone) foi ao Alabama para ensinar a língua dos sinais para Helen. Os escritos da própria srta. Keller sobre a transição sugerem que ela levava uma existência animal quase inconsciente, até que teve acesso à linguagem e à habilidade de se comunicar.

Outros apontam para o pensamento visioespacial e para as imagens como exemplos de formas não linguísticas de consciência. Um arquiteto pode projetar um prédio complicado em muitos detalhes usando imagens mentais, mas não falar consigo mesmo em palavras durante todo o processo. Será realmente possível projetar um prédio, usando conhecimento obtido na escola, sem consciência?

Um meio-termo que sugiro é o seguinte. A imagem mental sem linguagem pode ser consciente, mas não é sustentável mais do que por algumas horas. Quaisquer pensamentos que ocorram durante o estado de imagem não verbalizada devem ser traduzidos em palavras para que sejam lembrados em uma forma utilizável. Pode ser também que, durante o suposto estado de visualização de imagem não vocalizada, a subvocalização esteja ocorrendo, mas sua memória seja suprimida.

A consciência parece depender da habilidade de comunicação de diversas formas, de conversas entre pessoas a mensagens passadas do lobo frontal para outras partes do cérebro.

INTELIGÊNCIA DE MÁQUINA

O debate sobre se máquinas algum dia exibirão consciência continua. Mas o que constitui aprendizado, inteligência e consciência é um alvo móvel. Cinquenta anos atrás, computadores rudimentares podiam ser programados para jogar o jogo da velha. Mais tarde podiam jogar damas de maneira razoável e depois com perfeição, mas pessoas que refutavam essa ideia argumentaram que nunca poderiam dominar um jogo altamente criativo como o xadrez. Então o computador Deep Blue, da IBM, ganhou do campeão mundial de xadrez, Garry Kasparov, em 1997.

Computadores da Google agora dirigem carros, talvez melhor do que humanos. Mas quando um cientista da Google foi questionado como o computador do carro poderia decidir entre bater em uma mulher grávida ou em duas pessoas, sua resposta, resumida, foi a de que o computador só vê borrões. Se ele não puder desviar de todos os borrões, provavelmente baterá no menor. Ou seja, computadores são capazes de lidar com situações por código (seja programação aprendida ou explícita) no qual não há compreensão do mundo além da tarefa de classificação programada.

Uma tendência recente em psicologia cognitiva foi reconhecer que a inteligência está "situada" em alguma forma específica. Muito da inteligência humana e animal sobre o mundo e como as pessoas e objetos interagem vem de experiência direta no mundo. É quase inconcebível que qualquer sistema baseado em regras sem tal experiência poderia se aproximar da inteligência humana e da consciência que surge dela. Poderíamos criar um robô como um filho? Deveríamos? Quais direitos e deveres a máquina teria?

Processamento inconsciente: Visão cega, negligência e outros fenômenos

A maioria das pessoas tende a pensar que nossa consciência central está comandando o show e escolhe em qual aspecto das coisas acontecendo em nosso cérebro prestar atenção. Mas uma das realizações mais importantes das últimas várias décadas em neurociência foi a compreensão de que aquilo de que somos conscientes abrange apenas uma pequena fração do que acontece em nosso cérebro. A maioria do nosso processamento neural é feito inconscientemente ao fundo e só alcança a consciência em circunstâncias bem específicas.

Por exemplo, lembro bem distintamente do dia em que meu irmão mais novo me perguntou como fazer um nó de gravata, algo que eu fazia uma vez por dia, cinco dias por semana, por vários anos. Eu fiquei totalmente confuso tentando mostrar a ele como fazer, e nesse dia fui incapaz de fazer um meio windsor. Vários anos antes, eu tinha passado conscientemente pelos passos de aprender a fazer aquele nó específico. Aprender aquela sequência certamente exigiu esforço consciente e, para um chimpanzé, teria sido de difícil a impossível. Desde aquela época, no entanto, aquilo se tornou *automatizado* ou *processual* para mim. Minha única atenção consciente ao processo de tentar fazer o nó era a decisão de começar, depois que escolhia a gravata que queria usar.

LEMBRE-SE Uma ideia comum sobre consciência é a de que nós vemos, ouvimos e cheiramos o que estamos prestando atenção (mas reconhecidamente a atenção pode ser desviada de uma coisa em razão de um estímulo novo ou saliente). A correlação comum dessa ideia é a de que o estímulo que ignoramos não chega à memória. Ou seja, para ver e lembrar de algo, devemos estar conscientes disso; o resto é ignorado e esquecido. Como os cenários nas seções seguintes mostram, este não é necessariamente o caso.

A situação do "coquetel"

Um exemplo clássico de processamento inconsciente ocorre na situação do "coquetel". Você está em uma discussão com alguém, mas existem pessoas próximas envolvidas em outras discussões. Em geral, você bloqueia as outras conversas, e, se questionado mais tarde, não seria capaz de lembrar de nada sobre elas. Mas se alguém naquelas conversas mencionar seu nome, você fica instantaneamente consciente e provavelmente poderia lembrar de toda a frase, anteriormente deixada de lado, na qual seu nome acabou de ocorrer.

Surpreendido pela visão cega

Uma descoberta clínica notável que mostra a dissociação entre a habilidade do cérebro de registrar um evento e a percepção consciente daquele evento está no fenômeno chamado *visão cega*. Nela, um sujeito é capaz de relatar alguns detalhes sobre um estímulo sem percepção consciente do estímulo apresentado.

ESTUDOS SOBRE VISÃO CEGA

A visão cega foi documentada extensivamente primeiro por Lawrence Weiskrantz, um psicólogo britânico, agora emérito professor de Psicologia em Oxford. Weiskrantz investigou as habilidades de visão de um paciente que tinha praticamente toda a área visual primária V1 destruída em um lado do cérebro (veja os capítulos 2 e 5 para áreas cerebrais que medeiam a visão). Como o caminho principal para processamento da visão cortical passa por V1, tais pacientes são cegos no *hemicampo*, ou campo sensorial, oposto à lesão (o lado direito do cérebro processa o hemisfério esquerdo e vice-versa).

Eis a parte interessante: depois de apresentar objetos ao hemicampo cego do paciente, no que o paciente dizia não ter visto absolutamente nada, Weiskrantz pediu ao paciente que adivinhasse ou a localização aproximada do objeto ou quais dos vários objetos possíveis foram apresentados. Quando forçado a adivinhar, o paciente identificava corretamente o objeto em um nível muito maior do que a chance estatística de mero palpite. Ou seja, objetos eram apresentados e o paciente afirmava não vê-los, mas podia, com precisão estatística significativa, responder verbalmente a perguntas sobre esses objetos, mesmo não conseguindo vê-los.

HIPÓTESES SOBRE COMO FUNCIONA A VISÃO CEGA

Houve debates consideráveis sobre mecanismos neurais mediando tal visão cega. Uma hipótese sugere que estruturas subcorticais que recebem informação da retina, como o colículo superior, devem auxiliar esse tipo de processamento visual. Uma hipótese contrária sugere que alguma porção de V1 deve ter sido poupada (praticamente nenhuma lesão acidental em humanos elimina 100% de qualquer área cerebral específica sem também danificar alguma parte de uma área vizinha) e que essas "ilhas de V1 poupadas" devem dar suporte à habilidade de responder a perguntas sobre os objetos apresentados.

Em qualquer caso, fica claro que, sem uma porção principal de V1, não há percepção consciente de itens apresentados à área do campo visual que era servida por essa parte de V1, mas o processamento visual ainda ocorre.

Percepção subliminar e pré-ativação

Uma razão pela qual neurocientistas se interessam pela visão cega é para determinar se ela está relacionada ao fenômeno de percepção subliminar. A história clássica sobre percepção subliminar envolveu inserir um quadro exibindo uma imagem de pipoca a cada x quadros de um filme. Os espectadores não podiam detectar conscientemente o quadro individual, mas relatos iniciais sugerem que mais pessoas iam para a fila da pipoca durante o intervalo em filmes que tinham esses quadros adicionados. Tais "publicidades subliminares" foram banidas por lei, embora estudos subsequentes controlados sugeriram que o fenômeno da compra influenciada subliminarmente não existia realmente.

Estudos mais recentes e sensíveis descobriram um pequeno efeito, e a percepção subliminar está agora agrupada com o fenômeno da *pré-ativação*, na qual a exposição inconsciente a estímulos afeta escolhas subsequentes. Por exemplo, se lhe mostrarem imagens de parques por um tempo, ao pedirem que você defina a palavra banco, sua primeira definição provavelmente envolverá bancos de praças, e não lugares para guardar dinheiro.

Sendo negligenciado

Lesões superiores no caminho visual, como as na parte visual do lobo parietal, tendem a produzir um fenômeno chamado *negligência,* que é a tendência de não notar estímulos visuais na área do campo visual servido pela área lesionada, embora com atenção focada objetos ainda podem, às vezes, serem vistos lá.

A negligência visual é mais comum para lesões no hemisfério direito, afetando o campo visual esquerdo, do que ao contrário (isso é consistente com uma tendência geral para processamento visual mais forte no hemisfério direito que no esquerdo).

Uma relação interessante entre a habilidade de imaginar conscientemente uma cena visual e o dano a áreas parietais que processam a visão normal foi descoberta e relatada por Edoardo Bisiach e Claudio Luzzatti em 1978. Eles pediram a um paciente com dano no lobo parietal que imaginasse estar em uma extremidade de uma praça que lhe fosse familiar e que reportasse o que ele veria daquele ponto. O paciente descrevia todos os prédios do lado direito da praça e alguns no meio, mas nenhum à esquerda. Bisiach e Luzzatti então pediam a ele que imaginasse estar na extremidade oposta da praça, olhando para a direção anterior. Ele descrevia todos os prédios que não descreveu antes, que agora estavam do lado direito de sua imaginação, mas nenhum dos anteriores, que agora estavam do lado esquerdo.

Talvez não seja surpreendente que a habilidade de evocar conscientemente uma imagem de uma área familiar use áreas do cérebro que foram envolvidas ao vê-la. Quando uma área do cérebro que teria representado uma parte específica da imagem está faltando, essa parte da cena está ausente do imaginário consciente.

> **NESTE CAPÍTULO**
>
> Entendendo a estrutura do neocórtex
>
> Viajando por caminhos sensoriais entre o neocórtex, o tálamo e o hipocampo
>
> Examinando a especialização dos hemisférios cerebrais esquerdo e direito
>
> Observando as teorias relacionadas à consciência

Capítulo 13

Como o Cérebro Processa os Pensamentos

O comportamento adaptativo inteligente em mamíferos é associado ao neocórtex, que fica no topo da hierarquia de processamento neural e consiste de módulos principais, que têm submódulos, até chegar aos neurônios e às sinapses. Além de funcionar de maneira hierárquica, o cérebro também opera com um alto grau de paralelismo, com muitas funções ocorrendo simultaneamente. Fora dessa atividade paralela, o processamento consciente que percebemos é baseado em uma rede vasta de processamento inconsciente, que geralmente não percebemos.

Este capítulo explora a estrutura, a função e os processos do neocórtex e dá uma olhada na ligação entre linguagem e consciência. Essas funções de alto nível dependem particularmente do neocórtex.

LEMBRE-SE

Para entender a função do neocórtex você deve entender as estruturas cerebrais inferiores com as quais ele interage. Essas estruturas cerebrais inferiores, como o tálamo e o hipocampo, são produtos da evolução. Animais que precederam humanos, como vertebrados de sangue frio que não têm um neocórtex extensivo, se saem muito bem com a maioria dos comportamentos. Então você pode olhar o neocórtex como uma adição de alto nível a um sistema que já pode processar estímulos sensoriais e executar comportamento adequado.

Um dos problemas mais significativamente desafiadores da neurociência em relação à evolução e função do neocórtex é se ele permite funções complexas como a linguagem e a consciência simplesmente porque cruzou alguns limites de tamanho ou se sua estrutura e organização é única de alguma forma.

O Cérebro: Assumindo o Comando em Vários Níveis

O reino animal pode ser dividido em mamíferos, vertebrados não mamíferos e invertebrados (animais sem espinha dorsal). Eis uma breve revisão dessas diferentes categorias:

» **Invertebrados:** Os animais multicelulares evolucionalmente mais antigos são invertebrados, como moluscos, vermes e insetos. Eles englobam a vasta maioria de todas as espécies animais. Invertebrados têm neurônios que compartilham algumas similaridades com os neurônios de vertebrados, mas seu sistema nervoso é altamente dissimilare dos vertebrados, e, por isso, um do outro. Poucos invertebrados têm cérebro grande ou exibem comportamento adaptativo complexo (pelo menos se comparados a mamíferos), com exceção dos moluscos, como polvos, que continuam a surpreender pesquisadores com sua habilidade de usar vários truques para pegar caranguejos em caixas de enigmas.

» **Vertebrados não mamíferos:** Muito mais próximos de mamíferos estão os vertebrados não mamíferos, que incluem répteis, como a salamandra e os jacarés; anfíbios, como sapos; peixes; pássaros; e provavelmente os ancestrais dos pássaros, os dinossauros. Vertebrados não mamíferos tendem a ter cérebro relativamente centralizado, com muitas estruturas parecidas às presentes em mamíferos, como tronco cerebral, cerebelo e

> colículos inferior e superior. Essas estruturas são bem diferentes daquelas em invertebrados.
>
> » **Mamíferos:** Os mamíferos só surgiram durante a metade da era dos dinossauros e não se tornaram os animais dominantes em terra até a extinção daqueles, há cerca de 65 milhões de anos. Quanto a neurônios e organização neural, os mamíferos são mais parecidos uns com os outros do que os vertebrados não mamíferos são entre si. A grande diferença cerebral entre mamíferos e vertebrados não mamíferos é o neocórtex.
>
> A estrutura celular e de rede do neocórtex é surpreendentemente uniforme, tanto dentro de um único cérebro quanto da área motora à sensorial e entre diferentes mamíferos. Esteja você olhando para o córtex motor de um rato ou o córtex auditivo de uma baleia, as camadas, os tipos celulares e os circuitos neurais são bem similares. Embora esse circuito neocortical não seja o processador neural mais eficaz para todas as funções superiores de mamíferos, parece ser uma estrutura unicamente poderosa que unifica o processamento de diferentes tipos de percepção e planejamento que, em humanos, por fim, levou à consciência.

Tudo sobre o Neocórtex

Como observado anteriormente, o neocórtex é a grande diferença cerebral entre mamíferos e vertebrados não mamíferos. Antes dos mamíferos, o cérebro tinha muitas áreas especializadas com diferentes tipos de neurônios e circuitos neurais que realizavam diferentes funções. Nos mamíferos, um circuito neocortical padrão construído em volta de colunas e minicolunas se expandiu para assumir o topo da hierarquia de processamento para quase todas as funções cerebrais no sistema nervoso central. Primatas, especialmente humanos, levaram essa dominância neocortical ao extremo.

Os quatro principais lobos do cérebro e suas funções

Praticamente a primeira coisa que todo aluno de neuroanatomia mamífera aprende é que o cérebro tem quatro lobos neocorticais principais: frontal, parietal, occipital e temporal. A Figura 13-1 mostra a estrutura geral do neocórtex vista da esquerda (veja o Capítulo 12 para outras anatomias cerebrais brutas). Quase tudo o que você pode ver desse ponto de vista é o neocórtex (com exceção de um pouco de cerebelo saindo de debaixo do lobo occipital).

FIGURA 13-1: Os quatro principais lobos do cérebro.

Lobo frontal
Lobo parietal
Lobo temporal
Lobo occipital

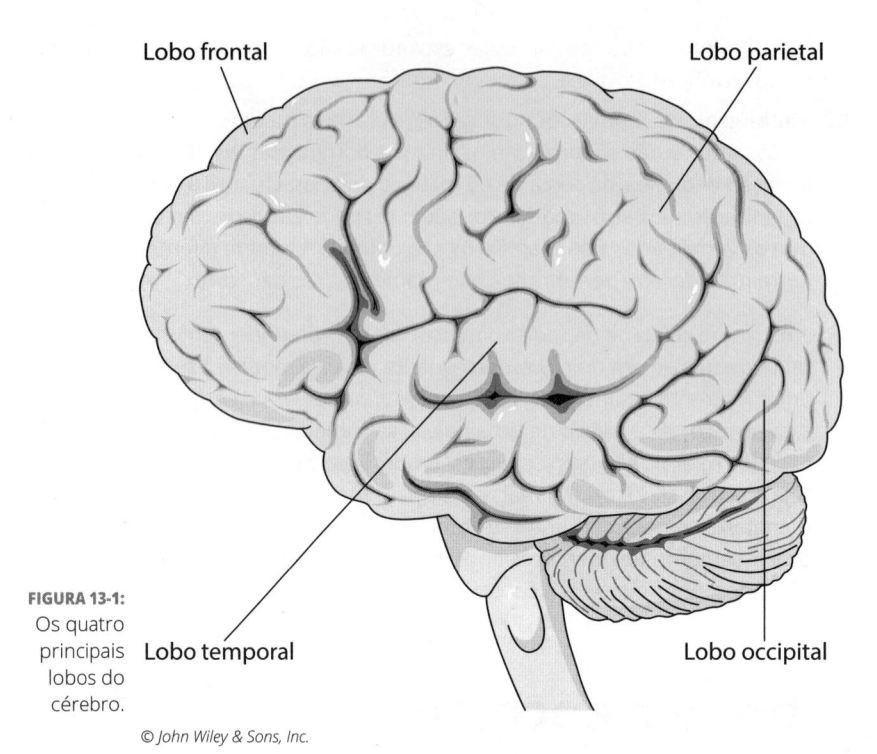

© John Wiley & Sons, Inc.

Eis uma breve descrição da função dos quatro lobos:

» **Frontal:** Todos os mamíferos têm um lobo frontal com planejamento geral e coordenação nas áreas mais anteriores e com a saída motora na parte mais posterior do lobo frontal, no córtex motor primário. O fato de que o sistema olfativo, considerado o sistema neocortical mais antigo em mamíferos, projeta diretamente para a parte do lobo frontal sem retransmitir pelo tálamo sugeriu a alguns neurocientistas que essa é a parte filogeneticamente mais antiga do neocórtex, da qual as áreas neocorticais se desenvolveram.

» **Parietal:** O lobo parietal contém as áreas sensoriais primária e secundária para somatossensação e áreas sensoriais secundárias para processamento visual e auditivo, especialmente os processos associados à localização espacial e navegação espacial.

» **Occipital:** O lobo occipital contém as áreas visuais primárias e algumas secundárias. É o único lobo cerebral dedicado a apenas um sentido.

» **Temporal:** O lobo temporal contém a área auditiva primária e algumas secundárias em seu aspecto superior. Seu aspecto inferior é dedicado ao processamento visual associado à percepção de objetos. Seu aspecto medial contém algumas áreas visuais de ordem bem superior, como a área facial fusiforme, que tem células que respondem apenas a rostos, e misturas de outras estruturas associadas com o hipocampo.

LEMBRE-SE

A subdivisão do neocórtex nesses quatro lobos é comum a todos os mamíferos, embora a aparência e o tamanho relativo dos lobos variem consideravelmente entre as espécies de mamíferos. Alguns mamíferos pequenos, por exemplo, não parecem precisar de mais área neocortical do que a suficiente para cobrir o restante das áreas cerebrais subcorticais, então seus córtices são lisos, sem dobras. Como o aumento no tamanho neocortical é primariamente um aumento em área, cérebros complexos grandes têm neocórtices que precisam ser "dobrados" para caber na cabeça (pense em uma folha de papel amassada), de maneira que as dobras se tornam *sulcos*, e as áreas da superfície se tornam *giros*.

Substância cinzenta *versus* substância branca

A estrutura funcional do neocórtex é aquela de uma folha amassada. A parte externa da folha, de 3 a 4 milímetros, forma o que é chamado de *substância cinzenta* (que alguns chamam de *massa cinzenta*). Essa camada externa contém muitos corpos celulares neurais que são mais escuros que seus axônios, por isso a cor cinzenta. Abaixo da substância cinzenta está o que é chamado de *substância branca*, que consiste quase exclusivamente dos axônios mielinizados de neurônios indo e voltando do neocórtex para estruturas subcorticais, e indo de uma área do neocórtex para outra. A Figura 13-2 mostra as substâncias branca e cinzenta.

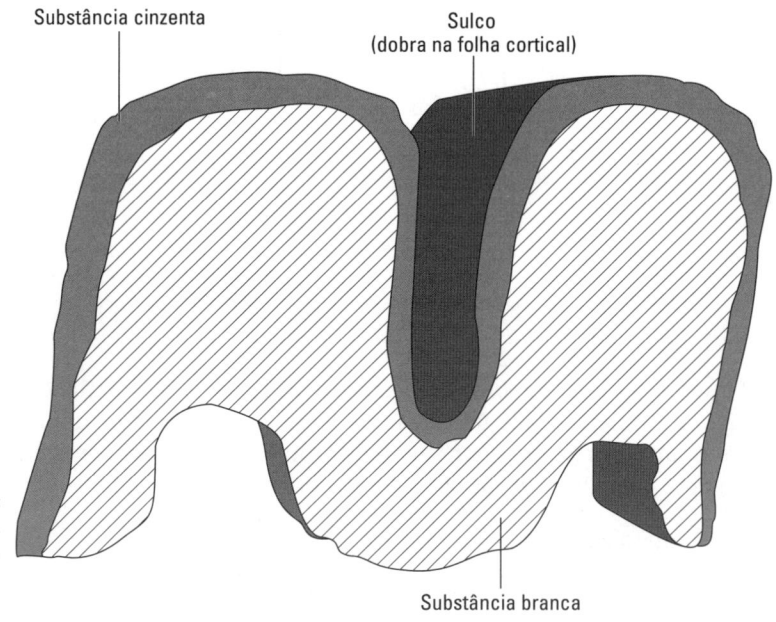

FIGURA 13-2: Substâncias cinzenta e branca do neocórtex.

© John Wiley & Sons, Inc.

Conectividade universal *versus* de pequeno mundo

A espessura da substância cinzenta em todos os neocórtices, do rato ao elefante, é de cerca de 3 a 4 milímetros, mas a quantidade de substância branca difere com o tamanho do cérebro. Quanto maior o cérebro, mais espessa é a substância branca. Além do mais, o volume de substância branca pré-frontal é maior em humanos do que em outros primatas. A substância branca pré-frontal mostra a maior diferença entre humanos e não humanos, enquanto a substância cinzenta não mostra diferença significativa. Isso pode ser devido à conectividade hierárquica ter um papel-chave na evolução da função do cérebro humano e, assim, no processamento de ordem superior.

Imagine que o cérebro fosse estruturado de tal forma que cada neurônio fosse diretamente conectado a todos os outros neurônios (*conectividade universal*). Como a Figura 13-3 mostra, essa característica não é muito difícil de existir quando você tem um número pequeno de neurônios, mas à medida que o número cresce, o número de axônios (ligações) cresce como o número *quadrado* de neurônios. Para um exemplo concreto, digamos que você adicione mais um neurônio ao seu cérebro, que já tem cerca de 100 bilhões de neurônios (mais ou menos). Conectar esse novo neurônio a todos os outros neurônios que você já tem exigiria 100 bilhões de axônios a mais.

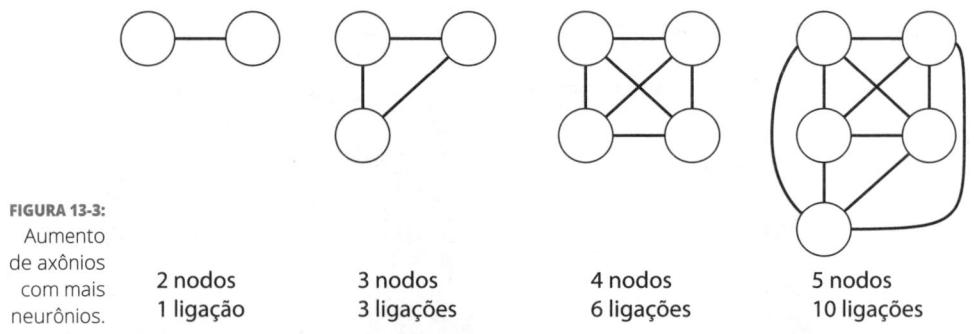

FIGURA 13-3:
Aumento de axônios com mais neurônios.

2 nodos
1 ligação

3 nodos
3 ligações

4 nodos
6 ligações

5 nodos
10 ligações

© John Wiley & Sons, Inc.

Por essa razão, o cérebro simplesmente não pode ser construído sobre o princípio na conectividade universal. Se fosse — com cada neurônio conectado a cada outro neurônio —, o número de axônios, ou ligações, seria uma função do número de neurônios. Eis os cálculos, com *n* representando neurônios:

Número de ligações = $n(n-1)/2$

O resultado? No momento em que o cérebro chegasse a alguns milhões de neurônios, a matéria branca seria do tamanho de uma casa. Um cérebro totalmente interconectado com 100 bilhões de neurônios exigiria cerca de 200 bilhões de ramos de axônios.

Ainda assim, é claramente desejável para a atividade de qualquer neurônio ser capaz de afetar qualquer outro neurônio específico, caso contrário a atividade em um neurônio isolado seria apenas isso: isolada e não muito útil.

O cérebro resolve esse problema usando o que é chamado de esquema de interconexão de *pequeno mundo*. Qualquer dado neurônio está conectado a alguns milhares de outros neurônios (em média), e as conexões mais densas estão próximas de neurônios, então os comprimentos axonais são curtos.

Minicolunas e os seis graus de separação

Como já mencionado, cada neurônio é conectado a apenas alguns milhares de outros, e as conexões mais densas são as mais próximas. Esses neurônios próximos funcionam como um círculo de amigos e geralmente seguem o princípio de separação de seis graus, que diz que, em média, não mais que seis etapas são necessárias para ligar você a qualquer pessoa na Terra.

Eis como esse princípio funciona: alguém em seu círculo de amigos é ligado a alguém em uma comunidade um pouco próxima à pessoa-alvo, que é ligada a alguém ainda mais próximo, que é ligada... bem, você entendeu. O ponto-chave: por meio de uma série de conexões, você pode se associar a qualquer pessoa na Terra — até ao chanceler da Alemanha, se quiser. Seu neocórtex funciona com o mesmo princípio.

Pequenas "comunidades" no neocórtex são chamadas *minicolunas*, que consistem em cerca de 100 neurônios em uma coluna vertical cuja área de superfície é de cerca de 40 micrômetros quadrados. Existem cerca de 100 milhões de minicolunas por todo o neocórtex (os 100 bilhões de neurônios totais para o cérebro também incluem o cerebelo e as estruturas subcorticais).

É provável que a atividade em qualquer minicoluna possa influenciar a atividade em outra minicoluna passando por seis sinapses ou menos, os seis graus de separação. Isso permite que seu cérebro com 100 bilhões de neurônios reduza vastamente o número de axônios para que sua cabeça possa ser menor que a Grande Pirâmide de Quéops.

Definindo a estrutura de seis camadas do córtex

Uma marca distintiva do neocórtex é sua estrutura de seis camadas. A Figura 13-4 mostra um diagrama das suas camadas e algumas das entradas e saídas. Note que as células reais são muito menores e mais numerosas do que no diagrama. As células mostradas são as *células piramidais*, nomeadas por sua forma quase triangular em seus corpos celulares. (Note que essa figura não mostra os muitos outros interneurônios locais que são principalmente inibitórios e participam de circuitos locais, e, claro, as células da glia.)

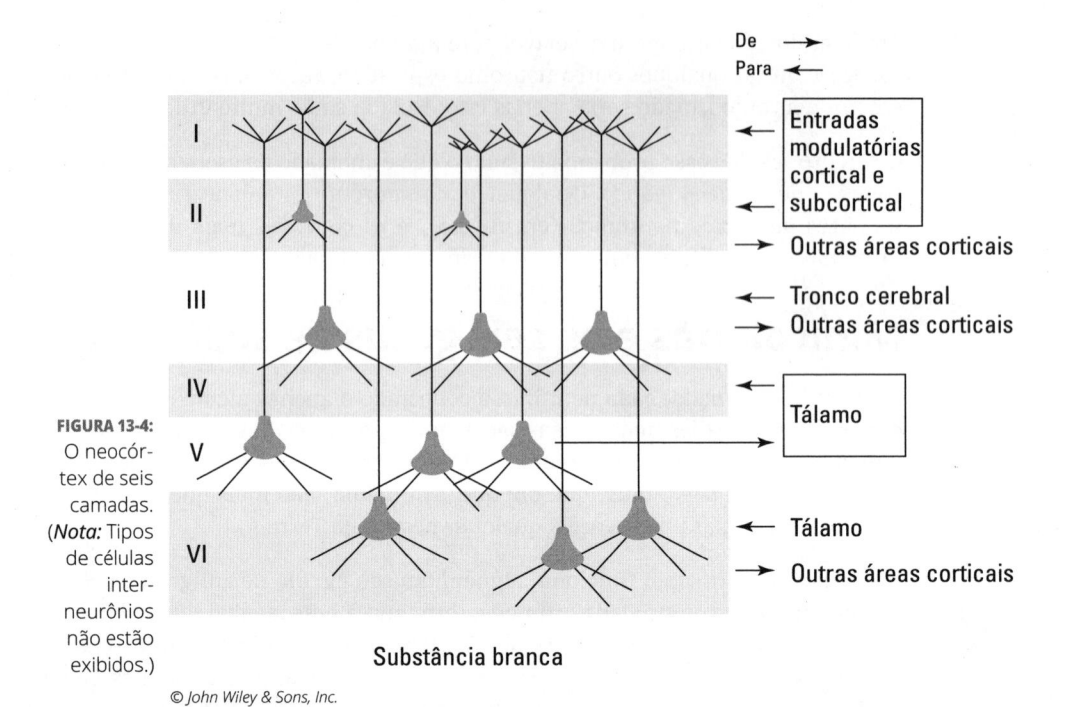

FIGURA 13-4: O neocórtex de seis camadas. (*Nota:* Tipos de células interneurônios não estão exibidos.)

© John Wiley & Sons, Inc.

O trabalho das células piramidais

Células piramidais recebem entradas e enviam saídas fora e dentro da minicoluna local. Elas normalmente têm uma ramificação dendrítica grosseiramente horizontal logo abaixo do corpo celular, mais um dendrito que surge do topo do corpo celular e se estende a uma camada superior antes de ramificar principalmente horizontalmente lá.

As seis camadas neocorticais, numeradas I a VI da superfície cortical para baixo, formam a substância cinzenta do córtex. Abaixo da substância cinzenta está a substância branca, que não tem quase nenhum corpo celular, mas consiste dos axônios dos neurônios indo e voltando da área do córtex acima para outras áreas corticais e para estruturas subcorticais. Abaixo da substância branca estão as estruturas subcorticais.

LEMBRE-SE

Essa estrutura neocortical básica de seis camadas, com os mesmos tipos celulares, localizações e interconexões, é relativamente constante do córtex motor do rato ao córtex somatossensorial do elefante — um fato que a maioria dos neurocientistas acha surpreendente. Dentro dessas seis camadas estão as células piramidais, que são a principal projeção de longo alcance de células no córtex, mais numerosos *interneurônios* (neurônios apenas participando de circuitos locais) que formam o que é chamado de *circuito canônico*, que pode ser repetido por todo o neocórtex.

Eis o esquema geral de camadas:

> » **Camada I:** A mais próxima da superfície do córtex, tende a receber entradas modulatórias que formam a resposta das entradas principais na camada IV. Essas entradas modulatórias vêm de sistemas de neurotransmissor de projeção difusa (como os sistemas de neurotransmissor de amina biogênica no tronco cerebral: dopamina, norepinefrina, histamina e serotonina), bem como de outras áreas corticais.
>
> » **Camada II:** Esta camada tem células piramidais pequenas espalhadas que recebem entradas da camada VI e projetam para regiões corticais próximas.
>
> » **Camada III:** Células piramidais nesta camada recebem entradas de áreas modulatórias do tronco cerebral (como a camada VI) e de outras áreas corticais. As entradas das células piramidais com corpos celulares nesta camada projetam para outras áreas corticais.
>
> » **Camada IV:** É o principal recipiente de entrada talâmica. Essa entrada chega nos dendritos de células piramidais na camada V e é muito eficaz em conduzi-las. Entradas talâmicas também fazem sinapse em interneurônios estrelados (não exibidos), que, então, fazem sinapse em células piramidais na camada V e em outras camadas. Células piramidais da camada IV projetam para outras camadas localmente, particularmente na camada V.
>
> » **Camada V:** Células piramidais da camada V recebem entrada da camada IV e fazem conexões de longa distância, como para a medula espinhal. Elas também realimentam para áreas integrativas anteriores do tálamo, como a *pulvinar*, que é envolvida no controle da atenção.
>
> » **Camada VI:** Células piramidais da camada VI também recebem algumas entradas do tálamo e projetam para outras camadas corticais. A principal saída da camada VI é para o tálamo.

Detalhes sobre as conexões de entrada-saída não são exatamente os mesmos em todas as áreas do neocórtex, no entanto, o padrão geral é notavelmente consistente.

O circuito canônico

Dada a estrutura "padrão" de conexões de entrada-saída do neocórtex, neurocientistas como Kevin Martin e Rodney Douglas se referiram a um circuito neocortical *canônico* envolvendo a maioria das conexões verticais entre interneurônios piramidais e locais em qualquer pequena área do neocórtex.

LEMBRE-SE

A ideia é a de que esse circuito básico realize o mesmo tipo de associação neural em qualquer entrada que obtiver e envie o resultado para alguma saída adequada. Assim, o que os faz ser córtex motor e córtex sensorial é de onde as entradas vêm e para onde as saídas vão, *não uma propriedade da região do próprio córtex*.

Por exemplo, quando entradas são alinhadas, o circuito canônico do neocórtex é bom em detectar se essa entrada é uma borda vista no sistema visual ou uma borda empurrando a pele no sistema somatossensorial. Esse circuito também é bom em detectar movimento suave, seja uma estimulação sequencial pela sua retina ou pele ou uma fonte de som em movimento chegando a suas orelhas. Uma área local do neocórtex envia essa associação para áreas superiores, que detectam a coincidência de várias bordas, como um "L" ou um "T", ou o movimento de um objeto complexo como uma dançarina de balé.

David Hubel e Torsten Wiesel, na Escola de Medicina de Harvard, estabeleceram que o córtex visual é dominado por neurônios que são seletivos quanto à orientação e outros que são seletivos para direção. Ou seja, algumas células, chamadas *simples*, respondem melhor a bordas de uma certa orientação, e outras, chamadas *complexas*, respondem melhor a estímulos se movendo em uma certa direção. Registros tardios no córtex somatossensorial (onde os receptores da pele projetam; veja o Capítulo 4 para mais sobre isso) também mostraram muitas células que respondiam melhor a uma borda de uma orientação específica pressionando contra a pele, enquanto outras respondiam melhor a movimentos em uma direção específica pela pele. Registros no córtex motor revelaram células que respondem melhor a movimento de um membro em uma direção em particular.

Viva o neocórtex!

O neocórtex parece ser um dos saltos evolucionários mais importantes em direção aos mamíferos, porque torna os mamíferos tão adaptáveis a mudar de ambiente que chegaram a dominar animais terrestres não mamíferos.

Por exemplo, uma vantagem óbvia de ter uma representação comum para um hospedeiro de funções cerebrais é que a quantidade de neocórtex dedicada a uma função pode facilmente ser transferida a outra por competição.

Suponha, por exemplo, que algum mamífero seja primariamente visual, mas, devido à mudança de ambiente, vê que depende mais de dicas auditivas para sobreviver. As entradas talâmicas visual e auditiva para o córtex, que estão próximas uma da outra, realmente competem por sinapses corticais na base da atividade talâmica, atenção e outros fatores. Esse mecanismo de competição permite ao mamífero previamente visual mudar, em uma geração, alguns processamentos neocorticais de visuais para auditivos.

Controlando o Conteúdo do Pensamento: Caminhos Sensoriais e Hierarquias

O pensamento, o conteúdo da consciência, surge de percepções passadas e atuais. Estímulos passados deixaram seu traço na memória, não só como objetos e eventos memoráveis, mas também como caminhos no cérebro pelos quais os estímulos atuais são processados. Estímulos recebidos pelos sentidos são transformados em uma moeda neural universal de potenciais de ação bombardeando o tálamo. Núcleos talâmicos retransmitem as imagens neurais que recebem para diferentes áreas do córtex para cada sentido. Cada célula talâmica retransmissora é como o maestro de uma orquestra de centenas de neurônios corticais que tocam no padrão da batuta de pulsos de células retransmissoras. Neurônios corticais de segunda ordem escutam e respondem a seções de várias orquestras, conduzindo suas próprias composições improvisadas na hora. E assim acontece para bilhões de células cerebrais.

LEMBRE-SE

Quando você lembra, lembra não só que havia coisas, mas a cor e a forma dessas coisas, onde estava quando as encontrou e o que elas significam para você. As representações neurais de todos esses aspectos são construídas em várias regiões cerebrais. Para lembrar quais aspectos combinam com quais coisas, as ligações, assim como os aspectos, precisam ser classificados. Essas ligações são como as linhas em uma constelação estelar que indicam qual forma específica um grupo de estrelas deve evocar. Inicialmente, essa ligação é representada na memória de trabalho do córtex pré-frontal lateral, mas é processada na memória pela interação entre as áreas corticais sensoriais e o hipocampo.

Esta seção discute a organização de hierarquias de processamento sensorial, que residem em todos os quatro lobos cerebrais, e sua interação com o hipocampo para formar memórias. Áreas neocorticais processando diferentes aspectos de cada sentido para sentidos diferentes interagem umas com as outras e com estruturas subcorticais filogeneticamente mais antigas para produzir as representações ricas e com nuances do mundo e de nós mesmos às quais associamos com inteligência e consciência.

Retransmissões sensoriais do tálamo ao córtex

Neurocientistas conjecturam que o tálamo, que um dia foi um núcleo de processamento sensorial, integração e controle de atenção, começou a enviar projeções ao neocórtex para processamento computacional adicional.

Os lobos parietal, temporal e occipital (discutidos na seção anterior "Os quatro principais lobos do cérebro e suas funções") recebem informações sensoriais dos núcleos dentro do tálamo. Essas áreas neocorticais realizam associações neurais massivas, e seus resultados são projetados para outras áreas corticais, de volta ao tálamo e para estruturas subcorticais envolvendo memória, controle motor e coordenação, e seleção de metas.

DICA

Uma maneira de pensar sobre isso é o que um programa de computador chama de sub-rotina, quando um cálculo detalhado específico é necessário. A principal rotina envia os dados à sub-rotina, que faz alguns cálculos detalhados e retorna as respostas, e então o controle reverte à rotina principal, que modifica seu procedimento à luz dessas respostas.

Projetando do tálamo para cada córtex sensorial primário

No plano de processamento sensorial típico, uma área do tálamo específica a cada sentido, como a audição, visão ou somatossensação, projeta para uma área cortical chamada *córtex primário* para aquele sentido. Para a visão, o córtex primário é chamado V1 e está localizado no polo do lobo occipital no aspecto mais posterior do cérebro (veja o Capítulo 5). Similarmente, A1, o córtex auditivo primário, está localizado no meio do lobo temporal superior (veja o Capítulo 6). O mais externo é o olfato, com o bulbo olfatório projetando diretamente para o lobo frontal e então ao tálamo (veja o Capítulo 7).

Projetando de volta ao tálamo e outras regiões no córtex

Em cada um dos sistemas talâmico-cortical primário há normalmente uma grande projeção da área cortical primária de volta à mesma região do tálamo que projetou para o córtex primário. Mas áreas corticais primárias também projetam para áreas secundárias, terciárias e superiores dentro do córtex. Cada uma dessas áreas também projeta de volta à área que projetou para ela.

Neurônios em áreas "superiores" ao longo desses fluxos normalmente são muito mais seletivos em estímulos que respondem do que os neurônios nas áreas "inferiores". Por exemplo, no córtex visual primário, as células são seletivas para orientação e direção, mas o córtex inferotemporal tem neurônios que respondem apenas a rostos, mãos e outros padrões muito complexos.

A Figura 13-5 dá um exemplo de parte do processamento que ocorre quando você lê a frase "used the ax to" (usei o machado para). Digamos que você esteja lendo a palavra "ax". No início no córtex visual, os neurônios reconhecem as linhas (pinceladas) indo em várias direções (vertical, horizontal, inclinando para a esquerda e para a direita). No córtex inferotemporal, combinações de pinceladas (destacado na Figura 13-5) que formam as letras são detectadas. Detectores de palavras no próximo nível realimentam e ativam letras adequadas, dando a elas uma vantagem sobre outras combinações de letras.

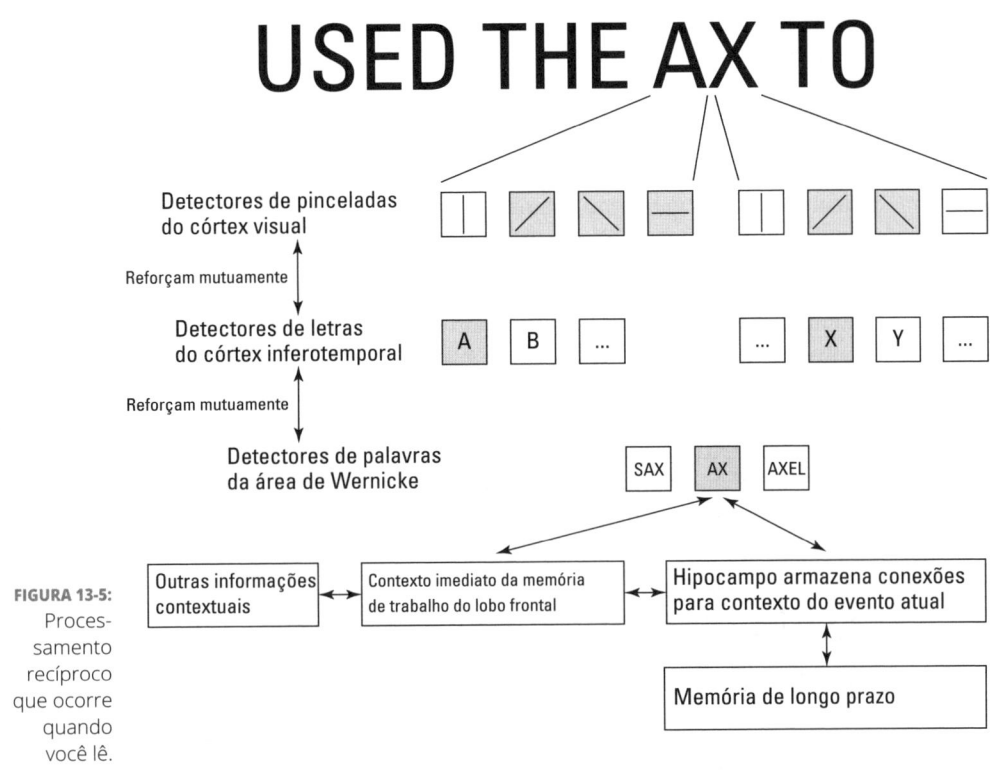

FIGURA 13-5: Processamento recíproco que ocorre quando você lê.

© John Wiley & Sons, Inc.

Embora o plano geral seja uma hierarquia na qual células de níveis inferiores mais próximas do tálamo detectam características simples e células de níveis superiores depois de várias sinapses detectam as mais complexas, as conexões são de duas vias. Por quê? Porque os neurônios são ruidosos e a própria entrada pode estar parcialmente corrompida. Por exemplo, a ativação parcial do detector "A" realimenta e ativa detectores de pinceladas de nível inferior que compreendem as partes da letra "A".

Essa atividade de alimentação e realimentação ocorre entre áreas logo acima e abaixo uma da outra na hierarquia. Mas também há conexões para a memória operacional no lobo frontal que mantêm informações sobre qual tarefa você está fazendo (lendo) e qual é o contexto (uma história sobre a floresta). Conexões com o hipocampo formam ligações do que você está lendo e outros contextos para que você possa lembrar que leu esta passagem hoje e detalhes sobre ela.

Integração talâmica e funções de ativação

Uma maneira de pensar sobre o tálamo é que ele é como o centro de uma roda de carroça cujos raios vão e voltam de várias áreas corticais. Além das projeções indo e voltando do neocórtex, o tálamo tem áreas internucleares parecidas com as áreas reticulares do tronco cerebral que permitem entradas subcorticais para modular a transferência de informações de vários núcleos talâmicos para o córtex. Por exemplo, se, enquanto você lê um livro (no qual está concentrado na entrada visual associada com a leitura), ouvir uma janela quebrar em sua casa, seu foco de atenção muda para o domínio auditivo bem rapidamente.

Além dessas áreas reticulares há um núcleo de processamento executivo central dentro do próprio tálamo chamado *pulvinar*. Estudos de imagens cerebrais mostram que o pulvinar é ativado em quase todas as tarefas de mudança de atenção.

Uma pergunta que muitos alunos fazem quando aprendem pela primeira vez sobre as hierarquias corticais é: onde isso termina? Parte da resposta para essa pergunta é "isso" não termina em lugar nenhum; o neocórtex é uma rede distribuída conduzindo processamento tanto serial quanto paralelo. Mas essa é apenas uma parte da história. Hierarquias de processamento sensorial que têm a ver com entrada sensorial para guiar ações tendem a projetar em áreas do lobo frontal que controlam o comportamento motor, e hierarquias de processamento sensorial envolvidas em discriminação e identificação de objetos tendem a projetar para estruturas de memória como o hipocampo.

O hipocampo: Especializando para memória

Lembre-se de algo que fez recentemente, como dirigir até sua casa ontem à noite. Você pode lembrar da sequência de eventos de entrar no carro até chegar em casa, e muitas das visões, sons e, talvez, até cheiros encontrados durante a viagem. Se questionado, você poderia desenhar alguns dos lugares pelos quais passou ou descrever os sons que escutou como de pássaros, trânsito, aviões ou outras coisas.

LEMBRE-SE Para invocar a memória aludida no parágrafo anterior você deve formar representações mentais tanto das coisas que encontrou quanto da sequência no tempo da viagem para casa ontem à noite em comparação a qualquer outra noite. Esse tipo de memória é chamada *memória episódica*, que contém não só conteúdo (coisas de que você lembrou), mas também contexto (as circunstâncias específicas de uma série particular de eventos).

Uma das questões mais fundamentais perguntadas pela neurociência do século XX foi como as pessoas se lembram. Agora, no início do século XXI, os neurocientistas têm uma boa ideia da estrutura geral da resposta. Lembrar envolve a ativação de muitas das mesmas estruturas cerebrais (córtices visual, auditivo e somatossensorial) que processaram a entrada sensorial *original*, organizadas ou ativadas pelo hipocampo e representadas no disparo de neurônios da memória de trabalho no córtex pré-frontal lateral.

O hipocampo está localizado no centro da parede medial do lobo temporal e lateral e inferior ao tálamo. Ele *não faz* parte do neocórtex; é uma estrutura filogeneticamente mais antiga que foi incluída no sistema límbico original. No entanto, o hipocampo recebe entradas e projeta de volta para praticamente todo o neocórtex, áreas particularmente "superiores" frequentemente referidas genericamente como *córtex de associação*.

Essas entradas e saídas são parcialmente processadas e remapeadas por várias estruturas em seu caminho indo e voltando do hipocampo (essas estruturas incluem o subículo, o giro parahipocampal e o córtex entorrinal, mas você não precisa saber sobre eles para esta discussão).

Para uma análise detalhada do papel que o hipocampo tem na formação da memória, veja o Capítulo 15.

Dividindo e Conquistando: Linguagem, Visão e os Hemisférios Cerebrais

Os lados esquerdo e direito do cérebro são quase idênticos em estrutura bruta e micro. O lado esquerdo do cérebro geralmente recebe entradas e controla o lado direito do corpo, e o lado direito do cérebro interage com o lado esquerdo. Além desse esquema de inervação cruzada, os dois lados parecem ter diferentes estilos de processamento, que são particularmente evidentes em algumas tarefas cognitivas de alto nível. Elas incluem especialização do lado esquerdo para aspectos gramaticais da linguagem e uma especialização do lado direito para aspectos holísticos de processamento visio-espacial.

LEMBRE-SE O fato de que o lado direito do cérebro lida com o lado esquerdo do corpo e estímulos vindos do lado esquerdo, enquanto o lado esquerdo do cérebro lida com o lado direito do corpo e estímulos vindos do lado direito é um dos princípios mais importantes da organização cerebral geral. Uma implicação desse princípio é a de que os dois lados do cérebro deveriam ser imagens espelhadas funcionalmente equivalentes uma da outra, como é nosso corpo. Entretanto, esse não é o caso para algumas funções cognitivas superiores, como a linguagem.

Sistemas cerebrais especializados para linguagem

LEMBRE-SE A linguagem não é meramente um tipo mais elaborado de comunicação similar ao que os animais usam quando fazem chamadas verbais. Enquanto os animais claramente se comunicam com enunciados verbais, essa comunicação não é linguagem porque não tem uma gramática estruturada.

Regras gramaticais que criam substantivos, verbos, adjetivos e frases formam a variedade de mensagens que podem ser transmitidas praticamente ao infinito, comparadas com o número de palavras individuais no vocabulário. Por exemplo, mesmo em casos nos quais os primatas, como chimpanzés, aprenderam centenas de símbolos de palavras avulsas e até combinaram alguns em pares, suas expressões são normalmente aleatórias em relação a uma palavra com a outra. Assim, eles não obedecem a uma gramática. Eles só podem expressar uma palavra que aprenderam ou, no máximo, um par de palavras novas.

Em praticamente todos os destros e em cerca de metade dos canhotos, a linguagem depende muito mais de estruturas no hemisfério esquerdo do que no direito (as áreas homólogas no hemisfério direito têm papéis muito menores nas mesmas funções). Pesquisadores não entendem a razão disso, embora alguns conjecturarem que a velocidade do processamento neural necessário para produzir e decodificar a linguagem requer que o processamento seja feito localmente, com tratos de axônios de curta distância e, portanto, apenas de um lado do cérebro.

Não é claro se é apenas uma coincidência o fato de que o lado esquerdo do cérebro processa a maioria da linguagem e também controla o lado direito dominante do corpo em destros. Se não for, uma explicação possível seria a de que existe uma ligação entre processar sequências de sons na linguagem e produzir sequências de movimentos coordenados em destreza manual. Alguns também sugeriram que a especialização do hemisfério cerebral esquerdo *versus* o direito geralmente segue por linhas de estruturas lineares detalhadas *versus* estrutura geral. Embora a psicologia popular tenha feito uma verdadeira bagunça sobre essa questão na década de 1980, muitos estudos mostram resultados consistentes com as maneiras *estilísticas* diferentes de processamento pelos dois hemisférios: o lado esquerdo tende a ser sequencial e baseado em regras, enquanto que o direito tende a combinar padrões.

PAPO DE ESPECIALISTA

Humanos são únicos não só no uso da linguagem, mas também na assimetria de mais de três quartos de nós sermos destros. Chimpanzés mostram preferência por uma das mãos, por exemplo, mas parece ser uma divisão aleatória de 50%.

Duas áreas do cérebro são particularmente importantes no processamento e na produção da linguagem: as áreas de Wernicke e de Broca. Danos a essas áreas podem resultar em disfunções específicas de linguagem, como as próximas seções explicam.

Área de Wernicke

A área de Wernicke, localizada na junção dos lobos temporal e parietal, é necessária para o entendimento do significado de expressões linguísticas e para a produção de expressões significantes.

Danos à área de Wernicke produzem pacientes com dificuldades de compreender a linguagem. Dependendo da localização e extensão exata do dano, a perda funcional pode variar de inabilidade total de entender a linguagem à perda apenas da habilidade de usar e entender partes bem específicas da fala, como substantivos ou até tipos específicos de substantivos, como nomes de vegetais.

Quando falam, os afásicos de Wernicke (*afásico* significa ter algum comprometimento da linguagem) parecem ser fluentes, mas a expressão em si é cheia de não palavras aleatórias (clinicamente referidas como "salada de palavras"). Se você ouvir afásicos de Wernicke falando em uma língua que você não conhece, pode ter dificuldades em identificar que existe um problema.

A especialização do lado esquerdo para linguagem nas áreas de Wernicke e Broca levou neurocientistas a se perguntarem o que essas áreas homólogas no lado direito do cérebro fazem. Uma descoberta clínica que é bem interessante é a de que o dano à área homóloga à de Wernicke do lado direito do cérebro tende a produzir disfunção na compreensão da prosódia ou tom de voz. Tais pacientes não conseguem distinguir uma afirmação como "Eu concordo com isso" dita em um tom de voz direto ou sarcástico. Eles também não entendem piadas.

Área de Broca

A área de Broca, no lobo frontal próximo das áreas motoras primárias que controlam a língua, lábios e outros aparatos de linguagem, é crucial para a produção de qualquer linguagem fluente ou complexa. Ela também parece ser necessária para a compreensão de algumas expressões complexas.

Com afásicos de Broca, sua produção de linguagem consiste de expressões curtas, normalmente frases de duas ou três palavras ou até verbos individuais. O paciente original descrito pelo dr. Broca só conseguia expressar uma única palavra, "tan".

Já foi considerado que, como a área de Broca fica no lobo frontal, danos a ela só produziriam um problema motor na produção da linguagem, enquanto a compreensão permaneceria normal. Entretanto, além de sua dificuldade em produzir frases completas, afásicos de Broca têm problema em compreender construções gramaticais complexas, como a voz passiva.

Vendo o todo e as partes: Assimetrias de processamento visual

Muitas habilidades de manipulação espacial dependem mais do hemisfério direito do que do esquerdo. Por exemplo, a heminegligência visual (não conseguir perceber coisas em um hemisfério visual) é muito mais comum depois de danos aos lobos parietais direitos do que esquerdos. A área facial fusiforme direita, uma parte muito anterior e medial do fluxo de processamento de identidade visual no córtex inferotemporal, é mais importante para reconhecimento de rostos do que a área equivalente do lado esquerdo.

A hipótese estilística de detalhe *versus* estrutura geral para a diferença entre os hemisférios esquerdo e direito argumenta que o lado esquerdo processa detalhes, enquanto o lado direito processa a estrutura geral. Eis um exemplo pessoal. Eu tive um bigode por muitos anos e então o raspei. Nas semanas seguintes, ninguém que me conhecesse deixou de me reconhecer, mas muitos me olharam intrigados e expressaram coisas como: "Você está diferente; perdeu peso ou cortou o cabelo?". Se o reconhecimento da minha identidade era uma função cerebral direita, estava obtendo o padrão geral (eles sabiam que era eu) e ignorando os detalhes (a diferença era um lábio superior barbeado).

Detalhes são, é claro, importantes em muitos tipos de análises visuais, mas seu uso normalmente envolve atenção. Um espectador comum pode ser capaz de dizer se pensou que o edifício era bonito ou não, mas um arquiteto poderia comentar que as janelas eram deste e daquele estilo, o telhado era feito de acordo com esta ou aquela escola, e assim por diante.

Onde Mora a Consciência

Uma das questões mais profundas em filosofia, psicologia e neurociência trata do quão intrinsecamente ligadas são a consciência e a linguagem. Embora eu tenha tocado nessa controvérsia em outro ponto deste livro, os dados dos lados esquerdo e direito do cérebro fazem outra aposta nesse alvo.

A linguagem diferencia os humanos de todos os outros animais. A linguagem é mais do que uma comunicação; é um sistema simbólico dependente de uma gramática baseada em regras. Regiões especializadas do cérebro, especialmente o lado esquerdo, na maioria das pessoas, medeiam a compreensão e a produção da linguagem. Danos a essas áreas podem resultar em disfunções específicas da linguagem (veja a seção anterior "Sistemas cerebrais especializados para linguagem"), bem como uma redução na habilidade do paciente de exercitar a consciência.

Linguagem e o dano do hemisfério esquerdo ou direito

O cérebro humano tem cerca de duas vezes o tamanho do cérebro de um chimpanzé, o que significa que cada lado do cérebro humano é quase igual ao tamanho de um cérebro de chimpanzé. Humanos que tiveram a maioria de seu hemisfério esquerdo destruído depois da infância geralmente parecem ser profundamente retardados, incapazes de se comunicar ou responder coerentemente a estímulos sensoriais diferente de atração e evitação básica.

De maneira similar, quando Roger Sperry e Michael Gazzaniga (e outros colegas) apresentaram estímulos ao lado direito de pacientes com cérebro dividido que não tinham corpo caloso para transferir a informação para o lado esquerdo, da linguagem, as capacidades de linguagem do lado direito pareceram um pouco melhores do que as de um chimpanzé.

SIMULANDO A INTELIGÊNCIA ARTIFICIALMENTE: O QUE EXATAMENTE É SIMULADO?

Os androides sonham com ovelhas elétricas? Por que não temos robôs que limpam nossas casas, dirigem nossos carros e traduzem do português para o espanhol? O problema com a ideia da inteligência artificial é que ela acumula ideias de campos, metas e metodologias muito diferentes em uma bagunça exagerada e contraditória.

Se o termo *inteligência artificial se* refere a se uma máquina pode fazer algo que para humanos parece exigir inteligência, então, claramente, as máquinas demonstram inteligência. Por exemplo, no início dos computadores digitais, não demorou muito para que as pessoas os programassem para jogar perfeitamente um jogo da velha. Na época, muitos disseram: "Claro, computadores podem jogar um jogo simples e baseado em regras como o jogo da velha, mas nunca serão capazes de jogar um jogo complexo como damas". Alguns anos depois, jogadores de damas perfeitos foram programados, e as pessoas disseram: "Bem, damas, claro, mas nunca xadrez". Então veio o Deep Blue. Isso é chamado de fenômeno do *alvo em movimento* por muitos no campo.

Outro caso interessante é a tradução de linguagem. Artigos na década de 1950 afirmam que tradutores de linguagem computadorizados estavam chegando. Ainda assim, há apenas alguns anos, eram comuns histórias de manuais técnicos traduzidos por computador com frases como "as asas foram carregadas com cilindros hidráulicos" traduzidas em algo como "as asas foram carregadas com ovelhas machos molhadas" . Por que a dificuldade? Porque uma boa tradução de linguagem não é possível a não ser que o tradutor saiba algo sobre o mundo real. Como computadores que foram programados até agora para traduzir linguagem não têm esse conhecimento, eles precisam depender de regras que às vezes funcionam, mas falham de maneiras estúpidas muitas outras vezes.

Metodologias também são um problema. O computador jogador de xadrez da IBM Deep Blue não joga xadrez como um humano. Ele não tem neurônios nem simulações de neurônios. Nós não sabemos quais aspectos da inteligência humana se devem ao hardware neural porque não podemos simular o cérebro com seus 100 bilhões de neurônios. Quando um computador faz algo usando um conjunto de regras que um cérebro humano faz com 100 bilhões de neurônios, se torna uma questão de definição se o computador está simulando o humano. Um carro simula uma pessoa andando?

Por outro lado, pacientes com dano cerebral extensivo do lado direito ou com cérebro dividido que tiveram estímulos apresentados ao lado esquerdo do cérebro pareceram bem normais em funções cognitivas, exceto por demonstrarem um baixo desempenho em tarefas de processamento visual (é claro, dano ao lado direito do cérebro produzirá paralisia do lado esquerdo, assim como dano ao lado esquerdo do cérebro produzirá paralisia do lado direito)

Em outras palavras, se você está lidando só com o lado esquerdo do cérebro humano, claramente está lidando com alguém que não é muito bom em resolver tarefas espaciais. Se lida com uma pessoa em que o lado direito do cérebro é isolado, o prejuízo é profundo.

Entendendo o "intérprete do lado esquerdo"

Gazzaniga, entre outros, adota uma teoria às vezes chamada de *intérprete do lado esquerdo*. De acordo com essa ideia, humanos são únicos porque têm um sistema sequencial baseado em regras do lado esquerdo do cérebro que tenta constantemente dar sentido ao mundo usando a linguagem. Esse intérprete do lado esquerdo está constantemente formando histórias verbais sobre a realidade que incluem eventos salientes e o papel da pessoa e suas ações nesses eventos.

Nessa teoria do intérprete do lado esquerdo, a maioria da consciência humana está ligada na história criada pelo intérprete. Sem o intérprete, a consciência poderia existir, mas seria como a de animais, em que é semântica e não episódica. Ou seja, todos os animais aprendem por associação que algumas coisas são boas e algumas não são, mas eles não têm memória para exemplos específicos em que coisas boas ou ruins ocorreram, e essa consciência do bem *versus* o mal não tem contexto. Sua única percepção é o resultado — recompensa ou punição —, que faz deles mais ou menos inclinados a seguir em frente ou evitar a coisa (ou pessoa ou evento) em questão.

O intérprete do lado esquerdo não nega exatamente a consciência para o lado direito, mas afirma que o lado esquerdo sozinho sustenta a consciência (em vez da mera percepção) e a memória do contexto. Essa ideia sugere que a consciência não é só o "presente lembrado"; é o "presente lembrado em palavras".

> **NESTE CAPÍTULO**
>
> Observando como o neocórtex se desenvolveu
>
> Entendendo a memória operacional: Como ela funciona e suas limitações
>
> Identificando o papel do córtex pré-frontal na tomada de decisão
>
> Monitorando seu progresso: O córtex cingulado anterior
>
> Reconhecendo ações complexas que não requerem percepção consciente

Capítulo 14
O Cérebro Executivo

Uma diferença-chave entre o cérebro de mamíferos e o de vertebrados não mamíferos é o tamanho do neocórtex. Todos os mamíferos têm um neocórtex grande, mas muitos vertebrados não mamíferos, como lagartos e tartarugas, quase não o têm. Entre os mamíferos, os primatas têm um neocórtex particularmente grande em relação ao peso corporal, e os humanos têm um neocórtex proporcionalmente maior que outros primatas. Muito do aumento cortical em humanos ocorre nos lobos frontais.

Por causa de nossos grandes lobos frontais, nós, humanos, podemos fazer planos que dependem de aspectos complexos da situação atual e que podem requerer longas durações. Se um humano, por exemplo, quiser mover uma pedra no chão, ele pode fazê-lo com seu pé esquerdo ou direito, com sua mão esquerda ou direita, com um graveto na mão, ou pode pedir para alguém próximo da pedra para movê-la para ele. Ele pode escolher fazer agora, daqui a dez minutos, durante a manhã, quando está geralmente mais fresco, ou quando um grande grupo de pessoas que possam ajudar passar por ele, mesmo que esperar ajudantes possa levar vários dias. Essas buscas por metas de nível abstrato superiores são representadas no córtex pré-frontal, a parte mais anterior dos lobos frontais, e são traduzidas em sequências específicas de contrações musculares na saída do lobo frontal, o córtex motor primário que compartilhamos com todos os mamíferos.

Este capítulo explica como o neocórtex se desenvolveu. Ele foca no processamento em duas áreas pré-frontais principais, o córtex pré-frontal lateral e o córtex orbitofrontal. Trato também do córtex cingulado, uma área não neocortical que interage com o neocórtex e tem um papel crucial em nos tornar conscientes do que e como fazemos algo.

Obtendo o Cérebro que Você Tem Hoje: O Neocórtex versus Seu Cérebro Reptiliano

À medida que os mamíferos se desenvolveram evolucionalmente, o neocórtex expandiu significativamente. Muitos neurocientistas acreditavam que a expansão do neocórtex começou com uma expansão de capacidades de processamento olfativo no que se tornaria o lobo frontal. Considera-se que a especialização nas capacidades de processamento olfativo nos primeiros mamíferos se deve ao fato de que os primeiros mamíferos eram pequenos, e a visão é menos útil do que o olfato quando você é uma criatura muito pequena em grama alta.

Os outros lobos corticais (parietal, temporal e occipital) então expandiram, usando o mesmo projeto de seis camadas que foi tão bem-sucedido no lobo frontal (veja o Capítulo 13 para saber mais sobre a estrutura de seis camadas). Os neurocientistas não têm certeza do porquê de esse circuito neural neocortical de seis camadas ter sido tão bem-sucedido a ponto de formar a maioria da massa cerebral, nem é claro como as seis camadas do neocórtex evoluíram.

A ideia mais popular, embora de maneira alguma comprovada, sobre a dominância do neocórtex é a de que ter um esquema de representação neural similar para todos os sentidos e para controle motor possibilita integrar atividades por todo o cérebro com mais eficácia. Além disso, os tipos de associações que podem ser feitas pelo neocórtex funcionam bem em vários sentidos. Por exemplo, os córtices visual, auditivo e somatossensorial têm células neocorticais sensíveis ao movimento em várias direções. Durante o desenvolvimento, a competição pelas sinapses neocorticais ocorre não só dentro de cada sistema sensorial, mas também entre os sistemas sensoriais. Exatamente como o neocórtex permite o processamento complexo em todos os sentidos e no controle motor é considerado por muitos neurocientistas como sendo a questão mais importante do campo.

Meu neocórtex é maior que o seu: Observando tamanhos relativos

A Figura 14-1 mostra visões laterais da estrutura bruta do cérebro de um sapo, gato, macaco rhesus e chimpanzé, comparada com uma visão lateral similar de um cérebro humano (os tamanhos não estão em escala).

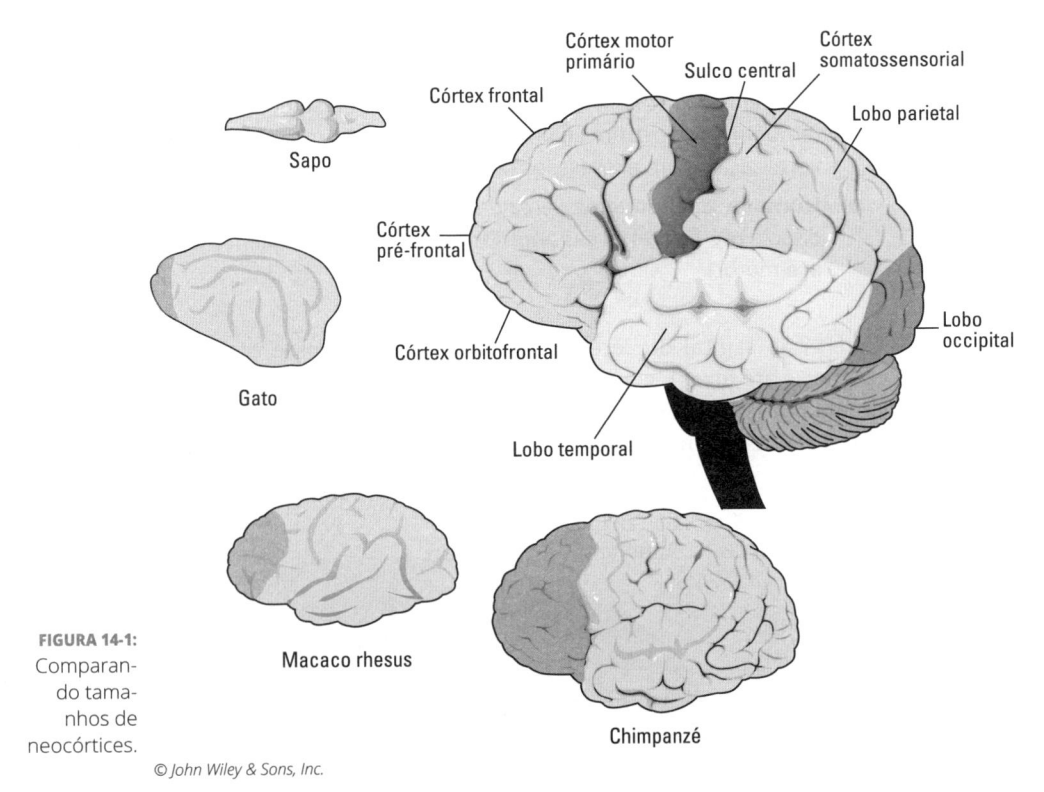

FIGURA 14-1: Comparando tamanhos de neocórtices.

© John Wiley & Sons, Inc.

Eis um rápido resumo das informações-chave sobre o tamanho do neocórtex em diferentes espécies:

» **Sapo:** No sapo e em outros vertebrados de sangue frio, o cérebro parece ser um pouco mais do que uma extensão da medula espinhal, com algumas protuberâncias para processamento extra, como o tectum ótico para a visão. Sapos têm uma área cerebral chamada *telencéfalo* anterior ao tectum ótico, mas ele não é um neocórtex verdadeiro. O comportamento de um sapo é quase totalmente conduzido por estímulos. Ele se alimenta arremessando a língua e capturando insetos voadores, mas morrerá de fome se cercado pelos mesmos insetos se estiverem mortos e não se moverem.

» **Gato:** No gato, praticamente todas as estruturas cerebrais subcorticais que você vê no cérebro do sapo são cobertas pelo neocórtex. Entretanto, pouco do neocórtex do gato é pré-frontal. Gatos são razoavelmente inteligentes entre os mamíferos, mas obviamente não usam ferramentas, e seu repertório de comunicação é limitado a rosnados, miados e ronronados.

» **Macaco e chimpanzé:** As áreas pré-frontais aumentam em macacos e símios (note o tamanho das áreas pré-frontais exibidas no macaco rhesus e no chimpanzé). Muitos (mas não todos) macacos e símios vivem em grupos sociais complexos. Esses grupos estenderam hierarquias masculinas e femininas que requerem comportamentos hierarquicamente adequados cujos enredos podem se desdobrar por dias ou semanas. Macacos e símios também demonstram algum uso rudimentar de ferramentas e variedade na vocalização e em expressões faciais.

» **Humano:** Em humanos, cerca de metade do córtex é frontal, e quase metade disso é pré-frontal (áreas anteriores à área motor suplementar e córtex pré-motor).

Uma visão sagital do cérebro humano (como se fosse cortado bem no meio da frente até atrás), como mostrada na Figura 14-2, ilustra como o neocórtex domina as estruturas subcorticais. Elas são similares em anatomia e função para vertebrados não mamíferos, como lagartos, que são ancestrais dos mamíferos.

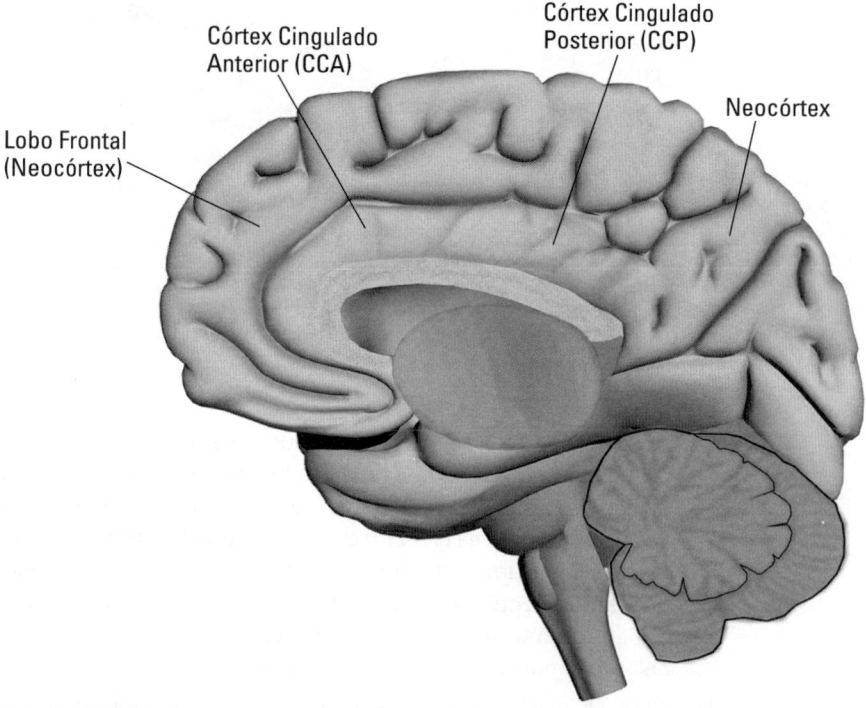

FIGURA 14-2: O neocórtex evoluído sobre as primeiras estruturas.

Ilustração por Frank Amthor

A evolução ocorreu no cérebro mamífero principalmente pela adição do neocórtex às estruturas antigas. Isso é algo como a adição de vários microcomputadores e controladores a um motor de carro moderno. Os cilindros, pistões e velas de ignição básicos ainda estão lá, mas agora estão sob um controle mais matizado.

A Figura 14-2 mostra também os córtices cingulados anterior e posterior. Note que essas áreas não são parte do neocórtex; elas são parte do mesocórtex. O cingulado anterior é uma estrutura de monitoramento importante no cérebro. Para mais informações, veja a seção mais adiante "Já estamos chegando? O Córtex Cingulado Anterior".

A relação entre o tamanho do córtex pré-frontal e a habilidade de perseguir metas

O alargamento do córtex pré-frontal aumentou muito a flexibilidade com a qual os animais como os primatas buscam suas metas. Animais com córtex pré-frontal menor do que o dos humanos, e humanos com lobos pré-frontais danificados exibem comportamentos muito mais conduzidos por estímulos.

Humanos com dano pré-frontal, por exemplo, podem exibir o que é chamado de *comportamento de utilização*, no qual sua resposta à presença de um objeto é usá-lo, mesmo quando fazê-lo não é adequado. Ao ver um martelo e pregos em uma mesa, um paciente de lobo frontal pode passar a martelar os pregos em uma parede próxima. A falta de consideração do contexto socialmente adequado para esse ato é similar a como animais respondem a dicas como comida ou à presença de um parceiro em potencial com comportamento estereotipado.

O neocórtex "extra" nos lobos pré-frontais de mamíferos superiores como primatas permite que metas sejam estabelecidas com mais consideração ao contexto atual. Ações como bater pregos em uma parede podem ser adequadas em certas circunstâncias, mas não em outras. Sociedades e situações sociais criam contextos complexos nos quais pequenas diferenças situacionais fazem diferenças enormes em se o comportamento é adequado, como se você deveria rir, pelo menos um pouco, de uma piada velha, se for contada pelo seu chefe.

Para responder a aspectos complexos e sutis de circunstâncias atuais, o contexto dessa informação deve, de alguma maneira, ser representado nos lobos pré-frontais do cérebro. Isso significa que o cérebro deve formar e manter uma imagem ou modelo do que está acontecendo no mundo que seja relevante na situação atual e deve manter essa imagem mesmo enquanto processa outros estímulos. Manter a imagem de itens relevantes no cérebro é chamado de memória de *curto prazo* ou *operacional*, e é a função do córtex pré-frontal lateral, sobre a qual discuto na próxima seção.

Memória Operacional, Resolução de Problemas e o Córtex Pré-frontal Lateral

Pense na última vez em que se envolveu em um grupo de pessoas escolhendo um restaurante para o jantar. Provavelmente foi algo assim: a pessoa A disse que gosta de comida chinesa e italiana. A pessoa B lembrou a todos que é vegetariana. A pessoa C expressou uma preferência por churrasco e comida italiana, mas comeu italiana na noite passada. A pessoa D não se importava com o tipo de comida, mas não queria esperar muito por uma mesa se o restaurante fosse muito popular ou estivesse lotado.

Resolver esse tipo de problema comum requer memória de curto prazo, ou operacional. Esse tipo de memória mantém vários fatos relevantes ou itens na consciência tempo suficiente para resolver o problema. É chamada de memória de curto prazo, ou operacional, porque seu conteúdo pode não ser mantido na memória depois da solução do problema específico. Em vez disso, depois que o problema é resolvido, a memória é, então, "liberada" para ser usada para o próximo problema.

As próximas seções explicam como a memória operacional funciona e quais são suas limitações.

Processos cerebrais gerindo memória operacional

Neurônios no córtex pré-frontal lateral permitem que o cérebro crie uma ligação ativa temporária entre as várias áreas do cérebro que respondem ou codificam para um item a ser lembrado de modo que os neurônios que dispararam para esse estímulo continuem o fazendo na sua ausência.

A ideia é a de que qualquer pensamento existe como o resultado da ativação de um conjunto único de neurônios em várias áreas do neocórtex. Projeções de praticamente todo o neocórtex são transmitidas para o lobo pré-frontal. Mesmo se essas projeções de outras áreas forem aleatórias, alguns conjuntos esparsos de neurônios no córtex pré-frontal serão especificamente ativados por essa combinação específica de entradas. A Figura 14-3 mostra uma maneira altamente esquemática de como isso é feito. (O córtex pré-frontal é a área sombreada.)

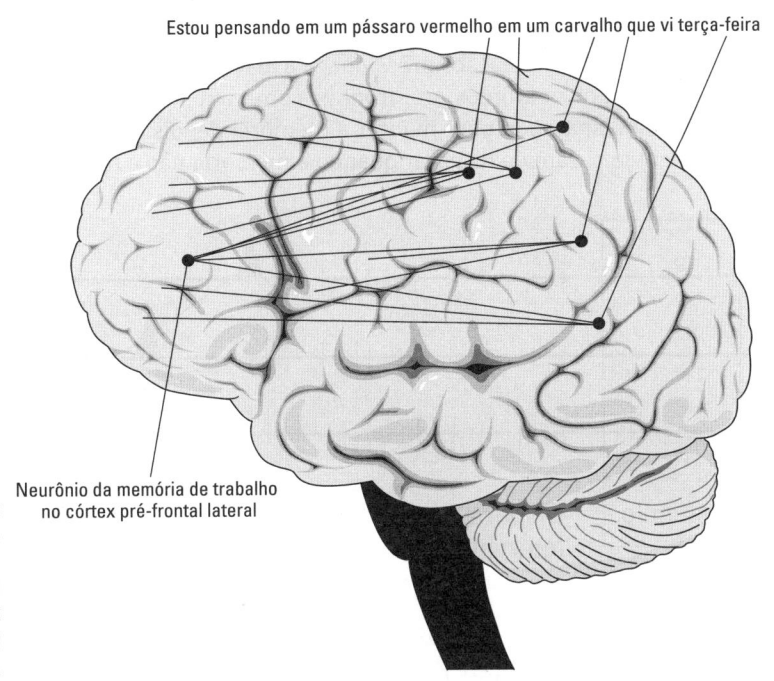

FIGURA 14-3: Neurônios da memória operacional no córtex pré-frontal lateral.

Estou pensando em um pássaro vermelho em um carvalho que vi terça-feira

Neurônio da memória de trabalho no córtex pré-frontal lateral

© John Wiley & Sons, Inc.

As conexões entre os neurônios da memória operacional pré-frontal e o resto do neocórtex são recíprocas. Por exemplo, um estímulo visual ativa o córtex visual. Algumas áreas do córtex visual projetam para o córtex pré-frontal e ativam lá os neurônios de memória operacional. As áreas da memória operacional pré-frontal projetam de volta para o córtex visual e ativam os neurônios do córtex visual para que uma representação similar do estímulo visual exista, conduzida pelo córtex pré-frontal, em vez de pelo olho. Dessa maneira, a atividade nos neurônios pré-frontais pode manter a atividade das outras áreas corticais que são suas entradas.

A atividade neural mantida pelos neurônios pré-frontais cria um estado cerebral similar ao evocado pelo estímulo original, exceto que essa ativação pode ser mantida por algum tempo depois que o estímulo desaparece. Isso significa que uma meta pode ser buscada sem que esteja continuamente à vista (ou em cheiro!).

O professor de psiquiatria e ciência comportamental da UCLA Joaquin Fuster conduziu uma experiência de laboratório que monitorava o disparo de um neurônio do córtex pré-frontal lateral em um macaco enquanto ele realizava uma tarefa de memória. Nessa tarefa, o macaco recebia um estímulo que lhe dizia qual alavanca pressionar para uma recompensa, mas ele tinha que esperar para pressioná-la até que um sinal fosse dado. Enquanto esperava pelo sinal, ele tinha que lembrar do estímulo para pressionar a alavanca correta. A Figura 14-4 mostra os resultados do experimento: o neurônio registrado no córtex pré-frontal começava a disparar assim que o breve estímulo era dado e continuava disparando pela duração do intervalo depois que o estímulo era desligado, independente da duração dele. Quando o sinal de permissão era finalmente dado e o macaco pressionava a alavanca, o neurônio parava de disparar. Assim, os neurônios pré-frontais começam a disparar com o estímulo e continuam disparando para manter a memória depois que o estímulo desaparece, e então param de disparar quando a memória não é mais necessária.

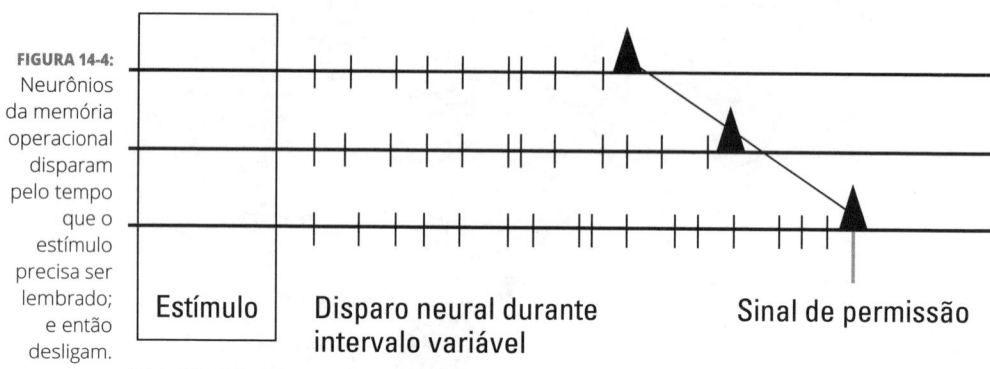

FIGURA 14-4: Neurônios da memória operacional disparam pelo tempo que o estímulo precisa ser lembrado; e então desligam.

Estímulo | Disparo neural durante intervalo variável | Sinal de permissão

© John Wiley & Sons, Inc.

Para voltar ao exemplo de fazer planos para o jantar, os neurônios começam a disparar assim que A, B, C e D começam a explicar suas preferências, continuam disparando durante a discussão e param depois que todos vocês já estão indo para o Applebee's. O córtex pré-frontal lateral contém milhões de neurônios codificando para memória de curto prazo dessa maneira.

Os limites da memória operacional

Além do fato de a memória operacional ter curta duração, ela é também limitada em capacidade. Nós só podemos fazer malabarismo com alguns itens de cada vez. Uma pessoa média pode armazenar um limite de apenas sete itens de memória na memória operacional.

A base neural para um limite de sete itens de memória é um mistério para neurocientistas por várias razões. As seções seguintes observam mais de perto dois aspectos desse mistério.

PAPO DE ESPECIALISTA

Como os cientistas sabem que o cérebro humano pode armazenar sete partes de informações na memória de trabalho está ligado ao porquê de os números de telefones locais nos Estados Unidos terem sete dígitos. Essa quantidade de dígitos veio de estudos agora famosos de um psicólogo chamado George Miller que foi financiado pela companhia telefônica para determinar de quantos dígitos uma pessoa normal conseguiria se lembrar por tempo suficiente depois de vê-los em uma lista ou de ouvir a telefonista falando, para discar o número de telefone completo. A resposta que ele achou foi cerca de sete.

Apesar do fato de os humanos terem um cérebro muito maior do que muitos outros animais, a capacidade de sete itens de memória de curto prazo não parece ser muito maior do que aquela de muitos outros animais, como corvos!

Vários testes foram feitos sobre as habilidades de animais de distinguir entre diferentes quantidades de objetos. Muitos animais podem distinguir quatro de cinco objetos, por exemplo, e alguns animais, como chimpanzés e até corvos, parecem ser capazes de contar e se lembrar de cerca de seis itens. Parece estranho que humanos só possam lidar com sete itens, já que o cérebro humano tem bilhões de neurônios a mais do que o de corvos.

O que constitui um item de memória em si é bem difícil de especificar. Em testes de memória padrão, por exemplo, os sujeitos podem se lembrar de cerca de sete letras aleatórias (em média). Por outro lado, sujeitos também podem se lembrar de cerca de sete palavras aleatórias, cada uma das quais, é claro, é formada por várias letras. Além disso, se frases curtas são usadas, os sujeitos podem se lembrar de cerca de sete delas!

A razão de esse enigma específico ser considerado tão importante é que os cientistas têm uma ideia muito boa de como a memória trabalha em detalhes, e a maioria dos neurocientistas acha que esses fatos contraintuitivos (que itens de memória discreta podem conter várias partes) revelam algo importante sobre o mecanismo.

Uma ideia interessante sobre o limite de memória foi desenvolvida durante a última década por John Lisman e colegas da Universidade Brandeis. Seu esquema hipotético tem três características principais:

> » As ligações transientes que constituem a memória de curto prazo existem durante um único ciclo de uma oscilação cerebral chamada *oscilação gama*.
>
> » A sequência de oscilações gama são embutidas em outra oscilação mais lenta chamada *ritmo teta*. Há cerca de sete oscilações gama dentro de uma oscilação teta, e cada oscilação gama controla a representação de um conjunto de itens que são mantidos na memória de curto prazo.
>
> » Os ciclos gama constituem o que cientistas da computação chamam de *ponteiros*, que podem evocar qualquer memória que tenha força de conexão reforçada mutuamente. Isso significa que o número de itens lembrados é relativamente independente da complexidade dos itens, contanto que os itens sejam familiares o bastante ou aprendidos bem o bastante para serem evocados como um pedaço. Uma letra avulsa do alfabeto é um bloco, mas uma palavra familiar também é, enquanto uma série de letras sem sentido não é um bloco, porque você tem que se lembrar de cada letra individualmente.

Esse esquema é mostrado na Figura 14-5. Note que as oscilações gama contínuas (digamos, 42 por segundo) estão presas a uma oscilação teta principal (digamos, 6 por segundo)., então há exatamente 7 ciclos gama por ciclo teta.

Cada ciclo gama ativa um neurônio ou grupo neural, o próximo gama ativa o próximo grupo, até que o ciclo esteja completo e o novo pico teta o recomece. Cada grupo neural ativado por gama aponta para um conjunto de neurônios autorreforçadores que constituem o que deve ser lembrado.

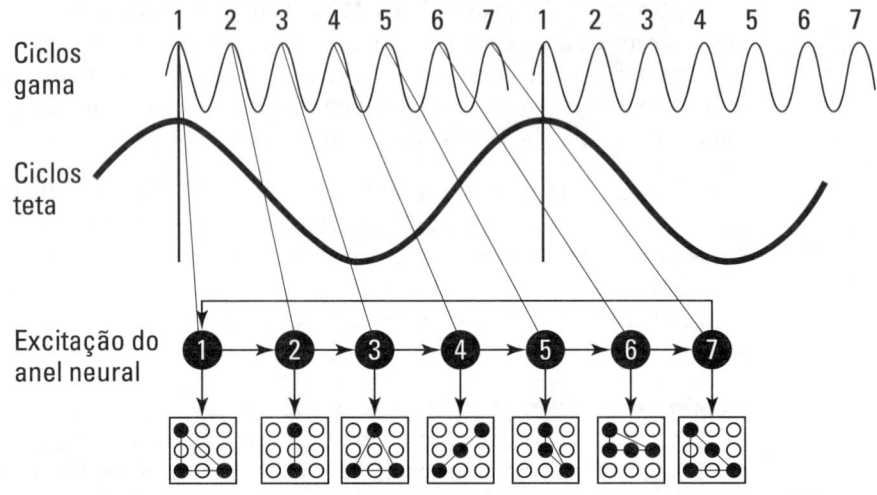

FIGURA 14-5: Oscilações gama e o limite de sete itens da memória operacional.

Conjuntos de unidades corticais excitadas constituindo memória

© John Wiley & Sons, Inc.

A oscilação teta principal é importante porque dispara o ciclo que retorna para o item 1 depois do item 7. Contanto que cada uma das sete memórias gama não decaia completamente durante uma oscilação teta, elas podem ser mantidas indefinitivamente. Na verdade, se esse processo for mantido durante vários minutos, o hipocampo é ativado, e o processo pelo qual a memória pode, eventualmente, se tornar permanente é iniciado.

LEMBRE-SE

Uma implicação interessante dessa ideia é a de que, embora o nível de abstração para que uma memória em um cérebro humano possa ser muito maior do que em outros animais, o número de "itens" que podem ser lembrados pode não ser tão diferente. Essa é uma função de alguns sistemas de oscilação em larga escala no cérebro que, por outras razões físicas, pode não mudar muito com o tamanho do cérebro. O que muda com o tamanho do cérebro é a complexidade dos itens, ou blocos, que podem existir como estados cerebrais autorreforçadores. Isso é consistente com a ideia de que a expansão do neocórtex, particularmente no lobo frontal, acarreta a adição de níveis de processamento mais abstratos e superiores em uma sequência de representação de característica de nível baixo para descrições semânticas de nível alto de conceitos abstratos.

Isso não quer dizer que a capacidade de sete da memória de curto prazo humana não seja maior que na maioria dos mamíferos. Ela é. Além do mais, pontuações de inteligência entre humanos são moderadamente bem correlacionadas com a capacidade de memória operacional, que mostra alguma variação entre as pessoas.

Perseverança: Ficando com o velho, mesmo quando não funciona mais

O dano pré-frontal lateral é associado com um fenômeno chamado *perseverança*. O teste clássico para tal dano é o Teste Wisconsin de Classificação de Carta, mostrado na Figura 14-6.

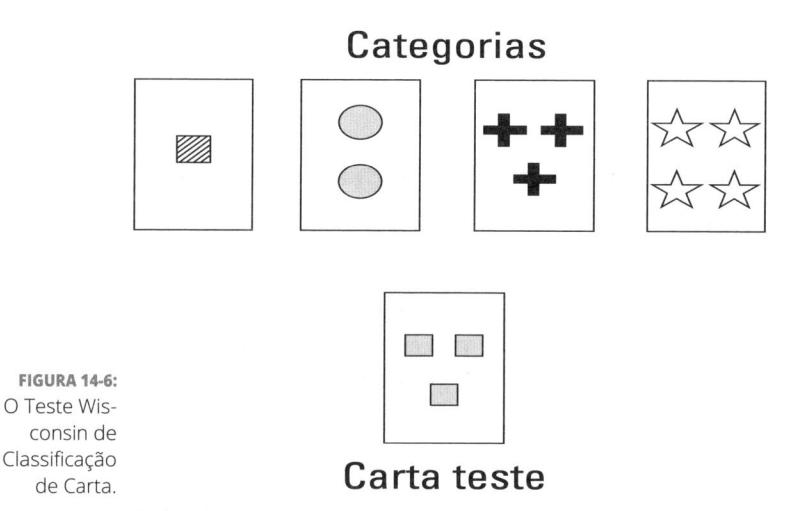

FIGURA 14-6: O Teste Wisconsin de Classificação de Carta.

© John Wiley & Sons, Inc.

No teste Wisconsin de Classificação de Carta, a carta teste é combinada a outras cartas por forma, número de itens ou cor de preenchimento. O paciente recebe uma carta teste, e pede-se para que ele coloque a carta teste na categoria correta de acordo com uma regra "secreta", que pode ser "Combine o *número* de itens na carta teste à categoria e ignore as outras características". O sujeito simplesmente adivinha na primeira vez e é informado se adivinhou corretamente ou não. Pacientes com lobo frontal normal, como as pessoas sem dano no lobo frontal, não têm problemas em descobrir a regra depois de algumas tentativas. O problema, no entanto, é que, depois de cerca de dez acertos, o examinador muda secretamente a regra para, por exemplo, combinar por cor. As pessoas sem deficiência no lobo frontal se ajustam depois de alguns erros à nova regra, mas pacientes sem lobo frontal normal têm grande dificuldade em mudar para uma nova regra e perseveram na antiga.

LEMBRE-SE

Esse tipo de função do lobo frontal é essencial para sabedoria e flexibilidade. Você pode estar dirigindo para um compromisso e com pressa porque está atrasado, e, porque está com pressa, quase bate em outro carro. Sua função do lobo frontal deveria aparecer e mudar a regra de direção para que estar seguro supere estar atrasado. Pessoas sábias com lobos frontais intactos fazem essa mudança de prioridade; adolescentes e pessoas com função do lobo frontal comprometido podem não fazê-la.

Decidindo-se e Mudando de Ideia: O Córtex Orbitofrontal

O córtex pré-frontal lateral lhe dá a habilidade de considerar o contexto da situação em suas escolhas. Mas todas as escolhas da vida, como com quem você se casará, não podem ser feitas racionalizando apenas nos fatos, mesmo que incluam adequadamente o peso das circunstâncias atuais. Outras coisas — como ideias de certo e errado, instintos ou intuições — guiam suas escolhas.

Pressentindo: Reações emocionais aprendidas

A parte medial do córtex pré-frontal, chamada de *córtex orbitofrontal*, está envolvida na tomada de decisão que não resulta de aplicar regras a fatos. Sua função é processar a experiência de vida e relatar se sua situação atual ou escolha pendente pode ser inadequada ou perigosa.

O córtex orbitofrontal realiza essa função de aviso em parte por suas conexões à amígdala. A amígdala é uma estrutura de memória lobo medial imediatamente anterior (e remetendo) ao hipocampo (veja a Figura 2-4). Ela é especializada em aprender e produzir memórias de situações com alto conteúdo emocional. Suponha, por exemplo, que no início dos seus dias de direção você tenha sido jogado para fora da pista por uma pickup vermelha. Provavelmente, anos depois desse evento, você fique nervoso ao encontrar pickups vermelhas na estrada, *mesmo que você não note explicitamente a pickup ou se lembre do incidente anterior.*

Independente de se pickups vermelhas são realmente perigosas, você tem milhões de partes de memória como essa de suas experiências de vida que lhe dão o que as pessoas chamam de *intuição*. Há coisas boas e ruins sobre a intuição. Ela é boa à medida que certos aspectos de situações podem gerar avisos úteis sem que você precise se lembrar conscientemente da circunstância. Isso é particularmente útil quando o aviso é gerado por uma constelação de circunstâncias não facilmente exprimíveis em palavras ou como regras. Você pode, por exemplo, ter a sensação de que vai chover sem saber exatamente qual aspecto da pressão barométrica ou vento ou formação de nuvens você associa como um precursor de chuva.

Por outro lado, a intuição pode levar a estereótipos e rigidez no comportamento. Você pode então ter que usar a razão para superar estereótipos ou correr riscos razoáveis para realizar coisas, mesmo que elas impliquem em situações que ofereçam algum perigo. O sistema amígdala-córtex orbitofrontal comunica sua memória de experiências salientes anteriores com sua consciência através dos sentimentos. Esses sentimentos significam relações já vivenciadas, mas podem confundir a causa e o efeito ou ser o resultado de correlações espúrias.

Apostando em acertar: Correr riscos, aversão e prazer

Pessoas com função pobre do córtex orbitofrontal ou dano a essa área são propensas a comportamentos como apostar em excesso. Embora muitas pessoas gostem de apostar pequenas quantias de dinheiro em esportes ou corridas de cavalos, a maioria das pessoas limita esses valores, especialmente se perdem mais do que uma quantia financeiramente viável em um curto período de tempo. Nesse caso, a perspectiva de apostar mais causa um sentimento de inquietação que chega a ser doloroso. Esse sentimento é enfraquecido naqueles com o sistema amígdala-córtex orbitofrontal comprometido.

Um teste razoável para a função do lobo orbitofrontal pode ser visto no comportamento de tarefa de pseudoaposta. Nessa tarefa, o sujeito recebe dois maços de cartas para jogar um jogo hipotético de penalidade/recompensa. Em um maço, tanto a penalidade quanto a recompensa são altas, com as penalidades, em média, acumulando mais do que as recompensas. Um segundo maço tem penalidades e recompensas menores, com um pequeno acúmulo de lucro ao longo do tempo. O sujeito pode escolher as cartas de qualquer maço e receber a penalidade ou recompensa de acordo com a carta escolhida aleatoriamente. Pessoas com funcionamento normal do lobo orbitofrontal com o tempo aprendem a evitar o maço com penalidade/recompensa mais alta, mesmo que não possam articular a razão para isso. Pacientes do orbitofrontal, por outro lado, não aprendem a evitar aquele maço. Em vez disso, a tentação da recompensa ocasional supera uma falta de medo inadequada das cartas de penalidade que produzem um resultado líquido de prejuízo ao longo do tempo.

Raciocínio baseado em casos: Pensando sobre consequências sociais

A boa inteligência social é necessária para a sobrevivência em sociedades complexas. Mas esse tipo de inteligência não é baseada em regras; é mais *baseada em casos*, dependente de precedentes e experiências. O córtex orbitofrontal nos informa quando contemplamos ações socialmente embaraçosas por meio da ação do sistema nervoso autônomo. A inquietação que o faz hesitar dizer à sua chefe que ela está errada ocorre antes de sua percepção consciente de sua causa. Os dados de inteligência social não são facilmente capturados com regras e raciocínio, mas consistem de palpites sobre as intenções das outras pessoas e vagas recordações de seus comportamentos anteriores. Mas o comportamento de inteligência social é crucial para manter seu emprego, seus amigos e até seu casamento.

Muitas coisas sobre a maneira como o córtex orbitofrontal e a amígdala processam e comunicam estímulos têm o estilo de processamento do lado direito do cérebro, que é baseado em casos, e não é linguístico. É interessante contemplar a ideia de que, dentro desse sistema, como geralmente no hemisfério direito, existem uma memória grande e um processador poderoso de similaridade, aos quais você não tem acesso direto pela maneira normal de pensar a linguagem. Em vez disso, essas áreas cerebrais, apesar de suas capacidades de processamento potencialmente poderosas, se comunicam via manipulação de sentimentos. Dentro de todos nós há um lado (direito) intuitivo *versus* o lado (esquerdo) baseado em regras que quer saber "Por quê?".

Já estamos chegando?
O Córtex Cingulado Anterior

Todo mundo tem um plano... até tomar um soco na cara. — Mike Tyson

Nós fazemos muitas coisas bem praticadas, como andar de bicicleta, durante as quais não estamos conscientes de ações individuais, apenas do progresso geral. Sequências motoras bem ensaiadas são autorreforçadoras porque cada item na sequência dispara o próximo. Interações da área motor suplementar, do córtex pré-motor e do cerebelo permitem que sequências praticadas e aprendidas sejam executadas com maior precisão e velocidade do que é possível sob controle explicitamente consciente. Como tais sequências são executadas mais rápido do que podem ser conscientemente controladas, elas são executadas apenas com a percepção de alto nível de seu progresso, sem conhecimento dos detalhes motores.

Mas o mundo real é inerentemente imprevisível. Todos sabemos que até as metas mais cuidadosamente consideradas usando os planos mais adequados não garantem sucesso. O fato de circunstâncias poderem mudar significa que, no mínimo, temos que ser capazes de avaliar nosso progresso e mudar ou até abandonar planos quando necessário.

O lugar no cérebro que parece comparar o desenrolar de planos com a realidade é o córtex cingulado anterior (CCA; veja a Figura 14-2). Estudos de imagens do cérebro mostram que essa área é ativada durante a performance de tarefas difíceis, particularmente quando erros são cometidos. Ela também é ativada pela dor e pela antecipação da dor. O CCA é parte do córtex cingulado, uma região medial do córtex, logo acima do corpo caloso e abaixo do neocórtex. Ela é dividida em duas regiões:

» **O córtex cingulado anterior:** É implicado no monitoramento do progresso em direção a metas, identificação e correção de erros e alocação de recursos do cérebro em outras áreas em direção à satisfação de metas.

» **O córtex cingulado posterior:** As funções e conexões são similares às do CCA. Comparada ao CCA, a atividade no cingulado posterior é mais reflexiva no contexto social e de monitoramento de estímulos emocionais *versus* metas internas.

Como as funções do córtex cingulado são associadas com a consciência, o progresso em compreender sua atividade tem sido particularmente dependente de técnicas recentes de imageamento, especialmente fMRI.

Registrando erros e mudando de táticas

Técnicas modernas de imageamento cerebral como o fMRI permitem que os pesquisadores monitorem a atividade de regiões cerebrais do tamanho de bolas de gude em 3D (chamadas *voxels*) em humanos que estão realizando tarefas complexas. Quando essas tarefas são difíceis — especialmente quando erros são cometidos —, o córtex cingulado anterior é ativado. Essa área cerebral monitora o progresso em direção às metas, e à medida que elas são modificadas ou trocadas, controla a alocação de recursos cerebrais, como a memória operacional.

Digamos que você esteja dirigindo por uma estrada rural calma em direção a um restaurante onde imagina que terá um bom jantar. Você está pensando sobre suas escolhas favoritas do cardápio e o vinho adequado para acompanhá-las, que é o que ocupa sua memória de curto prazo. Olhando no seu painel, você nota que a luz de combustível está ligada e que está quase sem gasolina. Seu cingulado anterior entra em ação, mudando os conteúdos de sua memória operacional de vinhos antigos para cálculos de milhagem de gasolina e locais de postos de combustível.

O cingulado anterior é ativado quando você faz coisas difíceis ou novas, quando comete erros ou quando deve superar padrões de comportamento habituais. Ele está no centro de um sistema de controle de supervisão que medeia seleção e estratégias de metas e aloca o processamento cerebral de acordo. É particularmente fortemente conectado com o córtex pré-frontal lateral, permitindo que ele controle os conteúdos da memória de trabalho de acordo com o progresso atual e das demandas da tarefa. (Veja a seção anterior "Memória Operacional, Resolução de Problemas e o Córtex Pré-frontal Lateral" para saber mais sobre essa região cerebral.)

Agindo sem pensar

O fato de que você pode realizar sequências motoras complexas, como bater em uma bola de tênis, sem percepção consciente dos detalhes da ação não significa que não esteja processando entrada sensorial. Apenas uma porcentagem muito pequena de toda a atividade cerebral alcança a consciência. Considere, por exemplo, as atividades complexas que seu cão Totó pode realizar sem nenhuma consciência. Claramente, estruturas de controle de supervisão como o cingulado anterior podem operar sem consciência, embora, em humanos, a atividade no cingulado anterior tenda a produzir consciência sobre o progresso da atividade atual.

Um exemplo válido de como o cérebro humano pode processar estímulos sem uma pessoa estar consciente deles é o fenômeno da visão cega (área V1; veja o Capítulo 5).

Existem debates consideráveis sobre se o processamento residual inconsciente é feito por estruturas visuais subcorticais como o colículo superior ou por pedaços de tecido cortical que sobraram nas áreas altamente danificadas. Independente do mecanismo, o fenômeno aponta para o fato de que o processamento inconsciente de estímulos sensoriais como entradas visuais ocorre sem a percepção consciente da visão.

Quem está cuidando da loja? Problemas no córtex cingulado anterior

Alguns pacientes com depressão exibem baixa atividade no CCA. Em alguns deles, sintomas depressivos são aliviados pela estimulação elétrica do CCA. Alguns estudos mostraram evidências de baixa atividade do CCA em esquizofrenia e TOC (transtorno obsessivo-compulsivo). Como muito do resto do cérebro, há algumas diferenças nas funções dos córtices cingulado anterior esquerdo e direito. Por exemplo, danos ao CCA direito foram correlacionados com o início de distúrbios de ansiedade.

No desenvolvimento humano normal, os lobos frontais amadurecem por último. Por exemplo, a mielinização dos axônios não é completa nos lobos frontais até o final da adolescência. Essa é a época típica do início dos sintomas da esquizofrenia ou exibição do transtorno obsessivo-compulsivo.

A adolescência é um período de desenvolvimento notoriamente caracterizado por alta inteligência bruta, mas julgamento ruim típico da função inadequada do lobo frontal. Uma das metas frequentemente declaradas da educação é instigar bons hábitos e capacidades de pensamento racional o suficiente para que os adolescentes passem pela adolescência sem causarem danos a si mesmo ou aos outros.

Parte do processo de amadurecimento humano é resolver os conflitos entre o impulso inato de desafiar a autoridade e a convenção e sabedoria de perceber que pelo menos parte das convenções da sociedade serve a um propósito útil. Como disse Mark Twain: "Quando eu tinha 14 anos, meu pai era tão ignorante que eu mal conseguia aguentar o velho por perto. Mas quando fiz 21, fiquei estupefato com o quanto o velho tinha aprendido em sete anos".

> **NESTE CAPÍTULO**
>
> Entendendo como o aprendizado e a memória ajudam os organismos a se adaptarem ao mundo
>
> Observando a área e os processos cerebrais que facilitam o aprendizado e a memória de longo prazo
>
> Examinando a amnésia e outros distúrbios da memória (e do aprendizado)
>
> Estudando maneiras de melhorar seu aprendizado

Capítulo 15
Aprendizado e Memória

O aprendizado é realizado no cérebro principalmente pela alteração da força (ou *peso*) das sinapses. Mudar a força das sinapses muda a arquitetura funcional do cérebro para melhorar as respostas futuras do organismo a situações similares à que disparou o aprendizado.

Alguns aprendizados ocorrem durante o desenvolvimento. Durante o crescimento embrionário e os primeiros anos de vida, o cérebro humano se desenvolve, crescendo e mudando sua organização de larga escala. Começando no início do desenvolvimento, mas continuando ao longo de toda a vida, a atividade do sistema nervoso causa mudanças nos pesos sinápticos que medeiam mudanças no comportamento. Estímulos do ambiente externo e fontes internas como o feedback sensorial disparam essas mudanças de atividade.

Por meio de um processo ativo de reconstrução, os humanos — e talvez até alguns outros animais — podem usar seus processos de aprendizado para armazenar, recuperar e visualizar itens da memória abstrata. Humanos têm a capacidade de usar a memória para reativar processos neurais que ocorreram em resposta a estímulos originais anteriores. Essa recuperação permite o pensamento abstrato em que eventos, experiências e imagens passados podem ser manipulados na memória operacional. Neste capítulo discuto os mecanismos pelos quais o aprendizado e a memória operam no cérebro e suas estruturas mais importantes que medeiam esses processos.

Aprendizado e Memória: Mais uma Maneira de se Adaptar ao Ambiente

O aprendizado e a memória permitem que o sistema nervoso se adapte ao ambiente para otimizar o comportamento. Observando o quadro geral, pelo menos três tipos de adaptação ao ambiente são possíveis: adaptação evolucionária, adaptação de desenvolvimento e aprendizado clássico. As próximas duas seções discutirão as duas últimas em detalhe. Para informações detalhadas de como o sistema nervoso evoluiu, veja o Capítulo 1 (ou, se preferir a versão resumida, veja a box "Adaptações evolucionárias" a seguir).

ADAPTAÇÕES EVOLUCIONÁRIAS

O sistema nervoso humano evoluiu do de outros animais e de organismos anteriores que não tinham sistema nervoso completo. Embora pensemos no sistema nervoso como se permitisse a habilidade de sentir o ambiente interno e externo para manter a homeostase, até organismos unicelulares têm processos de feedback em caminhos bioquímicos que regulam a produção de várias proteínas.

À medida que os organismos se tornaram multicelulares, as células em partes diferentes do organismo se comunicavam liberando certas substâncias nos espaços entre as células. Algumas dessas substâncias se tornaram as precursoras dos hormônios e neurotransmissores. Organismos que podiam agir coerentemente pela comunicação química, como mover flagelos em uníssono, deixaram mais descendentes do que aqueles que não podiam.

À medida que organismos multicelulares ficaram maiores e mais sofisticados, os neurônios assumiram o controle do trabalho de comunicação de uma parte do organismo para a outra (embora hormônios circulantes que agem mais vagarosamente ainda existam, é claro). Redes neurais foram selecionadas por mecanismos evolucionários como maneiras rápidas de otimizar a comunicação e a ação multicelular coordenada dentro de um organismo. Resumindo, mutações aleatórias desses sistemas que deram ao organismo uma vantagem de sobrevivência acabaram sendo passadas de uma geração para a outra, até que esses traços se tornaram "estabelecidos" em uma espécie.

Adaptações de desenvolvimento

Todos os animais multicelulares passam por uma sequência de desenvolvimento de uma única célula fertilizada (zigoto) para a forma adulta multicelular. Durante esse processo, o sistema nervoso, assim como todos os órgãos e estruturas corporais, crescem e se diferenciam em tipos distintos de células que formam estruturas complexas, como o cérebro e a medula espinhal. Em formas de vida multicelulares superiores como os vertebrados, processos de seleção dentro do sistema nervoso em desenvolvimento também afetam sua estrutura final.

Considere que todo o genoma humano contém cerca de 20 mil *genes funcionais* (genes que são lidos para formar proteínas), ainda assim o sistema nervoso tem 100 bilhões de neurônios, cada um com mais de 1.000 sinapses. O sistema nervoso humano é complexo demais para ser especificado por qualquer "mapa" do genoma. Em vez disso, o sistema nervoso se desenvolve usando crescimento geral e mecanismos de migração, seguido por poda e estabilização, que dependem da atividade no próprio sistema nervoso.

Depois do nascimento, mudanças no tamanho e na estrutura geral do sistema nervoso continuam até a adolescência. Depois dela, a maioria das mudanças parece não ocorrer em escala de células adicionadas, mas no nível de sinapses, principalmente envolvendo mudanças em sua força, ou peso.

À medida que envelhecemos, os neurônios inevitavelmente morrem devido a danos aleatórios, bem como a qualquer doença relacionada à idade, como o Alzheimer. O sistema nervoso compensa muitos desses danos modificando as sinapses entre os neurônios restantes em nível local e alterando estratégias de resolução de problemas em níveis superiores, como ao usar conhecimento acumulado (sabedoria), em vez de processamento rápido.

Até muito recentemente, os cientistas pensavam que nenhum neurônio novo era adicionado ao cérebro adulto, mas nas últimas décadas várias descobertas mostraram o nascimento de novos neurônios no cérebro adulto, particularmente em áreas associadas ao aprendizado, como o hipocampo.

Aprendizado clássico

Mesmo no cérebro adulto relativamente estável, o aprendizado e a memória ocorrem em várias escalas de tempo em vários circuitos neurais. Memórias de curto prazo *versus* de longo prazo podem claramente ser distinguidas pelas diferenças em seus intervalos de tempo efetivos (dez segundos *versus* a vida toda). Memórias de curto prazo são convertidas a de longo prazo via *ensaio* (a seção "Passando da memória de curto para longo prazo" fala mais sobre isso).

Uma área crucial do cérebro para consolidar o aprendizado de memória de curto para longo prazo é o hipocampo no lobo temporal medial. Receptores de neurotransmissores especializados no hipocampo e no neocórtex chamados receptores NMDA são instrumentais na mediação de mudanças sinápticas que dão suporte ao aprendizado e à memória. O restante deste capítulo é dedicado a explicar as regiões e os processos do cérebro envolvidos no aprendizado e na memória.

Enviando Mais ou Menos Sinais: Adaptação *versus* Facilitação

No nível mais fundamental, o aprendizado é um processo pelo qual a experiência muda as respostas de um organismo. Há dois mecanismos de ordem inferior pelos quais as respostas neurais mudam: *adaptação* (ou *habituação*, no caso de estímulos repetidos) e *facilitação* (sensibilização, no caso de estímulos repetidos):

» **Adaptação** é a redução do disparo de um neurônio ao longo do tempo, apesar de uma entrada constante ou, no caso da habituação, quando estímulos são repetidos. A adaptação ocorre por todo o sistema nervoso. Você pode identificar facilmente a adaptação em sistemas sensoriais quando algo que você escuta, vê ou sente é bem notável inicialmente, mas se torna imperceptível com o tempo.

» **Facilitação** é o oposto da adaptação. Ela ocorre quando uma resposta neural aumenta com o passar do tempo ou depois de repetições. A facilitação é frequentemente associada com estímulos que são levemente nocivos (em que é muitas vezes chamada de *sensibilização*).

A adaptação e a facilitação ocorrem em sistemas nervosos simples como aqueles em invertebrados, como moluscos e insetos.

LEMBRE-SE Entender mecanismos muito primitivos como a adaptação e a facilitação é importante porque ajuda os pesquisadores a entenderem a neurofisiologia de um processo dinâmico mais complexo como o aprendizado, que quase sempre ocorre enfraquecendo ou fortalecendo alguma resposta neural, normalmente em uma sinapse entre neurônios. As seções seguintes entram em mais detalhes.

Adaptação

A adaptação, que ocorre em todos os organismos multicelulares, até invertebrados, é uma das formas mais básicas de mudança dependente de experiência.

Ela ocorre frequentemente nos receptores sensoriais, mas também pode ocorrer acima dos receptores. Esse processo é tão básico que nós normalmente nem consideramos no contexto de "aprendizado".

Quando você se sentou pela primeira vez na cadeira em que lê esta passagem, sem dúvidas estava consciente do contato do seu traseiro com a cadeira e de suas costas com o encosto da cadeira. Agora, a não ser que você tenha se mexido recentemente, você quase não percebe seu contato com a cadeira.

Você pode supor que sua falta de percepção se deve somente ao fato de que não está prestando atenção ao seu contato com a cadeira. Essa ideia tende a ser associada com o conceito de psicologia popular de que a consciência está localizada em um recesso profundo no cérebro e sua consciência decidiu não prestar mais atenção à sua ação de sentar na cadeira. Mas, na verdade, os mecanorreceptores em sua pele (veja o Capítulo 4 para saber mais sobre mecanorreceptores) não estão mais disparando tanto quanto quando você se sentou pela primeira vez. Grande parte da razão de você prestar menos atenção ao seu contato com a cadeira é que há menos sinais sobre o fato alcançando seu cérebro.

A *habituação* é similar à adaptação em que as respostas neurais diminuem com o tempo, mas, no caso da habituação, a diminuição se deve explicitamente à repetição dos estímulos. Ela normalmente envolve mudanças em respostas de neurônios conduzidos pelos receptores, em vez de no próprio receptor. Essa mudança é normalmente mediada por uma mudança na força sináptica para que a ativação igualitária de um receptor depois de várias ativações produza uma resposta mais fraca nos neurônios pós-sinápticos conectados a ele do que antes da série de sinapses habituais.

Facilitação

O oposto da adaptação é a *facilitação*. A facilitação ocorre quando a ativação repetida de um receptor causa mais atividade. Ela quase sempre ocorre em neurônios pós-sinápticos para o receptor.

Embora o circuito neural que medeia a facilitação possa ser bem complexo, a experiência básica é universal. Eis um exemplo. Você está gostando de ficar do lado de fora em uma noite quente de verão, notando, ocasionalmente, um leve formigamento na pele. De repente, um formigamento fica forte o suficiente para que você perceba que foi picado por mosquitos. Desse ponto em diante, cada formigamento, mesmo de lufadas de vento, faz sua mão se mover e bater ou coçar a área. Isso é facilitação.

PAPO DE ESPECIALISTA

O termo *facilitação* também é usado em um paradigma clássico de condicionamento, quando, por exemplo, um estímulo neural, como tocar uma campainha, é combinado (e, portanto, associado) com um estímulo nocivo, como um choque elétrico, de modo que a reação de evitação ocorra também quando só a campainha é tocada. O outro tipo famoso de condicionamento, o *condicionamento operante*, normalmente envolve combinar um comportamento normal com uma recompensa para que um comportamento ou uma sequência de comportamentos seja aprendida e disparada naquele contexto.

Estudando habituação e sensibilização em lesmas do mar

A habituação e a sensibilização foram muito estudadas no nível sináptico por Eric Kandel e seus colegas da Universidade de Columbia (Kandel ganhou o Prêmio Nobel por seu trabalho). Kandel buscou um sistema simples que poderia estudar em detalhes no nível sináptico e escolheu a *Aplysia* ou lesma-do-mar. Esse animal mostra habituação de seus reflexos de retirada de guelras quando a guelra é tocada repetidamente, mas de forma gentil. No entanto, o animal mostra sensibilização a toque na guelra se o toque for combinado com um choque ou outro estímulo nocivo.

Kandel e seus colegas trabalharam no nível sináptico exatamente como os circuitos neurais na *Aplysia* mediavam essas mudanças de força sináptica. Mecanismos similares ao que Kandel encontrou na *Aplysia* também operam em vertebrados mediando mudanças sinápticas subjacentes ao aprendizado e memória.

JULGANDO UM ESTUDO PELO NOME

Alguns membros do congresso tendem a implicar com projetos de pesquisa com títulos engraçados como exemplos de desperdício do governo. Não há dúvida de que haja desperdício em pesquisas financiadas pelo governo. Por outro lado, decidir isso pelos títulos dos projetos de pesquisa não é uma boa maneira de determinar quais estudos merecem financiamento. Pode-se imaginar os primeiros dias da pesquisa do Dr. Kandel sobre o reflexo de retirada de guelras em Aplysia sendo criticado como "brincando de fazer lesmas-do-mar se contorcerem" ou algo assim. Mas essa pesquisa forneceu a primeira base para o entendimento da plasticidade sináptica e foi feita nessa espécie por razões técnicas importantes (neurônios grandes e de fácil acesso). O mesmo vale para brincar com mutações em moscas-da-fruta comuns, que deu aos pesquisadores o conhecimento para entender genética, doenças geneticamente causadas e pistas para sua cura.

Explorando o que Acontece Durante o Aprendizado: Mudando Sinapses

Como já mencionado, o aprendizado se resume a mudar como o sistema nervoso trabalha por um mecanismo que altera sua resposta funcional como um resultado de experiência (de uma maneira adequada, é claro).

No decorrer da maior parte do século XX, um dos problemas mais importantes em neurociência foi frequentemente referido como a "busca pelo *engrama*", o traço de memória que era o resultado do processo de aprendizado. A ideia era a de que o aprendizado e a memória deixam traços no cérebro que poderiam ser descobertos e, eventualmente, entendidos. Teorias para traços de memória variavam de mudanças na síntese proteica e de DNA para campos elétricos holográficos no cérebro.

Parece um pouco com ficção científica, mas acontece que algumas dessas ideias estavam certas. Aprender muda o cérebro. O que muda principalmente é a força das sinapses que permitem que associações neurais sejam feitas, em vez dos números e conexões de neurônios, como no desenvolvimento. Mudar as forças sinápticas, em vez de adicionar neurônios e conexões, permite que o aprendizado ocorra rapidamente. (Novos neurônios *às vezes* são adicionados em resposta ao aprendizado, mas o processo é mais lento do que as mudanças sinápticas feitas rapidamente.)

Cálculo neural: Portas neurais E e OU

Uma contribuição vital para entender o mecanismo de formação de memória veio não da neurociência tradicional, mas de pesquisas em campos de inteligência artificial e do que é chamado agora de *neurociência computacional*, um campo que tenta entender como os sistemas nervosos fazem associações como o reconhecimento de padrões.

Para abordar o problema do entendimento de sistemas nervosos como dispositivos de associações, os neurocientistas computacionais tiveram que fazer modelos de neurônios que abstraíssem suas operações para que as redes neurais do modelo pudessem ser simuladas matematicamente e, em muitos casos, construir hardwares eletrônicos que poderiam realizar os tipos de cálculos que neurônios pareciam ser capazes de realizar.

Esse trabalho estava sendo feito no início da era da computação, e o modelo de computação neuronal mais óbvio era o computador. Computadores trabalham com portas lógicas, como portas E e OU. Se neurônios pudessem ser exibidos realizando cálculos E e OU, então os cientistas poderiam estudar a operação de circuitos lógicos eletrônicos para aprender como os circuitos neurais processavam informações.

Eis como a operação de portas lógicas clássicas (OU e E) funcionam (veja a Figura 15-1):

> » **Portas OU** podem ter qualquer número de entradas (A, B, e assim por diante), e a saída (O) da porta OU será "verdadeira" se *qualquer uma* das entradas for verdadeira. O número 1 representa uma entrada verdadeira; 0 representa uma entrada não verdadeira.
>
> » **Portas E** também podem ter qualquer número de entradas. Sua saída é verdadeira se, e apenas se, *todas* (cada uma) as suas entradas forem verdadeiras (1).

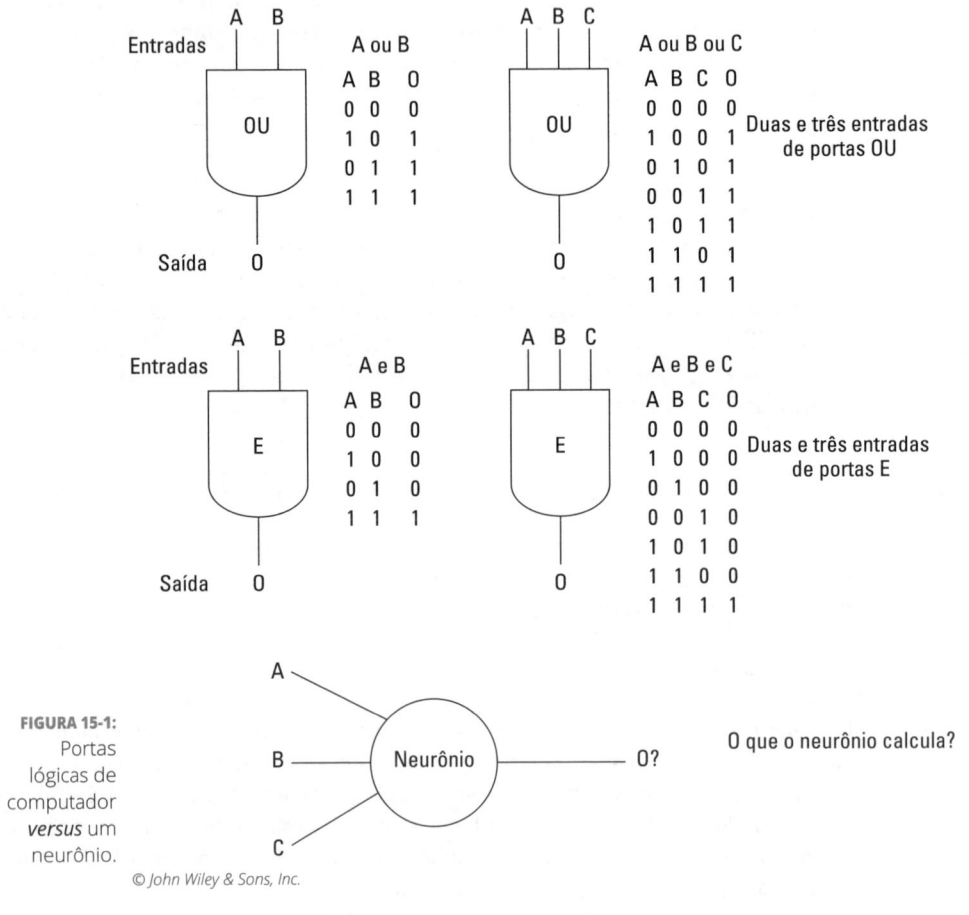

FIGURA 15-1: Portas lógicas de computador *versus* um neurônio.

© John Wiley & Sons, Inc.

Na parte inferior da Figura 15-1 há a imagem de um neurônio com três entradas. A questão é, o que tal neurônio calcula e como ele faz isso?

LEMBRE-SE

Lembre-se da diferença entre memória nos sistemas nervosos e em computadores. Em computadores, as memórias são pedaços de informação representados por uma sequência de bits que são armazenados em um local de memória especificado por outra sequência de bits que age como o ponteiro para aquele local. Em sistemas nervosos, as memórias são mudanças em pesos sinápticos (normalmente) que mudam a maneira pela qual o circuito opera. Portanto, memórias em sistemas nervosos não são necessariamente coisas (ou itens ou símbolos) que podem ser recuperados como tal. Por exemplo, quando você pratica e melhora seu forehand no tênis, a memória que permite isso consiste de mudanças sinápticas pequenas amplamente distribuídas de seu sistema visual que está vendo a bola para seus neurônios motores que estão controlando todos os músculos no corpo para permitir que você bata nela.

O neurônio McCulloch-Pitts

Um avanço gigantesco em tratar neurônios como dispositivos computacionais foi feito por Warren McCulloch e Walter Pitts, que propuseram um formato de neurônio artificial, agora clássico, referido como neurônio McCulloch-Pitts. A Figura 15-2 mostra uma versão desse neurônio artificial.

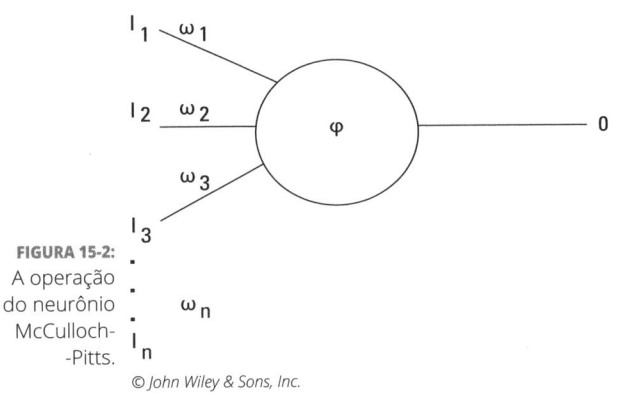

FIGURA 15-2: A operação do neurônio McCulloch--Pitts.

© John Wiley & Sons, Inc.

O que McCulloch e Pitts mostraram foi que o modelo de neurônios desse tipo (descrito em breve) poderia emular portões lógicos padrão, como OU e E, *se* os pesos sinápticos fossem adequados. Eles também mostraram que um sistema desses neurônios, se adequadamente conectados, poderia realizar qualquer função que um computador realizaria.

Veja dois exemplos, as funções E e OU. Imagine um neurônio McCulloch-Pitts como o da Figura 15-2 com três entradas (I_1, I_2 e I_3). Cada entrada (que pode ser um "1" ou "0") é associada com um peso sináptico, indicado pelo símbolo ω_i. O que o neurônio McCulloch-Pitts faz primeiro é uma soma (nos corpos celulares) de cada entrada I_i vezes seu peso sináptico, ω_i. Essa soma é algum número, como 0,4 ou 2,1.

O número de soma é então passado para o que é chamado de *função fi* (φ). Uma função fi é um limite (modelado pelo fato de que neurônios têm limites pelos quais um nível mínimo de excitação é necessário para produzir o disparo). No neurônio da Figura 15-2, digamos que esse limite seja igual a 1. Ou seja, se a soma das entradas multiplicada pelo peso sináptico de cada entrada for maior ou igual a 1, a saída do neurônio é igual a 1; caso contrário, é zero.

Você pode transformar o neurônio McCulloch-Pitts em uma porta E se fizer todos os *pesos* (w_i) adequadamente menores para que *todas* as entradas tenham que estar ativas para que a soma dessas entradas vezes seus pesos seja maior ou igual ao limite. Você pode transformar o neurônio McCulloch-Pitts em uma porta OU se os pesos forem tão altos que qualquer entrada vezes seu peso exceda o limite.

Circuitos neurais usando neurônios McCulloch-Pitts podem realizar os mesmos cálculos lógicos que circuitos lógicos digitais com a adição de mais um tipo de porta, a porta NÃO, que em termos neurais é simplesmente uma sinapse inibitória. Assim, o cérebro, ou pelo menos alguns circuitos no cérebro, pode agir (calcular) como um computador digital (parece que alguns circuitos neurais também operam como computadores analógicos, então o cérebro é uma mistura de ambos).

Por meio do modelo de neurônio McCulloch-Pitts, pesquisadores vieram a entender que os pesos sinápticos são a chave na associação neural. Outros cientistas, seguindo a liderança de McCulloch e Pitts, mostraram como os sistemas desses modelos de neurônios poderiam aprender a fazer coisas como reconhecer padrões mudando o peso de acordo com certas regras matemáticas. A questão em relação ao aprendizado e à memória em organismos então se tornou: como os pesos sinápticos são estabelecidos no cérebro?

Reconectando seu cérebro: O receptor NMDA

Computadores são capazes de fazer cálculos com portas E, OU e NÃO porque engenheiros projetaram com muito cuidado os circuitos especificando o local de cada porta individual. A maioria dos computadores falhará se uma única porta lógica falhar. Mas, como apontado, os 20 mil genes do genoma não podem especificar as trilhões de sinapses no cérebro. Além disso, mesmo se as sinapses pudessem ser especificadas por algum mapa genético, ela não especificaria como os neurônios aprendem (ou como o cérebro se adapta quando os neurônios morrem aleatoriamente).

Estabelecer pesos sinápticos adequadamente significa mudar suas forças enquanto o processo fundamental de aprendizagem ocorre. Pesquisadores começaram a pensar que deveria haver *alguma* sinapse *em algum lugar* no cérebro cuja força sináptica pudesse ser mudada para realizar novas associações neurais (aprendidas). Essa percepção levou a três perguntas cruciais:

- » Como uma sinapse muda sua força?
- » O que são e onde estão essas sinapses?
- » Qual sinal controla essa mudança que é associada com o aprendizado?

Começando lá pela década de 1960, iniciou-se a caçada pelo receptor de memória que mudaria seu peso sináptico para permitir o aprendizado. Embora o trabalho de Kandel sobre a facilitação em *Aplysia* (a lesma do mar, um invertebrado marinho com neurônios grandes e de fácil acesso) tenha mostrado elegantemente os mecanismos sinápticos que medeiam os processos de habituação e facilitação, a maioria dos neurocientistas consideravam esse fenômeno unidimensional demais para explicar os mecanismos neurais de aprendizado geral, particularmente em sistemas nervosos complicados como o humano.

Apresentando o receptor NMDA

Uma indústria caseira de laboratórios se espalhou nas décadas de 1970 e 1980 buscando modificações na força sináptica no cérebro de mamíferos como ratos de laboratório. A preparação típica envolvia pegar uma fatia do cérebro de um animal experimental morto e mantê-la viva imergindo-a em fluido cefalorraquidiano artificial (como o fluido extracelular normal no cérebro e na medula espinhal). Eletrodos eram inseridos em células individuais, e alterações sinápticas sutis eram monitoradas quando as células que tinham sinapses na célula monitorada eram estimuladas.

Os tecidos neurais mais comumente usados eram o neocórtex e o hipocampo. Embora muitos pesquisadores fossem a favor do neocórtex como o local de funções cognitivas superiores, a fatia cerebral do hipocampo começou a dominar por causa de seu papel claro na formação da memória. Várias mudanças relacionadas ao aprendizado em pesos sinápticos foram observadas por muitos laboratórios. Elas frequentemente envolviam um tipo de receptor incomum para glutamato que tinha propriedades que tinham sido previstas por sinapses modificáveis. Era o receptor NMDA. (NMDA significa *N-metil D-aspartato*, o nome de um agonista químico que imita a ação do glutamato nesse receptor.)

LEMBRE-SE Existem receptores NMDA por todo o sistema nervoso central, mas eles são particularmente abundantes no hipocampo, que tem um papel central na formação da memória e interage com o córtex por meio de potenciação de longo prazo e sinapses recíprocas.

O receptor NMDA em ação

O receptor NMDA, que é abundante no hipocampo, é um receptor *ionotrópico* (contém canais iônicos) para o neurotransmissor glutamato. Entretanto, diferente de receptores ativados por ligantes (ligação de neurotransmissor), o receptor NMDA é bloqueado por um íon de magnésio na boca do poro quando o neurônio está em seu potencial de descanso normal com a parte de dentro em cerca de −56 milivolts em relação ao fluido extracelular de fora. Nesse caso, ligar glutamato de um terminal pré-sináptico não é suficiente para abrir o canal iônico NMDA. O íon de magnésio é removido, no entanto, se um canal iônico de glutamato não NMDA adjacente (normalmente aqueles chamados AMPA e canais de cainato) também for ativado e despolarizar a membrana neural. A coincidência de ligar o glutamato e estar em uma seção de membrana neural despolarizada por outra entrada abre o canal NMDA. Ou seja, a ativação do receptor NMDA requer que ambos os seus terminais pré-sinápticos liberem glutamato para um receptor adjacente. Esse receptor implementa uma função de porta E neural (veja a Figura 15-3).

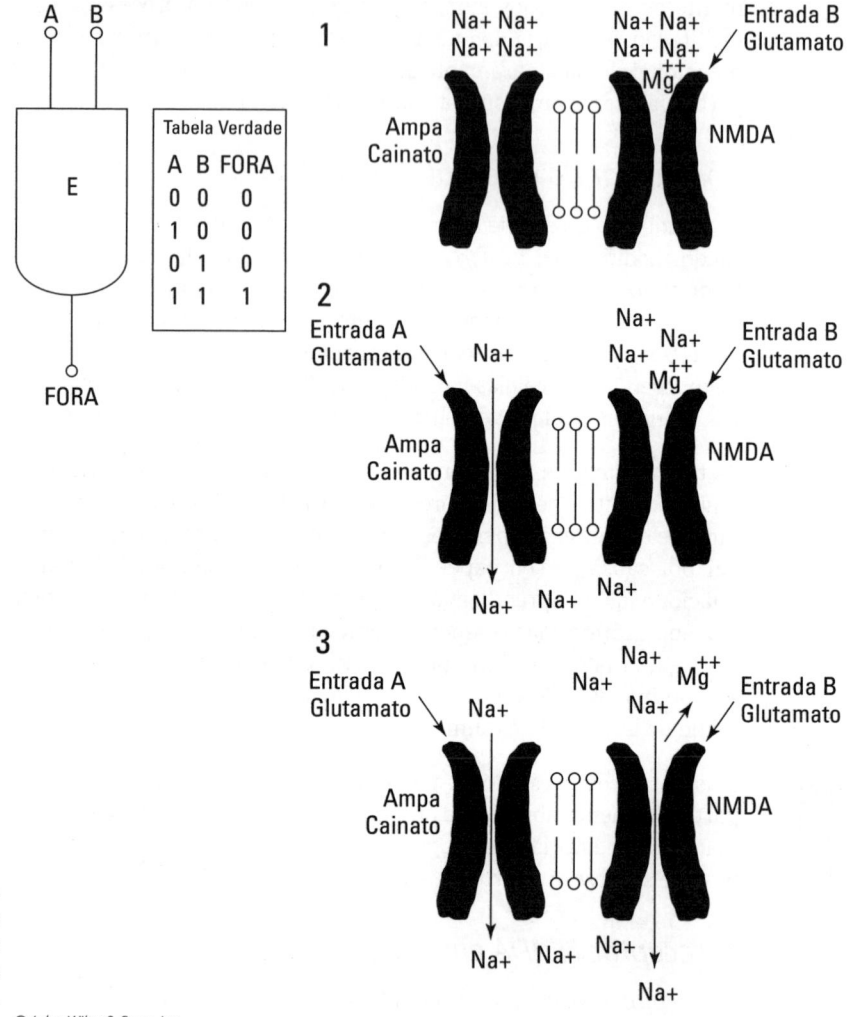

FIGURA 15-3: Detecção de coincidência e receptores NMDA.

© John Wiley & Sons, Inc.

Mas isso é só metade da história. A outra metade é que o receptor NMDA é capaz de mudar sua força em função de entradas coincidentes. Uma vez aberto, o canal do receptor NMDA tem uma propriedade incomum (para um canal dependente de ligante excitatório típico) de permitir que uma quantidade considerável de cálcio passe pelo canal tanto quanto sódio. A entrada de cálcio nos neurônios normalmente tem muitos efeitos secundários, que frequentemente são chamados de *efeitos do segundo mensageiro*. Um desses efeitos parece ser aumentar, sob algumas circunstâncias, a potência da sinapse. Essa modificação sináptica depende de mecanismos pré-sinápticos e pós-sinápticos, sobre os quais o estudo é fonte de muitos artigos de neurociência atualmente.

O lado esquerdo da Figura 15-3 mostra o diagrama e a tabela verdade para a porta de lógica padrão (como na Figura 15-1), a porta E. Para que a saída dessa porta seja verdade (1), ambas as entradas devem ser iguais a 1.

Do lado direito da Figura 15-3 há um diagrama de dois receptores de glutamato frequentemente encontrados juntos (na mesma ramificação dendrítica, bem próxima uma da outra). À esquerda há o tipo de receptor comum AMPA/cainato, que é um receptor ionotrópico típico para glutamato que tem um canal que abre quando o glutamato se liga ao local de ligação do ligante. À direita há um receptor NMDA, que também é ionotrópico, mas um pouco diferente.

No começo da sequência (imagem 1), um terminal pré-sináptico significando o que quer que signifique (a cor vermelha, por exemplo) liberou glutamato, que foi ligado ao receptor NMDA à direita. Esse receptor NMDA não só requer a ligação do ligante glutamato, como muitos receptores ionotrópicos, mas, em seu estado normal, também tem um íon de magnésio (Mg++) preso na entrada do receptor que o bloqueia. O íon de magnésio é atraído por cargas negativas nos aminoácidos localizados naquela parte do receptor, assim como pela rede de carga negativa dentro de um neurônio em seu estado de *descanso* não despolarizado. Então, se apenas a entrada de glutamato para o receptor estiver ativa, o canal não é aberto.

No entanto, próximo do receptor NMDA há outro tipo diferente de receptor de glutamato, o tipo AMPA/cainato (chamado por agentes exógenos que ligam esse tipo de receptor). Se esse receptor recebe glutamato de sua entrada pré-sináptica, significando pássaro, por exemplo, ele abre (imagem 2) e permite que íons de sódio (Na+) positivos passem pelo canal. Esses íons de sódio positivos despolarizam o interior do neurônio ou parte de um neurônio, como uma espinha dendrítica, e repelem o íon positivo de magnésio no receptor NMDA, abrindo esse canal se já tiver glutamato ligado a ele (imagem 3).

Assim, o canal NMDA é uma porta E neural, requerendo que ambas as suas entradas pré-sinápticas estejam ativas (ligadas a glutamato) e um canal AMPA/cainato próximo que esteja ativo *ao mesmo tempo*. Nesse caso hipotético, esse complexo de dois receptores está detectando um pássaro vermelho, talvez um cardeal.

Fortalecendo a sinapse: Potenciação de longo prazo

O que acontece depois é ainda mais interessante e não exibido no diagrama. Quando os receptores NMDA são repetidamente ativados por qualquer coincidência específica, as sinapses ficam mais fortes; ou seja, fica mais fácil para a entrada pré-sináptica se combinar para fazer o canal NMDA abrir. Isso acontece por um mecanismo chamado *potenciação de longo prazo*. (Há também a *depressão de longo prazo*, que equilibra as coisas para que todas as sinapses não fiquem apenas mais fortes.)

No hipocampo, um fenômeno neural chamado *potenciação de pulso combinado* é considerado como subjacente ao aprendizado. A configuração experimental envolve a estimulação de axônios que projetam no hipocampo de um trato de fibras chamado via perfurante em uma fatia do cérebro (veja a Figura 15-4), uma seção do hipocampo removida de um animal sacrificado. Respostas normais de potencial pós-sináptico excitatório (EPSP) são registradas para cada pulso de entrada induzida dos neurônios no alvo dessas fibras em outra área do hipocampo chamada *giro dentado*. No entanto, se for feito um breve período de estimulação de alta frequência dessas fibras, a resposta pós-sináptica no giro dentado passa para pulsos simples e, então, pode ser melhorada por horas, que é o tempo que a fatia experimental dura. Dado que esse potencial dura tanto quanto a fatia cerebral, alguns investigadores acham que no cérebro vivo pode durar indefinidamente.

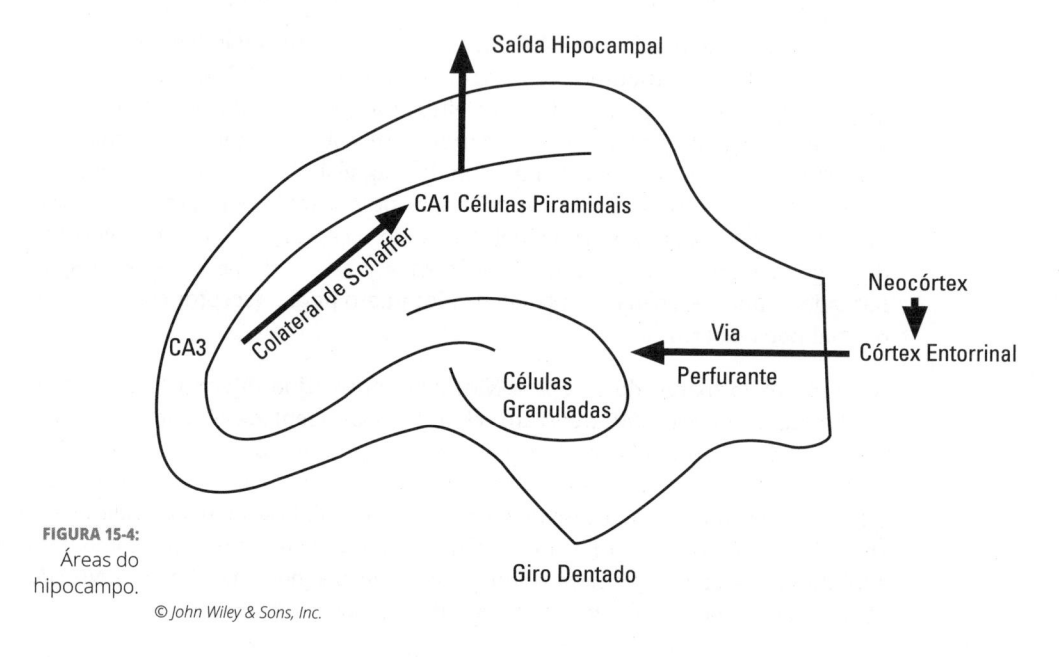

FIGURA 15-4: Áreas do hipocampo.
© John Wiley & Sons, Inc.

O Papel do Hipocampo no Aprendizado e na Memória

Você pode lembrar do número de telefone da oficina onde seu carro está por não muito mais do que o tempo que você leva para digitá-lo, mas não se esquece do nome da sua irmã por décadas da sua vida. Um dos tópicos mais intensamente estudados em psicologia cognitiva é a natureza desses dois tipos diferentes de memória, chamadas de memória de curto e longo prazo. A neurociência cognitiva busca localizar onde no cérebro essas memórias existem e quais processos usam. O hipocampo, como parece, é crucial para mover a memória de curto prazo para a de longo prazo.

Passando da memória de curto para longo prazo

Quando você está dirigindo seu carro, está consciente da posição dos carros à sua volta para que saiba o tempo todo se mudar de faixa é seguro ou não. Mas essa situação muda constantemente. Você conhece (e lembra) cada situação enquanto precisa lidar com ela, mas não se lembra no fim da ação de cada padrão individual dos carros à sua volta que ocorreu durante a direção.

A maior parte da memória de curto prazo desse tipo é *descartável*, usada enquanto é necessária e então descartada. Apenas uma fração da informação que passa pela sua memória de curto prazo alcança a memória de longo prazo, e isso normalmente requer que a informação seja importante o suficiente para que você a *ensaie* (repassando-a repetidamente) ou tão saliente que você não consiga parar de pensar nela (outra maneira de ensaiar).

A memória de curto prazo existe em dois locais, no córtex pré-frontal lateral e no hipocampo. Neurônios no córtex pré-frontal lateral mantêm sua atividade, representando uma entrada depois da entrada que passou para que você possa usar a memória para realizar uma tarefa relevante, como digitar um número de telefone. (Veja o Capítulo 13 para saber mais sobre o córtex pré-frontal.)

O processo de transferência de informação da memória de curto para a de longo prazo requer a ação do hipocampo.

O que o hipocampo faz é fornecer um conjunto de portas neurais modificáveis E para a atividade neural. Essas portas E hipocampais recebem entrada de todo o córtex, já que representam o que está acontecendo na situação atual. Essas sinapses NMDA ativadas (possivelmente durante o disparo de alta frequência) fortalecem, então, as sinapses que representam toda a atividade cortical associada com qualquer evento específico. Por exemplo, você estava *neste* parque e sentado *neste* banco, e *este* pássaro passou, e *nesta* hora...

O CASO DE HM

A importância do hipocampo no aprendizado foi dramaticamente demonstrada por um caso clínico famoso, o do paciente HM. HM era epiléptico com convulsões intratáveis. O foco (local de origem) de suas convulsões foi determinado como sendo no hipocampo. (Isso não é incomum; o lobo temporal onde o hipocampo está localizado é comumente implicado como o iniciador de convulsões por razões que são pouco compreendidas.)

(continua...)

(continuação...)

> Embora a remoção de tecido cerebral seja claramente uma medida desesperada de tratar uma condição neurológica, alguns casos de epilepsia são tão severos que esse procedimento é justificado. Alguns epilépticos têm convulsões quase a cada hora e são essencialmente totalmente deficientes, incapazes de manter um emprego ou de se envolver em relacionamentos sociais significativos. Apenas uma minoria desses casos responde a tratamentos farmacológicos. Mas se o local de origem das convulsões for bem localizado no cérebro, remover esse tecido pode eliminar completamente, ou quase, as convulsões. Além disso, o tecido de cérebro doente removido frequentemente não tem função normal, e o tecido ao redor assumiu sua função.
>
> O problema de HM foi que os cirurgiões removeram o hipocampo de ambos os lados de seu cérebro. O resultado, estudado extensamente durante muitos anos por Brenda Milner entre outros, foi que, embora as convulsões de HM tenham sido enormemente reduzidas, ele não tinha habilidade de transferir informações da memória de curto para a de longo prazo, embora sua memória de longo prazo anterior estivesse intacta.
>
> HM seguiu pensando que a data era a do dia que fez a cirurgia. Ele podia conversar com a equipe do hospital sobre eventos de seu próprio passado antes da cirurgia, mas se a pessoa saísse por alguns minutos e retornasse, HM não tinha lembrança alguma da conversa. Sua vida estava congelada no presente, e ele nunca recuperou nenhuma habilidade de lembrar de nada que aconteceu depois do dia da cirurgia. Ele permaneceu um paciente no hospital até sua morte, em 2008. Um fato interessante é que ele começou a jogar xadrez com membros da equipe do hospital depois da cirurgia, e apesar de melhorar como jogador, não lembrava de jogar nenhum jogo anterior. O caso de HM foi uma ilustração dramática da diferença nos substratos neurais de memória de curto e longo prazo.

Uma matriz de detectores de coincidências

Várias áreas do neocórtex projetam para o hipocampo em uma forma matriz para habilitar lá detectores de coincidência (veja a Figura 15-5). A ideia básica (altamente supersimplificada) é a de que as cores das coisas podem ser representadas em um local no cérebro, e o tipo de animal, no outro. Se você vir um sapo verde, uma interseção ocorrerá na matriz do hipocampo para verde e sapo em um neurônio que será o detector de coincidência para essa coisa. Então ver um sapo verde ativa as áreas corticais para verde e sapo, que ativam a célula hipocampal de sapo verde cujas sinapses são fortalecidas.

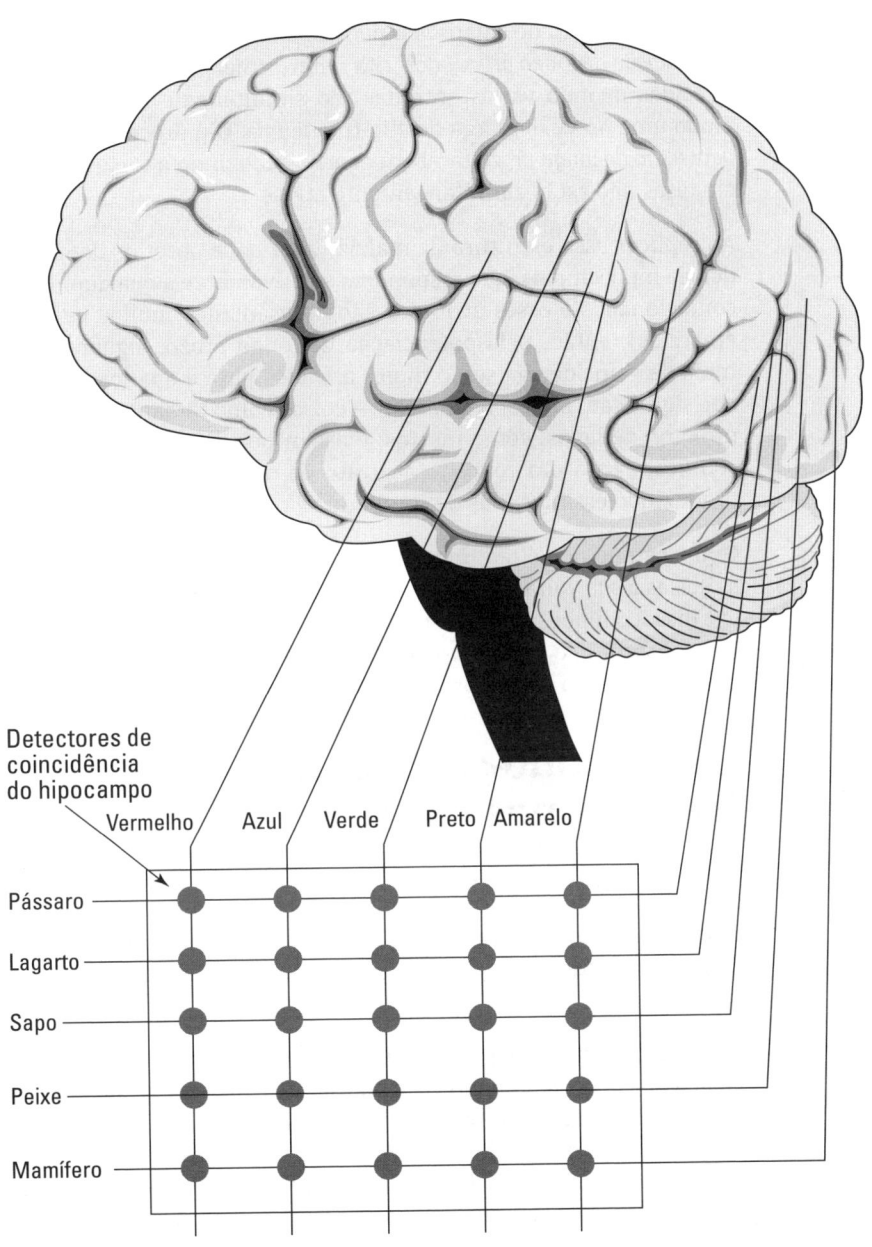

FIGURA 15-5: A matriz de memória do hipocampo.

© John Wiley & Sons, Inc.

Imagine que algumas áreas do córtex visual codificam para diferentes cores de coisas, e esses detectores de cores projetam para uma linha de detectores de coincidência hipocampais. Algumas outras áreas do córtex podem ter neurônios respondendo a tipos de sons ou gostos de animais (pássaros, lagartos, e assim por diante). Haverá um detector de coincidência hipocampal que responde para sapos amarelos, um para mamíferos verdes, e assim por diante. É claro, o hipocampo real tem muitas células similares de cada preferência.

O fortalecimento de sinapses hipocampais funciona por um processo chamado *potenciação de longo prazo*, descrita anteriormente, em que as sinapses são fortalecidas quando várias entradas são simultânea e altamente ativas, produzindo uma breve descarga de alta frequência. Um processo espelhado chamado *depressão de longo prazo* também ocorre, reduzindo a força sináptica quando as sinapses não estão simultaneamente ativas.

Ao replicar essa estrutura de matriz, você pode obter os detectores de coincidência hipocampais, que respondem seletivamente a qualquer lista de atributos condicionais. Se esses atributos são apresentados muitas vezes (vários sapos amarelos), então, pela potenciação de longo prazo, alguns grupos de detectores de coincidência serão muito ativados para a aparição daqueles atributos que significam um sapo amarelo — coisas como tamanho pequeno, encontrado próximo de lagos, come insetos, e assim por diante. Agora aqueles neurônios codificam para um conceito abstrato de ordem superior depois de aprender, produzindo essas células de conteúdo.

LEMBRE-SE

O hipocampo não é tão importante para a memória de curtíssimo prazo sobre as coisas à sua volta, isso parece ser o trabalho do córtex pré-frontal lateral. Em vez disso, o hipocampo é responsável por transferir memória de curto para a de longo prazo, que é, na verdade, armazenada no próprio neocórtex. Os neurocientistas sabem disso por causa do famoso paciente HM.

Lembrando-se de como saber: Mecanismos corticais

O aspecto crucial do sistema hipocampo-córtex quando se trata de formar memórias é que o córtex não só projeta para o hipocampo e causa fortalecimento sináptico, mas os neurônios hipocampais cujas sinapses foram ativadas também projetam a atividade de volta para o córtex e podem ativá-las do hipocampo, em vez de da entrada sensorial.

Isso significa que você pode recriar no seu córtex uma versão do padrão de atividade que ocorreu quando você realmente experienciou alguma coisa. Quando você continua a pensar, ou *ensaiar*, na memória de alguma experiência, a atividade reverbera entre o hipocampo e o córtex. Se você ensaia o suficiente (o que acontece durante o sono REM, particularmente), sinapses modificáveis no córtex são mudadas para que o próprio córtex possa reproduzir a atividade neural associada com uma experiência.

LEMBRE-SE

A memória de longo prazo existe nas mesmas áreas corticais que representam a experiência inicial. O hipocampo é um rascunho para manter o ensaio para formar a memória de longo prazo. O hipocampo interage também com o córtex pré-frontal lateral que contém a memória operacional, que mantém uma memória tempo o suficiente para permitir que você realize uma tarefa que depende daquela memória, como se lembrar se há alguém em seu ponto cego antes de mudar de faixa.

Um dos modelos mais interessantes para entender o funcionamento hipocampal veio de registros multieletrodos feitos no hipocampo de ratos se comportando livremente ao correr (você adivinhou) em labirintos. Pesquisadores descobriram que células no hipocampo do rato, chamadas *células de lugar*, respondiam quando os ratos estavam em um lugar específico do labirinto. Ou seja, células diferentes eram ativadas por lugares diferentes do labirinto. Depois que os pesquisadores descobriram que o lugar e as células de grade estavam ligadas a lugares específicos do labirinto, podiam realmente dizer onde o rato estava no labirinto só olhando que lugar e quais células de grade estavam ativas. Nos experimentos, os ratos estavam aprendendo esses labirintos para ganhar recompensas (provavelmente queijo).

Uma das coisas fascinantes sobre esses experimentos foi que quando os ratos dormiam depois das sessões de treinamento e entravam em sono REM, seus hipocampos repetiam a sequência transversal correta do labirinto, ativando, em sequência, o local e as células de grade e as áreas corticais estimuladas pela visão, audição, olfato e qualquer aspecto codificado para aquela localização do labirinto. Essa repetição ocorria com cerca de sete vezes a velocidade que os ratos faziam os labirintos. Se os ratos fossem impedidos de entrar em sono REM, eles não consolidavam bem o dia de treinamento e também não aprendiam os labirintos.

Os neurocientistas se surpreenderam com o fato de a memória de longo termo residir nas mesmas áreas do córtex que processam a entrada sensorial durante a experiência original, e os cientistas realmente não entendem esse fenômeno muito bem. Entretanto, há receptores NMDA por todo o córtex, e experiências durante o desenvolvimento claramente podem modificar o neocórtex. Alguns mecanismos que mediam essa plasticidade de desenvolvimento também podem ser a base para o aprendizado. Trabalho considerável deve ser feito no século XXI para compreender as especificidades disso.

Saber *versus* saber que você sabe: Contexto e memória episódica

A imagem das entradas para o hipocampo dadas na Figura 15-5 não tem um componente crucial: o papel dos lobos frontais, que também projetam para o hipocampo. Essa projeção fornece algo diferente do que só a identidade do objeto de atenção, como está representada nos lobos parietal, occipital e temporal. A entrada do lobo frontal contribui com contexto.

Contexto é a informação sobre um evento específico envolvendo um objeto, e não apenas a informação sobre o objeto em si. Contexto é saber onde você aprendeu que a capital do Acre é Rio Branco, em vez de só conhecer o fato. O nome para a memória contextual é memória episódica, ou seja, memória associada com um evento ou episódio. A memória geral sobre fatos é chamada memória semântica.

Memória episódica rica é aquela associada aos marcos da consciência humana. Animais claramente aprendem muitas associações que são equivalentes a memórias semânticas, como meu cachorro sabendo quando a comida cai na tigela de manhã bem cedo e que a chuva vem depois do trovão. No entanto, não é claro se animais têm alguma memória episódica, porque ela envolve a consciência de si em seus arredores e em tempo específicos. Essa consciência, por sua vez, depende do que está na memória operacional, que é vastamente mais complexa em humanos do que em outros animais devido a nossos lobos frontais maiores.

LEMBRE-SE

A memória episódica consiste de conteúdo *e* contexto. Contexto inclui todas as coisas associadas com uma experiência específica no tempo. Por exemplo, você pode ter visto um sapo amarelo ontem, em um dia de sol, no lago da escola e com sua amiga Suzie. Áreas corticais que representam todos esses aspectos experienciais também projetam no hipocampo e podem se ligar uma com a outra e com a visão do sapo amarelo. Agora você tem neurônios hipocampais respondendo para um sapo amarelo bem específico visto ontem com Suzie, um sapo amarelo visto anos atrás no lago da escola, e assim por diante. Lembre-se também de que as projeções do neocórtex para o hipocampo incluem níveis associados de significância baixos (realista, detalhado) e altos (abstrato), dessa forma, o contexto de qualquer memória pode ser bem elaborado e específico.

Uma vez que a memória é codificada, como a atividade nas células hipocampais produzem a experiência da memória? Como já mencionei, não só praticamente todo o neocórtex projeta para o hipocampo, mas o hipocampo projeta de volta para todo o neocórtex.

Agora suponha que você veja algo amarelo. Isso ativa os detectores de amarelo em seu córtex e, então, a rede de células amarelas no hipocampo (na Figura 15-5). Entre as células hipocampais nessa linha está o detector amarelo-sapo--ontem, que teve suas sinapses fortalecidas. Por um mecanismo de controle que os cientistas ainda não entendem muito bem, essa ativação pode fazer a célula hipocampal sapo amarelo ser ativada, que projeta de volta e ativa todas as áreas corticais ativadas na experiência de ontem, que projeta de volta ao hipocampo, que fortalece a imagem. Se todas as áreas cerebrais ativadas são as que foram ativadas quando você experienciou o sapo amarelo ontem, você, com certeza, experienciará o evento em sua mente agora.

Perdendo sua Memória: Esquecimento, Amnésia e Outros Distúrbios

Na vida real, nossa inabilidade de lembrar das coisas pode ocorrer se a memória em si for muito fraca (as sinapses não são suficientemente fortalecidas) ou se, apesar de a memória estar lá, não pudermos recuperá-la. No último caso, com algumas dicas, podemos lembrar, mas se a memória for muito fraca, não seremos capazes de lembrar, independente de quantas dicas forem dadas.

A inabilidade de recuperar memórias pode acontecer temporariamente ou permanentemente. Todos nós experimentamos perda de memória temporária chamada experiência na-ponta-da-língua, em que temos certeza de que sabemos alguma coisa, mas não conseguimos recuperar o fato no momento. Essa inabilidade pode ser devido à ansiedade e fatores distrativos que dificultam a concentração. Também pode acontecer devido ao contexto. Lembrar de algo no contexto em que foi primeiramente aprendido é mais fácil do que lembrar em um contexto diferente. Experimentos foram feitos, por exemplo, com mergulhadores que aprenderam uma lista de palavras embaixo d'água e então foram questionados a lembrarem dos termos mais tarde, na superfície e embaixo d'água. Os resultados? O desempenho debaixo d'água foi melhor.

A memória também pode ser perdida por lesões na cabeça e convulsões epiléticas que interrompem a atividade cerebral. Como o processo de consolidação da memória entre o hipocampo e o córtex pode levar semanas, a interrupção da atividade cerebral tende a afetar mais severamente as memórias mais recentes.

PAPO DE ESPECIALISTA

A terapia de eletrochoque (e, recentemente, algumas formas de estimulação magnética transcraniana, ou EMT) é um tratamento que produz deliberadamente esse efeito para tratar a depressão. A ideia por trás disso é a de que, durante a depressão, pessoas deprimidas interpretam e lembram de tudo com uma sensação negativa. Essas memórias negativas criam desesperança e ainda mais efeitos negativos para experiências atuais. Ao eliminar as memórias negativas recentes, essa terapia reinicia a sensação do paciente em um ponto distante do estabelecido como criticamente negativo.

As pessoas também podem sofrer com a síndrome de perda de memória temporária, conhecida clinicamente como *amnésia global transitória* (AGT). A AGT pode ocorrer sem causas fisiológicas óbvias como derrames ou outro dano cerebral, mas às vezes surge após um intenso esforço físico, particularmente em homens. Cientistas fizeram uma hipótese de que a AGT às vezes resulta da *isquemia transitória*, uma perda de fluxo sanguíneo adequado a alguma parte do cérebro, como os lobos temporais. A AGT, se não for associada com dano cerebral significativo, pode se resolver em alguns dias, e a pessoa volta a se lembrar que realmente é casado com a Jennifer, apesar de seu comportamento nos últimos dois dias.

Outro tipo de perda de memória envolve a inabilidade de experienciar sentimentos adequados de imagens ou experiências emocionalmente salientes. Essa condição não é frequentemente pensada diretamente como um problema de memória; entretanto, o comprometimento do sistema amígdala-córtex orbitofrontal (veja o Capítulo 14 para mais detalhes sobre ele) constitui um tipo de perda de memória em que pacientes não têm reações de medo adequadas a situações perigosas, similares àquelas que experienciaram anteriormente e que deveriam evocar reações de medo.

MEMÓRIAS FALSAS E REPRIMIDAS

Memórias reprimidas, por definição, envolvem alguma supressão do mecanismo de recuperação de uma memória existente e deveria ser recuperável. Uma memória pode ser reprimida, por exemplo, se você treinou a si mesmo para pensar em alguma outra coisa no primeiro reconhecimento de que o contexto para uma memória específica (digamos, dolorosa) está começando a se formar. Esse treinamento poderia se tornar tão automático que a memória se tornaria efetivamente irrecuperável.

Vários psicólogos clínicos ficaram bem conhecidos na década de 1980, e depois, por usar a hipnose para "recuperar" memórias reprimidas de abuso sexual na infância. Vários desses casos acabaram em condenações judiciais dos abusadores acusados. Entretanto, esse movimento perdeu sua credibilidade quando evidências factuais mostraram que alguns dos abusadores condenados não poderiam realmente ter cometido o abuso porque, por exemplo, não estavam na cidade no mesmo dia que o suposto abuso ocorreu.

Estudos cuidadosamente controlados pela psicóloga Elizabeth Loftus também mostraram que a sugestionabilidade extrema que ocorre durante a hipnose e em certas técnicas de interrogatório podem criar memórias falsas para eventos implantados que claramente nunca ocorreram, especialmente em crianças. Essa pesquisa não significa que não existe essa coisa de memória reprimida de abuso sexual na infância, apenas que a hipnose e as técnicas de interrogatório sugestivas não são métodos confiáveis para recuperar casos reais de memórias reprimidas.

O famoso caso neurológico do trabalhador da ferrovia Phineas Gage mostrou que o dano ao lobo frontal poderia deixar a inteligência normal relativamente intacta, mas comprometer severamente as inteligências emocional e social. Depois que Gage perdeu muito da função do seu córtex orbitofrontal em um acidente, ele voltou ao trabalho, mas se tornou irresponsável, errático e apostava continuamente seu salário em esquemas duvidosos, nos quais ele anteriormente não tinha nenhum interesse, para ficar rico. Você pode ler mais sobre essa história no Capítulo 12.

Ficando mais Crânio: Melhorando seu Aprendizado

O aprendizado tem uma trajetória de vida útil. É compulsivamente fácil quando você é muito jovem, difícil depois da adolescência e muito difícil para a maioria dos idosos. Não conseguimos fazer muito sobre o processo de envelhecimento além de cuidar de nós mesmos, mas podemos manter e até aumentar a habilidade de aprender com o envolvimento em atividades intelectualmente desafiadoras. Nesse sentido, o cérebro é muito como um músculo, que você pode usar ou perder.

O aprendizado ocorre mais rapidamente, e geralmente ficamos mais felizes, quando encaramos desafios moderadamente difíceis que podemos superar. Parece ser particularmente importante exercitar e ter experiências reais estimulantes, porque o aprendizado não é uma atividade puramente intelectual, mas algo embutido em nossa habilidade de realizar tarefas como descobrir como chegar a novos lugares e lidar com novas pessoas.

Razões importantes para neurocientistas estudarem os mecanismos de aprendizado incluem melhorar a habilidade de aprendizado de pessoas normais e diagnosticar e tratar as chamadas dificuldades de aprendizagem. Embora nenhuma pílula tenha sido descoberta para permitir que você memorize a Wikipédia em uma noite, existe agora uma base científica sólida para usar práticas específicas de aprendizado para melhores resultados, como a próxima seção explica.

O termo *distúrbio da aprendizagem* é inadequado para a maioria dos casos em que é aplicado. Disfunções cognitivas como a dislexia e a disgrafia não são consideradas pela maioria dos cientistas como baseadas em qualquer disfunção específica em mecanismos de aprendizagem. Em vez disso, são quase certamente o resultado de uma disfunção em algum aspecto da representação da entrada sensorial relevante, que fica evidente durante o aprendizado. Uma razão para os cientistas saberem isso é que crianças que exibem esses deficits específicos aprendem várias outras coisas perfeitamente bem.

Distribuindo o tempo de estudo por muitas sessões curtas

Em muitas situações reais, as pessoas precisam aprender algo, mas podem dedicar apenas algumas horas, no total, para aprendê-la. Como se vê, a maneira como essas horas são distribuídas faz uma grande diferença. O aprendizado funciona melhor quando o tempo dedicado a ele é distribuído por várias sessões mais curtas, em vez de ser feito em apenas uma sessão longa. Desculpe, Virgínia, estudar na véspera pode ser melhor do que nada para passar em uma prova, mas produz pouca retenção de longo prazo. A razão? Você não está dando tempo o suficiente para o sistema de reverberação hipocampo-córtex consolidar o aprendizado por várias noites de sono.

Dormindo o suficiente

A maioria da reverberação hipocampo-córtex ocorre durante o sono REM, e ratos experimentais privados do sono REM não retêm bem o aprendizado do labirinto (veja a seção anterior "Lembrando como saber: Mecanismos corticais" para detalhes sobre o estudo). O papel-chave do sono REM no aprendizado também é má notícia para aqueles que ficam a noite inteira estudando para uma prova, porque fazer isso realmente só sobrecarrega a memória operacional, sem um engajamento adequado do processo de consolidação requerido para mover a informação para a memória de longo prazo.

Praticando em sua mente

Durante os sonhos sobre movimentos e ao imaginar o movimento, a atividade motora do lobo frontal é muito similar àquela que ocorre quando uma pessoa está realmente em movimento. A implicação disso, que foi verificada experimentalmente, é que, apenas por praticar mentalmente uma atividade como bater em uma bola de tênis, você pode ficar melhor nela. Psicólogos esportivos e treinadores agora ensinam atletas rotineiramente a imaginar as sequências que executarão em seu esporte e a incorporar essa prática em seus regimes de treinamento, assim como praticam no campo.

Recompensando e punindo

Um dos resultados de décadas de redes neurais artificiais de simulações de aprendizado é que o sucesso e o fracasso podem ser instrutivos. O fracasso é um sinal para mudar pesos sinápticos, enquanto o sucesso significa que algum subconjunto deveria ser melhorado. Em ambos os casos, a melhor mudança é muito moderada para que o fracasso não induza a uma destruição em massa do que a rede já aprendeu e o sucesso não produza um vício pela busca de um único resultado.

Uma das funções do sistema de dopamina no cérebro é fornecer feedback de recompensa/punição por adaptar o cérebro a atividades nas quais você está envolvido. Infelizmente, diversas drogas podem sequestrar direta ou indiretamente esse sistema e levar ao vício, incluindo vício às configurações e comportamentos associados ao seu uso, assim como a própria droga. Entender a farmacologia do cérebro permitiu o desenvolvimento de drogas mais poderosas e novas maneiras de combater seus efeitos colaterais. Como o uso de drogas existe há mais tempo do que a compreensão sobre o cérebro, pode-se certamente esperar que o conhecimento sobre o cérebro e as moléculas que ele usa tenha um efeito positivo e habilitador sobre a humanidade, em vez de contribuir com ainda mais problemas com o vício.

> **NESTE CAPÍTULO**
>
> Entendendo o desenvolvimento do neocórtex
>
> Classificando os detalhes de conexão de trilhões de sinapses individuais
>
> Examinando disfunções do desenvolvimento do sistema nervoso
>
> Observando o envelhecimento do cérebro

Capítulo 16

Desenvolvendo e Modificando Circuitos Cerebrais: Plasticidade

O computador mais poderoso que conhecemos, o qual consiste de cerca de 100 bilhões de células e um quadrilhão de sinapses, constrói a si mesmo. É o cérebro, claro. O cérebro constrói a si mesmo sem um projeto explícito para a estrutura final. O DNA no genoma humano especifica um conjunto de regras básicas pelo qual as células dividem e migram para formar a estrutura geral do sistema nervoso. Os detalhes surgem de interações dos próprios neurônios, com apoio das células da glia, que podem ser até dez vezes mais numerosas que os neurônios.

DICA

Considere um ninho de cupim ou um formigueiro. Essas estruturas podem conter centenas de centímetros de túneis e dúzias de câmaras precisamente sintonizadas para circular ar e regular o fluxo da água da chuva. Mas nenhum cupim mestre especifica a estrutura. Cupins correm por aí e respondem a características do ambiente em que estão e ao que os cupins vizinhos estão fazendo. Há muitos inícios falsos. Mas, por tentativa e erro, essas respostas são suficientes para construir arcos, escavar câmaras e ligar toda a colônia com um sistema de túneis eficaz.

Também é assim com o cérebro. O genoma codifica regras pelas quais várias centenas de áreas cerebrais surgirão. Algumas outras regras especificam o local aproximado dessas áreas, o seu tamanho e os tipos de conexões que terão. Isso constitui um programa geral do *desenvolvimento*. Dicas químicas do ambiente local e interações de neurônios, como aquelas dos cupins, determinam a *arquitetura funcional* final. A manobra de tentativa e erro acerca dos neurônios e suas forças sinápticas até que as coisas funcionem de maneira mutuamente satisfatória (para os neurônios) são chamadas de plasticidade, o tópico deste capítulo.

Desenvolvendo desde a Concepção

Um organismo novo se forma quando um esperma e um óvulo se unem para formar um *zigoto*. Antes de se juntarem, o esperma e o óvulo surgiram por um processo de divisão celular chamado *meiose*, no qual cada célula-filha obtém apenas um filamento do cromossomo de DNA duplo que os adultos têm. Quando o esperma e o óvulo se unem, os cromossomos do esperma se juntam aos do óvulo para formar um novo conjunto de cromossomos duplos, metade da mãe e metade do pai. Essa mistura de DNA é sempre um ser único, diferente de todos os outros humanos, exceto no caso de gêmeos idênticos.

PAPO DE ESPECIALISTA

TODA A SUA MITOCÔNDRIA VEM DA SUA MÃE

Dentro do citoplasma do óvulo fertilizado está a mitocôndria, que todas as células de mamíferos possuem para fazer moléculas de energia ATP. A mitocôndria converte açúcar em ATP, a moeda de energia universal para atividades celulares. Ela tem seu próprio DNA e se divide independentemente das divisões da célula em que reside, de acordo com as necessidades de energia da célula. A única contribuição do esperma para o óvulo para formar o zigoto, por outro lado, é o DNA nuclear.

Cientistas trabalhando em linhagens humanas usaram esse fator para traçar linhas maternais puras de descendentes analisando mutações do DNA mitocondrial. Como o DNA mitocondrial é passado sem mistura de mãe para filhos de ambos os sexos, sua análise é uma das ferramentas mais poderosas para traçar linhagens.

Dessa única célula, um organismo de muitos trilhões de células se desenvolverá. Praticamente todos os milhares de tipos de células especializadas terão o mesmo DNA, mas quais genes são expressos determina quais células se diferenciam em vasos sanguíneos, rins, pulmões ou neurônios de vários tipos.

Surgindo da ectoderme: O sistema nervoso embrionário

Depois da fertilização, o zigoto começa a se dividir e formar uma esfera de células chamada *blástula*. Em cerca de dez dias, a blástula para de ser esférica, mas se diferencia em uma *gástrula*, que consiste de três camadas de tecido principais:

> » **A endoderme** forma órgãos associados com o sistema digestório, como o fígado e o pâncreas, o epitélio do sistema digestório e o sistema respiratório.
> » **A mesoderme** produz músculos, ossos, tecido conjuntivo, sangue e vasos sanguíneos, entre outras estruturas.
> » **A ectoderme** dá origem à epiderme da pele, ao cérebro e ao sistema nervoso, que é meu foco nesta seção.

A formação do sistema nervoso começa quando a camada germinativa da ectoderme começa a formar a placa neural. Ela eventualmente se dobra para dentro, formando o sulco neural. Finalmente, o sulco se fecha no topo, formando o tubo neural. O sistema nervoso se desenvolve dessa estrutura tubular, retendo a cavidade central no interior, o que dá origem aos ventrículos do cérebro e ao canal central da medula espinhal.

O cérebro posterior, o mesencéfalo e o prosencéfalo: As divisões da ectoderme

Divisões celulares adicionais na ectoderme particionam o desenvolvimento do sistema nervoso em *rombencéfalo*, que forma o cérebro posterior; o *mesencéfalo*, que se torna o meio do cérebro; e o *prosencéfalo*, que se desenvolve no cérebro anterior.

Uma mudança estrutural notável durante o desenvolvimento é a dobra do embrião de sua forma inicial de linha reta. Essas dobras são chamadas *flexões* e incluem a cefálica, pontina e cervical.

As imagens da Figura 16-1 mostram o sistema nervoso embrionário em vários estágios-chave. No início do desenvolvimento (antes da terceira semana de gestação), o embrião tem uma forma linear parecida com a de um girino, como mostrado na Figura 16-1A. Entre o final da terceira semana e a quinta semana, ocorre a flexão cefálica (Figura 16-1B). Dentro de outras duas semanas ocorrem as outras flexões (pontina e cervical, mostradas na Figura 16-1C).

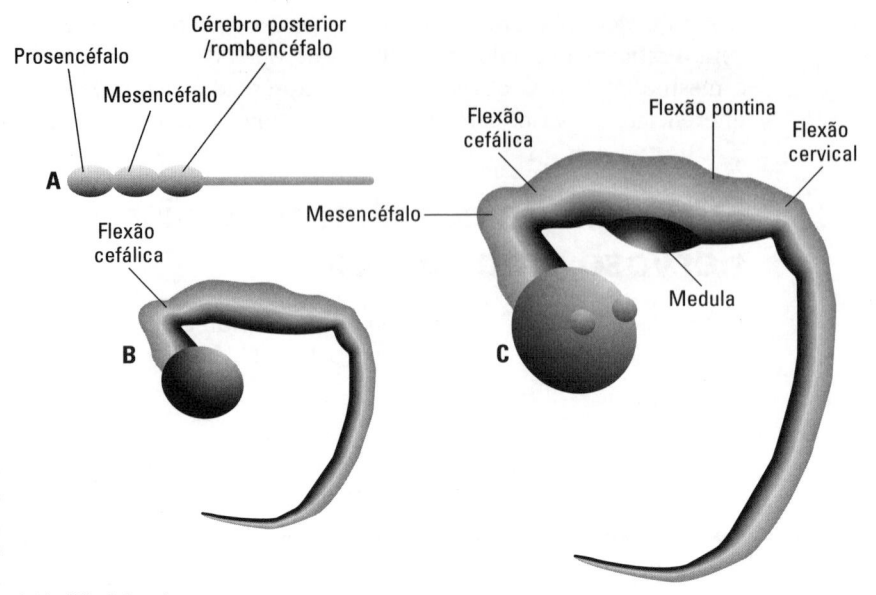

FIGURA 16-1: Desenvolvimento embrionário do rombencéfalo, mesencéfalo e prosencéfalo.

© John Wiley & Sons, Inc.

LEMBRE-SE

Enquanto observa a progressão de A para B para C, note que essas três regiões cerebrais começam com tamanhos quase iguais (e, em vertebrados inferiores como lagartos, eles tendem a permanecer do mesmo tamanho). No entanto, mais tarde, em mamíferos, e especialmente no desenvolvimento humano, o cérebro anterior se torna muito maior do que o mesencéfalo e o rombencéfalo. O cérebro anterior consiste do *diencéfalo*, que incluirá o tálamo, o hipotálamo e a glândula pituitária, e o *telencéfalo*, que incluirá o neocórtex e os gânglios basais.

A ontogenia não recapitula a filogenia, mas parece que sim

O embrião humano, nos primeiros estágios do desenvolvimento embrionário (chamado *ontogenia*), como na Figura 16-1A, lembra muito os estágios similares em nossos ancestrais evolucionários, como lagartos. Depois de um mês ou dois, o embrião humano é parecido com o da maioria dos outros mamíferos.

Ernst Haeckel (um biólogo alemão do século XIX) cunhou a frase "a ontogenia recapitula a filogenia". Tradução: o desenvolvimento embrionário de um indivíduo (*ontogenia*) segue os mesmos estágios que a evolução das espécies como um todo (*filogenia*). Essa ideia não é literalmente verdadeira, porque (1) há estágios e formas no embrião humano (ou qualquer outro) que não estão presentes em nenhuma espécie ancestral, e (2) há formas de espécies ancestrais que não estão presentes no embrião humano.

Ainda assim, como os mamíferos evoluíram de vertebrados de sangue frio, mas tiveram uma longa gestação embrionária, grande parte de suas primeiras formas gestacionais é similar às de seus ancestrais de sangue frio, porque compartilham o mesmo plano corporal geral, que foi determinado antes na evolução. Pela mesma razão, embriões primatas lembram embriões de outros mamíferos dos quais evoluíram, porque a maioria da diferenciação entre primatas e outros mamíferos ocorre mais tarde no desenvolvimento.

Portanto, embora o embrião em desenvolvimento não retrace literalmente o caminho evolucionário do organismo, você pode encontrar algumas estruturas embrionárias similares àquelas de ancestrais evolucionários na ordem em que os ancestrais evoluíram. Eis um exemplo: baleias evoluíram de animais terrestres. Durante o desenvolvimento embrionário da baleia, estruturas de broto de membro aparecem e, então, desaparecem antes do nascimento. Os membros frontais da baleia (suas nadadeiras) são derivadas principalmente de patas dianteiras de seus ancestrais, enquanto seus brotos de membros traseiros aparecem brevemente durante o desenvolvimento embrionário e, então, simplesmente desaparecem (com exceção de alguns pequenos ossos vestigiais).

Adicionando camadas: O desenvolvimento do córtex cerebral

Por quase meio século, os neurocientistas focaram uma grande parte de seu tempo em compreender o desenvolvimento do neocórtex, a maior e mais dominante estrutura no cérebro humano.

O neocórtex tem uma organização de circuito celular de seis camadas por sua extensão, sugerindo que todas as suas áreas se desenvolvem, inicialmente, usando regras gerais de disposição. A razão? Os 20 mil genes codificadores que especificam todo o organismo humano possivelmente não podem englobar uma planta detalhada para os 100 bilhões de neurônios do cérebro e um quadrilhão de sinapses interconectantes, bem como as células da glia interagentes. Para que essa estrutura universal de circuito neural processe entradas de todos os cinco sentidos, bem como execute programas para controle motor, as conexões sinápticas devem ser bem sintonizadas durante o desenvolvimento de acordo com padrões de atividade e experiência impostos em cada região neocortical. Essa sintonização do desenvolvimento, que é estabilizada depois em circuitos neurais permanentes, é chamada de *plasticidade*.

Células-tronco neurais e células precursoras migratórias

O neocórtex se desenvolve de uma camada especializada de células-tronco neurais no que é chamado de *zona ventricular*. Essa zona está localizada abaixo do que se torna a substância branca do neocórtex. Células-tronco neurais residindo nessa zona dividem-se assimetricamente: uma filha da divisão permanece uma célula-tronco neural, mas a outra filha se torna uma célula migratória que migra para uma camada neocortical específica e se diferencia em um tipo de célula específica, como uma célula piramidal. Essas células são chamadas *células precursoras migratórias*.

CÉLULAS-TRONCO

As células-tronco prometem muito para o tratamento de muitas condições humanas degenerativas, porque, se inseridas em uma área danificada, respondem como teriam respondido durante o desenvolvimento para reparar danos pela diferenciação em tipos celulares e estruturas adequados. No entanto, células-tronco são difíceis de encontrar e identificar. As primeiras células-tronco vieram de embriões porque uma alta porcentagem de todas as células embrionárias são células-tronco pluripotentes.

Além dos muitos problemas éticos sobre transplantar células-tronco embrionárias, há também questões práticas como rejeição de tecido (porque as células-tronco embrionárias vêm de um doador). Uma maneira de resolver este e outros problemas é usando células-tronco adultas que vêm do paciente com a condição degenerativa. O problema é encontrar essas células e identificar seu caminho de desenvolvimento e o quanto diferenciaram-se nesse caminho. Alguns cientistas fizeram progresso recentemente em converter algumas células, como células da pele, em células-tronco modificando diretamente a expressão do DNA.

LEMBRE-SE Todas as células no organismo em desenvolvimento têm o mesmo DNA. Células se diferenciam em tecidos e tipos celulares diferentes de acordo com o que parte do DNA é realmente *expressada*, ou lida, pelo RNA mensageiro para ser convertida em proteínas. Isso é controlado, em parte, por seções do DNA que não fazem proteína, mas regulam a expressão de outros segmentos do DNA. Essas sequências regulatórias de DNA são afetadas pelo ambiente passado e presente da célula. No início do desenvolvimento, todas as células são *células-tronco pluripotentes*, significando que podem se diferenciar em qualquer tipo de célula. À medida que o desenvolvimento acontece, elas se tornam comprometidas em ser tipos celulares endoderme, mesoderme ou ectoderme, depois em tipos especializados dentro dessas divisões, e assim por diante, até que se diferenciem em um tipo celular final e permaneçam assim durante a vida do organismo, nunca se dividindo novamente.

Colando as coisas: Células da glia e desenvolvimento

Como já mencionei, o neocórtex é uma estrutura de seis camadas (a substância cinzenta) que fica sobre axônios mielinizados (a substância branca). Essas seis camadas constroem de baixo para cima, com a ajuda de células especiais da glia chamadas *glia radial*.

Antes de a migração neural começar, a glia radial estende processos da zona ventricular (a área logo abaixo da substância branca) para a superfície do córtex. As células precursoras neurais migram para esses processos.

LEMBRE-SE Alguns neurocientistas acreditam que cada célula da glia radial e os neurônios precursores que migram por ela formam uma unidade fundamental de organização cortical chamada *minicoluna* (veja a Figura 16-2). Uma minicoluna consiste de cerca de 100 células dispersas verticalmente pelas seis camadas corticais.

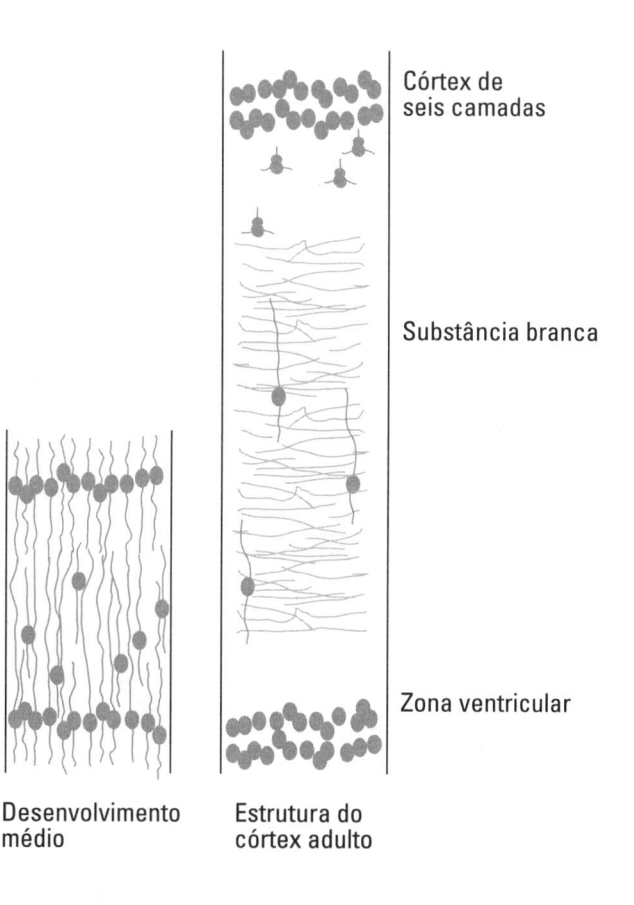

FIGURA 16-2: As células da glia radial formam o andaime para desenvolvimento do neocórtex.

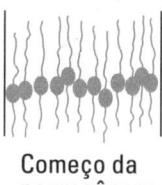

Começo da neurogênese e migração

Desenvolvimento médio

Estrutura do córtex adulto

Córtex de seis camadas

Substância branca

Zona ventricular

© John Wiley & Sons, Inc.

Esse grupo de células pode ter surgido de células precursoras migratórias que usavam o mesmo processo da glia radial para migrar, em que são interconectadas de uma maneira padrão que constitui o neocórtex em humanos. No córtex sensorial, por exemplo, todas as células em uma dada minicoluna têm o mesmo local do campo receptivo (embora difiram em como respondem a estímulos nesse local). Alguns pesquisadores acreditam que erros sutis em estabelecer essas minicolunas padrão adequadamente podem subjazer alguns distúrbios mentais, como o autismo.

Migrando por células da glia radial e diferenciando

Eis como o neocórtex de seis camadas é construído (a Figura 16-3 ilustra essa sequência):

1. **As primeiras células deixam a zona ventricular — as células precursoras neurais da divisão assimétrica descritas anteriormente — e viajam pelos processos gliais radiais para uma camada logo acima, de onde a substância branca acabará. Lá, elas param e começam a se diferenciar.**

2. Células precursoras nascidas mais tarde nas células da zona ventricular migram através das células já diferenciando para formar outra camada acima das camadas já presentes.

3. Este processo continua até que a última camada seja formada. Essa camada é a camada celular mais superficial do córtex.

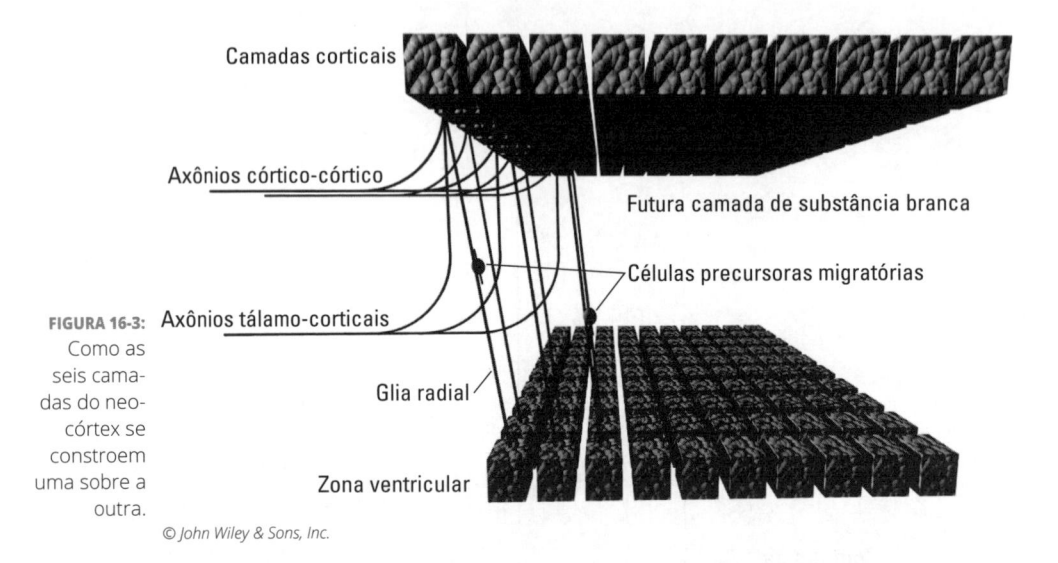

FIGURA 16-3: Como as seis camadas do neocórtex se constroem uma sobre a outra.

Camadas corticais
Axônios córtico-córtico
Futura camada de substância branca
Axônios tálamo-corticais
Células precursoras migratórias
Glia radial
Zona ventricular

© John Wiley & Sons, Inc.

Conectando tudo: Como os axônios conectam várias áreas do cérebro umas às outras

Depois que a estrutura de seis camadas do neocórtex é formada, ocorre a ligação axonal. Neurônios em todas as áreas corticais enviam seus axônios para outras áreas corticais. Projeções axonais também vão do tálamo ao córtex e do córtex ao tálamo. Todos esses axônios (e mais alguns) formam a substância branca.

Uma grande questão na neurociência considera como os axônios sabem para onde ir e ao que se conectar quando alcançam suas áreas-alvo.

Afinidades químicas e marcadores da superfície celular

LEMBRE-SE

A frase frequentemente mencionada "mapa genético" dá a falsa impressão de que o código genético contém algum tipo de planta para a estrutura do organismo. O que o código genético realmente codifica é um conjunto de respostas celulares que abrangem regras ou procedimentos que as células seguem ao responder a seus ambientes, o que fazem por meio da fabricação de proteínas.

Durante o desenvolvimento, as respostas relevantes incluem a fabricação de marcadores da superfície celular e saber quando (e se) se mover ou se diferenciar em contato com outros marcadores de superfície das células.

Durante o desenvolvimento embrionário, até antes de o sistema nervoso ser formado, as células nos polos dorsal e ventral do embrião, bem como em outros locais, liberam mensageiros químicos. Eis o que você precisa saber:

>> **A concentração dos mensageiros químicos estabelece gradientes pelo embrião.** Células em desenvolvimento sentem os vários gradientes químicos e usam essa informação para determinar onde devem estar e que tipo de tecido devem formar.

>> **Células também expressam marcadores de superfície que agem como substâncias tróficas.** Essas são moléculas organizadas por receptores em células migrantes que atraem e guiam o crescimento axonal. Quando os axônios em crescimento entram em contato com marcadores de superfície celulares nos caminhos que os axônios viajam, os marcadores de superfície estabilizam o crescimento dos axônios. O genoma codifica a produção de um conjunto de gradientes químicos que especificam respostas específicas em células em desenvolvimento, tais como que as células no núcleo A deveriam enviar seus axônios para o núcleo B e, quando chegarem lá, fazer sinapse em dendritos com marcador de superfície celular C.

Juntando a estrutura cerebral básica

A afinidade química e os sistemas de marcadores de superfície celular completam a maioria da estrutura cerebral básica e a conectividade em uma sequência de estágios, que, bem amplamente, são:

1. Selecionar desenvolvimento de áreas.

2. Essas áreas liberam produtos químicos de afinidade.

3. Neurônios que projetam para esse alvo enviam axônios em direção a esse alvo de afinidade, frequentemente usando processos da célula da glia como caminhos de migração.

LEMBRE-SE Essa orquestração complexa pelo genoma só estabelece a estrutura básica do cérebro. Detalhes de conexão são resumidos por vários mecanismos. Uma importante é a competição entre neurônios projetores por sinapses-alvo. Esse processo é controlado por atividade nos próprios neurônios que ocorre durante e depois do desenvolvimento embrionário. A próxima seção tem os detalhes.

Aprendendo com a Experiência: Plasticidade e o Desenvolvimento de Mapas Corticais

A afinidade química e os sistemas de marcação de superfície celular especificados pelo genoma são o suficiente para obter tratos de axônios principais aproximadamente no núcleo-alvo certo. Mas os detalhes da conexão no nível de trilhões de sinapses individuais vão muito além do que conseguem orquestrar. As conexões finais são feitas depois de um processo competitivo em que uma superabundância de conexões iniciais é podada para um subconjunto de conexões final mais funcional. Esse processo é chamado de *plasticidade* e funciona via atividade no sistema nervoso em desenvolvimento.

O embrião não se desenvolve em um vácuo. O feto obtém tato do seu próprio movimento e da sua mãe. O som penetra o útero e ativa o sistema auditivo. Onde não há estimulação direta de porções do sistema nervoso em desenvolvimento (como a visão), disparos espontâneos ocorrem. Isso faz as células da glia na retina dispararem mesmo antes de existirem fotorreceptores. A atividade espontânea na medula espinhal faz os músculos contraírem. Os disparos espontâneos são muitas vezes organizados em ondas que ajudam a formar as conexões sinápticas corretas.

A plasticidade funciona por um tipo de intercâmbio de sinais entre neurônios pré e pós-sinápticos. Da aleatoriedade inicial na conectividade neural inicial superabundante, alguns grupos de neurônios de entrada serão mais eficazes do que outros em conduzir neurônios pós-sinápticos. Essas conexões serão estabilizadas, e as outras, removidas. Neurônios tão azarados que não recebem sinapses suficientes eventualmente morrem. Isso é chamado de poda neural, e as células da glia têm um papel importante nesse processo.

LEMBRE-SE A plasticidade permite que o organismo em desenvolvimento compense por desvios imprevisíveis do plano geral de desenvolvimento devido a mutações ou danos. Suponha, por exemplo, que qualquer mutação aleatória ou uma toxina ingerida pela mãe destrua a retina. A competição mediada pela plasticidade durante o desenvolvimento removerá muitas sinapses do caminho visual de áreas do neocórtex próximas de entradas auditivas e somatossensoriais, que assumirão esses caminhos. Isso pode ajudar o indivíduo em particular a compensar a falta de visão com uma superior precisão auditiva e de toque. A plasticidade também funciona dentro dos sentidos para compensar por defeitos menos severos.

As seções seguintes observam como a plasticidade molda a conectividade programada geneticamente inicial para gerar arranjos de processamento neocortical organizado, como os mapas sensorial e motor.

Mapeando tudo: Colocando-se em um mundo visual, auditivo e de toque

Um padrão de conectividade que ocorre pelas áreas sensoriais do neocórtex é a formação de mapas. Considere estes exemplos:

» O córtex visual primário contém um mapa *retinotópico* no qual células ganglionares retinais adjacentes projetam (depois de retransmitir através do núcleo geniculado lateral do tálamo) para células corticais adjacentes. Como a ótica do olho garante que locais retinais adjacentes correspondam a locais do campo visual adjacentes, o resultado é que o campo visual é mapeado de maneira ordenada na superfície do córtex visual. (O Capítulo 5 tem mais sobre o sistema visual).

» No sistema somatossensorial (tratado no Capítulo 4), o mapa do córtex somatossensorial primário é um mapa ordenado, embora distorcido, da pele.

» No córtex auditivo (Capítulo 6), o mapa da periferia é codificado em frequência (ou *tonotópico*), correspondendo à organização primária entre fibras nervosas auditivas deixando a cóclea em diferentes bandas de frequência.

Mapas precisos são formados no córtex de duas maneiras principais, resultando em um relacionamento topográfico bem ordenado entre o local da superfície cortical e o local dos receptores sensoriais na periferia.

Primeiro, por meio do processo de adesão, os axônios das células que estavam próximos uns dos outros na área de projeção tendem a ficar juntos quando alcançam sua área-alvo do córtex. Isso produz, automaticamente, alguma topografia entre a periferia e o neocórtex. Então esse mapa é mais refinado por outros mecanismos dependentes de atividade. Isso envolve um ajuste de conexões de células de entrada para as de saída, para que células de entrada próximas conduzam células de saída próximas. Um aspecto importante desse processo é chamado de Lei de Hebb, discutida na próxima seção.

Disparando e conectando: Observando a lei de Hebb

Por todo o sistema nervoso em desenvolvimento há competição por espaço sináptico. Na retina, por exemplo, árvores dendríticas de células ganglionares competem por entrada sináptica de células precursoras (bipolar e amácrina), ao mesmo tempo em que células ganglionares enviam seus axônios ao tálamo. Como o tálamo, e o córtex depois dele, não podem saber antes quais células ganglionares ganharão a competição, deve haver um mecanismo que permita que as células corticais mantenham sinapses conduzidas por células ganglionares retinais "vencedoras" e descartem as das perdedoras.

Em 1949, Donald O Hebb, um psicólogo canadense, postulou que deveria haver um princípio pelo qual as sinapses poderiam ser modificadas de acordo com atividades locais à sinapse, ou seja, não dependente de nenhuma informação ou processo não associado diretamente com a sinapse em si.

Entendendo a lei de Hebb

Hebb começou sua ideia assim: "Quando um axônio da célula A está próximo o suficiente para excitar a célula B e repetidamente, ou persistentemente, participa do seu disparo, algum processo de crescimento ou mudança metabólica ocorre em uma ou ambas as células, de modo que a eficácia de A, como uma das células disparando B, é aumentada". Isso é coloquialmente parafraseado como "neurônios que disparam juntos, conectam-se juntos". Claro, como a citação indica, nem Hebb nem ninguém tinha ideia na época exatamente como esse mecanismo de modificação sináptica local funcionaria.

Apesar de não saber exatamente quais mecanismos poderiam mediar esse princípio de modificação sináptica, a ideia tinha um apelo tremendo, porque o mecanismo sugerido era inteiramente local e era possível imaginar muitos esquemas que fariam o trabalho. Por exemplo, quando os lados pré e pós-sináptico da sinapse eram frequentemente ativados juntos, cada lado liberaria uma substância metabólica complementar, que, juntas, fortaleceriam a sinapse.

A lei de Hebb, como ficou conhecida, gerou muitos programas de pesquisa em neurociência computacional e inteligência artificial que supunham duas coisas:

>> A plasticidade e o aprendizado ocorrem pela modificação da força das sinapses (a modificação de peso sináptico é discutida no Capítulo 15).

>> Essa modificação ocorre de acordo com atividade correlacionada nos elementos pré e pós-sinápticos das sinapses.

Aplicando a lei de Hebb em mapas corticais

Então, o que isso tem a ver com mapas corticais? Considere duas células ganglionares adjacentes na retina. Cada uma delas tem um campo receptivo que é a área do mundo visual projetada naquela parte da retina que faz a célula disparar. Células ganglionares retinais adjacentes terão campos receptivos que ou se sobrepõem em algum grau ou se encostam um no outro. Como resultado, texturas e objetos no mundo tenderão a afetar ambas as células ganglionares próximas e produzirão distribuições similares de luz em seus campos receptivos.

Em outras palavras, o disparo das células ganglionares retinais adjacentes tende a se correlacionar. Quando os axônios dessas células ganglionares alcançam o núcleo geniculado lateral (NGL) do tálamo, eles inicialmente se ramificam muito e tentam inervar muitos alvos, que é quando a lei de Hebb assume. Eis o que acontece:

> Os axônios indo para alvos NGL de células ganglionares longe da retina não dispararão juntas com frequência porque sua atividade não é tão correlacionada quanto células ganglionares adjacentes.

> Células ganglionares adjacentes serão correlacionadas não só umas com as outras, mas também com células-alvo que inervam juntas, porque, quando essas células ganglionares disparam ao mesmo tempo, criam um sinal de entrada forte para a célula-alvo NGL.

Assim, os axônios de células ganglionares adjacentes acabam com pesos altos nos mesmos alvos, enquanto células ganglionares distantes não recebem aumentos de peso quando inervam o mesmo alvo.

Contanto que a projeção inicial da retina para o NGL seja aproximadamente ordenada (por gradientes químicos, por exemplo), a lei de Hebb garante que a ligação final formará um bom mapa. Esse mecanismo de poda e refinamento é tão importante no sistema visual que, durante o desenvolvimento, antes mesmo de existirem fotorreceptores na retina, ondas de disparos espontâneos organizados e autoinduzidos se movem constantemente pela retina para produzir um disparo correlacionado gerado internamente.

Quando o tálamo projeta para o córtex, um processo similar ocorre. Mecanismos de quimioafinidade colocam os axônios talâmicos dentro da região neocortical adequada, onde competem por espaço sináptico em dendritos pós-sinápticos dos neurônios corticais. A lei de Hebb estabiliza as sinapses de células talâmicas adjacentes enquanto remove entradas não correlacionadas.

Efeitos ambientais: Inato *versus* adquirido

Depois que a estrutura geral do cérebro está estabelecida sob controle genético, como explicado em seções anteriores deste capítulo, seus detalhes são estabelecidos por atividade dentro do sistema nervoso. Durante o desenvolvimento embrionário, a modificação dependente de atividade de sinapses é embutida em um processo altamente competitivo em que neurônios são, primeiro, produzidos em excesso, e então, mais tarde, os perdedores morrem. Depois da gestação, processos competitivos similares ocorrem para o aprendizado, mas em vez de matar os neurônios em larga escala, os efeitos são, principalmente, mudar pesos sinápticos relativos em um sistema estabelecido.

Um aspecto único do desenvolvimento humano comparado a outros mamíferos é que a produção de neurônios em humanos continua por meses depois do nascimento, seguida de podas que duram até um ano. Nesse ponto, uma contagem de neurônios relativamente estável é alcançada, embora a neurogênese adulta continue no bulbo olfativo e no hipocampo.

A maioria das pessoas não pensa na "experiência" como algo que ocorre durante o desenvolvimento embrionário. Ainda assim, o sistema nervoso está ativo, mesmo usando mecanismos únicos de autoestimulação para produzir atividade na ausência de estimulação sensorial direta. Toda mãe também sabe que o feto chuta e gera outras respostas motoras. Testes mostraram que, no nascimento, crianças já são familiarizadas com a voz da mãe por escutá-la no útero, por exemplo. Isso é possível porque os neurônios em córtices auditivos de recém-nascidos já respondem melhor a sons da fala da mãe em sua língua do que a outras vozes na mesma língua ou da fala da mãe em uma língua diferente que ela não usou enquanto ele estava no útero.

Genética: Especificando o procedimento de construção cerebral

Durante a divisão celular, o DNA é *replicado* (copiado). A molécula de DNA de cadeia dupla se separa, e cada filamento produz um novo complemento para si, criando duas cópias idênticas da sequência de DNA de cadeia dupla. Essa replicação é possível porque os pares base que formam o DNA são complementares. Isso significa que os nucleotídeos citosina se ligam à guanina e os nucleotídeos adenina se ligam à timina via ligações de hidrogênio.

A enzima DNA polimerase é responsável por esse processo, adicionando nucleotídeos complementares aos nucleotídeos do filamento original para criar novos filamentos.

Outro processo de replicação envolvendo DNA é necessário para fazer proteínas. O primeiro passo é o processo chamado *transcrição*, que é a criação de RNA mensageiro (mRNA) do DNA. O RNA é quimicamente similar ao DNA, exceto que

» O RNA contém o açúcar ribose, em vez da desoxirribose do DNA.
» A base complementar para adenina no RNA é uracilo, e não timina, como no DNA.
» RNA é de cadeia única enquanto o DNA é de cadeia dupla.

O próximo passo é transformar proteínas em *translação*, que é a reunião de proteínas por ribossomos usando o modelo mRNA. Há vários passos antes da sequência de mRNA ser traduzida em uma sequência de aminoácidos que formam uma proteína. Em *células eucarióticas* (células com núcleos, como no seu corpo), o mRNA (chamado de *transcrição primária*) passa por modificação pós-transcricional, pela qual os *íntrons* (partes não codificadoras do gene) são removidos para formar o mRNA final, que é composto apenas de éxons codificantes.

A sequência final do RNA mensageiro tem um códon "inicial" que codifica para metionina em eucariontes que especifica o local de início para a construção de uma proteína. Ribossomos usam o RNA mensageiro para anexar aminoácidos

EPIGENÉTICA

Depois que os biólogos moleculares James Watson e Francis Crick descobriram a estrutura do DNA (com os dados de Rosalind Franklin), incluindo a maneira óbvia que uma estrutura complementar de dupla hélice poderia se reproduzir, Crick elaborou o chamado dogma central da biologia molecular. De acordo com esse dogma, o DNA faz o RNA, e o RNA faz proteínas. As informações só seguem uma via, de DNA para proteínas, nunca o contrário. No entanto, esse não é sempre o caso.

A expressão do próprio DNA é altamente regulada, o que permite que o mesmo conjunto de cromossomos produza centenas de tipos celulares diferentes em um organismo. Muito do DNA serve a essa função regulatória, em vez de produzir, via RNA, proteínas usadas para alguma estrutura dentro da célula.

O processo de mudar qual porção do DNA de uma célula é expressado envolve fatores ambientais (de dentro ou de fora do corpo) que afetam o núcleo. Essa mudança na expressão do DNA é chamada de *epigenética*. Ela funciona pela alteração da expressão genética do DNA sem alterar a sequência do DNA. Mudanças epigenéticas são normalmente retidas por divisões celulares, representando a especialização cada vez maior de células em várias partes do corpo durante o desenvolvimento normal. Foi descoberto recentemente que mudanças epigenéticas podem ocorrer em células reprodutivas e, assim, serem passadas para futuras gerações. Mães deprimidas podem dar à luz crianças afetadas epigeneticamente pelo estado mental de suas mães.

---

específicos ao comprimento da proteína. Isso é realizado com moléculas chamadas RNA transportador (tRNA). Cada tRNA é uma pequena molécula ligada a um único tipo de aminoácido, que ela liga. Outra parte da molécula tRNA é complementar e liga um códon de três nucleotídeos específico no mRNA. O ribossomo se liga ao fim de uma molécula mRNA e, então, se move por ela anexando aminoácidos entregues pelos tRNAs correspondentes. Depois que o tRNA dá seus aminoácidos para a proteína, ele é liberado, e o processo continua para o próximo códon mRNA, ligação tRNA, transferência de aminoácido e liberação de tRNA. Três códons especiais de parada (TAA, TGA e TAG) no mRNA fazem o processo terminar e a proteína ser liberada.

Dentro dos cromossomos, as *proteínas cromatina*, como histonas, compactam e organizam a estrutura do DNA para controlar sua expressão. A presença de histonas bloqueia a expressão do DNA. Em um processo chamado *acetilação de histona*, enzimas histona acetiltransferase (HATs) dissociam o complexo de histona de uma seção do DNA, permitindo que a transcrição para o mRNA continue. A expressão do DNA também é regulada por metilação via enzimas metiltransferase, que adicionam grupos de metil para nucleotídeos adenina ou citosina no DNA. Alguns DNAs que foram um dia chamados de "lixo" porque não codificavam proteínas fora do núcleo produzem mRNA que controlam esses processos regulatórios.

Substâncias externas que são levadas por uma célula também podem regular a produção de proteína por meio de mecanismos de histona e metilação. Outro processo, chamado *transcrição reversa* ou *retrotranscrição*, usa RNA de um vírus que entrou na célula para fazer DNA em seu núcleo. A transcrição reversa ocorre em retrovírus como o HIV e é uma característica comum do ciclo de replicação para muitos vírus, pelo qual eles sequestram o maquinário de transcrição da célula para fazer cópias de si mesmos.

Escolhendo o Caminho Errado: Distúrbios do Sistema Nervoso do Desenvolvimento

O fato de que todo genoma humano é uma combinação nova e única de genes derivados de dois pais significa que cada concepção é um experimento. A primeira parte do experimento é se esse novo genoma pode controlar o desenvolvimento de um feto viável que progredirá completamente e nascerá.

A concepção errada sobre genética é a de que genes individuais especificam traços individuais independentemente. Mas essa ideia contradiz a complexidade do processo de controle que gera organismos multicelulares viáveis. Uma porção considerável do genoma consiste de genes que regulam o tempo e o nível da expressão de outros genes. Uma mutação que rompe apenas um dos muitos gradientes especificando local ou tempo no desenvolvimento embrionário pode levar à malformação de órgãos vitais ou estruturas de tecido e morte prematura, resultando em aborto.

Há distúrbios genéticos de genes individuais bem conhecidos, é claro. Eles incluem anemia falciforme, fibrose cística, doença de Tay-Sachs e hemofilia. Todas elas são *autossômicas recessivas*, significando que o herdeiro deve receber um gene defeituoso de ambos os pais para ter o distúrbio. Há também distúrbios genéticos *autossômicos dominantes*, como a doença de Huntington, em que um único gene dominante herdado de qualquer um dos pais produz o distúrbio.

Além dos distúrbios que podem ser traçados a genes específicos, há muito distúrbios genéticos para os quais nenhum gene individual foi identificado ou em que não é nem sabido que o distúrbio é genético. Muitos distúrbios têm várias causas genéticas com diferentes níveis de severidade e suscetibilidade a efeitos ambientais. Por exemplo, o autismo e a esquizofrenia mostram herança alta, ou seja, tendência de ocorrer em famílias e, particularmente, em crianças cujos

> **PAPO DE ESPECIALISTA**
>
> ## DNA "LIXO"
>
> Muitos biólogos moleculares ficaram chocados quando foi originalmente relatado que uma porcentagem considerável do DNA — estimativas atuais colocam essa quantidade em 98% do genoma humano — nunca é traduzida em nenhuma proteína. O termo *DNA lixo* começou a ser aplicado a tais sequências, implicando que esse DNA era, de alguma maneira, vestigial, tendo um dia tido uma função que agora não era mais necessária. A situação se mostrou ser mais complicada. Muito do genoma é regulatório, fazendo codificação para regulação translacional e transcricional de sequências de codificação de proteínas, em vez de codificar diretamente para proteína. Alguns dos DNAs um dia chamados de "lixo" podem estar realizando essa função.
>
> Outra situação comum é a existência de *íntrons* e *éxons*. O gene para uma proteína específica pode ter várias regiões de codificação (éxons) interrompidas por regiões que não estão codificando (íntrons). Ambas são inicialmente codificadas no RNA mensageiro, que está acostumado a fazer a proteína final, mas os segmentos íntron são removidos pelos processos de ligação de RNA na célula antes de produzir a proteína. No entanto, muito do genoma realmente é "lixo" no que consiste em repetições de um dos três pares base repetidamente.

pais sofram da doença. No entanto, ambos parecem ter várias causas genéticas devido a genes em cromossomos diferentes.

Além do mais, o autismo e a esquizofrenia também não têm 100% de concordância nem em gêmeos idênticos com o mesmo genoma. Isso significa que as constelações genéticas que subjazem esses distúrbios devem criar suscetibilidades (em alguns casos muito altas) para o distúrbio, mas ainda deve haver um fator ambiental, como leves diferenças na dieta ou meio social. Diferenças ambientais entre gêmeos idênticos existem até no útero, porque as posições levemente diferentes de gêmeos no útero os expõem a diferentes substâncias da circulação da mãe, como níveis de circulação do hormônio do estresse, cortisol, assim como outros fatores desconhecidos.

Essas variações também sugerem que podem haver mecanismos de feedback positivo trabalhando em distúrbios como o autismo e a esquizofrenia, dos quais algumas pessoas conseguem sair ou nunca entrar, enquanto outras com a mesma suscetibilidade genética mergulham na espiral da doença. Embora o pêndulo tenha balançado fortemente em relação a distúrbios como sendo organicamente causados, pessoas diferentes claramente lidam diferentemente com a "mão de cartas genéticas que recebem," com vários resultados diferentes. Esse é um grande mistério para a neurociência do século XXI explorar.

PAPO DE ESPECIALISTA

Atualmente os cientistas entendem algo sobre a função de cerca de 50% dos 20 mil genes humanos. A busca por mutações genéticas que causam distúrbios do desenvolvimento significa que se deve encontrar uma mutação genética entre cerca de 3 bilhões de pares base no genoma humano, entre variação de pessoa para pessoa de cerca de 0,1%, ou aproximadamente 1 milhão de pares base. Genes humanos variam, em média, de cerca de 3 mil pares base, embora haja uma variação considerável, com alguns genes consistindo de vários milhões de pares base.

Buscando erros genéticos do desenvolvimento em ratos mutantes

Nas últimas décadas, usar ratos ajudou muito a pesquisa para bases genéticas de doenças genéticas. Os ratos não só compartilham muitos genes em comum com humanos, eles são pequenos e se reproduzem e amadurecem rapidamente. Como resultado, os pesquisadores podem testar rapidamente o efeito de mutações de DNA (uma mudança no *genótipo*) em um grande número de animais (o resultado da mutação na forma ou comportamento do animal final, chamado de *fenótipo*).

Para conduzir esses estudos, pesquisadores podem induzir deliberadamente mutações específicas, normalmente inserindo um novo segmento de DNA no embrião do rato. Em alguns casos, o gene intrínseco também é silenciado. A técnica chamada *knockout* envolve remover ou suprimir um gene ou sequência de genes específicos. Por exemplo, se os cientistas suspeitam que uma mutação em uma proteína específica seja a causa de um efeito genético humano, podem fazer substituições de aminoácidos específicos seletivamente em posições específicas na proteína em diferentes linhas de ratos. Esse procedimento pode revelar qual região das substituições de aminoácidos da proteína causa defeitos genéticos e, portanto, implicar os erros de dobras proteicas, mudança em atividade catalítica ou ligação de receptores ou outros problemas metabólicos associados com o aminoácido alterado.

Um dos primeiros e mais conhecidos casos em que uma mutação foi associada com uma anomalia do desenvolvimento foi o *reeler mouse* (assim chamado devido à sua tendência de girar de maneira desigual enquanto se move). Essa mutação surgiu espontaneamente e foi relatada no início da década de 1950. O fenótipo exibia um cerebelo anormalmente pequeno e uma organização neocortical rompida devido a um defeito na reelina, uma proteína usada para guiar a migração celular (veja "Migrando por células da glia radial e diferenciando", anteriormente neste capítulo).

Ratos *knockout*, cujos genes foram desligados para determinar suas funções por sua ausência, foram gerados para estudar muitos distúrbios humanos, como o diabetes, o câncer, doenças cardíacas, artrite, envelhecimento, obesidade, mal de Parkinson e até abuso de substâncias. Há também mutações *knockin* nas quais os genes são inseridos e só podem ser ativados em algumas células em certos tecidos.

> **PAPO DE ESPECIALISTA**
>
> ## DEGENERAÇÃO E O CÓDIGO GENÉTICO
>
> O DNA consiste de quatro bases possíveis em cada local: adenina (A), citosina (C), timina (T) e guanina (G). Um trio de bases consecutivas é chamado de *códon*. O número de códons únicos possíveis é 64 (quatro bases possíveis em cada posição vezes três posições). No entanto, o DNA realmente gera apenas 47 aminoácidos distintos, então alguns aminoácidos são codificados por mais de um códon. Por exemplo, GAA e GAG especificam o mesmo aminoácido (ácido glutâmico). Essa redundância é chamada *degeneração*.
>
> Isso significa que as mutações podem mudar algumas bases no DNA sem efeito no aminoácido especificado. Além disso, muitos aminoácidos em algumas proteínas podem ser mudados sem afetar significativamente como as proteínas dobram ou suas funções. Por causa disso, pesquisadores que procuram as mutações que causam um defeito genético têm que classificar variações consideráveis em sequências de DNA e aminoácidos que não são a causa.
>
> Às vezes a busca por base genética de um distúrbio é ajudada se acontece de o gene desconhecido causador da doença estar no mesmo cromossomo e perto de um gene que especifica um traço facilmente observável cuja base genética é conhecida. Isso significa que os cromossomos de pessoas com o fenótipo observável podem ser seletivamente examinados para procurar o local do cromossomo próximo que tem a mutação da doença. Esse processo é chamado de *mapeamento de linkage* ou *gênico* ou *análise de linkage*.

Efeitos ambientais no desenvolvimento do cérebro humano

O embrião é particularmente suscetível a produtos químicos estranhos, porque suas células estão respondendo a gradientes químicos e marcadores de superfície celular para migrar e diferenciar para produzir formas e tipos de tecidos. Muitas substâncias no ambiente têm pouco efeito em adultos e efeitos profundos no desenvolvimento embrionário, porque afetam a diferenciação e migração celular no embrião. O termo geral para substâncias que causam defeitos de nascimento é *teratogênio*. Eles incluem:

- » Toxinas ambientais como chumbo de tinta e mercúrio orgânico, que causam tamanho cerebral reduzido e retardamento mental
- » Radiação ionizante como consequência de armas atômicas e raios-X
- » Infecções como citomegalovírus (CMV), herpes, rubéola e sífilis

- Remédios prescritos como talidomida, um tranquilizante eficaz que, infelizmente, também resultou em terríveis deformidades de membros em fetos de mulheres que estavam grávidas quando tomaram, e metotrexato, um remédio anticâncer
- Superexposição a substâncias não prescritas, como álcool (síndrome alcoólica fetal) e cafeína
- Desequilíbrios metabólicos e deficiências como diabetes e deficiência de ácido fólico

O Envelhecimento Cerebral

O cérebro se desenvolve aumentando o número de neurônios e a conectividade durante a embriologia e a primeira infância. Durante esse tempo, a poda sináptica também ocorre, resultando na redução de sinapses redundantes e de células. O processo da mielinização de axônios, no qual os axônios são envolvidos em bainhas de mielina para tornar a condução do potencial de ação mais rápida e confiável, continua até quase o final da adolescência. As últimas partes do cérebro a serem totalmente mielinizadas são os lobos frontais, as áreas do cérebro mais necessárias para pensamento abstrato e julgamento.

A idade adulta normal é caracterizada por relativa estabilidade em números celulares e estruturas, com o aprendizado continuando a modificar forças sinápticas e substituição contínua de neurônios em alguns locais, como o lobo olfativo e o hipocampo. No entanto, o número de neurônios começa a diminuir com a idade, devido a podas adicionais, acumulação de toxinas e erros metabólicos, e, possivelmente, fatores genéticos que programam a vida celular.

O envelhecimento é um processo complexo que inclui mecanismos que variam do nível subcelular a todo o organismo. Por exemplo, os telômeros no fim dos cromossomos dentro do núcleo de células só podem ser capazes de um número finito de divisões. Cada vez que uma célula se divide, os telômeros diminuem até que estejam pequenos demais para a célula dividir. A célula, então, pode ficar inativa ou morrer. No nível do organismo inteiro, as articulações se desgastam e os vasos sanguíneos enrijecem ou ficam entupidos com depósitos. Qualquer comprometimento de qualquer um dos tecidos ou órgãos inter-relacionados do corpo pode afetar adversamente todos os outros.

Algumas teorias do envelhecimento o consideram como uma acumulação de mais ou menos degeneração aleatória em vários tecidos, o que, no fim, leva à morte de todo o organismo. Outras teorias apontam para fenômenos específicos, como o encurtamento do telômero, para sugerir que a vida celular e, portanto, o envelhecimento, é na verdade, programada.

Independente do mecanismo, está claro que a maioria dos picos de funcionamento das habilidades cognitivas atléticas e brutas é dos 25 aos 29 anos. Entretanto, a capacidade cognitiva, por uma variedade de razões, continua a aumentar além disso. A continuidade do aumento da habilidade mental depois do pico da habilidade física é realizada por uma mudança na estratégia.

Vivendo muito e bem: Mudanças da expectativa de vida em estratégia cerebral

Na cognição, a acumulação de conhecimento e experiência tende a ser compensado nos últimos anos por reações e capacidade de memória de curto prazo um pouco mais lentas. Uma distinção feita por pesquisadores de inteligência é entre a inteligência fluida e cristalizada.

Inteligência fluida trata de aspectos físicos do processamento cerebral, particularmente a velocidade, que são muito similares a habilidades atléticas e que provavelmente têm pico mais ou menos na mesma idade. Esses atributos incluem velocidade de memória, tamanho da memória de trabalho organizacional e velocidade de processamento perceptivo — os tipos de atributos que você gostaria de ver em um piloto de jato de combate ou de carro de corrida.

Inteligência cristalizada é associada com o conhecimento, particularmente com estratégias para usar o conhecimento. Esse tipo de inteligência continua a aumentar depois do pico físico da inteligência fluida. Muito disso tem a ver com reconhecer padrões e ter boa intuição sobre situações. É bem documentado, por exemplo, que resolvedores de problemas de sucesso passam relativamente mais tempo nos estágios iniciais de compreender um problema e encontrando similaridades com problemas experimentados antes do que resolvedores ruins. Estes tendem a se apressar para o primeiro esquema de solução em que pensam e, embora comecem mais rápido, pagam depois com tempo ao escolher opções ruins.

Muitos estudos nas últimas décadas descobriram que a inteligência e a habilidade cognitiva não têm que, inevitavelmente, diminuir com a idade, pelo menos na maioria das pessoas. Além disso, alguma perda da função cognitiva parece ser restaurável. Fatores que aparecem para ajudar a manter a função cognitiva incluem:

- » **Prática intelectual:** É crucial até para manter, quem dirá desenvolver, habilidades cognitivas durante o envelhecimento. A metáfora de que o cérebro é como um músculo que precisa ser exercitado provavelmente não está tão longe da marca. Habilidades de resolução de problema se desenvolvem melhor quando as pessoas são rotineira, moderada e intelectualmente desafiadas.
- » **Boa saúde e nutrição:** É igualmente claro que uma boa saúde e dieta contribuem para a manutenção de habilidades intelectuais. Pressão

sanguínea alta, diabetes e abuso de substâncias matam neurônios. Há evidências recentes interessantes de que o exercício, como correr, aumenta os ritmos cerebrais associados com a concentração e a memória. Exercícios também podem estimular a produção de novos neurônios e a remoção de detritos ou neurônios danificados em algumas partes do cérebro.

» **Suplementos nutricionais e dietéticos:** Muitos suplementos, como a colina (relacionada ao neurotransmissor acetilcolina), também são promovidos para melhorar a função cerebral, pelo menos em curto prazo.

PAPO DE ESPECIALISTA

Impulsos de curto prazo em função cognitiva devem derivar de muitos estimulantes, como a cafeína. No entanto, substâncias que produzem ganhos em curto prazo tendem a ter efeitos colaterais, particularmente quando você as ingere em altas doses. Parece não haver ainda uma pílula da inteligência segura ou eficaz. É claro, se você tem *deficiências* vitamínicas de qualquer tipo, tomar suplementos para melhorar o funcionamento geral do corpo pode também melhorar habilidades cognitivas ao melhorar a saúde e o estado de alerta e reduzir o desconforto.

Acumulando afrontas: Disfunções cerebrais específicas da idade

Envelhecer é um grande fator de risco para muitas doenças neurodegenerativas, incluindo o mal de Alzheimer, o mal de Parkinson e doenças vasculares que afetam o cérebro, assim como é para a artrite, afetando as articulações. Muitos desses distúrbios têm uma propensão genética subjacente e algum gatilho ambiental.

Mal de Alzheimer

O mal de Alzheimer costumava ser coloquialmente conhecido como *demência senil*. Era tão comumente observado nos idosos e era tão raro de outra forma que era pensado como sendo uma consequência mais ou menos inevitável do envelhecimento. Agora nós sabemos que o Alzheimer é uma doença específica associada com o acúmulo de proteínas tau e detritos celulares como emaranhados neurofibrilares. A probabilidade de ter essa doença aumenta muito com a idade, mas o Alzheimer não é uma doença somente de idosos. Nem é inevitável durante seu envelhecimento. Há vítimas bem jovens do Alzheimer e algumas pessoas bem idosas sem ele.

Os neurônios que morrem nos estágios iniciais do mal de Alzheimer são primariamente *colinérgicos* (usam a acetilcolina como neurotransmissor), mas outros neurônios também morrem. A morte neuronal é particularmente marcada no hipocampo no início do curso da doença. Como essa estrutura é vital para transferir memórias de curto para longo prazo (veja o Capítulo 13), a progressão típica do Alzheimer é primeiro a perda de memória episódica ("Eu não consigo me lembrar de onde deixei as chaves"), seguida por perda de memória semântica ("Eu não sei onde estou e não reconheço nada"), para a perda quase completa de função cognitiva e, finalmente, o falecimento por morte neuronal massiva, que eventualmente compromete funções de manutenção corporal.

Mal de Parkinson

O mal de Parkinson é associado com a morte de células dopaminérgicas em um núcleo dos gânglios basais chamado *substância negra* (que é, na verdade, no mesencéfalo). A morte dessas células interfere na habilidade do paciente de fazer movimentos voluntários ou correções voluntárias durante o andar, como pisar sobre um obstáculo. Pesquisadores tiveram dificuldade em determinar se essa doença se deve a uma deficiência genética que simplesmente demora muito tempo para aparecer ou a uma combinação de uma suscetibilidade genética mais um gatilho ambiental. (Você pode ler mais sobre o Parkinson como uma doença de controle motor no Capítulo 10.)

PAPO DE ESPECIALISTA

Em um famoso conjunto de casos clínicos da década de 1980, vários viciados em heroína se injetaram uma heroína sintética feita na rua que acabou por ser uma substância (MPTP) altamente tóxica para a substância negra e produzia sintomas de Parkinson em pessoas muito mais jovens do que aquelas em que normalmente ocorre. Isso era ruim para esses pacientes, mas a descoberta de que MPTP podia induzir a doença (que seria usada para pesquisa em animais de laboratório) permitiu que um grande progresso fosse feito em avaliar tratamentos em modelos de animais.

Doenças autoimunes

Vários distúrbios de degeneração neural cuja incidência aumenta marcadamente durante o envelhecimento são tidos como distúrbios autoimunes. Eles ocorrem quando anticorpos são feitos para atacar tecidos corporais, em vez de invasores externos. Pensa-se que muitos distúrbios autoimunes ocorrem como resultado de infecções virais nas quais uma parte da cobertura de proteína viral é similar a (ou evoluída para imitar) um tecido no corpo.

A esclerose múltipla é uma das doenças autoimunes mais comuns do sistema nervoso. Nela, as bainhas de mielina que envolvem os axônios do cérebro e a medula espinhal são atacadas. Isso leva à condução reduzida ou, eventualmente, falha da condução de potenciais de ação por esses axônios, com inflamação geral e cicatrizes em tratos nervosos.

O primeiro sinal da doença é, muitas vezes, fraqueza muscular. Isso pode levar à paralisia total e incapacidade cognitiva, contudo, o curso da doença é altamente variável. Embora tecnicamente não seja uma doença do envelhecimento, a esclerose múltipla normalmente aparece no início da vida adulta. É mais comum em mulheres do que em homens.

Derrames

O envelhecimento aumenta o risco de derrames. Um derrame é uma interrupção do suprimento de sangue normal para o cérebro. (Esse suprimento de sangue é extensivo, porque o cérebro constitui cerca de 20% do metabolismo do corpo todo.) Há dois tipos básicos de derrames:

> » **Derrames isquêmicos**, em que bloqueios de vasos produzem a perda do nutriente e transporte de detritos.
> » **Derrames hemorrágicos**, em que vasos sanguíneos permitem o vazamento de sangue no cérebro.

Em ambos os casos ocorre uma interrupção temporária da função cerebral na região afetada, seguida por morte neuronal, seguida por alguma recuperação devido à plasticidade e reaprendizagem, muitas vezes auxiliada por reabilitação específica.

Muitos derrames passam despercebidos porque produzem poucos sintomas perceptíveis. Um padrão comum é que a vítima tenha uma longa série de pequenos derrames durante vários anos, que lentamente comprometem a função cerebral, seguida por um derrame muito maior, que causa a busca por tratamento. O imageamento cerebral, então, pode detectar a existência dos derrames silenciosos anteriores.

Tumores

Tumores (neoplasmas) ocorrem no cérebro assim como em qualquer lugar do corpo. Os efeitos dos tumores cerebrais dependem de sua localização e extensão. Sintomas iniciais podem variar de náusea e fraqueza muscular a problemas de visão.

Um tipo de tumor cerebral relativamente comum com um prognóstico particularmente ruim é o *glioma*, um tumor derivado de células da glia no cérebro. Gliomas raramente têm cura, em parte porque a forte barreira hematoencefálica isola o cérebro do sistema nervoso, de modo que, mesmo se todo o tumor for destruído durante a cirurgia, quimioterapia ou radiação, algumas células restantes conseguem reiniciar o tumor e espalhá-lo para várias áreas cerebrais.

Também é possível ter tumores cerebrais benignos cujo prognóstico é consideravelmente melhor do que gliomas. Eles são normalmente tratados por remoção cirúrgica, às vezes seguida por radioterapia pós-operação ou quimioterapia.

Também existem tumores secundários do cérebro. Esses tumores invadem o cérebro a partir de um câncer originado em outros órgãos. O mecanismo é o de que células cancerígenas do tumor primário entram no sistema linfático e vasos sanguíneos e, então, percorrem a circulação sanguínea para serem depositadas no cérebro. Tumores cerebrais secundários ocorrem com frequência em fases terminais de pacientes com câncer metastático incurável originado em outra parte do corpo. Essas são, na verdade, as causas mais comuns de tumores cerebrais.

NESTE CAPÍTULO

Examinando as causas orgânicas de doenças mentais

Categorizando tipos de doenças mentais

Observando os remédios usados para tratar doenças mentais

Capítulo 17
Disfunções Neurais, Doenças Mentais e Drogas que Afetam o Cérebro

Muitas coisas podem dar errado com um sistema tão complicado quanto o cérebro. Uma delas é a doença mental, um termo muito inadequado para um espectro de distúrbios que incluem várias formas de distúrbio da aprendizagem, síndromes específicas que podem ou não ser associadas com distúrbios da aprendizagem (síndrome de Down *versus* autismo), e disfunções mentais mal compreendidas, como depressão, transtorno bipolar e transtorno obsessivo-compulsivo. Doenças mentais estão entre os problemas de saúde mais desafiadores e caros no Brasil e no mundo.

Entender e tratar disfunções neurais é uma das áreas mais ativas na neurociência. Neste capítulo eu explico o pensamento atual sobre as causas das doenças mentais, listo alguns dos tipos mais comuns ou debilitantes e observo os remédios desenvolvidos para tratá-las.

Observando as Causas e Tipos de Doenças Mentais

Pesquisas sobre doenças mentais mostram que muitos tipos são associados com anormalidades de neurotransmissores que têm uma base genética ou foram causadas por alguma experiência de vida. Essas doenças ou deficiências muitas vezes surgem de causas genéticas, causas ambientais ou alguma interação de ambas. Por exemplo, o defeito genético que resulta na síndrome de Down é bem conhecido, e a esquizofrenia e o autismo mostram hereditariedade alta, mas complexa, no que podem ser causados por vários defeitos genéticos e também são influenciados pelo ambiente.

LEMBRE-SE

A ideia simplista de que defeitos genéticos individuais "causam" síndromes genéticas individuais está dando lugar a uma ideia mais sofisticada de que variações genéticas específicas normalmente produzem suscetibilidades de vários tipos de deficiências de aprendizagem, síndromes e doenças mentais, mas a verdadeira manifestação inclui interações com outros genes e com o ambiente, incluindo o ambiente do útero. Por exemplo, estresse extremo na mãe que modula hormônios circulantes e substâncias que ela ingere podem afetar alguns fetos suscetíveis muito mais do que outros.

A ênfase moderna em causas médicas de doenças mentais não significa que a experiência de vida, como estresse crônico ou agudo, não pode produzir doença mental em um cérebro outrora "normal". O que acontece, no entanto, é que experiências de vida que causam doenças mentais normalmente resultam em efeitos orgânicos no cérebro, como desequilíbrios crônicos de neurotransmissores ou altos níveis de hormônios do estresse. Essas podem ser tratadas com mais eficácia, atualmente, pelo uso de remédios para aliviar o desequilíbrio de neurotransmissores, normalmente em conjunção com a psicoterapia tradicional.

Já foi considerado que a doença mental era causada por coisas somente exteriores ao cérebro. Historicamente, era muito atribuída a alguma intervenção divina (ou demoníaca). E durante o início e a metade do século XX, pensava-se que a esquizofrenia e o autismo, por exemplo, eram o resultado de criação mal adaptada da criança ("mães-geladeiras", por exemplo, no autismo). O tratamento de doenças mentais, então, focou em reverter os efeitos que esses elementos externos tinham.

DO SOFÁ PARA A FARMÁCIA: UMA MUDANÇA NO TRATAMENTO

Desde o início, a psicologia e a psiquiatria existem como campos distintos de disciplinas como neurologia. A principal razão para essa divisão é a crença fundamental anterior da causalidade de estados mentais. Todas as tradições psicoanalíticas, independente da escola de terapia à qual pertencem, acreditam, por exemplo, que a terapia envolve reverter os efeitos que algum tipo de experiência ou visão mental (como sentimentos reprimidos, desejos subconscientes, traumas esquecidos ou reforços inadequados que estabeleceram um comportamento ruim) tinham em um cérebro outrora normal. Para superar essas experiências, a terapia busca descobrir memórias que causam dificuldades ou mudar o comportamento com um esquema de recompensa/punição novo e mais adequado.

Hoje, entretanto, entendendo que muitas doenças mentais são associadas a anormalidades de neurotransmissores, muitas subdisciplinas psicológicas, bem como o campo da psiquiatria em geral, tendem a ver a doença mental mais como um problema cerebral orgânico a ser tratado com remédios. Nessa visão, a terapia é usada para avaliar a eficácia e o progresso do tratamento farmacológico, em vez de uma ferramenta de tratamento primária. As abordagens mais sofisticadas podem usar terapia farmacológica para potencializar a terapia cognitiva ou comportamental.

Avarias genéticas

O sequenciamento do genoma humano (e os genomas de muitos animais, principalmente de ratos) produziu enormes avanços no entendimento de como várias síndromes de disfunções cerebrais dependem de substituições, exclusões ou adições genéticas específicas. A seguir há uma lista de distúrbios genéticos bem conhecidos que têm sérios efeitos cognitivos ou neurológicos:

» **Síndrome de Down:** Também chamada de *trissomia* 21, é causada pela presença de um cromossomo 21 extra ou parte dele (humanos têm 48 cromossomos numerados de 1 a 48). A síndrome de Down ocorre em mais do que 1 em 1.000 nascimentos e é mais comum em crianças nascidas de pais mais velhos, devido à chance estatisticamente maior de eles terem esse dano cromossômico aleatório específico. A síndrome é associada não só com deficiência mental de moderada a grave de aprendizagem, mas também a complicações em outros sistemas de órgãos além do cérebro, o que reduz a expectativa de vida. Aqueles que vivem até os 50 anos têm um risco significativamente maior de mal de Alzheimer precoce.

» **Síndrome do X Frágil:** Recebe este nome porque resulta da mutação do cromossomo X, e é a causa hereditária mais comum da deficiência intelectual. Também é a causa mais comumente conhecida de gene individual do autismo. A síndrome do X Frágil é caracterizada por deficiências de aprendizagem e várias características físicas, emocionais e comportamentais perceptíveis. As características físicas incluem um rosto alongado, orelhas grandes salientes, pés chatos e baixo tônus muscular. Indivíduos com X Frágil exibem ansiedade social, incluindo, particularmente, aversão ao olhar. A síndrome do X Frágil é neurologicamente associada com função reduzida das regiões pré-frontais do cérebro.

» **Síndrome de Rett:** É um distúrbio cerebral do desenvolvimento caracterizado por morfologia neuronal anormal e níveis reduzidos dos neurotransmissores norepinefrina e dopamina. Características físicas incluem mãos e pés pequenos e uma tendência à microcefalia. Traços comportamentais incluem apertar as mãos repetidamente, habilidades verbais ruins e uma tendência em ter escoliose. A síndrome afeta quase exclusivamente mulheres (homens afetados normalmente morrem no útero).

» **Síndrome de Williams ou Síndrome Williams-Beuren:** É um distúrbio raro do neurodesenvolvimento caracterizado por deficiências de aprendizagem, exceto por fortes habilidades linguísticas. Indivíduos com a síndrome de Williams tendem a ser muito verbais e sociáveis. Eles têm uma aparência facial "élfica", com uma ponte nasal baixa. Essa síndrome é causada por uma exclusão de vários genes no cromossomo 7.

» **Autismo:** É um distúrbio do espectro com várias causas genéticas e uma gama de características em diferentes indivíduos, variando de deficiências severas de aprendizagem a leve inaptidão social. A síndrome de Asperger é normalmente incluída no espectro do autismo como autismo sem atraso ou disfunção significante de linguagem. Indivíduos autistas podem ter inteligência acima da média e exibir aptidão incomum para certas áreas técnicas ou artísticas. Muitos prodígios (pessoas com habilidades de cálculo, memorização ou artísticas extraordinárias) são autistas. Em sua forma severa, o autismo é muito debilitante, caracterizado por uma inabilidade total de envolvimento em interações sociais, comportamentos repetitivos, como o balanço contínuo, e habilidades de linguagem extremamente ruins. Embora seja claro que o autismo tem várias causas genéticas devido a sua alta hereditariedade, os mecanismos de seus efeitos continuam mal compreendidos.

Doenças mentais do desenvolvimento e do ambiente

A doença mental pode claramente ocorrer em um cérebro geneticamente normal que sofreu dano orgânico durante ou depois do desenvolvimento. Também pode surgir de trauma ou estresse que leva a mudanças indiretas no cérebro com fatores como estresse crônico ou privação de sono. Disfunções cerebrais geradas ambientalmente bem conhecidas incluem as seguintes:

- **Síndrome alcoólica fetal:** Desenvolvida quando a mãe bebe álcool excessivamente durante a gravidez. O álcool cruza a barreira da placenta e pode danificar neurônios e estruturas cerebrais, levando a deficiências cognitivas e funcionais como deficit de atenção e memória, comportamento impulsivo e crescimento geral atrofiado. A exposição fetal ao álcool é uma causa significante da deficiência intelectual, estimada em cerca de 1 a cada 1.000 nascimentos. É associada com características faciais distintas, incluindo nariz curto, lábio superior fino e dobras de pele no canto dos olhos.

- **Estresse maternal:** Se uma mãe é altamente ou cronicamente estressada enquanto está grávida, seu filho é mais propenso a ter problemas emocionais ou cognitivos, como deficit de atenção, hiperatividade, ansiedade e atraso de linguagem. O ambiente fetal pode ser alterado quando o estresse maternal muda o perfil hormonal da mãe. Pensa-se que isso ocorre pelo eixo hipotálamo-pituitária-adrenal (HPA) via secreção de cortisol, um hormônio do estresse que tem efeitos deletérios no sistema nervoso em desenvolvimento. Mais recentemente foi mostrado que mudanças epigenéticas na expressão do DNA podem afetar células germinativas e, portanto, ser herdadas.

- **Transtorno de estresse pós-traumático (TEPT):** É um distúrbio de ansiedade severo que se desenvolve depois de um trauma psicológico como ameaça de morte, guerra ou ameaça significant à integridade física, sexual ou psicológica, que sobrecarrega a capacidade de superação (do trauma, no caso), como em uma agressão sexual. Eventos traumáticos causam uma resposta hiperativa de adrenalina, que persiste depois do evento, tornando um indivíduo hiper-responsivo a situações de medo futuras.

    TEPT é caracterizado por desregulação do cortisol e catecolamina alta, secreção característica da clássica resposta de lutar ou correr. Esses hormônios desviam recursos de mecanismos homeostáticos como a digestão e respostas imunes em direção àqueles necessários para esforço muscular intenso e imediato. Estresse extremo ou crônico pode, eventualmente, danificar o cérebro, assim como o corpo. Algumas evidências mostram que as terapias de dessensibilização, no qual o sofredor de TEPT experimenta novamente aspectos do estressor em um ambiente controlado, podem mitigar alguns de seus efeitos. Tais terapias, se bem-sucedidas, podem ser superiores à medicação antiansiedade geral, que pode lidar apenas com os sintomas, em vez da causa do distúrbio

Doenças mentais com componentes genéticos e do desenvolvimento misturados

Os tipos mais comuns e bem conhecidos de doenças mentais, como a depressão, a esquizofrenia e o transtorno bipolar, têm relacionamentos complexos entre vários caminhos de suscetibilidade genética e gatilhos ambientais. Apesar de seus esforços extraordinários, os cientistas ainda não entendem os mecanismos neurais básicos que resultam nesses distúrbios mentais. Entretanto, progresso significativo foi feito nas últimas duas décadas, usando uma combinação de imageamento cerebral, genética e *sistemas de neurociência* (modelagem do cérebro como um sistema equilibrado dinâmico) para entender anormalidades da função neurotransmissora nos cérebros afetados. Com melhor compreensão dos mecanismos por trás desses distúrbios vêm melhores abordagens de pesquisa para determinar como melhor aliviá-los.

Sentindo-se triste: Depressão

A depressão, que afeta quase 15% da população, é a forma mais séria de doença mental em termos de custo total. Algumas fontes estimam os custos direto e indireto em mais de U$ 50 bilhões anualmente só nos Estados Unidos.

A depressão é pouco compreendida, mas o termo claramente designa muitas síndromes e doenças diferentes, algumas que podem ter uma base genética forte, enquanto outras não. Por exemplo, há muitos casos em que pessoas ficaram sem qualquer depressão significativa a vida inteira, mas mergulharam na depressão por uma única experiência traumática, como a morte de um filho ou cônjuge. A depressão também parece resultar de estresse crônico de baixo nível. Ela também se desenvolve em alguns indivíduos e famílias com alta hereditariedade na ausência de qualquer gatilho ambiental identificável.

A seguir estão algumas teorias sobre a depressão e as terapias baseadas nelas.

A HIPÓTESE DA MONOAMINA: SEROTONINA INSUFICIENTE

A hipótese da monoamina sugere que a depressão resulta de um deficit no neurotransmissor serotonina. A maioria dos antidepressivos (alguns recentes, como o Prozac) são projetados para elevar os níveis de serotonina. Muitos também tendem a elevar os níveis de norepinefrina e dopamina.

Entretanto, pessoas deprimidas não mostram níveis de serotonina anormalmente baixos, e diminuir esses níveis artificialmente em pessoas sem depressão não resulta em depressão. Assim, embora elevar os níveis de serotonina com remédios como ISRSs ou SSRI (inibidores seletivos da recaptação da serotonina, como Prozac) possa aliviar sintomas depressivos em algumas pessoas, não está nada claro — e, de fato, é improvável — que fazer isso crie um estado cerebral normal nessas pessoas, restaurando uma deficiência intrínseca de serotonina.

O CÓRTEX CINGULADO ANTERIOR: É CULPA DO CCA

Estudos de imagens do cérebro apontaram para o córtex cingulado anterior como um local no cérebro cuja ativação pode ser responsável por alguns tipos de depressão, especialmente se associados com dor ou dor crônica. O CCA é geralmente ativado pela dor, antecipação da dor e experiências negativas. Também exibe níveis mais altos de atividade em pessoas deprimidas do que em pessoas não deprimidas. Terapias usadas para lidar com um CCA hiperativo incluem as seguintes:

> » **Ablação:** Em alguns testes clínicos, partes do CCA foram removidos para tentar aliviar dores intoleráveis em pacientes que estavam terminalmente doentes. Muitos desses pacientes relataram que ainda podiam sentir dor fisicamente, mas a sensação já não era angustiante, similar aos efeitos de alguns analgésicos (eu posso atestar pessoalmente essa experiência quando recebi Demerol para um ombro separado).
>
> » **Estimulação cerebral profunda (ECP):** A ECP, que inativa parcialmente o CCA em pacientes severamente deprimidos, envolve inserir permanentemente um eletrodo em uma área cerebral específica e implantar uma caixa eletrônica estimulante muito parecida com um marcapasso, que passa pulsos de corrente através do eletrodo. Alguns desses pacientes experimentaram alívio imediato da dor assim que a corrente foi ligada.
>
> O uso de ECP para depressão foi precedido por um uso muito mais comum em pacientes com mal de Parkinson. A estimulação do núcleo *subtalâmico* da ECP produziu alívio imediato de sintomas em milhares de pacientes com Parkinson (o núcleo subtalâmico é parte do circuito neural nos gânglios basais, que também incluem a substância negra, áreas cerebrais primariamente afetadas pelo mal de Parkinson).

PAPO DE ESPECIALISTA

TRATAMENTOS DE CHOQUE, SENTIMENTOS OU EMOÇÕES NEGATIVAS E MEMÓRIA

Muitos estudos mostraram que pessoas tendem a interpretar experiências mais negativamente quando estão deprimidas. Uma classe de teorias que podem utilmente ser chamadas de *teorias da espiral descendente* sugere um processo de feedback em que sentimentos ou emoções negativas criam memórias negativas, criando ainda mais sentimentos ou emoções negativas, eventualmente resultando em uma depressão inescapável.

Se essa é a maneira pela qual a depressão funciona, a estratégia terapêutica é quebrar esse ciclo de feedback. Dois tipos de alternativas de modulação neural a terapias farmacológicas foram usados para esse efeito: terapia eletroconvulsiva (ECT) e estimulação magnética transcraniana (EMT).

> » **Terapia eletroconvulsiva (ECT):** A ECT envolve passar correntes elétricas pelo cérebro via eletrodos no couro cabeludo. O propósito é induzir uma convulsão transitória que interrompe temporariamente a atividade cerebral e causa perda de memória retrógrada. Essa perda de memória normalmente engloba vários meses anteriores, alguns dos quais são recuperados ao longo dos próximos dias e semanas. Também pode haver *perda de memória anterógrada*, capacidade reduzida de formar novas memórias de longo prazo, por várias semanas.

A ECT foi usada frequentemente durante a última metade do século XX para casos de depressão intratáveis que envolviam risco significativo de suicídio. Foi considerada relativamente não invasiva. No entanto, seu uso caiu em desuso por várias razões: uma aversão geral em induzir convulsões em pacientes; o fato de que houve relatos frequentes de deficit cognitivo duradouro incluindo, mas não se limitando a, perda de memória; o fato de que seus efeitos normalmente duravam apenas alguns meses; e a disponibilidade de tratamentos farmacológicos alternativos que mostravam possibilidades em alguns pacientes.

» **Estimulação magnética transcraniana (EMT):** Na última década, a EMT foi usada de maneira similar à ECT. A EMT envolve criar um campo magnético de alto pulso sobre uma área cerebral específica via uma bobina externa através da qual uma alta corrente é passada por vários milissegundos. Esse pulso de campo magnético produz correntes dentro do cérebro abaixo da bobina. Embora os detalhes neurais de exatamente como as correntes elétricas afetam o cérebro não estejam totalmente claros, a EMT interrompe a atividade cerebral na área afetada transitoriamente sem induzir uma convulsão (embora possa produzir convulsões, especialmente se a estimulação for bilateral — ou seja, envolvendo áreas de ambos os lados do cérebro ao mesmo tempo).

Alguns clínicos alegaram sucesso no tratamento da depressão com a EMT. Enquanto o júri ainda não decide, porque nenhum teste clínico adequadamente aleatório e extenso foi feito, a técnica parece ser muito mais benigna que a ECT.

PAPO DE ESPECIALISTA

A EMT foi originalmente uma ferramenta de pesquisa usada para responder perguntas sobre se o processamento em uma área cerebral específica era necessário para percepção ou comportamento motor. Por exemplo, pesquisadores apresentaram estímulos requerendo que os sujeitos fizessem um julgamento sobre um movimento enquanto criavam pulsos EMT sobre as áreas detectoras de movimento no córtex visual. Quando o pulso EMT comprometia a capacidade do sujeito de fazer algo, validava, em geral, os experimentos de imageamento do cérebro que mostravam atividade na mesma área em um momento específico associado com fazer a mesma tarefa.

Experienciando convulsões no cérebro: Epilepsia

A epilepsia é caracterizada por convulsões no cérebro. Convulsões são incidentes de atividade neural hiper-síncrona durante os quais funções cerebrais controladas e normais são severamente comprometidas. A epilepsia tem várias causas, variando de genética a anormalidades do desenvolvimento que podem ter contribuições ambientais. Tratamentos para a epilepsia incluem

- » **Remédios:** Chamados *anticonvulsivantes*; atualmente, cerca de 16* são aprovados pela Anvisa*. A maioria deles tem como objetivo aumentar a transmissão GABA (GABA é o neurotransmissor inibitório rápido mais importante e ubíquo no cérebro). Cerca de 70% dos pacientes experiencia uma redução das convulsões com um ou mais desses remédios — o que deixa cerca de 30% dos epilépticos sem melhora com qualquer remédio aprovado. A maioria dos anticonvulsivantes também tem efeitos colaterais significativos.
- » **Cirurgia:** É a principal possibilidade de tratamento para pacientes cujas convulsões não podem ser controladas por remédios ou que não conseguem tolerar os efeitos colaterais. Na cirurgia de epilepsia, a equipe cirúrgica tenta localizar o foco da convulsão, que é a área danificada do cérebro onde a convulsão normalmente começa, para removê-la. A cirurgia é bem eficaz, pois o foco da convulsão pode ser localizado e removido, mas há muitos casos em que isso não é possível.

A busca continua por remédios melhores e melhores técnicas de imageamento para localizar onde e como as convulsões surgem.

Pensamentos desordenados e psicóticos: Esquizofrenia

A esquizofrenia é um distúrbio mental em que o pensamento é desordenado e não reflete a realidade. Ela é associada com disfunção social significativa e deficiências que, em casos severos, requerem hospitalização.

Sintomas da esquizofrenia normalmente aparecem em jovens adultos, e caem em duas categorias gerais:

- » **Sintomas positivos** significam comportamentos ou processos como ouvir vozes ou tentar escapar de pessoas imaginárias seguindo o sofredor. Essas vozes às vezes "ordenam" a pessoa a cometer atos inadequados e são associadas com paranoia e crenças delirantes.

  Exames cerebrais de esquizofrênicos durante tais alucinações auditivas mostram atividade em seu córtex auditivo, sugerindo que alguma fonte interna no cérebro está gerando atividade em áreas auditivas que o esquizofrênico não consegue distinguir da audição real.

- » **Sintomas negativos** se referem principalmente à retirada e à falha em se engajar em interações sociais. Eles incluem afeto e emoção reduzidos, perda de motivação, retraimento social, *anedonia* (a inabilidade de experienciar prazer) e falta de atenção à higiene e atividades rotineiras. Eles são frequentemente acompanhados de declínio cognitivo.

---

* A lista de medicamentos aprovados pela Anvisa sofre alterações, inclusões e exclusões sempre que o órgão divulga nova lista. Portanto, este número pode mudar a qualquer momento. Vale lembrar que todos os medicamentos desta categoria só podem ser adquiridos mediante apresentação de receita médica.

Embora sintomas positivos possam apresentar um desafio de gestão quando os pacientes agem em ideias delirantes, os sintomas negativos têm uma contribuição maior à baixa qualidade de vida e são menos eficazmente controlados com remédios.

A BASE GENÉTICA DA ESQUIZOFRENIA

Devido à idade típica do início — início da idade adulta, a época em que a mielinização do lobo frontal está completa (o último grande estágio da mielinização durante o desenvolvimento; veja o Capítulo 16) —, a esquizofrenia é normalmente considerada como uma doença do lobo frontal que, devido à sua hereditariedade, tem uma genética forte e, portanto, base orgânica.

Um fato argumentando pela base genética da esquizofrenia é que, se um gêmeo idêntico tem esquizofrenia, o outro tem uma chance de 40 a 50% de desenvolver a doença, mesmo quando gêmeos idênticos são criados separados. Se a esquizofrenia fosse devida a efeitos ambientais aleatórios, então a chance de ambos os gêmeos terem seria muito menor do que 1%. Por outro lado, se a esquizofrenia é de origem genética, não é claro por que a *taxa de concordância* (chance de tê-la se um parente próximo como um gêmeo idêntico a tiver) é de apenas 50%, e não de 100%. Isso levou alguns cientistas a postularem a necessidade de um gatilho ambiental que age em uma suscetibilidade genética. Ninguém tem nenhuma boa ideia sobre qual seja esse gatilho.

OPÇÕES DE TRATAMENTO

Tratamentos farmacológicos para esquizofrenia melhoraram muito a vida de alguns sofredores nas últimas décadas. Esse é, particularmente, o caso para alívio dos sintomas positivos, que são geralmente os mais difíceis de lidar. Por razões desconhecidas, sintomas negativos não respondem bem à maioria dos medicamentos.

A maioria dos esquizofrênicos é tratada com medicamentos antipsicóticos, como clozapina, quetiapina, risperidona e perfenazina. O que não é claro é por que alguns desses agentes funcionam melhor em alguns pacientes do que em outros para sintomas positivos e por que nenhum deles realmente funciona bem em relação a sintomas negativos. A questão da prescrição é complicada pelo fato de que vários desses remédios têm efeitos colaterais sérios. Interessantemente, entre os remédios que aliviam alguns sintomas estão agentes que aumentam os níveis de acetilcolina no cérebro. A nicotina, como dos cigarros, é um agonista nicotínico, e fumar, talvez como uma forma de automedicação, é altamente prevalente entre esquizofrênicos.

Obsessão pelo TOC

O transtorno obsessivo-compulsivo (TOC) é um distúrbio da ansiedade caracterizado por pensamentos intrusivos que levam a comportamentos repetitivos para aliviar a ansiedade relacionada ao pensamento. Sintomas típicos incluem limpeza excessiva, especialmente das mãos, verificação repetida por algo não feito ou perdido, aderência ritualística a certos procedimentos, acumulação, preocupação com pensamentos sexuais ou religiosos e aversões irracionais, como medo extremo de germes. Em casos extremos de TOC, o sofredor pode ser paranoico ou psicótico. Diferente da esquizofrenia, no entanto, os sofredores de TOC normalmente estão conscientes de suas obsessões e são angustiados por elas. Tem uma incidência de cerca de 2%.

O TOC foi ligado a uma anormalidade no sistema neurotransmissor da serotonina e é, às vezes, tratado com sucesso com ISRSs (inibidores seletivos de recaptação da serotonina). Mutações em genes ligados à serotonina foram identificados em alguns grupos de sofredores de TOC, mas uma ligação genética forte geral não foi identificada, e fatores ambientais podem ter um papel na produção do transtorno.

A Promessa dos Produtos Farmacêuticos

O cérebro é um computador que usa fluxo de corrente elétrica para realizar associações dentro dos neurônios e neurotransmissores químicos para comunicação entre neurônios (não obstante uma minoria de sinapses elétricas). Através da fenda sináptica de onde os neurotransmissores são liberados, muitos tipos diferentes de receptores podem existir para cada neurotransmissor. O sistema nervoso é precisamente equilibrado entre a excitação e a inibição em vários níveis, de um único neurônio ao cérebro inteiro.

Quase um século de trabalho em sistemas de neurociência (anatomia bruta e eletrofisiologia usada para estudar o cérebro como um sistema computacional) forneceu uma imagem bem detalhada dos vários sistemas neurotransmissores no cérebro e os circuitos em que são usados. Eles incluem os principais neurotransmissores rápidos, glutamato e acetilcolina, neurotransmissores inibitórios rápidos, GABA e glicina, e vários neuromoduladores, como catecolaminas e neuropeptídeos.

A maioria dos distúrbios mentais é associada com algum desequilíbrio neurotransmissor, mesmo se o desequilíbrio não seja a causa original, mas o resultado de algum insulto ambiental. A maioria dos tratamentos para distúrbios mentais, fora da psicoterapia convencional para problemas mentais relativamente leves, envolve remédios que afetam direta ou indiretamente a função de um ou mais sistemas neurotransmissores. A maioria desses remédios e suplementos age simulando neurotransmissores. Nas seções seguintes eu explico como esses remédios funcionam.

Medicações antipsicóticas típicas e atípicas

Os tratamentos medicamentosos mais eficazes para esquizofrenia são medicamentos antipsicóticos que reduzem sintomas positivos (poucas drogas aliviam sintomas negativos). Os antipsicóticos normalmente suprimem a atividade da dopamina e, às vezes, da serotonina.

Foi originalmente teorizado que a esquizofrenia era causada por ativação excessiva de um tipo específico de receptor de dopamina, o D2. Remédios que bloqueiam o D2 de dopamina funcionam reduzindo sintomas psicóticos, enquanto anfetaminas, que causam a liberação de dopamina, os pioram. Isso levou ao uso dos chamados *antipsicóticos típicos*, que incluem clorpromazina, haloperidol e trifluoperazina.

No entanto, vários medicamentos antipsicóticos mais novos, chamados *antipsicóticos atípicos*, também são eficazes e não têm como alvo o receptor D2 de dopamina. Esses agentes melhoram o funcionamento da serotonina com muito menos efeito bloqueador na dopamina. Remédios atípicos incluem clozapina, quetiapina, risperidona e perfenazina.

Há interesse recente em se números anormalmente baixos de receptores NMDA de glutamato estão envolvidos na esquizofrenia (autópsia de cérebros daqueles diagnosticados com esquizofrenia mostram menos desses receptores do que existe em um cérebro normal). Remédios bloqueadores de receptores NMDA, como a fenciclidina e a cetamina, também mostraram imitar sintomas esquizofrênicos (o alucinógeno LSD tem efeitos similares à cetamina). A cetamina também teve algum sucesso no tratamento do transtorno bipolar.

Remédios que afetam os receptores GABA

Quando a atividade neuronal é excessiva (como na epilepsia, esquizofrenia e depressão), estratégias de tratamento que visam a redução da excitação ou aumento da inibição no cérebro podem ser eficazes.

Para epilepsia, a estratégia é aumentar a inibição de atividade neuronal, e isso é tentado por meio de remédios chamados *anticonvulsivantes*, a maioria dos quais visa aumentar a transmissão GABA (GABA é o neurotransmissor inibitório chave no cérebro). Atualmente cerca de 16 remédios anticonvulsivantes têm aprovação da Anvisa. Alguns exemplos notáveis incluem (nomes das marcas estão entre parênteses): fenitoína (Hidantal), carbamazepina (Tegretol) e clonazepam (Rivotril).

Remédios que afetam a serotonina

Inibidores seletivos de recaptação da serotonina (ISRSs) são uma classe relativamente recente de remédios usados para tratar a depressão e distúrbios da ansiedade. Eles funcionam, como seu nome sugere, inibindo, ou desacelerando, a recaptação da serotonina pelo terminal pré-sináptico para que a concentração de serotonina fique mais alta na fenda sináptica, ativando os receptores pós-sinápticos por mais tempo. Aumentar a serotonina que é liberada naturalmente parece produzir melhores resultados do que aumentar a concentração sistemicamente.

Alguns potenciadores de serotonina atualmente usados incluem os seguintes (nomes das marcas entre parênteses): fluoxetina (Prozac), paroxetina (Paxil) e sertralina (Zoloft).

Remédios que afetam a dopamina

A dopamina é um neurotransmissor catecolamina que tem cinco tipos de receptores conhecidos (D1, D2, D3, D4 e D5). A dopamina é produzida na substância negra e na área tegmental ventral.

Tentativas de fornecer dopamina para compensar essa perda na substância negra, como no mal de Parkinson, falharam, porque a dopamina não cruza a barreira hematoencefálica se administrada na corrente sanguínea. Entretanto, seu precursor no caminho para sua síntese em células, a L-dopa, cruza. Esse tratamento pode mitigar os sintomas de Parkinson por vários anos, mas eventualmente se torna ineficaz. Além disso, no decorrer do tratamento, os pacientes podem desenvolver síndromes do controle motor chamadas *discinesias*. A ineficácia é provavelmente devido à perda de receptores para a dopamina ou morte de células que a dopamina normalmente ativa.

A dopamina também é o neurotransmissor reforçador para o sistema de recompensa do cérebro. Ela é liberada no córtex pré-frontal em resposta a comida, sexo e estímulos neutros aos quais estímulos prazerosos foram associados. Drogas como a cocaína, nicotina e anfetaminas levam a um aumento da dopamina nos caminhos de recompensa do cérebro e podem sequestrar e sobrecarregar o sistema natural de recompensa, levando ao vício.

Muitos medicamentos antiansiedade têm os receptores de dopamina como alvo, particularmente o receptor D2, como já discutido.

Algumas substâncias psicoativas naturais

Substâncias psicoativas naturais foram usadas em rituais religiosos e no xamanismo por milhares de anos. Essas substâncias incluem vários bioquímicos que podem ativar os receptores de serotonina e dopamina e produzir euforia e alucinações em doses altas o suficiente. Exemplos perceptíveis incluem peiote (mescalina) e psilocibina. A psilocibina é notada por seu efeito frequente de induzir experiências parecidas com as religiosas e é, na verdade, raramente uma droga recreativa. Antagonistas colinérgicos naturais de plantas como a beladona e a mandrágora são alucinógenos.

Canabinoides encontrados na maconha ativam os receptores chamados CB1 e CB2, que estão envolvidos na dor e nos sistemas de controle imunológico do cérebro. Há uma variedade da droga popular recentemente chamadas *spice*. Esse nome se refere a várias misturas herbais e substâncias sintéticas que normalmente agem com receptores canabinoides e outros neurotransmissores afetados por outras drogas recreativas. Muitas formulações do spice foram desenvolvidas para contornar leis banindo substâncias recreativas específicas, com os ingredientes do spice tendo diferenças químicas leves. Elas acabaram por ser muito perigosas, no entanto, com algumas sendo extremamente tóxicas. MDMA, conhecido como ecstasy, é uma droga psicoativa com propriedades de um estimulante similar à anfetamina e à mescalina alucinógena.

5
A Parte dos Dez

Nesta parte...

Descubra as dez estruturas cerebrais cruciais que tornam a mente humana o que ela é.

Descubra dez truques de neurônios que os fazem fazer o que fazem.

Descubra fatos incríveis sobre o cérebro, incluindo alguns mitos em que se acreditam comumente.

Descubra tratamentos futuros promissores para o cérebro e distúrbios psiquiátricos, incluindo a possibilidade de melhorar eletronicamente nossa capacidade cognitiva.

> **NESTE CAPÍTULO**
>
> Observando as áreas que controlam o movimento
>
> Considerando áreas que mediam a consciência e o pensamento
>
> Focando em áreas que impactam os sentidos

Capítulo 18
Dez (Ou Mais) Estruturas Cerebrais Cruciais

O cérebro consiste de muitas áreas funcionais distintas. Algumas delas são anatomicamente diferentes; outras funções estão espalhadas por muitas áreas, e não localizadas. Nos casos em que diferentes áreas cerebrais são responsáveis por funções específicas, a destruição delas tende a levar à perda severa daquela função. As áreas que listo neste capítulo são aquelas que têm uma importância crucial conhecida para uma função cognitiva específica, são o assunto de pesquisas atuais consideráveis e são especificamente afetadas por doenças cerebrais significativas, como o mal de Parkinson e Alzheimer.

Uma lista de dez áreas cerebrais é pequena comparada às centenas de estruturas do sistema nervoso e tratos de axônios nomeados. Contudo, você provavelmente poderá se passar por um neurocirurgião se puder citar só essas dez. Então aqui estão: dez (bem, tecnicamente 11) áreas cerebrais que frequentemente são notícia (mas, por favor, não tente nenhuma neurocirurgia até que tenha lido inteiramente o Volume II).

O Neocórtex

Quando você observa um cérebro humano, a maioria do que vê é o neocórtex. Essa característica mamífera diminui o resto do cérebro, encobrindo-o e envolvendo-o quase todo. O neocórtex tem duas propriedades notáveis em relação ao resto do cérebro:

» É enorme, contendo a maior proporção de neurônios em todo o cérebro, com a possível exceção do cerebelo.

» É surpreendentemente uniforme na arquitetura, consistindo completamente da mesma estrutura de seis camadas com os mesmos tipos neuronais e circuitos.

O neocórtex está no topo da hierarquia de processamento para todos os sentidos, bem como para controle do comportamento. Para ler mais sobre o papel do neocórtex no comportamento, veja os capítulos 13 e 14.

O Tálamo, Passagem para o Neocórtex

O tálamo é a porta para o neocórtex. Em cada hemisfério cerebral, o tálamo está bem próximo do centro do cérebro, passando e recebendo informações de várias áreas do neocórtex. É como o centro de uma roda que concentra e distribui todas as forças.

LEMBRE-SE

O sistema olfativo é o único sistema sensorial em que há uma projeção da periferia (o bulbo olfativo) diretamente para o neocórtex. Todos os outros sentidos envolvem algum processamento periférico, seguido por uma projeção para uma área específica do tálamo, que então projeta para uma área primária do neocórtex para aquele sentido. Mesmo no sistema olfativo, o neocórtex (córtex orbitofrontal) projeta para uma região olfativa do tálamo, que projeta de volta para o córtex orbitofrontal.

Como o tálamo recebe entradas de todos os sentidos e mais do sistema de controle motor e da formação reticular (responsável pelo estado de alerta e atenção), ele atua como o maestro de orquestra, dividindo atividades entre os vários instrumentos.

O tálamo é particularmente importante para fazer ligações rápidas e eficazes entre os lobos frontais e os lobos parietal, occipital e temporal. A informação transportada entre essas áreas se relaciona à atenção, percepção e consciência.

Devido a esse papel central nos sentidos, você pode encontrar muitas informações sobre o tálamo nos capítulos da Parte 2.

O Pulvinar

Na busca por áreas cerebrais que parecem controlar várias outras áreas cerebrais, os neurocientistas são frequentemente levados ao *pulvinar*, um núcleo na região mais posterior do tálamo. Esse núcleo, que tem conexões bem espalhadas com todo o córtex, está envolvido na atenção, particularmente na visual e no movimento dos olhos. O pulvinar parece integrar a visão e a busca por metas de forma a ligar estímulos visuais adequados a respostas motoras de contexto específico, enquanto administra o processamento visual para ignorar estímulos visuais irrelevantes. Para mais sobre o pulvinar, veja o Capítulo 13.

O Cerebelo

O cerebelo é uma das partes mais antigas do cérebro de vertebrados. É também uma das maiores em termos de número de neurônios, com algumas estimativas colocando o número de neurônios do cerebelo em mais do que no restante do cérebro, incluindo o neocórtex.

A função do cerebelo é modular e coordenar o comportamento motor. Ele realiza essa tarefa detectando erros entre o que é "programado" pelos lobos frontais para um movimento específico e o que é realmente executado (como tentar dar um passo normal e pisar em um buraco). O cerebelo também é responsável pelo aprendizado e por permitir sequências motoras rápidas. Quando você aprende pela primeira vez a andar de bicicleta, por exemplo, precisa pensar sobre tudo o que está fazendo, mas, depois de aprender, não pensa mais nesses detalhes, porque o processo foi programado dentro do seu cerebelo.

O cerebelo está envolvido também na cognição em termos de pensar sobre si mesmo e outras pessoas ou coisas em movimento. Por exemplo, quando você joga xadrez, precisa imaginar como as peças podem se mover de acordo com as regras e com quais peças do oponente elas interagirão quando o fizerem. O cerebelo é ativado durante esse pensamento.

Com base em toda essa informação, você pode pensar que danificar o cerebelo levaria a uma disfunção profunda ou até a morte. Entretanto, o principal efeito do dano ao cerebelo é deixar a pessoa desastrada. Há, de fato, vários casos bem documentados de pessoas que nasceram sem cerebelo e levaram uma vida quase completamente normal.

Leia mais sobre o cerebelo e seu papel no movimento nos capítulos 8 a 10.

O Hipocampo

O hipocampo é a parte do cérebro que cria as memórias. Essa estrutura recebe entradas de todo o neocórtex e projeta de volta para as mesmas áreas.

O armazenamento no hipocampo, no entanto, é temporário. O hipocampo pode repassar uma sequência de eventos em contexto e ativar as áreas corticais que foram ativadas pelo evento em si. Esse playback ocorre normalmente durante o sono, especialmente durante o sono REM. O resultado da reprodução é que as memórias que foram armazenadas no curto prazo do hipocampo são armazenadas no longo prazo nas áreas corticais que foram ativadas durante o episódio original.

PAPO DE ESPECIALISTA

O hipocampo evoluiu antes do neocórtex, permitindo que os vertebrados mais antigos que os mamíferos, como lagartos e aves, aprendam com a experiência. O desenvolvimento contínuo do hipocampo e sua permissão de comportamento complexo dependente de aprendizado podem ter estimulado o desenvolvimento posterior do neocórtex.

Você pode encontrar mais sobre o hipocampo e seu papel na memória e na inteligência nos capítulos 12, 13 e 15.

Áreas de Wernicke e de Broca

As áreas de Wernicke e Broca são instrumentais para a linguagem. A área de Wernicke, na fronteira entre o lobo temporal superior e o lobo parietal, funciona como uma área de associação auditiva de ordem superior.

Sua função é processar a fala. Para isso ela precisa interagir com outras áreas do cérebro que armazenam informações sobre coisas (rede de semântica), especialmente o lobo temporal. A área de Wernicke também precisa ajudar a extrair significado de sequências de acordo com a gramática. Ao fazer isso, ela também interage com outras áreas cerebrais, incluindo a de Broca, no lobo frontal.

As funções de linguagem da área de Wernicke são realizadas primariamente do lado esquerdo do cérebro de 95% dos destros e da maioria dos canhotos. Danos a essa área resultam em redução da habilidade de compreender e produzir discurso significativo. A área do lado direito do cérebro correspondente à área de Wernicke no lado esquerdo processa tom de voz indicando ironia, humor e outros aspectos da prosódia.

A área de Broca está localizada no lobo frontal (aproximadamente na área 40[*] de Brodmann), imediatamente anterior às áreas do córtex motor primário

---

[*] Você pode encontrar mais sobre isso no site em espanhol http://asociacioneducar.com/ilustracion-areas-brodmann

responsáveis por controlar a língua, os lábios e outros articuladores da fala. Danos à área de Broca resultam em dificuldade em produzir a fala. Danos severos à área de Broca também podem reduzir alguns aspectos da compreensão da fala.

LEMBRE-SE

A identificação das áreas de Broca e Wernicke no final dos anos de 1800 foi um dos exemplos de localização inequívocos no cérebro de funções específicas. Além do mais, ambas as localizações mostraram que os lados esquerdo e direito do cérebro não eram imagens espelhadas funcionais, mas partes de um padrão de especialização hemisférica, com o lado esquerdo processando a maioria da linguagem, e o direito, a maioria das capacidades de manipulação espacial.

Para ler mais sobre essas áreas, vá ao Capítulo 13.

A Área Facial Fusiforme

A área facial fusiforme (AFF) é uma região no lobo temporal medial que dá suporte à nossa habilidade de reconhecer rostos. Pode também funcionar em nossa habilidade de reconhecer intenção em alguns tipos de comportamento.

Veja como isso funciona: estímulos visuais são processados em uma série de estágios no córtex em que os neurônios se tornam mais seletivos sobre as características de um estímulo, mas menos seletivos sobre sua posição.

Em um certo ponto, a sequência de processamento se divide em dois fluxos, chamados *o que* e *onde* (ou como). O fluxo *onde* prossegue para o lobo parietal e envolve o uso da visão para manipular objetos e para navegar no mundo. O fluxo *o que* se espalha em cascatas por várias áreas do lobo inferotemporal, que tem neurônios muito seletivos para formas complexas específicas, como elipses e estrelas. A complexidade das formas selecionadas se torna cada vez maior à medida que se continua pelo lobo inferotemporal até que o polo anterior seja alcançado.

Perto do fim do fluxo da via visual ventral está a AFF. Aqui estão as células que respondem seletivamente a rostos, mãos e outros estímulos biologicamente significativod.

Há vários estudos de caso bem documentados de pacientes com danos ao AFF. Quando o dano inclui particularmente o AFF, pacientes perdem a habilidade de reconhecer rostos, mesmo o próprio, embora possam ser capazes de distinguir outros objetos que pareçam similares, como carros ou animais.

Para mais sobre a área facial fusiforme, veja os capítulos 5 e 13.

A Amígdala

Existem muitas similaridades funcionais entre a amígdala e o hipocampo. Entretanto, enquanto o hipocampo é extensivamente conectado à maioria do neocórtex, a amígdala tem conexões extensivas com sistemas sensoriais de nível inferior através do tálamo e de uma porção do córtex pré-frontal chamada córtex ventromedial (ou orbitofrontal). A amígdala também tem conexões diretamente do hipocampo, que é imediatamente posterior a ela.

Ela funciona como um sistema de memória para eventos emocionalmente importantes. Entretanto, diferente do hipocampo, que funciona com o neocórtex para reproduzir uma representação cortical de algum evento do qual podemos ficar conscientes, produz respostas autônomas inconscientes de medo, desgosto ou apreensão aos estímulos salientes. Sua função é, geralmente, nutrir um reflexo de retirada de situações e eventos que lembrem aqueles que, no passado, podem ter causado ou quase causado dor. Esse sistema funciona com o sistema instintivo que todos os mamíferos têm, que evoca medo ao ver cobras, aranhas, sangue e expressões de dor ou medo no rosto dos outros.

Há casos bem documentados de danos na amígdala resultando na falta de preocupação da pessoa com o sofrimento dos outros, incluindo casos extremos em que aqueles com a amígdala danificada infligem sofrimento sem remorso ou empatia.

Leia mais sobre a amígdala nos capítulos 7 e 14.

O Córtex Pré-frontal Lateral

A memória operacional é a representação, em nossa mente, do que é importante sobre a situação corrente. A principal área responsável pela memória operacional é o córtex pré-frontal lateral. Essa área do neocórtex recebe entradas do resto do neocórtex, do tálamo e do hipocampo, e faz conexões recíprocas com muitas dessas áreas. Pouco é conhecido sobre as subdivisões funcionais dentro dessa grande área do córtex pré-frontal, que é essencial para o pensamento abstrato.

O córtex pré-frontal lateral é o lugar da racionalidade e a parte do cérebro que mais nos libera do comportamento puramente instintivo. Ao permitir representações de coisas que não estão realmente à nossa frente no momento, permite planejamento e busca complexa de metas. O córtex pré-frontal lateral também é essencial para a *memória episódica*, a memória para um evento específico, no contexto da situação acerca do evento, em oposição a memórias de fatos ou associações em geral.

Danos ao córtex pré-frontal lateral prejudicam a habilidade de agir de maneira adequada a circunstâncias atuais e de mudar metas e submetas em resposta a contingências do mundo real. O comportamento se torna mais guiado pelo estímulo e mais estereotipado.

Eu trato do córtex pré-frontal lateral no Capítulo 14.

A Substância Negra (Gânglios Basais)

Os gânglios basais são um conjunto complexo interconectado de núcleos subcorticais que controlam o comportamento no nível abaixo do neocórtex. A substância negra realiza um papel modulatório crucial nesse sistema.

Uma razão pela qual os gânglios basais se tornaram relativamente bem conhecidos é o mal de Parkinson, que é causado pela degeneração dos neurônios produtores de dopamina na substância negra.

Para ler mais sobre os gânglios basais e seu papel no movimento, veja o Capítulo 10.

O Córtex Cingulado Anterior

Em seu famoso tratado sobre o homem, Descartes localizou a alma na glândula pineal, porque é a única estrutura cerebral que é singular, em vez de ser bilateralmente simétrica dos lados esquerdo e direito do cérebro. Se eu tivesse que fazer a mesma suposição sobre a localização da alma, depois de passar pela tentação de escolher o pulvinar, provavelmente escolheria o córtex cingulado anterior (CCA).

O cingulado anterior é a parte anterior do giro cingulado, localizado logo acima do corpo caloso e abaixo do neocórtex. Não é neocórtex, mas *mesocórtex*, um tipo anterior de córtex que evoluiu para o topo da hierarquia do sistema límbico.

O cingulado anterior é especial porque parece controlar o processamento neural através do neocórtex, alocando esse processamento de acordo com demandas da tarefa. Também é implicado na experiência subjetiva associada com a consciência, particularmente a consciência da dor. O cingulado anterior é ativado pela dor, e até pela antecipação da dor. Estimulação elétrica do CCA pode eliminar a percepção da dor sem remover a sensação do estímulo doloroso.

O CCA também é ativado quando você luta com uma tarefa difícil, particularmente quando comete erros. Essa ativação é parte do papel do CCA em alocar processamento neural pelo neocórtex de acordo com as demandas da tarefa. Nessa função, funciona e é extensivamente conectado com o córtex pré-frontal lateral. Em relação a isso, você pode pensar no córtex pré-frontal lateral como mantenedor do conteúdo do pensamento, e no CCA como selecionador desse conteúdo.

> **NESTE CAPÍTULO**
>
> Superando limitações causadas por tamanho e distância
>
> Ajustando processos
>
> Inventando uma estratégia de desenvolvimento única para vertebrados

Capítulo 19

Dez Truques dos Neurônios que os Fazem Fazer o que Fazem

Neurônios são células. Como células, contêm componentes comuns a todas as células animais, como o núcleo e o complexo de Golgi. Entretanto, neurônios têm outras características únicas a neurônios, ou pelo menos não comuns em outras células. Essas características únicas existem porque os neurônios são especializados para processamento e comunicação de informação. Essa especialização evoluiu porque permitiu que organismos aumentassem suas chances de sobrevivência se movendo dentro de seus ambientes com base em sentir coisas como comida, toxinas, temperatura e predadores.

Neurônios são tão especializados, se comparados a quaisquer outras células, que o estudo dos neurônios e da organização neural engloba muitas escolas da neurociência. Se você estiver fazendo uma entrevista de emprego em um laboratório de neurociência, impressionará o chefe de laboratório ao mostrar que sabe sobre as dez características de células neurais das quais trato aqui.

Superando o Limite de Tamanho do Neurônio

Como processadores de informações, os neurônios recebem informações de outros neurônios, realizam cálculos com base nelas e enviam os resultados para outros neurônios.

Neurônios recebem informações via sinapses. A maioria dos neurônios tem sinapses em seus corpos celulares, e os primeiros neurônios provavelmente eram limitados a isso. Entretanto, sinapses têm um tamanho mínimo para que uma célula de tamanho normal possa ter apenas um máximo de algumas centenas de sinapses em seu corpo celular.

Para ter mais sinapses, os corpos celulares poderiam crescer, mas fazer isso custa muito (uma mudança cúbica em volume é traduzida para uma mudança quadrada em área). Os neurônios resolveram esse problema desenvolvendo prolongamentos aproximadamente cilíndricos chamados *dendritos*, para que um aumento linear em comprimento e volume produzisse um aumento quadrado em área. Dendritos permitem que os neurônios recebam dezenas de milhares de sinapses.

Um neurônio individual é um dispositivo de computação muito complicado. Aqui, muito brevemente, estão algumas coisas-chave a saber sobre sinapses e dendritos:

» **Sinapses são elétricas ou químicas.** Sinapses elétricas são simples e rápidas, mas ineficazes e inflexíveis. Sinapses químicas são mais poderosas e flexíveis, mas são mais lentas do que sinapses elétricas. Para os detalhes sobre como sinapses elétricas e químicas funcionam e as compensações envolvidas, veja o Capítulo 3.

» **A árvore dendrítica é um lugar para sinapses que fornecem entradas para o neurônio.** Mas árvores dendríticas fazem mais do que só fornecer espaço para sinapses. Elas também permitem que as sinapses próximas umas das outras interajam não linearmente. Sinapses próximas do corpo celular têm efeitos maiores na propagação da corrente para o corpo celular do que sinapses mais distantes. A estrutura ramificada dos dendritos também é importante, porque fornece várias subunidades em um nível abaixo do que do próprio neurônio, permitindo que dezenas de milhares de entradas pré-sinápticas com variação de tempo interajam de maneiras dinamicamente complexas para produzir um resultado final.

Obtendo o Maior Retorno com Espinhas Dendríticas

Dendritos neuronais não são meramente superfícies cilíndricas lisas entre os pontos da ramificação. São cobertos com apêndices parecidos com pequenos cogumelos chamados *espinhas*. Espinhas são o local de muitas das entradas sinápticas para os dendritos, particularmente a entrada excitatória.

Um fato interessante sobre as espinhas é que elas podem aparecer e desaparecer e mudar dinamicamente sua forma com base na atividade no neurônio pré-sináptico e pós-sináptico. Em outras palavras, mudanças na forma das espinhas parecem ser um mecanismo para mudanças dinâmicas na força sináptica que sustentam o aprendizado e a plasticidade no sistema nervoso.

As formas das espinhas impactam pelo menos dois mecanismos que afetam a eficácia sináptica:

» O comprimento e o diâmetro do pescoço da espinha afetam a quantidade de corrente que alcança o eixo dendrítico principal da sinapse até a cabeça da espinha.

» O volume da espinha parece afetar mudanças de concentração iônica associadas com a corrente sináptica, de modo que pequenos volumes possam causar concentrações localmente altas de íons, como cálcio, que medeiam mudanças em plasticidade.

Receptores Ionotrópicos: Permitindo que Neurônios se Comuniquem Quimicamente

Receptores dependentes de ligantes são os complexos proteicos do lado pós-sináptico das sinapses. Eles conectam o mundo exterior ao neurônio com o mundo interior, permitindo que os íons se movam através de canais na membrana. O receptor é seletivo a tipos específicos de mensagens de outros neurônios, baseado em sua afinidade com o neurotransmissor liberado pelo neurônio pré-sináptico. O canal iônico é aberto quando o receptor liga um neurotransmissor, e a mensagem é comunicada para o resto das células como uma corrente sináptica de entrada.

Canais iônicos dependentes de ligantes conhecidos como receptores *ionotrópicos* são diferentes de outro tipo de receptor, chamado *metabotrópico*. O receptor metabotrópico funciona através de um local de ligação do ligante no exterior da membrana, como o receptor ionotrópico, mas não tem canal em seu complexo receptor. Em vez disso, a ligação do ligante causa a liberação de um mensageiro intracelular que foi ligado ao lado interior do complexo, que ativa (normalmente abrindo) um canal em outro lugar na membrana (normalmente próximo).

Canas ionotrópicos dependentes de ligantes normalmente medeiam transmissão sináptica rápida subjacente ao comportamento. Receptores metabotrópicos são normalmente mais lentos e medeiam respostas modulatórias ou homeostáticas, embora haja alguns casos de canais de receptores metabotrópicos rápidos. Eles possibilitam que um único neurotransmissor tenha diferentes efeitos em diferentes neurônios pós-sinápticos.

Especializando-se para os Sentidos

Durante a evolução em formas de vida multicelulares, os neurônios se tornaram especializados para sentir aspectos do ambiente. Essa especialização foi o resultado do desenvolvimento de receptores especializados na membrana ou organelas intracelulares em células individuais. Receptores sensoriais neurais são transdutores celulares que respondem a energia, forças ou substâncias no ambiente externo ou interno e convertem a detecção em atividade elétrica, muitas vezes modulando a liberação do neurotransmissor. Eis alguns exemplos:

» Fotorreceptores nos olhos de vertebrados têm estruturas derivadas dos cílios que capturam fótons de luz. Essa captura causa uma cascata de proteína-G intracelular que fecha os canais de íons permeáveis para sódio, hiperpolariza a célula e reduz a liberação do glutamato, o neurotransmissor do fotorreceptor.

» Na orelha, células ciliadas auditivas também têm cílios, que, quando dobrados, abrem canais iônicos que despolarizam a célula e causam potenciais de ação no nervo auditivo.

Calculando com Correntes de Canais Iônicos

Membranas neurais, como aquelas da maioria das células animais, são praticamente impermeáveis para o fluxo de água e a maioria dos íons. No entanto, membranas neurais diferem daquelas de outras células, pois têm muitos canais iônicos diferentes que podem ser ativados por ligantes ou voltagem.

Quando canais iônicos são abertos e permitem que íons de sódio passem, o neurônio é excitado. Ele é inibido quando os canais de potássio ou cloreto são abertos. Neurônios têm milhares de canais iônicos de diferentes tipos em suas membranas, que abrem em combinações complexas que variam com o tempo.

O neurônio calcula a interação de todos os fluxos iônicos de todos os canais no neurônio. Para essa associação acontecer, um certo número de entradas excitatórias precisa estar simultaneamente ativo, enquanto um certo número de entradas inibitórias deve estar inativo. Dadas 10 mil entradas diferentes, o número de combinações únicas que um neurônio pode discriminar é um número astronomicamente grande.

A estrutura da árvore dendrítica do neurônio é crucial em sua computação. Pesquisadores sabem que menos corrente injetada em sinapses distais alcança o corpo celular do que as injetadas em sinapses proximais, e o tempo da corrente distal é mais lento. Uma árvore dendrítica ramificada produz muito mais locais de sinapse nos muitos ramos distais do que nos próximos, o que parcialmente compensa a redução em magnitude de corrente de sinapses distais individuais. No entanto, ela não compensa a maior lentidão das sinapses distais *versus* proximais. Por causa disso, as entradas aos neurônios que tendem a dominar a atividade rápida de neurônios pós-sinápticos tende a ocorrer em sinapses proximais, enquanto sinapses distais são primariamente modulatórias.

Mantendo o Sinal Forte por Longas Distâncias

Os dendritos mais remotos em uma árvore dendrítica neural raramente estão a mais do que algumas centenas de micrômetros do corpo celular. Entradas sinápticas a essa distância estão severamente enfraquecidas no momento que alcançam o corpo celular pelo que é chamado de propagação *eletrotônica* sobre a membrana. Mas mesmo que o enfraquecimento seja significativo, há sinapses o suficiente nos dendritos mais distantes para resultar em uma entrada efetiva no corpo celular.

Entretanto, é uma história diferente com axônios. A maioria das células tem apenas um axônio saindo do corpo celular, e esse axônio pode se estender a um metro pelo corpo e então se ramificar em centenas ou milhares de terminais axônicos.

A invenção mais importante do sistema nervoso é o potencial de ação, que usa canais de sódio transientes dependentes de voltagem na membrana axonal para criar um pulso de voltagem que, causando uma reação em cadeia por células adjacentes, pode enviar um sinal às sinapses mais distantes sem enfraquecer. Cada pulso de potencial de ação é essencialmente idêntico, e a forma do potencial de ação é mais ou menos a mesma no terminal do que era na origem.

O Axônio: Enviando Sinais da Cabeça aos Pés

O axônio é o dispositivo pelo qual um neurônio envia sinais aos músculos, glândulas ou outros neurônios. Axônios são estruturas parecidas com cabos que têm duas funções: comunicar potenciais de ação do corpo celular ao terminal do axônio e, no terminal do axônio, liberar um neurotransmissor que se liga a um receptor da membrana na célula pós-sináptica e abre um canal iônico excitatório ou inibitório.

Para alcançar seus alvos pós-sinápticos, os axônios conseguem se estender a longas distâncias (um metro ou mais) e encontrar esses alvos. Os axônios não só alcançam longas distâncias, mas também são capazes de encontrar vários alvos em várias áreas cerebrais e, em cada região-alvo, se ramificar no número adequado de terminais de axônio e fazer contato nos locais dendríticos certos das células adequadas.

Enviar uma mensagem da sua cabeça para seu dedo do pé envolve uma ligação de dois axônios. Um neurônio motor superior em seu córtex motor primário envia seu axônio pela medula espinhal para fazer uma sinapse com um neurônio motor inferior que controla um músculo em seu dedo. Esse neurônio motor na medula espinhal envia seu axônio pela perna, pé e para seu dedo. Toda a extensão do seu corpo é atravessada por duas células.

Acelerando as Coisas com a Mielinização

Axônios são dispositivos maravilhosos para conduzir potenciais de ação de um corpo celular para um terminal de axônio que pode estar a mais de um metro de distância. O quão rapidamente o potencial de ação viaja é aproximadamente proporcional ao diâmetro do axônio. Axônios muito finos podem conduzir potenciais de ação a uma taxa de alguns metros por segundo; axônios de calibre mais grosso podem conduzir potenciais de ação mais rapidamente.

Alargar axônios para condução mais rápida funciona bem em invertebrados, que têm números pequenos de neurônios, relativamente falando. A seleção natural produziu alguns axônios de calibre bem grosso em alguns invertebrados em que a velocidade alta é necessária. O exemplo mais famoso é o axônio gigante da lula, que pode ter até um milímetro de diâmetro, grande o suficiente para ser visto a olho nu! O axônio gigante da lula medeia o reflexo de fuga ativando o jato de sifão.

PAPO DE ESPECIALISTA

O axônio gigante da lula é tão grande que os primeiros eletrofisiologistas que estudaram o potencial de ação o usaram em seus estudos.

Mas em vertebrados com centenas de milhões ou bilhões de células em seu sistema nervoso, axônios com um milímetro de diâmetro não dariam certo. A solução? Mielinização, que permite que axônios de calibre menor conduzam potenciais de ação muito rapidamente.

Na mielinização, certas células da glia se enrolam muitas vezes ao redor de quase todos os axônios, mas deixam lacunas em intervalos regulares. Esses intervalos são chamados de *nódulos de Ranvier*, que é onde todos os canais de sódio dependentes de voltagem estão concentrados.

Axônios mielinizados conduzem esses potenciais de ação de modo que eles pulam de um nódulo de Ranvier para o próximo. Esse processo permite que axônios de apenas alguns micrômetros de diâmetro conduzam potenciais de ação em velocidades de até 100 metros por segundo.

Homeostase Neural

A codificação genética completa esboçando toda a estrutura do sistema nervoso é possível para um animal, como um invertebrado, que tem algumas centenas ou milhares de neurônios. Na verdade, em muitos invertebrados, cada neurônio e a maioria das sinapses são geneticamente especificadas e idênticas de animal para animal. Mas em vertebrados, que têm milhões ou bilhões de neurônios, tal esquema de desenvolvimento não é factível via codificação de cerca de 20 mil genes.

Portanto, em vertebrados, o sistema nervoso é desenvolvido por um processo que especifica regras gerais para conectividade, mas permite que os estímulos do ambiente e eventos aleatórios dentro do sistema nervoso em desenvolvimento concorram por sinapses. Em outras palavras, aspectos importantes de aptidão sináptica e neural são localmente determinados dentro da estrutura do projeto genético principal. Isso é certamente um procedimento de construção valioso para um sistema que tem que se construir sozinho.

Um dos princípios que permite que esse sistema funcione é a homeostase, na qual cada neurônio mantém um certo equilíbrio de entradas excitatórias e inibitórias e um número mínimo de sinapses de saída ativas para sobreviver; caso contrário, ele morre. A competição por um número limitado de sinapses de entrada é um mecanismo que faz os neurônios em uma dada área responderem a diferentes combinações de entradas, incluindo as novas, que são adquiridas durante o aprendizado.

Alguns neurocientistas sugeriram que os neurônios buscam ativamente ter uma variação em suas respostas ao longo do tempo. Isso pode formar circuitos neurais mais robustos que possam tolerar variação em suas entradas, como a de sensores neurais ruidosos. A análise do ruído neural é uma área crescente em neurociência de sistemas.

Mudando os Pesos Sinápticos para se Adaptar e Aprender

O esforço de descobrir os princípios do aprendizado e da memória costumava ser chamado de *busca do engrama*, o traço de memória no cérebro que constitui uma memória. Muitas evidências agora mostram que esse aprendizado no sistema nervoso ocorre porque os neurônios modificam a força das sinapses entre eles. Essa modificação sináptica permite que pequenos circuitos neurais se tornem altamente seletivos para estímulos que foram aprendidos.

Aprender é uma versão menos extrema de mudanças em circuitos neurais que ocorrem durante o desenvolvimento embrionário e começo do pós-natal. Durante o desenvolvimento, uma exuberância de sinapses e neurônios formam e competem por conexões sinápticas. Sinapses inadequadas são podadas, e neurônios que não emergem de podas sinápticas com conexões suficientes morrem.

Essa situação é a base de muitos períodos críticos no desenvolvimento em que certos tipos de experiência, como ter saída visual útil de ambos os olhos, são necessários para formar algumas conexões corticais. Depois do período crítico, as sinapses e circuitos vencedores são estabilizados, e experiências posteriores não podem produzir religação neural de larga escala.

Depois do desenvolvimento, as sinapses em algumas áreas selecionadas do cérebro ainda estão maleáveis, mas não em todo lugar, e a morte neuronal causada pela falta de sinapses adequadas ou para ou continua muito lentamente. Além disso, ocorrem alterações sinápticas de maneira muito mais restrita. O aprendizado no hipocampo é único porque consiste primeiro de mudanças na força sináptica, seguidas de crescimento de conexões neurais e, então, de novos neurônios.

Isso não significa que o sistema nervoso adulto tenha falta de mecanismos de adaptação. O olho se adapta à luz fraca *versus* brilhante usando bastonetes, em vez de cones, e as pessoas conseguem dormir em barcos e em ambientes barulhentos. E não é claro o quanto a maioria do sistema nervoso adulto é capaz de mudar dado o gatilho certo. Pode ser muito mais do que inicialmente pensado.

> **NESTE CAPÍTULO**
>
> **Descobrindo detalhes sobre a estrutura física do cérebro**
>
> **Esclarecendo mal-entendidos sobre como o cérebro funciona**
>
> **Divertindo-se com alguns esoterismos cerebrais**

Capítulo 20

Dez Fatos Incríveis sobre o Cérebro

Há muito sobre o cérebro que não sabemos, o que não é muito surpreendente, dado que o que *sabemos* sobre ele indica que é a estrutura mais complicada na Terra (ou em qualquer outro lugar). O cérebro é impressionante por causa do que é (um quadro de distribuição de bilhões de neurônios) e por causa do que faz (a memória e as habilidades artísticas de alguns prodígios quase desafiam a crença). Neste capítulo eu passo por dez atributos do cérebro humano que, quando paramos para pensar sobre eles, são muito impressionantes.

Ele Tem 100 Bilhões de Células e um Quadrilhão de Sinapses

Seu cérebro é construído de uma quantidade enorme de neurônios, na ordem de 100 bilhões (mais, possivelmente, 1 trilhão de células da glia). Cada um desses neurônios faz cerca de 10 mil conexões, chamadas *sinapses*, com outros neurônios, produzindo cerca de 1 quadrilhão de conexões. Na verdade, seu cérebro tem neurônios e conexões neuronais o suficiente para, teoricamente, poder armazenar cada experiência da sua vida, incluindo as sensações visuais, auditivas, táteis e outras associadas com elas. O número de estados cerebrais distintos expressados dessa maneira excedem muito o número de átomos no universo conhecido.

A maioria das células em seu cérebro está no neocórtex e no cerebelo. O cerebelo usa várias células para permitir alta precisão em movimentos coordenados. O neocórtex usa várias células para alta precisão em discriminação sensorial e para planejamento de comportamento complexo.

Algumas pessoas comparam o cérebro e como ele funciona e armazena informações a miniprocessadores. Elas dizem que os 100 bilhões de neurônios no cérebro são como os transistores em um microprocessador. Na verdade, até os microprocessadores mais avançados, que têm alguns bilhões de transistores, não chegam aos pés do cérebro humano. Por quê? Porque neurônios são mais complicados do que transistores. Transistores digitais tendem a estar ou "ligados" ou "desligados" e conectados a apenas alguns outros transistores. Cada neurônio no cérebro, no entanto, é como um computador, capaz de uma variedade quase infinita de estados diferentes. Neurônios também normalmente enviam saídas a cerca de 1.000 outros neurônios usando cerca de 10 mil conexões.

Além disso, enquanto os microprocessadores trabalham principalmente em série, processando uma única instrução de cada vez, neurônios trabalham em paralelo, processando bilhões de coisas ao mesmo tempo.

A Consciência Não Reside em Nenhuma Área Específica do Cérebro

Muitas pessoas compreendem mal como o cérebro funciona por causa da noção popular — mas incorreta — de que certas funções residem somente em partes específicas do cérebro. Acredita-se que uma parte do cérebro tem a habilidade do paladar; outra, a da visão; outra, a de mover sua mão direita, e assim por diante. Dada essa percepção, é fácil ver por que as pessoas tendem a pensar que a consciência reside em uma área específica, e como pensamos na consciência como a função mais superior do cérebro, também tendemos a colocar essa "localização da consciência" no topo da hierarquia cerebral. Bem, como explico ao longo do livro, não é assim que o cérebro funciona.

O cérebro não tem nenhum neurônio da consciência, e nenhuma área específica do cérebro, sozinha, serve como o lugar da consciência. A consciência também não é apenas consequência do tamanho cerebral; caso contrário, elefantes seriam conscientes, e humanos não. Nenhum lugar no cérebro recebe os resultados de todo o processamento neural do resto do cérebro, então não há "topo" da hierarquia neural, e nada no cérebro "vê" as imagens formadas em outras partes dele.

Em vez disso, várias áreas do cérebro são necessárias para a consciência. Áreas do cérebro que parecem ser necessárias e ativadas pela consciência incluem o tálamo, o córtex pré-frontal e porções dos lobos parietal e medial. Ainda assim, essas áreas não são únicas ao cérebro humano, embora o córtex pré-frontal seja maior (como uma porcentagem do peso corporal) em humanos do que em qualquer outro animal. Além disso, danos à formação reticular no tronco cerebral produzem inconsciência, mas essa área cerebral existe em vertebrados não mamíferos, como lagartos e sapos.

Ele Não Tem Receptores de Dor

Embora a experiência da dor seja dependente das áreas cerebrais como o córtex cingulado anterior, o tecido cerebral, na verdade, não tem receptores para dor. O cérebro "experiencia" a dor relatada por receptores em outros lugares do corpo, principalmente a pele.

Como o tecido cerebral não tem receptores de dor, a cirurgia pode ser feita no cérebro com o paciente totalmente acordado (embora tranquilizantes e analgésicos sejam normalmente dados para reduzir a ansiedade, e anestesia local seja usada para a primeira fase da cirurgia, quando a pele do couro cabeludo é cortada para remover uma parte do crânio).

Então, quando você tem uma dor de cabeça, não é necessariamente porque algo em seu cérebro dói, mas porque uma mensagem de dor de algum lugar do seu corpo chega ao cérebro. Por exemplo, você pode ter uma dor de cabeça porque, na verdade, tem uma leve indigestão ou alguma outra dor no corpo da qual não está diretamente ciente.

Isso não significa, no entanto, que a disfunção cerebral não possa ser sentida como dor. Enxaquecas parecem ocorrer devido a problemas vasculares transitórios no cérebro que levam a atividade neural anormalmente alta, que é sentida como dor não porque receptores de dor são ativados, mas porque algum circuito cerebral desconhecido interpreta essa atividade excessiva como dolorosa. Tumores e derrames podem induzir a atividade cerebral excessiva, que o cérebro interpreta similarmente como dolorosa. Em alguns casos, receptores de dor podem ser ativados, mas referidos a lugares errados (como quando receptores de dor do nervo craniano são ativados).

Outro exemplo é a dor associada com olhar diretamente uma luz muito forte. Não há receptores de dor para luz forte no olho, mas o cérebro interpreta alguma coisa sobre o disparo de células ganglionares indo do olho para o cérebro como indicando que o nível de luz é alto o suficiente para ser danoso, e é sentido como dor.

Cortar o Maior Trato de Fibra no Cérebro Produz Menos Efeitos Colaterais

O maior trato de fibras no sistema nervoso é o corpo caloso, que conecta os hemisférios esquerdo e direito do cérebro. Esse trato de fibras contém cerca de 200 milhões de axônios (levemente mais em mulheres do que em homens).

Esse trato foi cortado cirurgicamente muitas vezes para evitar que convulsões epilépticas se espalhassem de um hemisfério cerebral ao outro, amplificando-se e espalhando de volta, produzindo uma convulsão do cérebro todo chamada de *grande mal*.

Quando esse procedimento foi testado em alguns pacientes, os resultados foram notáveis. Vários dos pacientes experienciaram uma redução significativa nas convulsões, e nenhum deles mostrou qualquer deficit neurológico evidente por causa da cirurgia. Mais tarde, experimentos cuidadosos realizados por Roger Sperry e Michael Gazzaniga nesses pacientes com cérebro separado mostraram que existiam efeitos colaterais, tais como o fato de que seus dois hemisférios cerebrais operavam independentemente e tinham capacidades bem diferentes. A linguagem e a habilidade de expressar pensamento abstrato, por exemplo, é quase totalmente localizada no hemisfério esquerdo na maioria das pessoas, enquanto o hemisfério direito domina o processamento do espaço visual. Se estímulos eram mostrados no campo visual esquerdo, que é processado pelo hemisfério direito, esses pacientes não podiam dizer nada sobre o que era mostrado, mas *podiam* apontar com sua mão esquerda (também controlada pelo hemisfério direito) para uma imagem do objeto mostrado anteriormente.

O Cérebro de Einstein Era Menor que a Média

Existe uma correlação fraca, mas estatisticamente significante, entre o tamanho do cérebro e a inteligência em humanos. Resumindo, há um consenso de que animais capazes do que parece ser comportamento inteligente, como símios, ou macacos antropomorfos, e golfinhos, têm cérebros maiores do que animais menos inteligentes, como lagartos.

Apesar da correlação, a variabilidade em humanos é enorme. O cérebro humano médio pesa cerca de 1.500 gramas (cerca de 10% menos do que a estimativa para cérebros neandertais). O cérebro de Einstein pesava aproximadamente 1.230 gramas, cerca de 18% abaixo da média. Ele, por outro lado, tinha lobos parietais um tanto maiores do que o normal, o que pode ter contribuído para sua habilidade matemática.

Claramente, o tamanho cerebral total é apenas um atributo que dá suporte à inteligência. O tamanho cerebral pode representar uma capacidade potencial, como a altura, que oferece vantagens em algumas arenas intelectuais, mas não em outras. O americano autodidata Chris Langan, que tem uma cabeça muito grande e pontua níveis recordes em alguns testes de QI, é empregado como leão de chácara de bar.

Adultos Perdem Várias Centenas de Milhares de Neurônios por Dia Sem Efeito Perceptível

A contagem neuronal tem seu pico na época do nascimento em humanos. Então, ao longo da vida, cerca de 10% disso é perdido, o que equivale a perder várias centenas de milhares de neurônios por dia, mais ou menos. Embora alguns argumentem que o comportamento masculino durante a crise da meia idade é prova do impacto negativo que a perda diária de tantos neurônios pode ter, o fato é que essa perda não compromete tanto a capacidade mental.

A perda de tantos neurônios que ocorre no envelhecimento normal sem nenhum comprometimento mental aparente é uma razão pela qual a maioria dos neurocientistas não acredita que um único neurônio armazene memórias individuais. Se assim fosse, a morte de neurônios individuais produziria perda repentina irreversível de memórias específicas, o que não acontece.

Em vez disso, a informação é espalhada por muitas células e sinapses. Quando neurônios no cérebro morrem, ele quase certamente enfraquece, mas não apaga nenhuma memória em que esteve envolvido no armazenamento. Outros neurônios na rede, sem dúvida, compensam para refortalecer a memória. Pode ser que a senilidade ocorra quando tantos neurônios são perdidos que não haja suficientes para compensar pela morte neural contínua.

Grama por Grama, Requer Bastante Energia

O cérebro tem a maior atividade metabólica por massa de todo o corpo. Ele constitui cerca de 5% cento da massa corporal, mas consome cerca de 20% de sua energia. Isso também significa que cerca de 20% do fluxo de sangue total no corpo passa pelo cérebro, com o auxílio de vasos sanguíneos cujo comprimento, incluindo capilares, é de centenas de quilômetros.

O alto uso de energia pelo cérebro foi aproveitado no imageamento cerebral. Técnicas de imageamento cerebral como a fMRI (imagem por ressonância magnética funcional) realmente detectam o fluxo sanguíneo aumentado em áreas cerebrais altamente ativas ou o nível de oxigenação do sangue em áreas ativas *versus* menos ativas.

O MAIOR É SEMPRE MAIS ESPERTO?

Uma coisa a considerar ao pensar sobre a correlação entre o tamanho do cérebro e a inteligência é o relacionamento entre tamanho cerebral e peso corporal. Elefantes têm cérebro maior do que humanos, mas humanos têm uma proporção muito maior entre tamanho cerebral e peso corporal. Corpos grandes às vezes requerem cérebros maiores por razões que não têm nada a ver com a inteligência: por exemplo, neurônios em corpos grandes precisam de axônios longos, o que requer corpos celulares neurais maiores e uma glia de apoio. Esse tipo de escala não causa um aumento na inteligência.

Além disso, alguns animais com cérebro bem pequeno exibem comportamento inteligente surpreendente. Pássaros são um exemplo: podem precisar ter cérebro pequeno porque voam, e excesso de peso é um grande problema para voadores. Pode ser que seu cérebro seja, em alguns sentidos, mais eficiente do que cérebros de mamíferos. Polvos também exibem alguns comportamentos complexos extraordinários, apesar de terem cérebro bem pequeno. Esses invertebrados são tão diferentes dos vertebrados de tantas maneiras, e especialmente dos mamíferos, que é difícil saber exatamente como comparar suas capacidades com as nossas.

A alta demanda metabólica criada por cérebros grandes foi usada para argumentar que animais com cérebros grandes, como golfinhos, devem ser muito inteligentes, mesmo que sua inteligência seja diferente da inteligência humana; caso contrário, não haveria vantagem adaptativa em suportar um cérebro tão grande, e as forças da seleção natural teriam favorecido cérebros pequenos, em vez de grandes.

É um Mito que Usamos Apenas 10% de Nosso Cérebro

Você certamente já ouviu: humanos usam apenas 10% de seu cérebro, mas não há base científica para essa afirmação. A origem desse mito é obscura. Alguns pesquisadores creditam a ideia a atribuições errôneas das palavras de Albert Einstein, Dale Carnegie ou William James (um psicólogo de Harvard). Outros usam os seguintes argumentos para reforçar a ideia:

» **O fato de que algumas pessoas, por dano ou anomalia no desenvolvimento, têm cérebro equivalente a 10% do tamanho do cérebro de um adulto humano médio, mas parecem normais.** O fato de o cérebro poder corrigir, através do desenvolvimento, alguns danos ou anomalias não significa que o cérebro e a funcionalidade dessas pessoas sejam completamente equivalentes àqueles de pessoas sem danos no cérebro. Nem significa que todos os neurônios em cérebros não danificados não sejam realmente usados.

» **A existência de prodígios, pessoas com habilidades artísticas e de cálculo extraordinárias que parecem além da capacidade humana normal.** É a ideia de que os prodígios usam alguma porcentagem do cérebro para essas habilidades que o resto de nós não usa. Esse pode ser o caso, mas a maioria dos prodígios tem deficiências profundas em outras áreas. Então como você igualaria a habilidade de memorizar listas telefônicas enquanto, simultaneamente, haja a incapacidade de conduzir muitas funções da vida normal, como se vestir, com a ideia de que prodígios usam mais do seu cérebro do que pessoas normais que não possuem habilidade extraordinária em nenhuma área em particular, mas que têm uma vida completa e significativa?

A afirmação de que usamos apenas 10% de nosso cérebro não é só mentira, mas também não faz sentido. Considere o que significaria se fosse verdade: poderíamos remover 90% do cérebro sem diferença perceptível. Isso não faz sentido. Todo caso conhecido de dano cerebral extenso causa incapacidade profunda. Senão poderíamos matar 90% dos neurônios redundantes em todo o cérebro sem consequência alguma. Embora seja uma ideia interessante, é tecnicamente impossível de testar. Não há como, portanto, afirmar a verdade, ou determinar se a porcentagem que usamos é de 20%, 89% ou qualquer outra.

LEMBRE-SE Você não pode simplesmente contar neurônios para estimar o nível da função. Por exemplo, por algumas estimativas, o cerebelo tem tantos neurônios quanto o resto do sistema nervoso, mas se é destruído, o resultado primário são pessoas um tanto desajeitadas e com a fala levemente arrastada. O fato de poder funcionar sem um cerebelo não significa que você não "usa" os neurônios nele quando tem um.

Danos Cerebrais Podem Resultar em Habilidades Prodígios

O cérebro da maioria dos prodígios, à medida determinável pelo imageamento, é anatomicamente normal, mas há exceções. O cérebro de Kim Peek, inspiração do filme de 1988 *Rain Man*, era severamente anormal, sem, entre outras coisas, o corpo caloso. Alguns prodígios ou savants, no entanto, são pessoas que começaram a vida com o que pareciam ser estruturas e habilidades cerebrais normais, mas que, de repente, se tornaram prodígios depois de um dano. Casos como o das duas pessoas identificadas aqui são chamados de *savantismo adquirido*:

> » **Orlando Serrell** é um savant adquirido. Ele não tinha habilidades especiais, até que, aos 10 anos, foi atingido por uma bola de beisebol no lado esquerdo da cabeça. Depois de um período inicial de dores de cabeça, ele, de repente, criou a habilidade de realizar cálculos complexos de calendário e memória quase perfeita para cada dia desde o acidente.
>
> » **Derek Amato** adquiriu habilidades de savant musicais depois de um ferimento na cabeça ao mergulhar em uma piscina rasa. Alguns dias depois, se sentou ao piano de um amigo e tocou, apesar de nunca ter feito isso antes.

Há vários casos na literatura de pessoas que, de repente, se tornaram pintores realizados depois de dano cerebral associado à demência frontotemporal esquerda. As habilidades de pintura mostraram capacidade obsessiva de representar detalhe realístico, mas pouco simbolismo ou abstração. Interessantemente, esses pintores tendiam a ter memórias semânticas muito deficientes (conhecimento geral do mundo), mas memórias episódicas relativamente intactas (memórias de eventos específicos). Isso é o oposto do mal de Alzheimer.

Embora não na mesma categoria que o savantismo adquirido, lembranças de memória extraordinária descobertas por estimulação cerebral durante a neurocirurgia ou hipnose sugerem que possa existir um repositório de algumas memórias ou habilidades não acessadas em todos nós que permanecem latentes, a não ser que sejam liberadas seguindo algum estímulo incomum. Como poderíamos ter tais habilidades latentes e por que as teríamos, mas nunca as usaríamos, é um grande mistério na neurociência.

Cérebros Adultos Podem Desenvolver Novos Neurônios

O sistema nervoso central de bebês e vertebrados não mamíferos, como peixes, regenera prontamente as áreas e os tratos cerebrais depois de danos. Esse não é o caso com adultos. No geral, perdemos neurônios à medida que envelhecemos. Além disso, depois de danos como derrames, mesmo quando há alguma recuperação da função, a área cerebral danificada não se cura; ela ainda consiste em um tecido de cicatriz e espaços vagos preenchidos com fluido.

Entretanto, a ideia de que o cérebro adulto é fixo e incapaz de regeneração neural está mudando. No último quarto do século XX, resultados de estudos mostraram que algumas regiões do cérebro adulto humano às vezes criam novos neurônios. Particularmente animadora foi a descoberta de que uma das regiões onde novos neurônios podem ser adicionados é o hipocampo, uma área do lobo temporal medial crucial para formar memórias de longo prazo, e que o crescimento de novos neurônios no hipocampo é associado com esse aprendizado.

Outro lugar em que novos neurônios crescem em adultos é no sistema olfativo; especificamente os receptores olfativos, que são constantemente substituídos. Pesquisadores supõem que esses receptores, ao detectar odores, são expostos a toxinas e que a maneira de manter a função é substituí-los rotineiramente.

Houve uma explosão de pesquisas recentes sobre as capacidades das células-tronco, que se dividem e se diferenciam em tipos finais de células diferentes durante o desenvolvimento do organismo. Recentemente, técnicas foram descobertas para converter células diferenciadas adultas em células-tronco, o que possibilita disparar farmacologicamente a regeneração neural onde for necessário.

> **NESTE CAPÍTULO**
>
> **Observando tratamentos envolvendo manipulações genéticas**
>
> **Considerando tratamentos envolvendo estimulação cerebral**
>
> **Usando próteses para lidar com disfunções neurais**

Capítulo 21

Dez Tratamentos Promissores para o Futuro

Pesquisadores estão à beira de uma revolução em tratamentos de doenças cerebrais. Modificações genéticas podem curar disfunções cerebrais como derrames, e os efeitos do envelhecimento do Alzheimer podem ser reduzidos ou revertidos. Em apenas alguns anos, as células-tronco poderão ser transplantadas para regenerar e curar doenças mentais. Técnicas farmacológicas podem permitir que algumas células sejam programadas como células-tronco para corrigir danos ou doenças atuais ou até futuras. Além disso, cérebros humanos poderão ser aumentados ao ampliar seu tamanho e poder de associação. Remédios que restituem a capacidade de aprendizado no cérebro adulto como no de um recém-nascido podem ser desenvolvidos.

Neste capítulo mostro as estratégias atuais (como estimulação cerebral profunda) que prometem muito e as tecnologias de ponta (como neurópteses) que demonstram muito potencial.

Corrigindo Distúrbios do Desenvolvimento pela Terapia Genética

Mutações genéticas, erros de replicação, combinações genéticas infelizes e toxinas ambientais podem produzir distúrbios profundos que comprometem severamente o potencial humano, mesmo antes do nascimento. Entre os distúrbios genéticos do desenvolvimento mais conhecidos estão as síndromes de Down, Rett e do X Frágil.

Não há correção cirúrgica ou farmacológica para essas condições. Entretanto, há cada vez mais compreensão da função de muito do genoma humano, e desde o princípio do século XXI ocorreram rápidos avanços que permitirão que profissionais silenciem genes ou adicionem outros novos.

Uma via para alterar genes ou expressá-los é o uso de retrovírus. Os *retrovírus* são vírus RNA que produzem DNA na célula hospedeira depois que a invadem. Esse DNA é incorporado no genoma do hospedeiro, depois do que replica com o resto do DNA da célula hospedeira. Ele pode ser projetado com sequências que matam ou inserem novos genes no hospedeiro.

Qualquer anomalia genética que seja detectada no início da gravidez pode, em teoria, ser tratada por um retrovírus que substitua funcionalmente um gene "normal" pelo defeituoso. Testes clínicos na fase inicial já mostraram algum sucesso com terapias genéticas para algumas formas de degeneração retinal hereditária em adolescentes.

Aumentando o Cérebro com Manipulação Genética

A maioria das intervenções médicas no corpo ou cérebro são tentativas de consertar algo que foi danificado, em vez de melhorar o que é considerado "normal". Isso, no entanto, está mudando. Os genes mais interessantes nessa área não são aqueles que fazem proteínas para estruturas celulares ou metabolismo, mas os genes que regulam outros genes.

Por exemplo, um pequeno número de genes provavelmente controla o tamanho relativo do neocórtex. E se o neocórtex fosse maior? Há pouca dúvida de que os cientistas saberão, se já não sabem, como aumentar o neocórtex até 2020.

Há, é claro, implicações frankensteinianas associadas a esses aumentos. A modificação genética para aumento da inteligência provavelmente será contra a lei na maioria dos países do mundo. Entretanto, mesmo assim, é difícil imaginar que alguém, em algum lugar, não tentará fazer isso. E, uma vez feito, um gene será injetado em um óvulo fertilizado que produz uma modificação transgênica na linhagem germinativa — ou seja, em todas as futuras gerações.

Muitas questões éticas surgiriam dessa e de modificações similares. Se o aumento transgênico do córtex é feito ilegalmente, isso nega a cidadania ou outros direitos a crianças nascidas com tais manipulações? Tais indivíduos serão discriminados informalmente ou legalmente? Eles podem nos discriminar? E se eles forem savants autistas, brilhantes em algumas áreas especializadas, mas irremediavelmente socialmente retardados?

Corrigindo Danos Cerebrais com Células-Tronco

Células-tronco são células que existem durante o desenvolvimento (e, às vezes, depois) que são não diferenciadas e retêm a habilidade de se transformar em células especializadas, como neurônios, células do rim, de paredes de vasos sanguíneos, e assim por diante. Pesquisas sugerem que injetar alguns tipos de células-tronco em tecidos danificados, como o cérebro ou o coração, faz com que as células se diferenciem de acordo com o ambiente hospedeiro nos tecidos adequados daquele ambiente, às vezes reparando o dano.

Um dos maiores obstáculos ao uso de células-tronco é obtê-las. Elas existem em adultos, mas são de difícil identificação. São abundantes em embriões, mas colher embriões para pegar células-tronco tem suas dificuldades éticas óbvias. Além do mais, células-tronco obtidas dessa maneira, como qualquer tecido estranho transplantado, podem ser rejeitadas pelo hospedeiro.

Entretanto, várias tecnologias estão surgindo em nosso socorro:

> » **O desenvolvimento de testes não destrutivos para identificar células-tronco na pessoa com dano no tecido:** Uma vez encontradas, essas células-tronco podem ser transplantadas de volta sem problema de resposta imunológica.
>
> » **Técnicas farmacológicas que podem reverter a diferenciação de qualquer célula adulta, como a célula da pele, e transformá-la em um tipo específico de célula-tronco, como uma célula-tronco neural:** Células-tronco neurais transplantadas em uma área cerebral onde as células do próprio paciente morreram, como a substância negra no mal de Parkinson, podem produzir células de substituição à medida que as células-tronco percebam o ambiente em que estão e se diferenciem nos tipos neurais necessários.

Além dos tratamentos de células-tronco para o mal de Parkinson mencionado aqui, vários laboratórios estão tentando restaurar a visão causada por morte de fotorreceptores usando células-tronco para substitui-los. Outros estão inserindo o DNA para salvar os fotorreceptores ou transformar outras células em células fotorreceptoras. Escolher as células-tronco certas e manipular seu estado pode ser necessário para garantir a integração adequada de células-tronco no hospedeiro de tal modo que restaurem a função adequadamente.

Usando Estimulação Profunda do Cérebro para Tratar Distúrbios Neurológicos

Um dos avanços recentes mais animadores no tratamento de distúrbios neurológicos é o uso de estimulação cerebral profunda (ECP) para aliviar substancialmente os sintomas do distúrbio. Até agora, a maioria dos alvos para ECP foram nos gânglios basais para tratar distúrbios do movimento. Em ECP, um ou mais eletrodos são inseridos permanentemente no núcleo-alvo dos gânglios basais, e um dispositivo eletrônico implantado parecido com um marcapasso passa corrente através do(s) eletrodo(s) para estimular neurônios nos gânglios. Os pesquisadores ainda não têm certeza se o efeito principal é a excitação geral, a inibição geral ou a produção de algumas atividades benéficas de manutenção fisiológica fazendo com que muitas células disparem sincronicamente.

Os resultados de ECP em muitos pacientes foram consideráveis. Esses dispositivos eletrônicos podem ser ligados e desligados à vontade. Alguns pacientes de Parkinson, por exemplo, podem ser vistos exibindo a postura encurvada e o andar arrastado típicos com o dispositivo desligado, mas, assim que a corrente é ligada, são capazes de andar e praticar esportes como basquete.

A aprovação da FDA (Food and Drug Administration) também foi dada para ECP para tratar dor e depressões severas. Alguns tratamentos experimentais foram feitos para transtorno obsessivo-compulsivo e síndrome de Tourette. O campo é tão novo que efeitos de longo prazo e possíveis efeitos colaterais ainda são incertos, mas em muitos pacientes o alívio dos sintomas foi muito maior do que com qualquer tratamento com remédios e com efeitos colaterais muito menores. No Brasil, a Anvisa autoriza o tratamento de ECP para um restrito grupo de enfermidades (normalmente Parkinson).

Estimulando o Cérebro Externamente Com EMT e ETCC

Há dois tipos muito novos de estimulação cerebral não invasiva: a estimulação magnética transcraniana (EMT) e a estimulação transcraniana de corrente contínua (ETCC).

» **EMT** envolve criar um pulso de campo magnético alto bem curto através de uma bobina fora da cabeça sobre a área cerebral a ser estimulada. EMT parece produzir correntes elétricas transitórias relativamente localizadas que interrompem a atividade neural. Ela se assemelha com a terapia eletroconvulsiva (ECT), exceto que clínicos de ECT normalmente tentam induzir uma convulsão, enquanto que em EMT as convulsões são normalmente evitadas. Embora a EMT tenha sido inicialmente usada como ferramenta de pesquisa para indicar qual área cerebral está envolvida na execução de uma tarefa pelo silenciamento temporário da atividade naquela área, tem sido usada recentemente para tratar distúrbios mentais, como a depressão, pela estimulação repetitiva de áreas cerebrais. Nesse caso, como a ECT, os efeitos parecem durar muito além do momento do tratamento.

» **ETCC** é a tecnologia mais nova a ganhar popularidade. Consiste em injetar uma pequena corrente direta entre dois eletrodos no couro cabeludo. Áreas do cérebro próximas do ânodo parecem ser estimuladas, e áreas perto do cátodo, enfraquecidas. Os relatórios dos resultados foram bastante amplos, desde melhorar notas em testes padrões de matemática até aliviar sintomas da esquizofrenia. Se esses resultados se mantiverem, ETCC poderá ser uma ferramenta poderosa, ainda que simples, para a modulação minimamente invasiva da atividade cerebral. Há uma grande indústria "amadora" de ETCC autoexecutada, porque os estimuladores de 2mA podem ser feitos com uma bateria de 9 volts e um resistor limitador de corrente de 3,5K ohm.

Usando Neuropróteses para Perdas Sensoriais

A perda de um sentido principal como a visão ou a audição é uma das mais debilitantes entre os distúrbios do sistema nervoso. A maioria das perdas de visão ou auditiva ocorre por danos nos receptores periféricos ou órgãos receptores. Enquanto muitos estão familiarizados com o uso de próteses mecânicas para perda de membros, poucos estão cientes de *neuropróteses*, projetadas para lidar com distúrbios do sistema nervoso.

Uma das aplicações mais bem-sucedidas de neuropróteses é o estimulador coclear artificial, para perda auditiva. Estimuladores cocleares consistem em um microfone, um analisador de frequência e um transmissor fora da cabeça, e um receptor e um estimulador coclear dentro do crânio. No mundo, o número de implantes cocleares provavelmente passa de 200 mil. Em muitos casos, esses implantes permitem que o usuário converse normalmente ao vivo ou ao telefone.

A situação para a visão artificial é muito mais difícil, pois o sistema visual é muito mais complexo (um milhão de axônios de células ganglionares *versus* 30 mil fibras nervosas auditivas). Outra razão é que a cóclea fornece uma interface física unicamente adequada para conjuntos de 20 eletrodos relativamente simples em um estimulador coclear. O sistema visual não tem uma interface similar.

Os primeiros dispositivos de visão artificial foram colocados ou na retina ou no córtex visual.

» **Dispositivos retinais:** Usados quando a perda da visão é causada por morte dos fotorreceptores, mas o resto da retina, incluindo as células ganglionares da retina de saída, está intacto. Dispositivos atuais permitiram que pacientes cegos vissem manchas de luz, mas sem precisão suficiente para leitura.

» **Dispositivos corticais:** Algumas próteses foram implantadas no córtex. Alguns pacientes com esses dispositivos decifraram 20 ou 30 pixels, o que é suficiente para detectar, mas não realmente identificar, objetos complexos.

Lidando com a Paralisia com Neuropróteses

Danos da medula espinhal e derrames causaram paralisia em milhões de americanos, e mais muitos milhões pelo mundo. Embora pesquisas continuem a tentar descobrir como reparar neuralmente a transação espinhal, ainda não há como recriar células e axônios danificados necessários para permitir o movimento para a maioria das vítimas de danos na medula espinhal.

Muitos neurocientistas acreditam que ultrapassar eletronicamente os danos da medula espinhal seria possível. A estratégia seria registrar a atividade de neurônios de comando no córtex motor primário que estão enviando sinais para mover os músculos, mas que não os alcançam por causa do dano. Conjuntos de microeletrodos registrariam esses sinais, e circuitos eletrônicos analisariam e transfeririam esses sinais além do dano ou para neurônios motores controlando os músculos ou diretamente para os músculos.

Uma terapia alternativa para restaurar o movimento dos membros é registrar e analisar sinais cerebrais para controlar um dispositivo protético, como um braço artificial, ou mover um cursor e clicar botões do mouse para controle computadorizado. Como abrir o cérebro e instalar dispositivos de registro é altamente invasivo, esta opção não foi muito testada. Técnicas optogenéticas recentes para estimular oticamente e registrar neurônios geneticamente modificados podem tornar tais implantes menos invasivos e mais seletivos. A atividade neural pode ser lida oticamente e usada para controlar um dispositivo protético.

Construindo um Cérebro Melhor com Neuropróteses

A modificação genética tem a habilidade de criar algo além do normal para um humano, assim como de reparar defeitos. O mesmo é verdadeiro para a neuroengenharia, que envolve fazer a interface do sistema nervoso com dispositivos eletrônicos, como computadores e internet.

Implantes cocleares para surdez e estimulação cerebral profunda são apenas o começo da nova tecnologia que ligará o cérebro diretamente a computadores. Conjuntos de microeletrodos com centenas, e logo milhares, de eletrodos podem registrar e estimular vários neurônios no nível celular individual.

Testes demonstraram que humanos (e macacos) podem usar conjuntos de eletrodos implantados em seus córtices motores para mover cursores de computador e braços artificiais apenas com o pensamento. Imagine enviar informações para a internet por um transmissor sem fio de um conjunto de registros em seu cérebro e receber a resposta de volta por meio de um conjunto de estimulações. Você logo poderia se comunicar com qualquer pessoa na Terra só ao pensar nisso.

Dado que os princípios básicos da estimulação do sistema nervoso usada rotineiramente para implantes cocleares e experimentalmente para próteses visuais podem entregar informações ao cérebro, não é nada demais imaginar um futuro próximo (uma década) em que essas capacidades estejam disponíveis.

E uma vez que conectarmos o cérebro a eletrônicos, não é nada extravagante imaginar modificar o cérebro geneticamente ou com células-tronco para facilitar tais conexões. Parece um enredo de filme B de ficção científica, com pessoas modificadas *versus* pessoas "naturais"? Lembre-se de que, diferente de muita ficção científica que é baseada em ciência inventada, as técnicas para interface cérebro-computador já estão aqui, sendo usadas e aprimoradas rapidamente.

Engajando-se em Aprendizado Controlado por Computadores

Aprender é difícil. Todos passamos pelo menos 7 horas por dia por 12 anos só para conseguir um diploma do ensino médio*. Se você tem dislexia, autismo ou algum outro tipo de distúrbio de aprendizado, sua luta pode ser árdua.

Neurocientistas agora entendem muito mais sobre como o cérebro aprende do que há dez anos, e o que eles sabem é que aprender em alguns contextos em algumas velocidades é muito mais fácil do que em outras. Computadores estão começando a ser usados para implementar contextos que aceleram o aprendizado em crianças, pessoas com distúrbios do aprendizado e adultos mais velhos.

Tutores computadorizados altamente proficientes estão sendo encorporados em *avatares*, estimulações computadorizadas de personagens de ensino com quem o aluno interage. Ser ensinado por tais avatares será como ter Platão, da Vinci e Einstein (para mencionar alguns), todos em um só tutor, que também possui habilidades extraordinárias pessoais e de comunicação. O tutor computadorizado, infinitamente paciente e inteligente, estabeleceria desafios de melhor nível em relação à habilidade atual do aluno, e esses desafios seriam interessantes, mas não intimidadores. O aprendizado poderia ser embutido em jogos. Matemática e ciência poderiam ser apresentadas de maneira intuitiva, interativa e visual.

Avatares provavelmente se tornarão companheiros úteis para crianças, adultos que sofrem de demência e, possivelmente, até pessoas com distúrbios psicológicos, como depressão, esquizofrenia e autismo. Em pesquisa, o sistema avatar chamado *FaceSay* (www.symbionica.com — conteúdo em inglês) mostrou algum sucesso ensinando crianças autistas a monitorar expressões faciais e, assim, interagir melhor com outras pessoas. Avatares derivados da neurociência também podem funcionar como modelos para alguns tipos de doenças mentais.

Tratando Doenças com Nanorrobôs

A *nanotecnologia* é a reunião de dispositivos com componentes moleculares para alcançar estruturas em nanoescala. A ideia é a de que dispositivos em nanoescala sejam autônomos, capazes de sentir, obter e armazenar energia e realizar funções programadas. O nome mais usado para os dispositivos (atualmente conceitual) é *nanorrobôs*.

---

* Levando-se em consideração o sistema de ensino dos Estados Unidos.

Muitos esquemas foram propostos em que nanorrobôs seriam injetados no corpo, iriam para algum loco de doença e a tratariam. Tratamentos podem incluir liberar remédios, matar células cancerígenas ou reparar vasos sanguíneos. Tudo isso é muito especulativo ainda, baseado na habilidade atual de fazer coisas como equipamentos de tamanho molecular e outros componentes.

Contudo, se os nanorrobôs se tornarem capazes de algumas dessas funções, terão um sério impacto na neurociência. Por exemplo, nanorrobôs poderiam reparar danos a tratos de axônios e reverter a paralisia por alguma combinação de criar mecanicamente um caminho e estabelecer adesão celular ou moléculas de afinidade. Também poderiam remover emaranhados neurofibrilares e placas associadas ao mal de Alzheimer. Ao interagir diretamente com neurônios funcionais, eles também poderiam compreender a interface entre os chips de processamento eletrônico inseridos e a atividade cerebral. Entretanto, as funções potenciais desses nanorrobôs são, de longe, as ideias mais especulativas neste capítulo e provavelmente estão a muito mais de uma década de distância.

Índice

A

Ablação, 311
acetilação de histona, 294
acetilcolina, 40
ácido gama-aminobutírico (GABA), 53
actina, 41, 60, 144
Adaptação, 260
adenina, 294, 295, 297, 298
adolescência, 256, 259, 277, 300
aferentes, 140
Afinidade, 288
ageusia, 129, 130
agonista, 143, 215, 267, 314, 318
aliestesia, 131
alucinógenos, 318
ambiental, 111, 202, 296, 302, 308, 310, 314-315
Ambliopia, 99
Amígdala, 182, 326
amnésia, 216, 276, 279
Amplitude, 108
amusia, 112, 201
análise de linkage, 299
anatomia, 22, 40, 102, 223, 244, 315
anedonia, 313
anestesia, 209, 214-215, 209
anfíbios, 9, 155, 185, 222
animais complexos, 9
anosmia, 130
anticonvulsivantes, 313, 316
antidepressivos, 193, 310
antipsicóticos, 314, 316
aparelhos auditivos, 116
Aplysia, 262, 266-267
apneia do sono central, 194
apraxia, 96, 146, 175
arquitetura funcional, 257, 282
Associações, 190
Astrócitos, 60
Autismo, 308
Avatares, 354
aversão, 121, 210, 252, 308, 312
Axônio, 57, 113, 146, 334-335
azimute, 113, 116

B

barorreceptores, 181
bifurcação, 71
blástula, 283

C

campo magnético, 14, 19, 42, 172, 312, 351
Canabinoides, 318
Canais iônicos dependentes de ligantes, 331
canal auditivo, 103, 104, 116
canhotos, 112, 233, 324
capacitância, 56
carbamazepina, 316
carga líquida negativa, 54
cataplexia, 193
Cataratas, 98
catecolaminas, 53, 315
cátion, 54, 63
caudado, 33, 165, 176
Causas e Tipos, 306
cefalópodes, 205
cegueira, 30, 98, 99
célula (s)
    amácrinas, 87-88
    bipolares, 85-88
        despolarizantes, 86-88
    ciliadas auditivas, 14, 50, 105, 116, 332
    da Glia, 60
    ganglionares, 87-89, 292
        intrinsecamente fotossensíveis, 186
    horizontais, 85, 93
    intrinsecamente fotorreceptoras, 93
    muscular, 41, 51, 59-60, 139, 143-144
Células-tronco neurais, 285, 349
Cerebelo, 155, 323
cérebro, 7, 10
cetamina, 215, 316
circuito
    canônico, 228, 229
    neural comparador, 150
citoarquitetura, 42
citomegalovírus (CMV), 298
clorpromazina, 316
clozapina, 314, 316

cóclea, 14, 19-20, 103, 105-108, 115-116, 132, 137, 152, 290, 352
Codificação distribuída, 127
códons, 297, 298
colículo inferior, 35, 109, 112-113
colina, 301
colinesterases, 144
Coma, 13, 214, 222
comportamento adaptativo, 198, 203, 205, 221, 222
computador Deep Blue, 217
condicionamento clássico, 16
Conjuntos de microeletrodos, 352-353
Consciência, 197, 205, 211-212, 220, 237-338
Contexto, 274, 275
Coordenando movimentos, 34, 36
corantes fluorescentes, 62
corda do tímpano, 126-128, 131
corpo caloso, 26, 37, 78, 197, 210, 237, 254, 327, 343-344
corpúsculos de Meissner, 69
Corrente, 8, 332
córtex
    auditivo, 12, 25, 79, 103, 107, 110-114, 173, 202, 231-232, 290, 313
    cerebelar, 156
    cingulado, 31-33, 78, 173, 208-210, 242, 254-256, 310, 327, 339
    Cingulado, 244, 253, 327
    entorrinal, 120, 122-233
    inferotemporal, 96, 232, 236
    opérculo frontal, 130
cromossomos, 97-98, 282, 286, 294, 296, 299, 300, 307
cubo de Necker, 99

D

Daltonismo, 97
deficiência de ácido fólico, 299
Degeneração, 98, 175
Dendritos, 12, 48, 330, 331
Depressão, 310
derme, 68-70
Desenvolvimento, 284, 289, 295, 348
despolarização, 55-56, 63, 139, 144
Detecção de coincidência, 268
deuteranopia, 97
diabetes, 77, 297, 298, 301
diencéfalo, 30, 284
discos de Merkel, 69
Disfunção, 184
dislexia, 277, 354
disparidade binocular, 94

distúrbios
    genéticos, 295-296, 307, 348
    metabólicos hereditários, 98
DNA, 8, 20, 48, 51, 63, 186, 263, 281-286, 293-299, 304, 309, 348, 350
Doença de Huntington, 175
Doenças autoimunes, 303
dopamina, 53, 175, 192-193, 228, 277, 308, 310, 316-317, 327
Dor crônica, 78
    Dorsal, 24

E

ectoderme, 283, 286
eferentes, 140
eletrodos intracelulares, 62
encefalinas, 53
endoderme, 283, 286
endorfinas, 77
engrama, 263, 336
entrada auditiva assistida, 110
epiderme, 68-70, 283
epifenômeno, 160, 168
epigenética, 295, 309
Epilepsia, 312
epinefrina, 41, 53, 181-182, 192, 228, 308, 310
esclerose múltipla, 57, 303
estimulação cerebral profunda (ECP), 19, 175, 350
Estimulação cerebral profunda (ECP), 311
Estresse crônico, 184
estrogênio, 38
eucariontes, 205, 294
éxons, 297, 298

F

Facilitação, 260, 261
fatores ambientais, 295, 315
fenômeno do alvo em movimento, 240
fibras musculares, 144
fissura de Roland, 26
flexões, 283
fluoxetina, 317
fóvea, 85, 92, 98
Frequência, 190
função, 8,
    função de ativação, 91

G

gástrula, 283
genes funcionais, 259
genótipo, 297

Geradores De Padrões Centrais, 44
giro de Heschl, 110
giro dentado, 269
glaucoma, 98, 186
glicina, 53, 55, 315
glioma, 303-304
globo pálido, 33, 165
glutamato, 51, 53, 55, 83-84, 87, 125, 140, 215, 267-269, 315-316, 332
GMP cíclico (GMPc), 84
gosto amargo, 126
grácil, 36
guanina, 297, 298

H

habituação, 260-262, 266-267
haloperidol, 316
hemicampo, 219
hemofilia, 296
heroína, 77, 209, 302
Hertz, 116
hiperpolarização, 55, 84
Hipnograma, 187
hipnose, 76, 258, 262, 345, 272
Hipogeusia, 131
hipotálamo, 30, 120, 131-132, 181-183, 185, 207-209, 284, 309
hipótese do triângulo de Cotterill, 214
homeostase, 130, 181
homúnculo motor, 161
Hormônios reguladores do crescimento, 183

I

imageamento cerebral, 254, 303, 310, 342
Imagiologia, 44
implante coclear, 19
Inato *versus* adquirido, 293
inibição lateral, 85, 86
Insônia primária, 193
ínsula, 129, 130
inteligência
    artificial, 211, 240, 263, 291
    cristalizada, 300
    de Máquina, 215
    fluida, 300
interconexões neurais, 11
interneurônios, 10-11, 14, 40, 71-72, 140-141, 227-229
Interneurônios, 11, 140
intérprete do lado esquerdo, 237-238
íntrons, 297, 298
intuição, 252, 300
invertebrados, 9, 177-178, 204, 222-223, 260, 334-335, 342

Invertebrados, 222
isquemia, 216, 276

J

Jet lag, 194
junção, 50, 59, 89, 139, 145, 174, 216, 235, 306

K

knockout, 298

L

Lei de Hebb, 291
lesões na cabeça, 276
Lesões na cabeça, 99
lócus coeruleus, 182

M

Mal de Alzheimer, 302
Mamíferos, 9, 15-16, 31, 121, 165, 223
mandrágora, 318
Mapas Corticais, 289
mapeamento de linkage, 299
mecanorreceptores, 14, 69-72, 77, 105, 107, 130, 137, 261
Medula, 21, 38, 147, 182
    espinhal, 10
MEG (magnetoencefalografia), 43
meiose, 282
melatonina, 193, 194
memória
    de longo prazo, 189, 216, 270-272, 277-279
    Memória episódica, 16, 275
    falsas, , 272
mensageiros químicos, 288
mercúrio, 17, 298
mescalina, 318
mesencéfalo, 22, 34-36, 92, 109, 158, 165, 283, 284, 302
mesocórtex, 31, 33, 78, 79, 210, 244, 327
mesoderme, 283, 286
Metacognição, 206
metotrexato, 298
Microeletrodos extracelulares, 61-62
Minicoluna, 226
miosina, 40-41, 60, 144
morfina, 76-77

N

naloxona, 77
Nanorrobôs, 354
nanotecnologia, 354
Narcolepsia, 193

neandertais, 341
Neocerebelo, 156
Neocórtex, 223, 242, 322
nervo glossofaríngeo, 127, 128
neurociência, 7
    computacional, 263, 291
Neurocientistas, 9
neuro-hormônios, 182, 183
Neuromoduladores lentos, 53
Neurônio Motor, 145
neurônios, 10
    corticais, 74, 111, 163, 230, 293
    de consciência, 160
núcleo
    geniculado lateral dorsal (NGLd), 89
    geniculado lateral (NGL), 292
    geniculado medial, 109, 110

O

"olho preguiçoso", 99
ondas
    beta, 191
    delta, 192
    gama, 191, 192
orelha
    interna, 35-36, 50, 103, 105, 114-115, 152
    média, 103-105, 115
oscilação gama, 246, 247

P

perda auditiva condutiva, 115
pipetas de vidro, 62
placa terminal, 143-144
Portas E, 264
Potenciação de longo prazo, 269
potencial
    de ação, 41, 50, 55, 57-61, 70-71, 108, 128, 144, 150, 300, 333-334
    de membrana, 54, 55, 56, 63
    de placa terminal, 143
    pós-sináptico excitatório (EPSP), 269
procariótica, 8
processamento emocional, 32, 198
Projeções Auditivas Centrais, 103, 108
propagação eletrotônica, 333
Próteses neurais, 19

R

ratos mutantes, 297
Receptores do fuso muscular, 40
receptor
    ionotrópico, 51, 143, 267, 332
    metabotrópico, 87, 181, 331
registros cerebrais, 61
responsabilidade, 170
retina, 10
    nasal, 90
ritmos cerebrais, 190, 301
rubéola materna, 115

S

sabores, 117, 123, 125, 126, 128
savant adquirido, 344
segmento inicial, 57
Síndrome alcoólica fetal, 309
Síndrome do X Frágil, 307
Sistema Nervoso, 7
    autônomo, 10
    embrionário, 283
    entérico, 10
situação do "coquetel", 218
sol, 8
Sonhos, 185, 189, 193
Substância cinzenta, 225
sulco central, 24, 26-29, 40, 69, 73, 158, 160, 162
Surdez, 114

T

tálamo mediodorsal, 120
tamanho do neocórtex, 241
telencéfalo, 25, 243, 284
tempo de ciclo intrínseco, 185, 186
tempo geológico, 8
terapia de eletrochoque, 276
terapia eletroconvulsiva, 19, 311, 351
Terapia Genética, 348
terminações nervosas livres, 71, 72
Terra, 8
tímpano, 103, 104, 105, 115, 116
Toxinas ambientais, 298
trans-retinal, 83
trato
    espinotalâmico lateral, 72
    lemniscal, 72
triângulo de Kanizsa, 99
tronco cerebral, 22, 34, 92, 107, 126-127, 131-132, 135, 148, 153-154, 158, 178, 181-182, 192, 196, 215, 222, 228-229, 339

V

vida eucariótica, 8
Visão cega, 216